测 绘 宗 师

——忆顾孝烈教授

程效军　顾振雄　主编

同濟大學 出版社
TONGJI UNIVERSITY PRESS

图书在版编目(CIP)数据

测绘宗师:忆顾孝烈教授/ 程效军,顾振雄主编
.—上海: 同济大学出版社,2018.4
ISBN 978-7-5608-7767-9

Ⅰ.①测… Ⅱ.①程… ②顾… Ⅲ.①顾孝烈—
传记 Ⅳ.①K825.89

中国版本图书馆 CIP 数据核字(2018)第 043504 号

测绘宗师——忆顾孝烈教授

程效军 顾振雄 **主编**

责任编辑 杨宁霞 李 杰 **责任校对** 徐春莲 **封面设计** 陈益平

出版发行 同济大学出版社 www.tongjipress.com.cn
(地址:上海市四平路 1239 号 邮编:200092 电话:021-65985622)
经 销 全国各地新华书店
排 版 南京新翰博图文制作有限公司
印 刷 上海同济印刷厂有限公司
开 本 787 mm×960 mm 1/16
印 张 24.5
字 数 490 000
版 次 2018 年 4 月第 1 版 2018 年 4 月第 1 次印刷
书 号 ISBN 978-7-5608-7767-9

定 价 88.00 元

顾孝烈

顾孝烈教授简介

顾孝烈，生于1928年3月，祖居嘉兴北郊嘉北乡顾家浜。6岁求学于嘉兴集贤小学。1948年毕业于省立嘉兴中学，毕业后在嘉兴宙华蚕种场任会计。1953年考入上海同济大学测量系测绘专科，1955年毕业后留校，任测量系助教。1965年任讲师，1980年任副教授，1986年任教授。1981年至1989年担任测量系测量学教研室主任，1993年退休。1993年至1995年返聘担任教学、科研等工作。曾担任《同济大学学报》编委、中国测绘学会《测绘学报》编委、中国建筑学会《工程勘察》编委。1992年获"国务院突出贡献专家"称号。

长期在教学科研第一线工作，讲授的课程有：测量学、天文测量学、城市导线测量、城市与工程控制网设计、测量电算程序设计等。1981年起招收工程测量专业硕士研究生，共培养硕士研究生20名。

主编有《测量学》《城市导线测量》《城市与工程控制网设计》和《测量电算程序设计》等教材。公开发表的学术论文有：《工程边角控制网的精度分析和优化设计》(《同济大学学报》)、《城市光电测距导线的精度分析》(《测绘学报》)、《城市测边网的设计与技术规定》(《测绘学报》)、《多个粗差定位的矢量分析法》(《测绘学报》)、《用机助模拟法进行城市平面控制网优化设计》(《同济大学学报》)和《测量控制网的敏感度分析法优化设计》(《测绘学报》)等，参加建设部《城市测量规范》的编写并担任顾问。

参加的科研工作有：(1)城市控制网优化设计，曾为广州、昆明、嘉兴、绍兴等大、中城市设计城市首级平面控制网；(2)工程控制网布设的研究，曾主持布设富春江水电站、南京长江大桥变形观测控制网；(3)测量电算程序设计，研制"平面控制网的优化设计及平差计算通用软件"，并先后将该软件应用于科研、生产和教学中；(4)《城市测量规范》编写中有关控制测量部分的研究课题，研究成果为规范所采用，获国家建设部科学技术进步一等奖；(5)"测量学"课程改革与建设，担任负责人。

前　言

顾孝烈教授，1928年3月12日生于浙江嘉兴，父辈艰苦创业，创办宙华蚕种场，蚕种场稍有起色之时，又逢日寇全面侵华，陷入深重的灾难。少年好学，历经磨难。经家人鼓励与自身努力，25岁那年考入上海同济大学测量与绘图专修班（二年制），毕业后留校任教。尽管成年后才上大学，而且是大专毕业，但凭着他精益求精和一丝不苟的精神，成为1956年全国高校院系调整后同济大学测量系的第一位教授，并获"国务院突出贡献专家"称号，这是何等的不易！

顾孝烈教授从1955年毕业留校任教到1995年的四十年里，长期在教学第一线从事测绘高等教育工作，讲授测量学、测绘专业英语、BASIC算法语言、地形测量学、城市与工程控制网设计等本科课程；讲授电算程序设计、工程控制网精度分析、控制网优化设计等研究生课程；指导研究生和进修教师数十人。他撰写了《工程边角网的精度分析和优化设计》等论文；参与了《城市测量规范》等国家测绘规范的制定和大百科全书的编撰工作；编写了《城市与工程控制网设计》等教材，主编了《测量学》教材，获国家测绘教材一等奖，多次获得上海市优秀教学成果奖；他对教学法进行研究，撰写了《测量教学中的形象思维》等论文；他掌握英语、俄语和德语，译作有《用于工业的精密摄影测量》等。他负责完成的科研项目有乌溪江、富春江水电站边角控制网试验等。

顾孝烈教授对教学认真负责，对科研精益求精，对工作一丝不苟，对他人和蔼可亲，充分体现了同济人严谨、求实、团结、创新的精神。他忠诚于党和人民的建设事业和教育事业，以自己的专业知识和技术专长为国家的建设和发展贡献力量。顾孝烈教授热爱祖国、热爱人民；拥护中国共产党的路线、方针、政策，将自己毕生的精力投入祖国的建设事业和教育事业。几十年如一日，勤勤恳恳、踏踏实实地工作，充分体现了一位老师无私奉献、为人谦和的长者风范。正所谓：

少年好学梦耀宗，时世艰辛劫后生。
家族厚望遇良师，梅花香自苦寒来。
光阴似箭难回顾，披星戴月不怜身。
闻承祖命为尽孝，侍老抚幼治家勤。
国需速成堪称烈，白粉前台育后新。
句句肺腑一代师，行行程序算法深。
年年学子沐教恩，岁岁桃李增新人。
字字珠玑隽且永，笔笔功力锦绣文。
蚕丝蜡炬师表怀，两袖清风即黄金。
一生治学无杂念，万世追忆弟子心。

学高为师，身正为范。顾孝烈教授作为测绘与地理信息领域的一代宗师，治学严谨、学识渊博、思想深邃、视野雄阔、勤勉好学、诲人不倦、生活简朴、为人宽厚、兢兢业业、辛勤耕耘。他在城市导线测量、地形测量学、测量平差、数字测图等诸多领域以及测绘高级人才培养方面都做出了开拓性的贡献，为我国测绘学科的建设和发展贡献了一切。他的学术思想、治学理念、务实作风和无私奉献的精神是后辈成长成才的榜样和宝贵财富。

本书汇集了顾孝烈教授的生平、诗词书画、书信往来、亲友师生回忆、学术成果、珍贵影像资料等，力求从多角度、立体化地诠释顾孝烈教授。本书的出版得到了同济大学测绘与地理信息学院和同济大学出版社的大力支持。顾孝烈教授的家人为本书提供了大量珍贵的素材，他的亲友和学生积极为本书撰文，在此一并表示衷心的感谢！

编　者

2018 年 3 月

目　录

忆往昔

我的求学和工作简史

顾孝烈

1934 年(6 岁)	秋,就读嘉兴集贤中心小学一年级。
1935 年(7 岁)	妹妹宝琳进幼稚班,尚需彩云陪同。
1937 年(9 岁)	夏,读完小学三年级。每学期均获奖状,多数为“品学兼优”。8 月 13 日,日寇全面侵华战争爆发。11 月 5 日,日寇登陆金山卫,嘉兴随即沦陷,全家逃难至新塍外祖父家。老家顾家浜为国军 84 师留守处。
1938 年(10 岁)	春,父组织抗日游击队,归朱希(司令)部,称独立大队,在新塍、乌镇乡下与日寇作战。 6 月 10 日(农历五月十三日),日寇纵火烧毁半个镇。 冬,父亲在钟家墩被围、脱险。这年我随父在部队,基本未读书。
1939 年(11 岁)	进唐家桥块邱建人私塾。 7 月 28 日,日机轰炸新塍,镇上共 23 人遇难,轰炸后与妹妹宝琳携手一起逃回家,路上遇血迹斑斑的受伤民众。
1940 年(12 岁)	进新塍中心小学。 夏,小学毕业。 秋,进上海崇实中学,与顾聘潮同学住宿校中。
1941 年(13 岁)	上海崇实中学初二上学期(共读一年半)。 12 月 7 日,日寇偷袭珍珠港,日美战争爆发,上海租界沦陷,学校不再收住读生。
1942 年(14 岁)	回私塾,进朱家华先生的私塾。
1943 年(15 岁)	新塍实习中学三年级,教师有陆正吾、朱家华、郑贻生。
1944 年(16 岁)	夏,新塍实习中学毕业。

秋，考入嘉兴县立中学，住宿学校。

1945年（17岁） 8月15日，日寇投降，抗战胜利。通过甄别考试，入嘉兴省立中学。

1947年（19岁） 春，咳血，休学。冬，参加补考。作为1948年1月春季班毕业生。

1948年春至1953年夏（20岁至25岁）

在亩华蚕种场任会计，妹妹宝琳考入浙江大学。

1953年（25岁） 秋，考入同济大学测量系，测绘专科。

1954年（26岁） 春，气管炎复发。

夏，测量实习，病痊如新生。

1955年（27岁） 夏，毕业于同济大学。投入教学工作，虽家乡近在咫尺，而一年未回家。

1958年（28岁） 在上钢一厂劳动8个月。

1965年（37岁） 升讲师。

1966年至1976年（38岁至48岁）

"文化大革命"期间，家道变故，大咳血三次。

1980年（52岁） 升副教授。

1986年（58岁） 升教授。

1992年（64岁） 获"国务院突出贡献"证书。

1993年（65岁） 退休。

宙华蚕种场

顾孝烈

父辈艰苦创业

宙华蚕种场是我的父辈们在二十世纪三十年代初创办的有利于国计民生的民营企业，我在此工作和生活了六年，这是生命历程中环境最为险恶和为生存而艰苦奋斗的六年。

在杭嘉湖平原上，水网纵横，土地肥沃。在嘉兴一带，一般的地形是：大片为水田，地势低洼，多栽种水稻；沿河为带状的旱地，地势较高，多栽种桑树。据我估计，先民们在开垦这片一望无际的、低洼的长江冲积平原时，知道生命之水在这里是取之不尽、用之不竭的，但必须要规划利用好。为此开掘河道和河浜，用于水运、储水和排水。把挖出来的泥土堆积在河边，形成河岸和地势较高的旱地。河岸用于水田的保水和排水，便于栽种水稻。旱地则作为生活用地以及栽种树木和非水生作物，其中主要是桑和竹，一般都是成片栽种，形成桑园和竹林。栽桑是为了养蚕、产茧和缫丝。较开阔的水域形成湖，在江南地区被称为"荡"，狭长的则被称为"塘"，一般用于养鱼。稻米、蚕丝和淡水鱼成为嘉兴主要的传统产品。少年时，读陶渊明的《桃花源记》，有"土地平旷，屋舍俨然，有良田美池桑竹之属，阡陌交通，鸡犬相闻"的一段文字，印象特别深刻，也像是对我们家乡的生动描述。

农民栽桑、养蚕、产茧，丝厂缫丝，绸厂织成丝绸，行销国内外。二十世纪初以来，中国的丝绸在国际市场上受到日本的挑战。日本用科学养蚕，讲究家蚕品种，提高蚕丝质量。中国也不甘落后，成立蚕桑研究机构，用行政措施干预和引导农民的蚕茧生产，推广改良的桑苗和蚕种。蚕种是作为种用的蚕卵，按繁育目的分为原原种、原种和普通种。原原种和原种为蚕茧品质优良的纯种，繁育的条件要求很高，由国有的研究机构负责培育新品种（原原种）和生产蚕种（原种）。普通种为某两纯种的“一代杂交种”，它能保持该两种纯种的优良品质，且生存能力较强，适合于广大农民饲养，以生产大量的商品蚕茧。普通种由受政府监督管理的蚕种场（大部分为民营）饲养原种并杂交而生产的蚕种。蚕种的销售也由政府管制。不经过蚕种场生产的蚕种称为私种，由于私种生产的蚕茧品质低劣，因此政府是要取缔的。政府对蚕种生产的监管机构称为“蚕业管理所”或“蚕业改进所”（浙江省设在杭州），下基层的技术人员到农村指导蚕农生产的称为“蚕桑指导员”，到蚕种场检查蚕种质量的称为“督导员”，他们一般毕业于江浙两省的蚕桑专科学校或浙江大学的蚕桑系。

一九三二年，我父亲认识一位叫作邱丽娟的蚕桑指导员，她看到我家地处乡间，老宅房屋较多，周围也多桑地，认为开办蚕种场倒是很合适的，并介绍了蚕种和蚕种场的相关知识。父亲并不墨守成规，而有开创精神，和同宅院的堂兄顾蕴石（二十世纪五十年代初去世后，由他的儿子即我的堂兄顾玉兮和顾汉勋继承）、堂侄顾元伯（当时他家还是由他的祖母许氏当家，父亲叫她“婶妈”，我叫她“婆婆”，二十世纪五十年代初婆婆去世后，才由顾元伯当家）商议后都认为是个好主意，即开始合伙筹办，取名为“宙华蚕种场”，蚕种的商标为“虎头”（老虎的头部像），用意是为了警示自己要坚持认真办下去，不要成为“虎头蛇尾”。

宙华蚕种场的商标“虎头”

顾氏家族在十八世纪后期，我估计应该有一个比较兴盛的时期，否则老家不会有一个顾家浜中最大的厅（五开间九进深的“敦本堂”）了，后来，我的高祖父绣斋公又在厅后造了堂楼（“贻经草堂”）。听我父母讲，当时老家的田地并不多，一般仅能供应吃饭和日常生活开支，经济来源主要是经营工商业，在嘉兴北门有顾洪昌颜料行，在新塍镇有大生酱园等，都是比较有名的企业。后来由于高祖父绣斋公、曾祖父三洲公和伯祖父（祖父的兄长）的早逝，我祖父又不大管事，作为这些工商业的资方不能亲自经营而委之于人，必然导致经手人的侵吞和经营不善，终至企业倒闭和业主易手。较有能力和作为的父亲年轻时迫于家族衰败的形势，曾一度到摇摇欲坠的新塍镇大生酱园作为资方代表去管过账，但是为时已晚。当时，父亲一辈的堂兄和侄子们的处境大致相似。总之，顾氏家族处于由盛而衰、继之为穷则思变的时期。这是创办蚕种场的契机，并用“虎头”作蚕种的商标以警惕自己。

蚕种场的主要企业资产在地产方面有自备桑园若干亩，房屋方面有养蚕室、储桑室、上簇室，这些房屋都要求通风、采光、保温、保湿、防蝇，其中对养蚕室的要求最高，另有制种室（要求避光）、冷藏室（要求保冷）、消毒室、工人寝室、厨房和食堂、办公室等。设备方面有蚕匾、蚕匾架（梯形架）、给桑架、制种铅圈、运输船只、消毒设备、显微镜和检验设备。显微镜是较贵重的设备，为了检验蚕病。蚕的微粒子病是由原虫“微粒子”寄生而引起的，为家蚕最为常见的影响蚕茧生产的蚕病，且能经蚕卵而传染给下一代。蚕种场在制种过程中必须自检微粒子病率，再经过蚕业管理所的抽检，病毒必须低于规定的比率。另一个蚕种质量指标为“茧层量”（茧层的重量与含蛹全茧重量之比），茧层量必须大于一定的数值。蚕的病毒和茧的质量满足规定的技术指标后，生产的蚕种才会被认为是合格的，由政府发给蚕种“合格证”。蚕种场的专业技术和人力资源为技术主任一人、技术员、养蚕工人、培桑和采桑工人、管理人员等若干人（视养蚕多少而定）。由此可见，创办蚕种场对当时缺少资金和蚕桑技术资质的顾氏兄弟们而言也并非轻而易举之事。

当时的国民政府在南方是政权处于相对稳定的阶段，比较重视富国强民的经济建设。例如于一九二九年春夏季在浙江省省会杭州开办的“西湖博览会”，历时四个多月，是我国历史上空前的文化与经济整合的盛会。博览会的展品以国货为限，对于提高国人对祖国的信心和推动我国的工农业生产起了很大的作用。当时我国的蚕丝生产在世界贸易中与日本竞争激烈，客观上要求发展蚕桑，提高蚕丝的质量和产量。因此，政府对蚕种事业的建设也颇为重视，开办培育新品种的原种场，对民营的蚕种场除了进行技术监管以外，还有一些奖励政策，例如可以申请政府贷款，合格的蚕种由政府包销等。这是创办蚕种场的最有利的条件。

二十世纪三十年代初，我还是学龄前儿童，蚕种场初创阶段的经过是听我父母讲的，我也看到了一些。开始时，蚕室是由老房子改建的。宅院的最后一埭是栈间，最先改造，北墙上开窗户，砖地上铺地板；由于栈间南面的天井太小，在屋顶南坡上开了采光和通风的老虎窗；墙上的窗户至少装有玻璃窗和纱窗，北窗为了保温和安全，还装有铁皮窗和铁直楞；屋顶下用木条和石灰墁成天花板（灰顶）。经过这样改造以后，就符合蚕种场的蚕室要求了。其他用房的要求则相对低一些，但老房子一般采光不足，通风不够，因此也增开了许多新式的玻璃窗和纱窗门。蚕匾和梯形架等养蚕用具则雇竹匠和木匠按规格定制。改造房屋、设置蚕具、培植桑园等的资金来源主要靠向亲戚朋友借贷。据我母亲讲，当时我父亲也没有多少积蓄，流动资金的来源一是将母亲的嫁妆首饰（一只金手镯和若干镶有珠宝的金戒指等）去典当或变卖，二是通过母亲向她的亲戚借贷，例如我外公的堂嫂（我称她为“六亲妈”）较有钱，也曾去借过几次。其他几位合伙人的情况也差不多，靠借贷与变卖筹措资金。父兄辈们的艰苦创业，我当时还不能体会，只见家中大兴土木，购置了许多未曾见过的新东西，原来比较沉寂的老宅大院也热闹了起来，气象一新，非常高兴。

栽桑和养蚕虽是江南农村的传统技术，父母亲和叔伯们也具有一定的知识和技能，但是距蚕种场的技术要求则相差甚远，且对制种（生产蚕种）技术则是完全缺乏的。政府规定：蚕种场的技术主任必须是有资质的蚕桑院校毕业的人员，因此蚕种场的技术主任只能去聘请。对于技术员的要求则相对宽一些，可以不是专业学校毕业，但要经过考核而取得资格，因此就在自家人和亲戚朋友中物色培养。养蚕工人传统上由妇女担任，但本乡的妇女习惯在自家种田、养蚕和家务，不习惯离家外出务工。而离嘉兴较近的苏州农村中的年轻妇女，当时由于当地农村人多田少，在春秋两季养蚕时期有外出帮人家养蚕（称为做“蚕娘”）的传统。因此，蚕种场就到苏州农村去招工，由熟人介绍，大致上可以做到定点和定人，这样，因双方熟悉而取得互信。堂侄顾敬诗的妻子王三囡就是蚕娘王彩贞的妹妹，由于做工熟悉后而经介绍成亲。栽桑和蚕期的采桑工（男工）就在本乡招工，少数是长年的，多数是临时工。蚕种场的养蚕制种分春秋两季，但是以春蚕为主，占全年产量的百分之七十以上。

顾氏兄弟子侄（顾蕴石、顾景华、顾元伯）合办蚕种场时，由于房屋、桑地等固定资产都为个人所有，流动资金无现成准备，各人都需要临时筹措（例如向亲戚朋友借贷或典当一些物品等），所以不采用股本制，对外是一个企业单位，内部则分组经营，经济独立，自负盈亏。顾蕴石家是“一组”，我家是“二组”，顾元伯家是“三组”。蚕种场的技术主任一人是合聘，技术员和工人是分组聘用。

蚕种场开办初的两三年，经营十分困难。缺少资金，缺少经验。听我的父母亲讲，为了节省开支，除了负责经营以外，养蚕房中的给桑、除沙等工作也都亲自参与。蚕的进食是不分昼夜的，晚上也得起来几次给桑，在蚕期中的养蚕人都是睡眠不足的，心事也很重，怕蚕出毛病或质量不合格。纯种的家蚕是很娇贵的，伺候不周就会生病，最怕就是微粒子病，会影响到蚕种是否合格的问题，蚕房和蚕具的消毒以及桑叶的质量是关键。因此，一个蚕期过后，人也会瘦一圈。这样艰苦经营两三年后，蚕种场终于站稳了脚，取得了一定的经营经验。正是"天道酬勤""皇天不负苦心人"，每年生产蚕种的成绩也比较好，合格的蚕种由政府包销，也不存在产品销不出去的问题。因此，蚕种场有了相当的盈利，就想到要扩大经营规模。在一九三五年的秋冬季，建造了十间新蚕室，其中，一组和二组各造了四间，三组造了两间。造新蚕室需一笔较大的费用，为此，三家又不免都向外借了钱，其中包括欠房屋营造厂的债，我还记得嘉兴营造厂老板戴家生来我家讨债的事。为增添新蚕室和扩大经营而举债，应该算是"前进中的困难"。

这样又经营了两三年，到一九三七年春季养蚕制种结束。当时一切都似乎很顺利，蚕种场创办后，经逐年发展，四五年后具有一定的规模，开始出现了欣欣向荣的气象。当时全场主要专业建筑已有完全满足养蚕制种条件的新造蚕室十间，老屋改建的小蚕室八间，储桑室三间，冷藏室（冰库）一间，消毒室一间。精密仪器设备有显微镜六台，都是从德国进口的。据母亲讲，当年下半年，如果按往年一样收到政府包销蚕种而付给蚕种场的种款，则非但历年的负债可以还清，而且还有盈余，第二年的养蚕和制种完全可以用自己的本钱了。

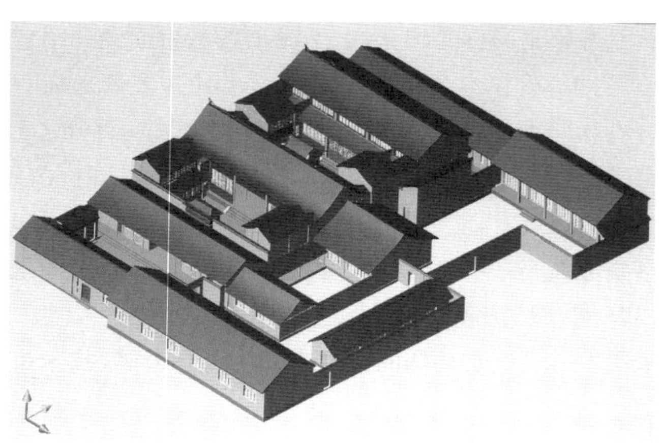

宙华蚕种制造场鸟瞰图

日寇全面侵袭

可是这种美好的希望，不久就被彻底打破。一九三七年，对于世界和我们中国来说都是一个风云突变的年头！是日本侵略者对我国从长期蚕食到开始大举侵袭的一年！万恶的日寇使我们的国和家开始陷入深重的灾难，至少在数十年里毁坏了我们家庭的前途和幸福，而决不仅仅是日寇全面侵华到无条件投降的八年！每一思及，对日寇的痛恨难消！

一九三七年的“卢沟桥事变”，对于地处江南苏杭“天堂”地区的消息不大灵通的一般老百姓来说，可能仅仅是一种隐隐约约的不安。但是紧接着的“八一三淞沪会战”，恰如强盗已经打到我们的家门口了。在夜深人静的时候，淞沪战区的重炮声在嘉兴城乡已隐约可闻。当年暑假，我在嘉兴集贤中心小学读完小学三年级，宝琳妹读完一年级。集贤小学是嘉兴城里很有名的学校，校长王让、班主任王雅君的威严和亲切形象，至今我仍记忆犹新。三年来我每个学期都获得“品学兼优”的奖状，还有参加全国儿童画图比赛的奖品和奖状（虽经战乱而一直保存，但最后仍毁于“文化大革命”）。这一切可以说是萌芽初露和希望无限。当时我已初懂人事，学校组织的童子军训练和抵制日货运动我都参加了，父亲则参加了为全民备战的壮丁训练并担任双中乡的壮丁队长，这些已使我朦胧地感到强盗已经打上门了，和平幸福的生活可能就要改变了，从而引起了我对日本侵略者的无比痛恨和对事态严重性的担忧。暑假后，由于局势日趋紧张，日寇的飞机已多次轰炸过嘉兴的火车站，敌机凄厉的俯冲声和轰然的炸弹爆炸声，震撼了我幼小的心灵，以致到老还印象深刻。学校当然不能开学了，人心惶惶，都在商量如何避难，据古人云“小难避城，大难避乡”。凶残的日寇一如入室之虎，企图亡我中华，绝非一般的流寇，对我国和我们老百姓肯定是大难。我们家本住在乡下，但离嘉兴城只有六华里（注：1 华里等于 500 米），实在太近了，因此父母商量决定先避难到离嘉兴城三十华里的新塍镇外祖父家。从此开始了我们“八年离乱”的生活。当时这是唯一的选择，因为我家的经济条件也绝不允许全家避难到远离战线的“大后方”，例如像我们的同乡、文学家和画家、家住桐乡石门湾的丰子恺那样，携全家老小从家乡逃到杭州、桐庐、江西、湖南，最后一直到广西。

一九三七年十一月五日，日寇在金山卫登陆，嘉兴的形势急转直下、迅速恶化，国民政府和军队西撤，当月嘉兴沦陷。蚕种场关门，全家逃难到新塍，老家房屋及一切不动产请人暂时照管。当年春季蚕种场生产的蚕种虽早已交给了政府，但“破巢之下岂有完卵”，再贵重的东西也只能弃之而去，蚕种款已无着落，蚕种场当年的生产成本损失殆尽。当年的我十岁，开始尝到了亡国毁家之痛。父亲当年三十六岁，感到多年艰苦经营的企业毁于一旦，在财产损失之外，连生命都无法保障。因此，年轻气盛的他参加了壮丁训练并担任队长，目睹了国军八十八师遗弃武器。在乡下，他敢作敢为，到新塍把全家托付给外祖父以后，毅然决然地回乡组织抗日游击队，对毁坏我们幸福的敌人进行反抗（此事的详情见“《新塍镇志》中我所经历的史实”）。宙华蚕种场的经营历史因此暂时告一段落。

抗日战争时期在沦陷区，嘉兴也算是铁路交通线上的一个重镇，是铁路和公路沪杭线和苏嘉线的交点。日寇有重兵把守，成立了完全是傀儡式的伪政府，而真正的主宰是日本宪兵队。新塍镇离嘉兴虽只有三十华里，但地点较偏僻，与外界交通只有水道和小路，因此日寇一般情况下不在新塍镇驻兵。时有抗日游击队来活动，但一般也没有长期驻守的军事实力。虽有老百姓为了生存、生产和经商而组织的“自治政府”（对日方称之为“维持会”，对中方称之为“临时镇政府”）也只能是两面应付，日寇主要是要征收“军粮”，而抗日游击队也需要活动经费。抗战初期的当地游击队主要是为了抗日，和日寇经常发生冲突在所难免。因此，新塍镇经常局势动荡，虽免于日寇的长期占领，但时有大大小小的因战争而发生的灾难（此事的详情见“《新塍镇志》中我所经历的史实”）。

日寇侵华在军事占领之后，继之以经济掠夺，其中包括明目张胆的抢夺和搜刮，例如征收军粮和税收；另外，表面上比较隐蔽的是商业侵略，例如大量推销日货，其中包括日产的蚕种（日本种）。因此，民营蚕种场的经营在当时是很困难的，当然不会再有政府对蚕种的收购和包销，更谈不上贷款，蚕期之前要通过各种渠道去推销蚕种，日本种更是强大的商业竞争对手。

为了家族的生活，顾氏兄弟的蚕种场在日寇统治时期也只能各自分散地、困难地、断断续续地经营。一九三八年后，一组和三组仍陆陆续续在顾家浜经营蚕种。而我家的二组，由于我父亲在一九三七年和一九三八年参加了抗日游击队，一九三九年后虽离开了部队，但是已经上了敌伪政权的黑名单，如果当时常住在离嘉兴很近的老家顾家浜是很危险的，只能经常避难在新塍、乌镇等地，偶尔回家一次处理些家庭事务。有一次，敌伪军把我的堂兄顾玉兮当作我的父亲抓了去（他们叔侄年龄相近），受到了拷打，后来由我的伯父顾蕴石托人花了钱才把他赎回来。再有一次更为危险，父亲偶尔回到顾家浜老家，敌伪军得到"情报"，企图抓他，他们化装成便衣（装扮成抗日游击队的模样），几个人进入我家，一人站在家门口把守。父亲刚好准备回家，远远望见一个武装便衣站在我家大门口，肩上倒背着一支崭新的"三八大盖"步枪，心生疑虑，想到当地游击队员虽也会来顾家浜一带活动，认识的也不少，且一般是背短枪，而"三八大盖"是日寇士兵的常规武器。但当时往回走已经来不及了，因为此人也已看到了父亲，急中生智只好若无其事地往前走，过家门时二人相互看了一下，都没有讲话。父亲"过家门而不入"，继续从容不迫地往前走，而且及时地转弯上了大门东侧的木桥，走到了港南隐蔽起来，终于没有引起此人的疑心，以为是与我家无关的过路人。后来知道果然是敌人来抓他，门前站岗的是个日本兵，结果我家中没有人，他们扑了个空。想起这种危险的经历，我十分佩服父亲的镇定和机智，毕竟是和敌人周旋较量过的人，"曾经沧海"！

一九三八年后，父亲为了生计也曾在新塍与镇上人士张木舟、许寿桐等合办新农蚕种场，经营小规模的蚕种生产。新农蚕种场在新塍镇东栅近郊的乐善坛，一九三八年的农历五月十三日拂晓，日寇偷袭新塍镇，游击队击毙日酋一名，日寇愤而焚烧东面半个镇的民房时，我和母亲正住在新农蚕种场（此事的详情见"《新塍镇志》中我所经历的史实"），由于乐善坛位于东栅郊外，房屋免于被焚。抗日战争后期，父亲参加抗日游击队之事已"渐行渐远"，他也可以经常回到顾家浜，因此也可以和一组与三组一起经营蚕种生产，但限于经济实力和蚕种推销困难等原因，只能是较小规模地进行，直到抗日战争胜利。抗日战争使宙华蚕种场受到严重的挫折，例如种款损失、停止经营、桑园荒芜、大草棚及蚕具被焚等，但终于还是维持下来了。

战后曲折艰辛

经过八年抗战的沦陷区老百姓，尝尽了"亡国奴"的屈辱和痛苦，甚至付出了生命的代价。像我父亲那样壮年创业时期被迫放弃了他的企业，拿起枪杆子和敌人对抗了两年，虽以失败告终，之后只能在乡镇间东躲西藏，但始终保持了民族气节，对于我们家族是值得自豪的。我的青少年时期（10 岁至 17 岁）就在这样的风雨飘摇中度过，受过敌人的轰炸和机枪扫射，逃难占去了不少时间，惊恐、忧虑和前途茫然是主导心情，读书也是断断续续。当然，经过八年抗战，我们一家六口三代人都健在，蚕种场尽管显得凋敝但还是存在，应该算是不幸中之大幸。沦陷区老百姓盼望抗战胜利如漫漫长夜之望黎明，因此将抗战胜利称之为“天亮”。一九四五年八月十五日，日本天皇（实际应是战犯！）宣布无条件投降，全国人民盼到了“天亮”。我当时是在嘉兴县中读完了高中一年级，暑假中听到了这个天大的喜讯，振奋异常，以为从此苦尽甜来，父亲的蚕种场可以像战前一样顺利地办下去，一家生活无忧，丰衣足食，我和妹妹也可以安心求学，一直读到大学毕业，这一直是家长和我们兄妹俩的愿望！可是，现实社会的进展却并非如此，我家所遭遇的曲折危难和进行的艰苦奋斗更是出乎当时意料，其深层次原因仍然是日寇侵华所引起！“祸兮，福之所倚；福兮，祸之所伏。”老子在两千多年前就这样说过！

自从一九三一年“九一八”事变到一九四五年日寇向同盟国投降的日寇侵华十五年中，中国军队和人民伤亡三千余万人，经济损失六千余亿美元，在广大的国土上抗击了日寇，但是如果没有同盟国的协同作战，没有美国在广岛长崎投下两颗原子弹和当时的苏联对我国东北日军根据地的出兵，中国抗战的胜利估计还会延长若干年。当政者对快速到来的胜利有些忘乎所以，以致不以战后民生和建国为重而争抢胜利果实为先，以为国为民为借口，以争权夺利为目的，侯门仁义，成王败寇，以致造成历史的曲折。正是“江山代有英雄出，各苦生灵数十年”！

抗战胜利后，蚕种场免去了日寇汉奸的骚扰，没有了日本蚕种的竞争，似乎经营条件可以大为改善。然而事实并非如此，外患才消，内战又起，民生凋敝，物价飞涨，当时政府也没有恢复抗战前对蚕种的统购统销，因此蚕种场的经营仍很困难。田地的收成也不好，家庭经济并不乐观。

一九四五年的秋天，我迎来了高中二年级的新学期。原来我读高中一年级的嘉兴县立中学成了“伪嘉中”，难道我们也成了“伪学生”？抗战中开办在浙西大后方的省立嘉兴中学搬迁回原地嘉兴来接收我们的学校，原来很神气的校长见了“接收大员”一副低声下气的样子，倒使我们学生心中很不服气。因为嘉兴的文化水平当时在全省甚至在全国也是比较高的，县立嘉兴中学的教职工在沦陷区忍辱负重继续办学，在国难中尽量保持一点文化底蕴和人才苗子是权宜之计,但也符合国家长远利益,大方向应是不会错的。当年日寇打进来,国民政府匆忙撒手走了,丢下我们老百姓沦陷于敌人,难道我们不要生活了?学生也不要读书了?后来,当时的教育部长朱家骅发表声明:“学生不伪!”才使我们消了这口气。学校对我们这批学生进行了“甄别考试”,我进入了省立嘉兴中学的高中二年级,宝琳妹进入初中二年级。省立嘉中当时由浙西迁来,带来了一批浙西的学生,他们因非本地人而都住宿校中,限于校舍,在当地就不招收住宿生了。按我家当时的经济条件,因抗战而受严重损失,就不能像战前那样在嘉兴城里租房住来让我们兄妹俩在城里读书了。由父亲安排,我寄宿在远房族兄顾渚清家(城北抱月村)的一个阁楼上,宝琳妹寄宿在远房表兄任志新家(在城北栅沿桥),这两家住房也都是租房,都不宽裕。所以我们当时的读书条件都是比较差的,回“家”自修,没有一张专用的书桌,因而有“每况愈下”和“寄人篱下”之感!但是我们兄妹俩都没有因之而埋怨家长。父亲的蚕种场由于战争受损而本钱不足,经营条件困难;他与几个朋友合伙开一个米行,也因经营不善而亏损;抗战胜利后的社会大环境也毫无国泰民安、欣欣向荣之气象。相反,内战日紧,民生凋敝,物价飞涨,人心惶惶。作为当家人的父亲,物质和精神的负担都很重,上有年迈双亲要赡养,下有未成年的子女要培养,社会不稳定,事业又不顺利,他的心情和我们子女是相通的。一次他由乡下出来,到我寄住的顾渚清家来看我,分别时我送他出门,他沿着抱月村的河边大路进城办事。我在学校中读过朱自清写的著名散文《背影》,深刻描写一位父亲的舐犊情深。看到我父亲穿着长衫,郁郁独行,渐渐远去的背影,联想到他历经风雨,半生奋斗,而今国、家如此,生计艰难。一种苍凉之感油然而生,久久不能自已。不知为什么,这一“背影”定格在我的记忆中,永生难忘,且历久弥新。“谁言寸草心,报得三春晖”!

一九四七年,是我一生中发生重大转折的一年,这年的暑假,我应该是高中毕业。按我的学习成绩,在班级中可算是名列前茅,而省立嘉兴中学的教育质量在全省甚至全国也可算是名列前茅的。照此推测,毕业后报考国立大学录取的可能性是有的。我的小学和高中的同班同学沈永铭(抗战期间,他随家庭转移到大后方读书)学习情况和我差不多,高中毕业后就考取了清华大学。当时的中国青年能有机会受高等教育的比率是非常小的,其中原因之一即是国立大学的学费对于中产阶层也是比较沉重的负担。按照当时我家的经济情况上国立大学是有困难的。临近高中毕业的我,也时时有此隐忧。

当然，青少年对人生的幻想我也是有过的，例如我从小对在天上能自由翱翔的飞机有极大的兴趣，经常喜欢在纸上画飞机，曾梦想将来要报考航空工程专业而能够制造飞机。这种美好的愿望也曾透露给父母，以致母亲后来会经常提起此事，并对儿子的自幼聪颖好学但一生坎坷遭遇而深深叹息！

不幸的事情发生在一九四七年的春天，一天课外活动是打羽毛球，玩过后到洗手间，突然感到喉头发痒，咳出来一看是整口的鲜血，接着又连咳了几口，当时就把我吓懵了。因为我们班级里曾发生过一件大事：学习尖子、班长曹祖敦同学因患肺结核病去世了，老师和同学均感十分可惜，同学们也曾出了纪念他的刊物。想到这事我就联想到可能也患了此病。二十世纪四十年代，肺结核病尚无特效药，当时可以说是绝症，而且也听说咳血是该病严重的征兆，因此精神几乎崩溃。但毕竟我也曾经历过战乱危难的考验，几次死里逃生，也都过来了。定一定神以后，想到此时只能向父母求助，因此就取了书包，到后月河雇一小网船（当时是嘉兴城里至乡下唯一的便捷交通）回到老家顾家浜。回到家后，血早已不咳了，到了父母身边，心灵得到极大的安慰，好像一切都交给了父母亲，自己不用担心了。事后回想，当年我十九岁，已达到成人年龄，而在危难时依赖父母的心情却和小孩没有多少差别。但是父母一方面在我面前要竭力安慰我，另一方面他们心中的着急和忧虑肯定是十分严重的。等到自己有了后代，在他们生了严重疾病，例如惠新（我的儿子）小时候患急性血吸虫病和急性黄疸肝炎时，才有了深切的体会，正是“当时父母念，今日尔应知”！后来，母亲到嘉兴中学找了校长张印通，张校长一向待人接物很和蔼，当时安慰我母亲说：“现在医学发达，病总是医得好的，他（指我）高中的课基本上已修完，休息几个月，到寒假来补考，作为春季班毕业就是了。”

在家休息几天后，不再咳血，也没有咳嗽。但当时认为咳血总是由肺病所引起，需要静养，整天躺在床上不敢多动。父亲特地到嘉兴北门坛弄去请他认识的章学勤医生到顾家浜出诊，胸部听诊得不到明确结论，给我注射了防止出血的钙针，后来我又到他的诊所去打过几次钙针。过了几天，父亲陪我到嘉兴著名的肺科医生周学章处去诊断。周医生开的是私人诊所，当时在嘉兴也只有他有小型X光机可进行透视（但还没有摄片设备），诊断结果是“右肺微呈结核症”。这一结果影响了我当时的命运，读书当然不能再继续了，而且需要静养，没有特效药，唯一的“药物”是服用鱼肝油与钙片，即增加身体的抵抗力以抗击病菌，多吸收钙质以包围病菌（结核病灶的钙化）。限于当时所具有的医学知识，对于病和养病走入一个误区：认为只有营养与静养是对付此病的最好办法。仅凭周学章医生的诊断就确信无疑已生了肺结核病，实际上我当时除了这一次大口咳血之外，并没有肺结核的干咳、潮热、出虚汗等典型症状。对于周医生凭一次透视而写的“七字”诊断中的“微呈”二字也没有怀疑，没有再去作进一步诊断，并且把“静养”解释为“静卧”，因此几个月休养下来反而胃口不佳、体力衰退。而精神状态也是一个很大的原因，自幼好学的我一向有争强好胜之心，而今患此自以为的“不治之症”，中途辍学，前途无望，精神上的消极萎靡十分严重，以致听到同学们的升学消息时，唯有借用唐诗“白发悲花落，青云羡鸟飞”来抒发郁闷与无奈的心情。

谚语云：“福无双至，祸不单行”。一九四七年年底，父亲在事业受挫、儿子生病的双重打击下患上了精神抑郁症，不愿出门见人和办事。这对我们全家又是一个重大的打击，祖父和祖母都已年逾古稀，宝琳妹刚初中毕业，尚未成人，维持家庭的重担必然落到母亲身上。在这种情况下倒使我对自己身体的担心转移到担心家庭生计上来了。八年抗战的斗争和逃难生活都在艰难曲折中熬过来了，母亲身上有一股和困难作斗争的勇气，每每在危难时就会显示出来。我深受其影响，感到自己已经成年，这时候必须振作起来和母亲分担家庭这副重担，尤其是对外自己必须站出来应对。这样一来，我就忘记了自己的“病”，照样出门办事，身体也不感到什么异样，我家在蚕种场的事就暂时由我接了下来。后来才知道，我当时患的是“支气管扩张症”，因用力过度或咳嗽过猛而支气管周围的血管破裂致大量咳血，和肺结核病的经常咳嗽和痰中带血有本质的区别。此病虽终生难愈，但并非致命的。前一时期的体虚乏力、精神萎靡，实质上是由于思想负担过重，精神反馈而影响身体。一九四七年年底的寒假前，我参加了嘉兴中学的毕业考试，后来拿到了高中毕业文凭。这时，我对于考大学倒是不做“非分之想”了，因为当时即使我身体很好，家中的形势和经济条件也决不允许我再做设计飞机的大学美梦了。

当时宙华蚕种场还是分组经营，我组对外的事务暂时就由我来担任。父亲的体质还是好的，后来看到我身体没有什么，心情也安稳下来，家里养蚕制种的事父母都还是参加，当时老小一家的生活就这样维持下来了。宝琳妹仍寄宿在表兄任志新家，尽管吃住的条件很差，但仍在嘉兴中学继续她的高中学业。

中年的父亲母亲

一九四八年春天，我的老祖父因常年患老年支气管炎而去世，终年七十八岁。在当时已算是高寿，但全家仍都很悲痛。祖父以"老好人"出名，人缘好，又长寿，来吊唁的人很多，按乡村习俗都得送一碗"寿豆腐"给来者。办丧事期间，祖母对着祖父的遗体讲了一句使我终生难忘的话："请您把家中的晦气都带走吧！"祖母说的"晦气"是指日寇侵华、嘉兴沦陷、逃难生活、父亲和我的生病等。这实际上是祖母自己的心声，使我深受感动。蕴含的意思是老人终究要先离开人世的，离世当然是"晦气"事，但愿把家中的所有晦气都一起带走，为了后代的生存和幸福。每想到此事，都不禁使我热泪盈眶，年迈慈祥的老祖父和老祖母的形象又浮现在我的眼前。可是当时怎能预料到在今后相当长的一段时间内，国家和家庭所经受磨难和艰难曲折远远超出沦陷于日寇的"亡国奴"时期。但是"天无绝人之路"，灾难总有过去之时。可使祖宗告慰的是，子孙们坚持奋斗过来了！老家彻底毁了，被毁灭得片瓦无存、影迹无踪，后来，子孙们平地造屋，又买了新房；空手可以创实业，学业可以靠勤奋，我和宝琳妹都圆了大学之梦；母亲在"人间地狱"中挣扎了三十余年，最后二十余年终于争回了人的尊严，以百岁

老年的祖母

高龄寿终正寝。惠新在自留地上第一次造起了两间新屋，我曾为新屋书写了一副对联："向阳门第春常在，积善人家庆有余"，来庆幸天理的回归！

我在宙华蚕种场中继续父亲的工作，既是为了全家的生活，也看到了蚕种事业有利于国计民生。况且蚕种场是父辈半生的心血所系，因此当时也就以全部心力投入经营，这也可以说是对家庭传统的"情结"。可是我作为一个高中毕业的学生，没有专业知识，也缺少工作经验，只好从一些事务工作做起，如采购物品、向农民订购桑叶、推销蚕种等。为了想要逐步掌握养蚕制种技术，有空时也到蚕室中帮助做一些养蚕工作（给桑、除沙、采茧等）和蚕期过后的蚕种冷藏、病毒检验、蚕种划补、蚕室消毒、桑园管理等工作。可是蚕种培育毕竟是一种专业技术，需要有植物学、昆虫学、遗传学、家蚕病理学、栽桑学等基础知识，蚕种场的技术主任必须要由蚕桑技术学校毕业的人来担任。尽管我对养蚕和制种感兴趣，但深感作为一个高中生的"无一技之长"的遗憾。后来，宝琳妹高中毕业后，父亲要她报考浙江农学院蚕桑系（后并入浙江大学蚕桑系），她是愿意的，可能也有和我一样的"情结"，我也是全力支持她的。由此可见，我家对有利于国计民生的蚕桑事业的"一往情深"。如果不是后来政治局势的动荡，宙华蚕种场办成一个相当规模的企业是完全有可能的。当时嘉兴地区在王店镇的"大有蚕种场第三分场"（当时称"大有三场"）是浙江省规模最大也是办得最好的民营蚕种场，有先进的氨气冷库，我们的秋种（供蚕农秋天饲养的蚕种）在夏季也得寄放在那里，我也因业务联系经常去大有三场。多排两层楼房的新蚕室、宽大明亮的经理办公室和接待室、先进的养蚕制种设备和周围大面积的茂密桑园等，还附带开了一个酱园。这些都使我很向往，幻想我们宙华蚕种场以后也会经营到这样大的规模。这个愿望，我认为没有什么不对。经过半个多世纪的折腾，付出了多少惨痛的代价，回过头来，还不是要大力发展民营企业才有利于国计民生？这才符合社会发展的客观规律。

宝琳妹在浙江大学求学

为了向蚕农推销蚕种，我曾到过诸暨的一个山区小镇——牌头，牌头镇只有一条小街，两端有寨门，晚上关闭，据说因为四围乡村时有"土共"（当地人这样称土匪)活动,也会绑架客商云云。出寨门一望,四周都是较高的山,有时白云把青山的顶都遮住了;田野里没有河流而只有溪涧,这样的乡镇风光有异于我们嘉兴一带。当时住在推销商诸小青的小商铺中,每天看着农民来选购蚕种,讨价还价,锱铢必较,体会到当地农民生活之艰苦和推销蚕种之不易。有一次我从牌头镇回到诸暨城里,住在旅店中患上了疟疾,每天发一次高烧,虽请当地中医治好了病,但人也瘦了一圈,回到家中父母亲说几乎不认识我了,可见谋生之不易。

蚕种场最好有全部自己种植的桑园(自备桑园)来供给蚕宝宝吃优质桑叶,像大有三场那样。我们蚕种场限于经济实力,没有这么多自备桑园。因此,每年要向附近农民订购优质桑叶,这也是我的工作之一。有些附近农民是认识的,较远一些的要通过中介。有一个中介人叫董阿小,至少有我父辈的年龄,他基本信誉是有的,但为人很圆滑,我这个初出茅庐的小伙子要和这种人打交道,感到嫩了一点,幸好我的文化水平比他高一些,占了一点优势,总算还能应付,几年来也和他成了熟悉的"朋友"。

我刚进入宙华蚕种场的一两年正值国共内战,局势动荡,物价飞涨,民不聊生。对于我们抗战沦陷区的人们来说,抗战胜利的喜悦和期望,早已灰飞烟灭。在这样的大局下,宙华蚕种场的生产经营也只能是勉强维持。

一九五〇年后,政府对于有利于国计民生的私营蚕种场采取了扶持政策。蚕种生产业务由浙江省农林厅蚕业改进所(地址在杭州市开元路)领导和监督,并组织浙江省蚕种业联谊会(地址在杭州解放路的官巷口),负责政府对企业的政令传达、蚕种种款的收取和发放等。我因蚕种场的业务关系,经常要到"蚕改所"和"联谊会"去走动。当时,政府要求民营蚕种场建立统一的会计制度,并进行"清产核资"。这对于我们这样的蚕种场至少先需要解决两个问题:第一,原来分三组的经济相对独立的家庭经营方式必须改变为股份制;第二,要有一个懂得簿记账册的会计人员。三家经过协商,各家清点固定资产,认定流动资产,以确定各家的股份:一组约占50%,二组约占30%,三组约占20%。而会计员则大家推举我来担任。会计是需要一定专业知识的职务,当时上海有立信会计学校专门培养会计人才,也出版了一些会计书籍,我就去买了一些会计书籍来自学。后来,由蚕种业联谊会组织在杭州举办"浙江省蚕种业统一会计学习团",为时大概一个月,我去参加了。由于我事先有了一些会计基础知识的准备,而且学习团的学习内容又是针对蚕种业的经营范围，因此经过这次学习，我就较有把握地担任了宙华蚕种场的会计。学习回来以后，按照联谊会的规定，建立了浙江省蚕种业的统一账册和会计科目。通过这次学习，也认识了许多同行，例如蚕种业联谊会的会计沈淇清、大有八场的会计周永华、宙丰蚕种场的会计张敏等。由于迫不得已而离开学校已有三年，这样的学习生活时间虽短也使我感到兴奋，也增加了我对自己学习能力的自信，深信"天生我材必有用"。我需要不断地学习，用知识来开拓未来，并将其奉为终身行为准则。深信"家有良田千顷，不如一艺随身"。"知识就是力量""知识就是财富"，是任何强暴外力所不能夺走的！同时也深信：只有丰富的知识，才有可能建立正确的宇宙观、历史观和人生观，才能不被一些社会的表面现象所迷惑，不被一些虚伪的政治宣传所欺骗！

蚕种场生产的蚕种仍由政府收购，免去了蚕种场推销蚕种的环节。农民向政府的蚕业指导所订购蚕种，各蚕种场均要派人员参加蚕桑指导所的收款组，到农村小镇去预收蚕种款。我也曾几次参加蚕种的收款工作，一九五一年的冬季，我到湖州的菱湖镇去收款，这一次印象较为深刻。先到杭州联谊会报到，知道我们收款组的组长为葛敬忠——原来嘉兴南湖蚕种场的老板，后因经营不善而关闭，但在蚕种业界他也算"老前辈"了，人地两熟，收种款时经常请他出来"帮忙"（参加收款工作有一定津贴）。我是初次认识他，也是收款新手，凡事向他请教，他倒是对人不分老少都很随和。同小组还有蚕业指导所的指导员，都是从蚕桑学校毕业的比我年长的女同志，相处都很好。听说小镇上的猪肉很便宜，我们合伙买来由她们炖红烧肉，大家一起改善伙食。工作之余，她们在唱妇女解放的歌，其中有一句歌词我听成是"湖南是我们的根据地"，产生疑义而问她们。原来歌词是"苦难使我们变得更坚定"，而笑我听到哪里去了，因而给我歌词看，并说："您有兴趣的话，来和我们一起歌唱吧！"。这样，我就学会了这首歌，好像又回到了青年们所向往的学校生活。

宝琳和许勋

这次收款任务结束回到杭州，已临近农历年底，正好宝琳妹在浙江农学院蚕桑系读书也放寒假了，许勋已从农学院毕业分配在杭州工作，因此我们一起从杭州回家过年，这是在当时的苦难岁月中难得的开心事。许勋看到我们蚕种场设在堂楼前西厢房的会计室，小房间面对庭院花木，窗明几净，安放一张写字台和一个账册柜，还有放置显微镜等的玻璃橱和一张小方桌，因而对我说："你在这里工作不是很好嘛！"但是他哪里知道在这样祥和宁静的表面现象下，隐伏着多少危难与艰辛！我们的蚕种场和家庭将面临一个内外交困的局面。

形势迫我离去

宙华蚕种场的内忧外患当然有其内因和外因。蚕种场处于相对贫困的农村之中，文化素质甚低，上行下效，易走极端。尽管蚕种事业有利于国计民生，是直接为农民的蚕桑生产服务的，受到政府管理生产技术部门（浙江省农林厅蚕业改进所）的支持与鼓励，例如经营的免税、生产的贷款和产品的包销。我们也是兢兢业业地经营生产，希望多生产优质蚕种，三家人家借以为生的企业可以长期存在和发展。可是在"左"风方兴未艾之时，这完全是一厢情愿的梦想！顾氏的蚕种场在当地的乡村行政领导的眼中却是绝对的异端，你们居然挂出了"浙江省宙华蚕种制造场"这样的牌子！（殊不知这是政府的技术领导部门给的命名，公文下达都是这样称谓的！）好像蚕种场比他们的乡村政府还要"神气"（就从业人员的文化水平、房屋和设备而言，的确是要比他们"神气"多了）。尽管蚕种场的人员对他们已经是相当"卑躬屈膝"了，但仍然有"不可调和的矛盾"，不时制造大大小小的"麻烦"。最为突出的是时值"抗美援朝"，政府号召"捐献飞机大炮"，他们认为"机会"来了，用了难以置信的手段，逼我们出钱（最好是金条银块），结果虽然没有完全满足他们的要求，但是对于我们来说已经是伤筋动骨了。当时蚕种场聘请的技术主任邵芸（江苏宜兴人）也惊叹说："农村中竟有这样出格的做法！"她看到宙华蚕种场所处的这种险恶并令人十分难堪的处境，做了一年就辞职离去了。当年宝琳妹考取浙江大学蚕桑系，大伯顾蕴石曾说："这样好了，我们以后不需要再重金去聘请技术主任了。"宝琳妹知道后说："倒霉我才来宙华蚕种场当技术主任！"事情确实如此，一方面可能大材小用，另外，宝琳妹深知当地的环境。她毕业后分配到中国农业科学院镇江蚕业研究所，后来担任研究员和栽桑研究室主任，曾受领导委托开发他家乡的蚕桑事业，在镇江被推选为市政协委员，退休前后曾多次作为出国的蚕桑专家应聘于泰国。这样的经历和当宙华蚕种场的技术主任真是有天壤之别。

有一次乡政府找麻烦更是找得离奇，那年蚕种场在华云桥畔的一片桑园，在春桑叶支条剪下后，许多桑树的树拳上由于虫害而没有发芽，大队的民兵队长朱阿荣背了一支步枪（有此必要逞这样的威风吗?）闯入蚕种场说："有人说你们破坏生产，你们（当时在场的有汉勋、元伯和我）跟我到区里去一趟!"不由分说要我们跟他走，区政府离顾家浜至少有十余里路，从北门经中基路、塘湾街、秋泾桥步行到塘汇镇时已过中午。朱阿荣先进去汇报了一下，汇报出来也不对我们说什么，直嚷着肚子饿了要去吃饭，自顾自走了。一会儿走出一个干部来（也不知道他是什么"官"衔）问了我们各人在蚕种场的职务，可能他以为会计和助理技术员不会管桑园，两人年纪也较轻，因此只对年纪较大的总务汉勋大声训斥，为何不管好桑园，影响生产？当时我的大伯顾蕴石已去世，玉兮和汉勋兄弟俩遵父训没有分家，玉兮当家，蚕种场又是他当负责人。而汉勋名为"总务"，实际上是挂名不管事的，那天他被弄得最尴尬。我对这种蛮不讲理的所谓"队长"和"干部"已是屡见不鲜，害虫吃掉了某一桑园中一部分桑芽，即使要想小题大做，"豆腐中找骨头"，也只能这样虚张声势，并无下文可做。"训话"过后，只好叫我们回去，而此时的朱阿荣已不知所往（背了枪来，怎么就放心走了?）。对此事感到可气可笑的顾氏三兄弟，也只好饿着肚子步行回家。半路上遇见玉兮，他闻讯而匆匆赶来"解救"我们（因为传到他耳朵里，说是兄弟三人被民兵抓到区政府去了），这倒是有点做兄长的风度。我们说没有事，先解决肚子问题要紧。回去后我们去看了华云桥的桑园，虫吃掉的桑芽有些又已长出来了。此事只能"谢谢"他们的"关心生产"了!

当然，问题不只是几个乡村干部，他们并没有多大的能量，制造的也是小麻烦。当时的"三反""五反"等政治运动以及一切急于求成的过激行政措施才是问题根源所在。顾氏兄弟是宙华蚕种场的股东，艰苦创办蚕种场虽是为了谋生，但确实有利于国计民生。作为共和国的合法组成部分的"民族资产阶级"理应可以适当提取一些利润来作为家庭的生活开支，但当时不被允许，而只能以参加企业管理的职务支取工资。当时资方人员中顾玉兮担任负责人（经理）、顾汉勋担任总务（因为他们家是大股东）、我担任会计、顾元伯担任助理技术员、计瑞华担任实习生、高紫英担任厨师。由于各人的工资都不高，且蚕种场经济困难，经常不能按时发工资，因此我们三家只能以微薄的工资维持很低的生活水平。更有甚者，蚕种场由于经济困难往往不能按时发工资，而资方人员发工资也往往要被放到最后。由于这种特殊困难情况，我作为会计想了一个办法，为每一个员工建立一个“工资账户”，必要时可以摊开来给大家看，以示公正以及资方人员的先人后己，这在团结员工共渡困难方面起到了一定作用。他们知道我刚从中学毕业，为人单纯，实事求是地办事，因此对我担任会计一职及所作所为，还是比较信任和满意的。

宙华蚕种场经营的外部环境如此险恶，顾氏三家（四兄弟）的经济状况是每况愈下。我家依靠母亲的勤俭持家和精打细算，包括母亲为人家缝制衣服（她的手工缝衣技巧在附近是闻名的，她的一把缝纫剪刀至今还保留着，作为“传家宝”）来增加收入，因此经济虽拮据，但是还可以勉强过去。顾氏三家中以元伯家经济最为困难，小孩又多，家中能出卖的东西都几乎卖尽了，以致有一时期元伯的两个未成年的儿子（我的侄子）敬能和敬瑜不得已拎了个篮子去卖五香豆，攒钱贴补家用。

宙华蚕种场逐步陷于内外交困的窘境，危机已渐渐逼近。我和玉兮、汉勋虽兄弟相称，但是他们的年龄比我父亲还大一点。玉兮的平生行为，我从父母那里是有所了解，但在蚕种场中共事却时间不长，他表面作风圆滑老到，对人也很客气。大环境变了，他也已达知命之年，而作为蚕种场的负责人和一家之主，应该想到现在蚕种场是我们三家唯一的命根子，大环境又如此恶劣，为自己着想，也应如临深渊、如履薄冰地做人和经营企业了吧？可惜这仅是我的想法。汉勋为人比较诚恳老实，因此我也和他比较谈得来，他也认为我是他的知己，我俩年纪相差近三十，虽是兄弟相称，也可以说是忘年交了。例如乡下没有电灯，我当时曾到上海买了六只汽油灯，每天晚上的加油、擦灯罩、打气、点灯都是汉勋高兴做的事。堂兄元伯，我和他名分最近，他的爷爷和我的爷爷是亲兄弟，他父亲早逝，一直由他祖母（我叫她“婆婆”）当家。但是靠蚕种场的股份当年是分不到钱了，因此他只能以助理技术员的身份参加蚕种场的室内养蚕工作，取得一份微薄的工资来养家糊口。

处于内忧外患中的蚕种场的会计很不好当，收入一笔钱如何使用往往成了争论的焦点，矛盾往往会集中到我身上，使我难堪。在会计室中为钱的事矛盾爆发时，事务员顾亮侯的嗓门最响，他年龄比我稍大，但按辈分他叫我“海叔”，家中小孩多，经济是困难，最急于要钱。母亲听到这种争吵声，经常说是“心惊肉跳”。但我并不怕他，我自己摆正，秉公办事，深知他只是“吃相难看”，事情过后他还是“海叔，海叔”地叫我。这种宙华蚕种场特有的“尴尬戏”不时会上演，使我非常羡慕经济条件好的蚕种场的会计，例如大有八场的周永华，我们场址较近（大有八场在北门栅沿桥堍），我和他因工作关系而较熟悉，我非常羡慕他“稳坐钓鱼台”，只要做好会计本职的技术工作就行。

在这样的内忧外患中，日子很不好过，但是为了一家的生计（宝琳妹还在浙大读书），也只能在这样精神与物质双重恶劣的生存环境中挣扎，有时找上门来的麻烦较少，日子过得太平安稳一点时，偶有“得过且过”的思想，但其中也有两次“穷则思变”的行动。第一次在一九五一年，嘉兴县政府文教局下发了《知识分子调查表》，得知我是省立嘉兴中学高中毕业（当时全县也并不多），来函通知我去应聘小学教师，当时虽有“小学教师是猫饭碗”之称，但有固定的月薪收入可以养家糊口，对我也有一定吸引力。但是去应聘要得到乡政府的介绍，当时嘉北乡的乡长叫孟德祥，硬是不肯开介绍信。当时我曾十分憎恨和鄙视这个近于文盲而“大权在握”的绍兴人，他懂得什么叫“文化”与“教育”？明摆着是作对嘛！可是“塞翁失马，焉知非福”，四年后的结果是：如果当时我当上了小学教师，后来可能会当不成大学教师。这是我和那个文盲乡长都没有想到的！第二次，宝琳妹同情我的困境，尽管她还在求学，但时时还在为我想办法。浙江大学蚕桑系的教授戚隆乾看重她这个品行和学习成绩都不错的学生，戚先生是个热心人，在杭州蚕丝界有一定声誉，人际关系也广。宝琳妹托他为我介绍工作，他认识浙江省工业厅手工业改进所的所长马立德，请他为我谋个职位。一九五二年的冬季，蚕种场也正值无事可做之时，宝琳妹接到戚先生的通知，叫我去杭州建国路的手工业改进所去见所长马立德（一位身材略显矮胖的中年人）。他叫我先在所里住下来，帮助办公室做点事，意思是试用一下再说。这我也理解，因为我仅是个高中毕业生，没有专长，且仅凭戚先生的介绍而不知底细。看来马所长很忙，初次见面谈了一次后，大约个把月没有找我谈话，我正担心工作的落实问题。哪里知道此时正在展开一场全国性的政治运动——“三反”（反贪污、反浪费、反资产阶级腐蚀），种种迹象显示马所长可能有些“问题”（从以后历次的所有所谓“运动”来看，都是“莫须有”的陷害或“瞎折腾”），他当时是“泥菩萨过江，自身难保”。果然，不久他写了个条子通知我：“你的工作未批准。”对我而言，这几个字真是言简意赅！好在我年纪虽不大而经受的打击次数倒已不少，无非又增加一次而已。接到通知的晚上我还去杭州城站附近看了一场电影(因为在乡下不易看到),次日就回到了嘉兴乡下。我犹如外出觅食之鸟,铩羽归来,幸亏还有一个养伤的老巢!见到母亲时,她正在后门外的河埠上洗衣服(几十年来,这个画面仍十分清晰),我强作镇定安慰母亲说:“我还是回家了。”估计是同样的心情,母亲也安慰我说:“不要放在心上。”当两颗受伤的心灵,紧紧依傍在一起的时候,会产生很大的力量!多少事就是这样熬过来的。我到杭州求职的事虽然没有成功,但是对于戚先生这样的好心人我是终身铭记的,记得我还到他家里住过一晚,见到戚师母和他们的小女儿。倒是汉勋对我的回来表示十分高兴,他说:“你不走,我放心了,我们的蚕种场需要你!”这也难怪,我是他唯一可以谈心和商量的人。

玉兮因为出了事情无法再担任蚕种场的负责人。蚕种场如果不想关门,接下去要紧的是决定谁来做蚕种场的负责人问题,然后才能继续开展工作和维持生产。如果请元伯(他是最小的股东)来做负责人,职工们怕通不过,他也确实没有这个能力。这样,只能是汉勋和我两者选一。我和汉勋开诚布公谈了一次,如果他不做负责人,他别无出路,而他家是大股东(玉兮虽出了事,但他的股权还在)。他做负责人的话职工们估计不会反对,因为他老实,只是对他的工作能力有点不放心。我和他不一样,年纪轻,还可以有其他出路,并向他表明我决心最终是要离开的。但是为了整个家族(也包括我的一家老小的生活),我不会在最困难的时候,撇下他不管而离去,使蚕种场垮台。我的言行他是信得过的,这样讲让他吃了定心丸,他做负责人的事就这样定了下来。

然后,开始算蚕种场的经济账,筹划遭受重大经济损失后能使这年的春季养蚕按照原来上报的生产计划进行下去。当时的全场职工,除了汉勋、元伯和我,还有技术主任曹基(从嘉兴聘请来的),技术员沈昌鑫、周振华、张培卿(他们三人都是多年的老职工),事务员顾亮侯(我的堂侄),常年工周永生、欧绍荣、蒋荣生等,可能担心自己一时的生活出路,可能还有对工作多年的蚕种场的感情等种种因素,对于如何能使蚕种场继续办下去一事,倒是有一些“同舟共济、同心同德”的气氛。看到汉勋能负起责任来,我答应全力支持他,他们也增加了信心,表示愿意共同克服困难,把蚕种场生产维持下去。

我拟定的办法无非是“开源节流”。开源是首先要到我们的技术行政领导部门蚕业改进所去争取短期贷款(春蚕期前借,秋种蚕种款发放时还);其次是春蚕期结束时的茧壳早点卖掉，可以支付养蚕女工的工资。节流是一切费用可省则省、可推迟则推迟，包括我们职工的工资，可迟领则迟领（资方人员要作出表率），资方要保证最后一钱不少。承诺以后遇事会和大家商量，一切账目可以完全公开（任何职工有权查账）。这样的一系列打算，赢得了大家的赞同，为团结一致、共渡难关打下了基础。

计划拟定后，第一件要紧事是去争取政府贷款，这当然需要蚕种场负责人汉勋亲自出面。我实现我的诺言，答应和他一起去杭州办这件事，好随时帮他出主意。申请贷款是经济事务，负责人和会计一起去也算在情理之中。况且汉勋还是第一次对外出面办事，人地两不熟。另外，我仍作为职工代表陪同，也有助于取得政府的信任。贷款的批准单位是蚕业改进所，担保单位是蚕种业联谊会。对这两方面的有关人员要表明我们宙华蚕种场及其职工是这次特殊事件的受害者，我们重新调整组织，加强计划，仍有完成蚕种生产原计划的信心。经过若干次的会见和谈判，终于取得联谊会的支持和蚕业改进所的批准，得到了约两千元的贷款。首战告捷，蚕种场职工信心大增，工作和生产出现难得的新气象。这一年的养蚕也得天照应，气候适宜，蚕儿生长良好，蚕种生产获得丰收，可以说是“皇天不负苦心人”。宙华蚕种场好像生了一场大病而“起死回生”，对于顾氏兄弟各家也是免去了一次迫在眉睫的生存危机。

在艰难困苦中暂时获得转机而松一口气的时候，也是最容易松劲麻痹的时候。我本来对这样险恶的处境有深刻的认识，故园虽好，绝非我可以久留之地。但在艰难困顿之中，暂时的顺利和平静，也会使我产生得过且过的消极思想。幸而这时在浙大读书的宝琳妹及时传来了改变我今后命运的消息和建议：国家建设急需培养专业人才，今年起对大学生非但免收学费，而且还供应伙食（后来知道，这样的全国性对人才培养的优惠政策共实行三年，机会稍纵即逝）。因此她建议我马上复习高中主要课程，争取当年（一九五三年）夏季参加高考！对这样大胆和超前的计划，开始我认为困难重重，简直难以想象。今后家庭生活如何维持？我已离开学校六年，在短时间内功课能复习得起来吗？体格检查能通过吗？我当时是长期生活和工作在闭塞落后的乡村，又经历了许多次的严重打击，尽管历次都坚持和抗争了过来，也算是经历了“苦其心志，劳其体肤”的锻炼了，但是此时我的见识和魄力已远逊于我的亲妹妹。母亲在大是大非问题上历来有其不俗的见识，这几年母亲和我也是共同经历了种种劫难，因此深明我的处境，对我曾经常感叹说："才自清明志自高，生于末世运偏消！"（借用《红楼梦》中曹雪芹对探春的评语）。因此，对于妹妹的建议表示认同，认为不失为一种"釜底抽薪"的改变命运的办法，这里的环境虽一时表面平静，但危机四伏，不应留恋。我最担心的家庭生活来源，母亲表示会千方百计去克服。妹妹也来信说，一年后（到一九五四年秋）她大学毕业，可以承担一部分家庭开支。在母亲和妹妹的鼓励和支持下，在险恶处境的逼迫下，我审时度势，毅然决定要克服一切困难，努力争取达到这一目标。

蚕种场春季生产的超额完成，一方面挽救了蚕种场，得以延续其存在，另一方面我在蚕种场积累的欠薪也有三四百元（当时月薪约三十余元），只要蚕种场不倒闭，以后是可以陆续领取的。另外，汉勋对蚕种场的经营开始有了信心，这为我的离开也创造了有利条件，因为我虽然想离开蚕种场，但又不希望它由于无人经营而导致关门，使父辈们的艰苦创业和经营毁于一旦。

目标既定，就刻不容缓地开始行动。首先是复习高中的主要课程，其次是蚕种场事务做移交的准备工作。到了投考报名的时候，报考什么专业倒是一时没有了方向。另外，为了家庭的经济应尽量缩短在校学习的时间。后来在专业目录上看到了上海同济大学的"测量与绘图"专修科（二年制），认为比较合适，因为我从小喜欢画图，就选定了这个专业，至于"测量"是什么内容也就不去考虑了。上海，离家较近；两年，时间不长。报名时在嘉兴医院进行体格检查，肺部经X光透视也没有发现什么问题（可见是以前周学章医生的错误诊断）。一九五三年的高考在七月进行，考场设在杭州浙江大学的庆春门分部。当时是自带行李（蚊帐和席子等），住宿在学校。三天考下来，自己认为成绩还可以，回来时感到会达到预定目标而信心大增。后来，母亲经常提起此事时，取笑我说："去时忧心忡忡，回来时喜形于色，完全是被宝琳逼上梁山的！"对此终身大事，我确实应该感恩于宝琳妹和母亲，由于她们的远见和对家庭的全力支持，使我在这一关键的时刻走出这决定性的一步。大约一个月后，报纸上登出了投考大学的录取名单（当时大学考生不多，名单在各大报上公布），我被录取在同济大学测量系测量与绘图专修科（该报纸的复印件至今仍保存着）。当时母亲在杭州姨母家作客，宝琳妹向母亲报喜说："哥哥考取了，是第一志愿！"这是母亲终生难忘的喜讯，后来多次提起此事。在当时，一双子女都考上了大学，在嘉兴城里的人家也是不多见的。

不久接到了同济大学的录取通知书，母亲倒记得最清楚，开头是："为了国家建设需要……"接下来还有：到杭州去体检复查，办户口迁移证等事情。此时的乡长是张锦堂，虽然文化水平也不高，但倒完全不同于以前的蛮不讲理的孟德祥，非常客气地为我办好了迁移证。后来，改革开放后不久，我几次到故乡嘉兴市来开展城市测量工作，包括协助建立嘉兴市的测量队（也算是对故乡的一点贡献）。有一次为与嘉兴市城建局联系工作，住在嘉兴市委招待所（当时算是市内最高级的宾馆），在门口遇到了张锦堂，因此请他进来小坐叙旧。谈起当年事，他说："我早认为您是有出息的。"这倒不完全是应酬的客套话，因为当年在我落魄时他对我的态度，反映了他的人性品德和见识，我是应该感谢他的。

一九五三年九月，我离开了宙华蚕种场到同济大学报到，从此开始了我以后大部分人生的新征程：一九五五年留校任测量系助教，一九六五年任讲师，一九八〇年任副教授，一九八六年任教授，一九九二年获"（国务院）政府特殊津贴"证书（"表彰为发展我国高等教育事业做出的突出贡献"），一九九三年退休。之前，出版专业著作及教材七部，培养硕士研究生二十名。二〇〇六年主编出版《测量学》（第三版），于二〇〇九年获中国测绘学会优秀教材一等奖。尽管如此，与我少年时期的志愿和青春梦想仍有不小的差距。正是：

少年好学老稀成，时世艰辛劫后身。
未觉池塘春草梦，西风霜叶满秋林。

余波与尾声

一九五三年秋我离开后，宙华蚕种场有过两三年短暂的平稳期，汉勋坐稳了他的蚕种场负责人的位置，元伯是我给他安排接替了会计的职务，亮侯仍为事务员。蚕种场对我的欠薪在这段时期中总算能陆陆续续支取，维持了我在大学求学时期的家庭生活开支。但是，大气候和小环境没有变，有些还在变本加厉，甚至达到"史无前例"的极致，宙华蚕种场注定不会有好的下场。到了一九五六年，行政命令蚕种场全部实行资本主义工商业社会主义改造而"公私合营"。上级派来了负责人（一个完全不懂专业的"干部"），汉勋退居其次而处于无权地位，元伯和亮侯被解职，对瑞华这样的实习生本来就是个临时工，更不会保留职位。宙华蚕种场的资方人员到此只有汉勋一人还能挂个职、领取一份薪水，其余已成局外之人而分文无着落和不顾死活。正如《红楼梦》中所云："三春去后诸芳尽，各自须寻各自门！"当时我如果还在蚕种场中做会计(财经是企业的要害部门)，其结果是可想而知！且看《辞海》(2009年，第六版)的"资本主义工商业社会主义改造"辞条的描述："到1956年初，在农业合作化高潮的推动下，实现了全行业公私合营，在所有制方面基本上完成了对民族资本主义工商业的社会主义改造。1956年以后，对一部分工商业者的使用和处理不很适当。"轻描淡写和含糊不清的中性语言(我曾前后三次参加《辞海》及《大辞海》编写和担任特约编审，体会编写者措辞的甘苦，尤其是涉及政治内容的词条)。在现实中蕴含着多少不合理与不公平，不是亲历者如何能理解这样的释文中蕴含着的真实历史？改革开放后，大力发展市场经济时，是不是需要负责任地回顾一下五十年前的这段历史？

更有甚者，接下来的一九五八年又是天翻地覆的年代，全国大放"卫星"的年代，"一天等于二十年"而"跑步进入共产主义"的年代。农村中大搞(这个"搞"字用得非常确切)"共产风"，从"合作化"迅速进入"公社化"。砸烂各家各户的小灶，吃大队或小队的集体大锅饭，并提出了表面上十分诱人、实际上愚不可及的"吃饭不要钱！"的口号，真好像是"天上掉下馅饼"了。基本取消农民的私有财产权，大搞"一平二调"。分散于各村的一家一户，强迫集中在一起住(当时顾家浜的人口几乎成为一个小集镇)，过起了"共产主义"的集体生活。这样的上面倡导、下面盲从的"大跃进"，其结果之一是在"锦绣江南鱼米乡"出现了普遍的吃不饱甚至饿死人的恶果！农民说："今年吃饭不要钱，来年村头剥树皮！"我也曾在家乡触目惊心地看到过被剥了树皮的如嶙峋白骨的树干！正如何满子答虞丹的诗中云："哀鸿和泪咽榆钱，朝旨偏称跃进年，种种逆施岂仅此，悠悠国运几难延。"

中小城镇受农村"共产风"影响尤甚，以致像蚕种场这样农场性质的、桑园与房屋分散于各地的中小企业，不管是否适合于搬迁和集中，也用行政命令强行合并。宙华蚕种场地处农村，岂能幸免？一声令下，宙华蚕种场名号取消，并入大锅饭式的"嘉兴蚕种制造场"。养蚕的工具设备和仪器可搬则搬走，蚕种场房屋反正已是公产了，就转交给公社(原来的乡政府)。公社对蚕种场的房屋原来觊觎已久，这下正中下怀。但是"城门失火，殃及池鱼"，公社乘此"平调"成风的大好时机，强迫顾氏三家的私人房屋也一并搬出，分配用

“一平二调”得来的农民私人房屋暂住。这样的不顾政策法律和最起码的人道的强迫命令，陷顾氏三家于灾难性的处境。后来因为“平调”太不得人心而有所纠正，农民要收回他们的私房，顾氏三家就无房可住。几经艰难的交涉，勉强分配些颓垣残屋作为应付。待到“十年浩劫”的“无法无天”之日，当权的“造反派”更是变本加厉，胡作非为，以“改建公社”的“面子工程”为由，将蚕种场及原属私产的顾氏老屋非法拆卖。百年老屋和新造的蚕室都是上好的木石材料，“造反派”从中谋利，一笔糊涂账谁还能清算？“十年浩劫”过后，为顾点面子而勉强“落实政策”时，以十分之一不到的房屋代价作为名义上的“赔偿”而强行了断。当然，作为顾氏子孙，对祖宗的遗产也不能看得太认真，祖宗给我们的做人权利和道德规范倒是应认真对待，生存靠它，发展也靠它。对于身外之物和世事的白云苍狗，古人的通达和睿智是可以学一学的。例如成都文殊院的一副对联上云：

世上人法无定法，乃知非法法也。
天下事了犹未了，何妨不了了之！

风云变幻，从不遵守任何游戏规则，言出法随，朝令夕改，老百姓更无需大惊小怪，即所谓“非法法也”；功过是非，须等待五百年后人评定，当代人对此只能是心里明白，难得糊涂，睿智者对此的上上之策是等闲视之和“不了了之”。

改革开放后，顾家浜地区辟为开发区，在顾氏老宅和宙华蚕种场地基上当年倚靠强权侵占私产而建造起来的公社房子同样被夷为平地，连顾家浜的一泓千年浜水也已被填平。我们的祖宗所休养生息的故园和父辈们艰苦创业、铢积寸累而创办的、有利于国计民生的宙华蚕种场已彻底烟消云散，说得好听点是“完成了它的历史使命”，正如《红楼梦》中所云：“落了片白茫茫大地真干净！”

顾氏子孙，应义无反顾，甩掉包袱，自强不息，白手起家，重振雄风，创造前程。我相信康德所云：“毕生崇敬的是头上星空和心中道德”，即只相信科学、正义和人类的进步！

《新塍镇志》中我所经历的史实

顾孝烈

从小学和初中同学钱松处借来《新塍镇志》(以下简称《镇志》),摘录抗日战争时期的有关段落,并补充记录我所经历的历史事实。《镇志》中文字用楷体,以示区分。

1938年6月10日(农历五月十三日),日军分三路进袭镇区,与游击队战于中市,毙敌小队长一人,敌为泄愤焚东南半镇而退。

我当时十岁,和母亲住新塍镇东栅乐善坛(新农蚕种场)。清晨闻枪声,知有情况(日军拂晓偷袭是其故技),乘绍兴小划船(为父亲的朋友俞显庭所雇佣,俞当时不在而船夫在),沿乐善坛旁的河道向北郊乡村逃去。划出不久,见有人涉水而逃过河,知情况十分紧急,追军不远。幸小船划速快,安全逃离险境。中午在一农家吃饭,见南方天空浓烟蔽日,知镇上房屋大面积遭日寇纵火焚烧。外祖父一家都住在镇上,见此惨象,母子忧心如焚,但也不敢即刻返回镇上。待日落西山,知日寇晚上必撤回老巢(嘉兴城里),才乘船回去。到镇上只见一片瓦砾,焦味触鼻,梁柱残木等仍在冒烟。外祖父家居寺后门桥郎中埭,当时外祖父、舅父、姨母等幸都逃离险境,门前两埭房屋被焚,所住第四埭幸免,财产无损。但东南半镇大部分人家已毁家矣,事变情况突然,逃离时来不及带走多少东西。事后知道一些事。其一,敌酋一般不会冲锋在前,此次击毙敌酋实属意外,敌人从东冲入镇内,一游击队员来不及撤退,躲入一民房楼上暗窥情况,见街道上敌部队前锋过后,一名带指挥刀的敌人大步走在街上,显然是敌人头目,仇人狭路,冷枪一发毙敌。此事虽一时大快人心,但引来半镇房屋被毁的惨痛代价。其二,敌军本拟占领全镇,冲过半镇,到了丝皇桥(一座较高的石拱桥,为镇中心要道),游击队机枪手坚守桥顶制高点，勇敢守住阵地。敌军无奈而退，使西北半镇民房免遭火焚。

新塍镇亦为嘉兴名镇，建镇于春秋时代，民居古建筑也不会少于邻近的乌镇，且有梁代古寺能仁寺甚为有名。寺前两株千年古银杏树，我当时亲眼所见，还进行过写生，今犹存其一，树身十围，枝繁叶茂，郁郁葱葱，常有鹰巢于其上。寺近旁还有丝业公所、许氏宗祠、小蓬莱等精致建筑和优美景点。外祖父家就住在寺近旁，家门前的石桥就叫"寺后门桥"。因此，这些地方便是我儿时住在外祖父家时经常结伴游玩的地方，是我们当时的"儿童乐园"。今新塍镇在江南古镇中名声不及乌镇，是因为当时受日寇蹂躏较严重，元气大伤，老房屋及居民财产被毁过半，古寺亦付之一炬，寺今虽集资重建，且规模胜昔，但终究算不得真正的古迹了。此皆日寇之罪也！

> 1938 年 10 月 17 日，嘉兴西北严墓之日军进犯新塍，遭我游击队数次堵截，次第被我击溃，总计毙日军 70 余名，缴获汽艇一艘、机器船一艘、步枪 15 支、手枪一支、手榴弹 20 余枚，生擒日军 7 名……同月又有日军一队从嘉兴出发，循水陆两路进犯新塍。驻镇部队司令朱希率部应战，并与副司令汪鹤松配合包抄日军后路，日军腹背受敌，渐感不支，遗尸数十具向后溃退，因不及逃逸而被俘者有日军 4 名、韩军 3 名。
>
> 张鹏飞（1906—1950），安徽合肥人……抗战前参加嘉兴水警队，日军入侵后，倚旁黄八妹贩私盐。嘉兴沦陷后到大桥乡拉队伍打游击……1938 年，编入嘉北乡顾锦华（顾景华）之部，其主要任务是保护地方……又曾欲夺顾金华（顾景华）部枪械、控制顾部而被乌镇朱希部缴枪。
>
> 1938 年，抗战第二年，他（张鹏飞）投靠朱希部属的第一游击区第一挺进队（独立大队）队长顾锦华（顾景华）的门下，并得到顾的重用，当上分队长。数月后，顾部在乌镇钟家墩与日军激战后全部溃散，张便收拾残局，网罗二三十人，十数支枪，重新组织队伍……后又投诚于朱希部队。

《镇志》中所记载三段关于抗日战争初期在新塍和乌镇的抗日游击队与日寇斗争的若干事迹，记载文字大部分正确，但也有矛盾和谬误之处。其中涉及的人物有朱希、汪鹤松、张鹏飞和我父亲顾景华。朱、汪、张三人我都曾见过，并由于父亲的关系他们当时也都认识我，虽然我那时还是一个十一二岁的小孩。文中所记载的事件，事后父母亲对我有多次叙述，有一些事也是我所亲历的，而且应该算是关系我家的重大事件，因此记忆深刻。趁我现在思想尚未糊涂，应该把这段因不平凡的时代而波涛起伏、风云变幻的家庭历史纪录下来。

1937 年 8 月 13 日，淞沪抗战爆发，国民军在上海地区坚决抵抗，众多事迹可歌可泣，典型例子如谢晋元团长的“四行孤军”。国民军八十八师在我家乡顾家浜设有留守处，储有枪械弹药等军需物质。同年 11 月 5 日，日军利用海军优势从金山卫登陆，国军腹背受敌，被迫撤离上海，以致嘉兴迅速沦陷。留守处人员匆忙撤离，枪械弹药恐被敌人缴获，都沉于河浜中。

抗日战争爆发前期，我父亲曾担任双中乡壮丁训练队长。当时嘉北乡曾分为双南、双中、双桥三乡。当时由于抗日形势所需，由政府组织从当地老百姓中选取青壮年组成的民兵，进行军事训练，作为正规军的预备部队。江南水乡的民族性格虽并不强悍，但自 1931 年“九一八”事变东三省沦于日寇后，民众都知道日寇的凶残，以及做“亡国奴”的惨痛。“九一八，九一八，从那个悲惨的时候，脱离了我们的家乡！抛弃那无尽的宝藏！流浪！”“起来！不愿做奴隶的人们……”以及“大刀向鬼子们的头上砍去……”等抗日歌曲，当时连我们这些初懂事的小孩都会歌唱。因此，青壮年们奋起抵抗，乃事所必然。父亲和激愤的乡亲壮丁们捞起了国军留下的、沉于河底的枪械弹药，组成一支数十人的抗日民兵队伍，号称“独立大队”，其宗旨正如《镇志》中所记载：“主要任务是保护地方”，希望免受敌人的蹂躏。独立大队毕竟是民众自发组织、人数不多的地方武装，势孤力薄，父亲也不是职业军人，缺乏军事常识。虽“天下兴亡，匹夫有责”，但未得到政府的任命，“名不正则言不顺”。而朱希和汪鹤松（都是职业军官）是当时国民政府正式委任的浙西第一游击区的游击队正、副司令。父亲的队伍就投奔他们的旗下而得到了《镇志》中所述的部队名称，也算有了组织和依靠。当时国民军部队中的士官和兵员绝大部分都是职业军人，民众自发组织的老百姓抗日队伍（不是乘机而起的“草莽英雄”和“绿林豪客”如张鹏飞之流）在江南一带尤属凤毛麟角。父亲也可算是出身望族的知识分子，加上他具有一定的魄力和豪爽、慷慨、好客的习性（他的身体也很好），因此而得到两位司令的信任，父亲也带我去见过他们，还得到过他们的“见面礼”。听下来，似乎他们对父亲的部队还很照顾。同在朱希部队中的特务大队队长陈其（湖南人，比父亲年轻，职业军人）成了父亲的好朋友，抗战胜利后，父亲和我还和他在嘉兴城中很高兴地又见了面（是父亲请他吃饭),他那时仍是朱希驻嘉兴部队的军官,娶了一位很年轻的妻子。

《镇志》中记载1938年10月日军进犯新塍、朱希率部应战(包括我父亲的独立大队)并获大胜一事,我也亲见一些史实。那时,父亲把我带在部队中,听到过这些振奋人心的前线大捷消息,也看到过停靠在河边的被我军缴获的日军汽艇,感到很新奇,也曾登上船去玩过。当时游击队一般在夜间行动,习惯穿黑色衣服,因此,当时日伪报刊曾登载"黑衣匪袭夺皇军辎重"的消息。我们看到后很兴奋,敌人隐瞒了兵员的伤亡,而只讲物资损失,知道他们有"苦"难言。

我也遭遇过几次战斗场面。当然,游击队员和敌人战斗时,我是不会随部队到前线去的。平时是跟随大队部的文职人员,其中有副官吴雄、军需官商飞等,他们都是同乡的双桥村人,我们原都相识,我叫他们"叔叔"。对我这样一个十岁的孩子而言,有时误以为是在家乡的一个大家庭中,生活得很快乐、新鲜、有趣,有时甚至很兴奋,毫无危险感。而实际上游击队是在敌人眼皮下活动,广义上讲是处于敌人的包围之中,周围城市都是敌占区,只有乡村和一些小镇才是游击队的活动区,可以说是"危机四伏",真如"燕巢于飞幕之上,鱼游于沸鼎之中"。一次,大队部文职人员夹在部队中间在乡村中行军,快到乌镇时,走在大河边的一条石板道上,遭大河对岸日军伏击,机枪、步枪声突然爆发。子弹飞越的"嗖、嗖"声划过头顶,这算是给我尝到了一点战场的惊心动魄的味道。当时,战士们如何迎战敌人,我是一概不知,只知道慌忙跳到路下(路面的地势较高)稻田中,稻禾虽已收割,但泥泞不堪,一脚下去,提起脚来时鞋子已经没有了,只好赤脚跟着大队部人员艰难行进。更为惊险的是敌人的一发迫击炮弹落在前进方向的不远处爆炸,黑色的泥块云突然升起,只能伏地躲避。后来跟着他们,稀里糊涂不知如何脱离了险境。

《镇志》中所记载:"顾部在乌镇钟家墩与日军激战后全部溃散……"据我所知,记载有不全面之处。因为我父亲是当事人,对这样重大的事情,事后他对我们家人有详细的叙述;另外,有一段时间我也是一些史实的亲历者。钟家墩的战事可以说是朱希的游击队当时与日寇的一次"重大战役",而不仅是我父亲的部队与日寇激战而被击溃,更不是"全部溃散"。事情大致是这样:日寇占领上海、南京、杭州后,长江口的京沪杭黄金三角洲中,位于主要交通线上的大中城市已全部沦陷。"南京大屠杀"这一震惊世界的暴行过后,日寇为了实现"以战养战"的战略,欲以长江三角洲为其战争的后方基地,实行"怀柔政策"，宣传"中日亲善"，在大城市成立敌伪政府，在乡村中也不随意烧杀，拟安定人心，恢复生产，便于收敛财物和粮食，巩固它的所谓"大东亚共荣圈"。日寇必然将"骚扰"其间，"袭夺皇军辎重"甚至敢于将击毙和俘虏其官兵的游击队视为"眼中钉，肉中刺"。因此就集中兵力，加强"扫荡"。就像《镇志》中所记载的1938年10月的游击队重创日寇的那年冬天，日寇经周密侦察朱希部队的动向，利用汉奸收集情报，甚至出动了侦察飞机（我在随部队行军途中也曾看到不轰炸、不扫射、仅是低飞盘旋的敌机），调集了嘉兴周围城镇的大量敌伪军和多艘汽艇（在江南水网地区，汽艇相当于陆上的坦克）。将朱希的主力部队（绝非《镇志》中所说仅是"顾部"），围困于乌镇郊区的钟家墩，经过日夜激战，朱部终于不敌日军优势而溃败，部队损失惨重，士兵阵亡很多。但也并非"全部溃散"，朱希部队后来撤退到浙西的后方，经整训后又卷土重来，回到沦陷区展开游击战，直至抗战胜利，朱希部队始终存在。

据我父亲讲，钟家墩战事前，朱希曾分析敌我形势：我方队伍组织成分复杂，职业军人与当地民兵混杂，力量分散，组织松懈，武器落后，整体战斗力不强；敌方是装备精良的正规军，军需物资充裕，有城市作为基地，进退自如。敌我力量悬殊。因此，就准备将部队逐步集中，西撤到浙西后方整训，以利于持久抗日。不幸，军事意图及动向被敌人侦知，终于在钟家墩被围战败。事前，环境形势险恶，朱司令考虑我父亲非军人出身，又带有小孩，与我父亲商量后决定独立大队由特务大队队长陈其带领西撤（因为我父亲和陈是好朋友），我父亲带我暂时回家乡隐蔽并安顿家庭，待局势缓和后再回部队（此事，我也能体会到朱司令对我父亲的照顾）。因此，在钟家墩被围前夕，我父亲带商飞、吴雄和我，夜间雇一农船从水路返回新塍镇近郊的柴家浜，那里的农民姚六弟和姚七弟（兄弟俩）是我外祖父的乡亲，关系很好。每当镇上不太平（敌人侵扰等动乱）时，外祖父家和我家曾多次到姚家避难。这次，父亲和我到达柴家浜后，才知道外祖父、舅父、祖父母、母亲和妹妹都在，全家在战乱中聚会，喜出望外。不久，朱希部队在钟家墩被围战败、人员多有伤亡的噩耗传来，悲伤战友遇难、忧虑善后处理和欣慰自己幸免于难的心情久久交织于我们的心中。当然，父亲以前两者为主，而母亲和我则以后者为主。最令我伤心的是朱希司令部军需官姚某的儿子，年龄和我相仿，是我当时在游击队时的玩伴，在这次战役中遇难。

西撤的部队，两三年后才重回游击区，朱希司令和陈大队长等仍在带领部队抗日。我父亲由于家庭(上有年老父母,下有幼小儿女)和经济负担,以及母亲的反对等原因,未能重回游击队,而依旧做一个沦陷区的老百姓。但由于曾组织民众抗日,已上了敌伪的"黑名单",老家顾家浜离嘉兴很近是不敢回去了,新塍外祖父家是"常客"。有时风声紧,还不得不带了家眷到他乡暂避。因为敌人是很凶残的,抓不到本人,也会抓家属当人质。在1939年年初,父亲带了母亲和我(祖父母和妹妹大概又寄养在外祖父家了),避难到离嘉兴更远、受日寇骚扰较少的乌镇,同去的还有他的旧部吴雄及其妻子。租住镇上大户张同盛颜料行的房子,张家确是大家,宅院很大,街面房子是店铺,后进为厅,再后为走马堂楼,最后为贮货的栈房,后门是河埠。张家少主人抽大烟,古书读了不少,满口诗文。他的两个女儿名叫"迦宝""达宝",两个儿子的名字叫"朝官""曼官",父亲问他"迦宝"的出处,答曰:"乃释迦牟尼之宝也",我们听了大笑称好。他家还有其他和我年龄相仿的小孩,家中场所又大,乱世中无学校可读书,大人也不管我们,玩得很开心,我那时十一岁,也完全忘记避难这回事。但是也会偶尔受点惊吓,例如敌机骚扰乌镇,我们都躲在夹弄内防空袭。于今想来,亦甚可笑,夹弄如何能防御炸弹的轰炸和机枪的扫射?估计,我们在乌镇大概住了半年,风声不紧,又回到了新塍外祖父家。

> 1939年7月28日,日机再炸新塍,郑昼三私塾中弹,死学生九人。……共投炸弹30枚,死23人。

当时我十一岁,宝琳妹九岁,住在新塍外祖父家避难,就读于离家不远的丰乐桥(唐家桥)堍小弄内邱建人先生的私塾。抗战初期,新塍为不在主要交通线上的江南水乡小镇,是敌人和游击队经常争夺之地,形势动荡,风云变幻,无固定的政权,因此当时少有官办的学校。我和妹妹的高小和初中阶段求学,就断断续续地在这些老先生的私塾或私立学校(私人办学)中"完成"。日机再炸新塍时我和妹妹都在邱先生私塾中读书,躲在桌子下,听敌机的俯冲声、炸弹爆炸声、机枪扫射声,虽然受了很大的惊吓,但总算安然无恙,而郑昼三老先生的私塾却发生了《镇志》中所记载的惨事,"死学生九人"都是和我们一样的小学生,郑老先生也不幸遇难在他的教育后代的岗位上。他是我母亲的远房亲戚。当时"一私塾中弹"的可怕消息传到家中时,把外祖父和母亲等都急坏了。敌机轰炸结束,当我们不再听到飞机声和爆炸声以后,私塾中小孩们争相往家中逃奔，街上满是惊慌奔跑的人群，而且看到有些人身上还带有吓人的血迹。我和宝琳妹牵手奔回家中时，长辈们总算舒了口大气。后来，母亲总是把当时私塾中弹的惊人消息、我俩脱险回家时的狼狈情景和家人的惊喜心情一次次叙述给人们听。在这次日寇对平民百姓的暴行中，死难者还有我们的亲友：表舅沈祖白和在父亲的宙华蚕种场中工作过的职工李诚，后来由父亲料理了李诚的后事。

关于张鹏飞其人其事以及和我父亲的关系，以上《镇志》中的记载也有不周全和错误之处。由于父亲的关系，母亲和我与张也有过多次接触而了解一些实情。张并非本地人，抗战前在嘉兴当水上警察多年，对嘉兴城及其周围乡村是熟悉的。嘉兴沦陷，警察局无形解散，张当时在嘉兴并无家产，自谋生路，也理所当然。但他却“倚旁黄八妹贩私盐”。黄八妹在抗战前就是嘉兴、平湖、海沿一带村镇中的“绿林女杰”，能使用双枪，因此人称“双枪黄八妹”，是当地众所周知的传奇式人物。“贩私盐”是一种依靠强权的不正当“行业”，“利润”丰厚，但要有一定的“实力”，其领头者只有像黄八妹一类人物才能担当。张因嘉兴沦陷而自谋生之路时去倚旁黄八妹，可以说是“物以类聚”。后来，黄八妹和张一样也参加了抗日游击队，成为平湖县政府下辖的一支地方武装，直至抗战胜利，嘉兴城内照相馆中还挂出了她的大幅相片。从历史观点来看，国难临头，大敌当前，不论出身如何，能参加抗日斗争，符合民族大义，应予赞许，和因私利与胆怯去当汉奸助敌是不可同日而语的。有关张鹏飞“嘉兴沦陷后到大桥乡拉队伍打游击”也应予肯定。张部后来“编入”我父亲领导的独立大队，编成一个中队，是他主动来“投靠”的，一是力量有所倚旁，二是为了正名（能归属于国民政府委任的朱希部队）。父亲一生豪爽好客，喜欢交朋友，不排斥例如张鹏飞之类的“草莽英雄”和“阿猫阿狗”，虽然出身和教养完全不同。关于这一点，我很不理解，而母亲是很反对的。开始时父亲也欣赏张很勇敢，能带兵打仗，且熟悉地形。但也知道他过去的一些行径，明白由于出身和目的不同，很难做到同心同德、同甘共苦。关于这方面父亲也和我们说过，并非如《镇志》中所说，仅是“得到顾的重用”。由于游击队是在分散、孤立、艰苦的环境中活动，张时有一些越轨行为，父亲也无法制止。事情被朱希知道后要查办他，父亲曾出于朋友义气为之说情，也算有恩于彼。后来事实证明，张的老脾气也是难改的。我的看法是：他的抗日功劳和扰民罪过，是过大于功，至多为三七开。

1938年冬，乌镇钟家墩之役，正因为他不听上级调遣，并未向朱希的大部队集中，反倒使他的部队未落入日寇的包围圈中，而保存了实力。并非如《镇志》中所记载："顾部在乌镇钟家墩与日军激战后全部溃散，张便收拾残局，网罗二三十人，十数支枪，重新组织队伍。"对当时的抗日队伍，用"溃散""网罗"这样的贬义词也不恰当。

《镇志》中记载："……（张鹏飞）曾欲夺顾金华（顾景华）部枪械、控制顾部而被乌镇朱希部缴枪。"一段内容更完全是捕风捉影，张冠李戴，时序上也有颠倒，并与其他记载也有矛盾。事情应该是这样：钟家墩战役后，朱希带残部西撤，我父亲离开部队重做老百姓，传言敌人要抓他，因此常在新塍、乌镇一带东躲西藏。1939年，张当时已"重新组织队伍"，但不把"抗日"放在首位，而千方百计扩充实力，想利用抗日走新军阀的道路，因此名声不好。他听说我父亲和他的回到家乡的旧部中可能还保存一部分武器（实际上是他的猜想或获得不正确的情报），派和我家所熟悉的杨薇英（同乡杨家桥杨静江之女，早年丧夫，是出名的女能人，当时投身张的部下）到新塍来找我父亲，要求把枪交给张。当时父亲不在新塍，因此由我母亲接待她。因为是同乡，她们也是原来相识的。杨说明来意后，她软中带硬地说：张是粗莽之辈，如果不满足张的要求，张可能会抓他（指我父亲）的父亲（我的老祖父，当时住在老家顾家浜）和烧他老家的房子！想不到我母亲不惧威胁，并愤于张的不念旧情和杨的为虎作伥，严词应对说：枪是抗日用的，他爹和他的旧部离开了部队，留枪何用？张动不动声言要抓人父、烧人屋，是否属土匪行经？是否还要顾点声誉？是否知道人们在怎样议论他？杨无言以对，无功而返。后来，张也就不了了之。我们分析，张也可算是条绿林好汉，我父亲曾是他的老上级，且对他曾有过帮助，而忘恩负义是江湖大忌。好在当时没有当面交锋，未撕破脸皮，装作没有这件事，不再追究是为上策。这点滴小事经过半个世纪的大浪淘沙，蛛丝马迹，留传人间，写《镇志》人道听途说，而写成上述一段记载。

1939年后，父亲在抗战初期参加游击队的事逐渐淡出社会，他的政治危险期逐渐过去，为了家乡的产业和家庭的生计，回到了家乡顾家浜居住。朱希部队经整训后虽然回到杭嘉湖游击区，但不靠近嘉兴等大城市活动，偶尔也有消息传来。而当时张鹏飞部队倒算是土生土长，人地熟悉，游刃有余，成为新塍、乌镇一带的游击主力，职务也晋升为"司令"，他的一生始终是个"争议人物"，人们评价毁多于誉。后来，张和我父亲也一直相安无事，偶尔也以礼相见，表示对我父亲的尊重。父亲此时因早已离开部队，道不同不相为谋，也不想去依傍他，但由于好客的性格，对张和他的部下还是很客气的。抗战胜利后，张的部队也参加了进城仪式，进城前张部驻在顾家浜几天，张的司令部就设在我家，父亲和张相互都以礼相待。张那时一身黄呢军装，有时又西装笔挺，有专用的厨师，每次吃饭都像开宴会，神气得不得了。母亲则一贯瞧不起张，尽可能避免与他相见（当然，见了倒是不可能不理他），始终不肯称他为"司令"。但同住一个大院子，进出碰见是难免的。有一次闹了笑话，母亲正要出门，见张从大门外进来，慌忙避入元伯兄家通向厨房的廊下贴壁而站；张因不熟悉，看到母亲进入，以为是到后进的通道而跟了进来，见此情况，双方弄得非常尴尬。我当时尚未成年，张也不大注意我，我受母亲影响，也瞧不起他而躲避他。

《新塍镇志》为二十世纪末和二十一世纪初编写，撰稿人对六十多年前的历史事实，由于经过的基本上都是动乱的岁月（抗日战争、内战、政治运动、"文革"等连续不断，尤其是"十年浩劫"，简直是对历史文化和古迹文物的大破坏！），缺少文字记载，而抗战时期的当事人此时绝大部分都已过世。因此，对当时历史事实零星收罗和道听途说在所难免。我不想对《新塍镇志》提什么意见，或进行修残补缺（不可能也无此必要）。毕竟是一个小镇的镇志，不能要求过高。但是对于有关我们家庭的事，我有责任据所知而进行补充、更正和记录，以免愧对祖宗和自己的良心，对子孙也算有个交代。

《新塍镇志》关于抗战时期的教育事业的记载，有许多与我有关。摘录并补记一些经历。

> ……民国27年（1938年）春，学校改名为新塍区高级小学，校长邱建人，三个月后，学校停办。28年（1939年）秋，又恢复改名新塍区中心小学……历时一年多，到29年（1940年）底，日寇再次进驻新塍，学校又被迫停办。

当时我和宝琳妹都曾在此学校学习，我为小学五年级学生，宝琳妹读三年级。校址在寺街南端，凤鸣桥堍，我们住外祖父家，离学校不远。还开过运动会，在赛跑、跳远等项目中，我还得到过不少奖品（草帽、水杯、铅笔等）和奖状（获运动奖是生平第一次，也是最后一次）。其中有一张奖状写的是"巾帼英雄"，我当时也不懂其含义，拿回来家人一看，说"巾帼英雄"是指女英雄，应该奖给女同学的，引起哄堂大笑，也算儿童时代趣事之一。

> 民国28年(1939年)8月，镇人屠炳炘等人利用暑假筹设私立新塍初中暑期补习班。此乃新塍中等教育设置之始……民国31年(1942年)下半年，由镇人朱家华、吴拥百、闵世仁、陆政和等四人继办，改名新塍补习中学，校址仍在汲水桥小学内……民国32年(1943年)校址迁能仁寺西首丝业公所，更名新塍私立初级中学。校长朱家华、教导主任程贻荪，并向国民党游击区政府备案。学校文理科设置齐全，国文课不用日伪政府发行的课本，而由任课老师自选古文、诗词等作为教材。该校持续到民国34年(1945年)抗战胜利之后，共毕业两届学生15名。

我于1944年夏毕业于新塍初级中学，宝琳妹毕业于1945年，包括在《镇志》中记载的15名毕业生之中。我的同学有钱松(60年后我们还有联系)、徐树人、陈铁军、吴婉华、朱梅、康大光等；宝琳的同学有闵维民、钱端、濮固仁等。我毕业后考入嘉兴县立中学，是当时敌伪政府办的初高中。我由于父亲的原因，嘉兴城里本来一直不敢去的，不得已而在新塍读书。1944年，抗战已近尾声，父亲抗日的事已被人遗忘，估计我到嘉兴读书的安全已无问题，且新塍镇也没有高中。于是家长决定我去投考县中。在投考和录取过程中，还有两件事使我记忆深刻：一是报名时遇盗，二是只考了个“备取”。

新塍初中毕业后，我回到老家顾家浜，到嘉兴城里县中报了名。后来我为了替新塍的同班同学报名又到新塍去取他们的毕业证书，在外祖父家过了一夜，次日清晨乘绍兴快班船(绍兴人经营的城镇间的交通大木船，一船可乘数十人，用人力摇双橹推进，当时是唯一的城乡交通工具)准备回家，不料在水路上遇到了“拦水港”的强盗部队。当时新塍一带还算太平，这类事情已很少听到，因此当时的乘客和船老板都感到十分意外而大吃一惊。嘉兴和新塍间的水路叫新塍塘，河港较宽。沿水路码头有殷家桥、九里汇、大德塘桥和三里塘桥，其中三里塘桥已靠近大城市嘉兴，桥旁有一小庙，大德塘桥旁有些农舍，九里汇有小市集，唯有殷家桥旁无村舍，最为荒僻。初夏清晨的水面，轻烟淡雾，微风轻飏，水波不兴，早上行船稀少，摇橹驾船行进中没有噪声，而只闻欸乃的摇橹声和乘客们的细语声。我乘在船中没有同伴，无非在想一些如何为同学报名和将来应付考试的事，时光似乎流逝在安详和宁静之中。快班船刚过殷家桥不久，突然听到一串大声喝令："靠船！靠船！"（强权者命令老百姓的船赶快停船靠岸之意），大家知道遇到大麻烦了！这些"不速之客"是日寇？是游击队？独行侠式的"绿林豪客"？还是行径如强盗的杂牌军？船老板哪敢违令，急速停船靠岸。又听到"全部上岸"的"军令"，我们只好提心吊胆地登岸，才近距离接触到了这些便衣的"武装人员"。看来不像是日寇的"便装偷袭"（这是他们的惯用伎俩），心放下一半，想"自己人"（相对于日寇而言）总好商量，性命大概可以无忧了。接下来他们把我们驱赶到近河的一个竹林中，搜取每个人的财物，这还不太出乎人们意料，是遇到剪径强盗了。只好听其所好，要什么给什么，少有人敢违抗，但也听到有人因此而被打。有些带有贵重物品或很多钱的人，损失就惨重了。我是一个中学生，除了一点路费，一身单衣，别无长物，强盗当然很失望，但看到我脚上的一双球鞋倒还是很新的，强盗命令我脱下来，我稍一迟疑，腿上就被狠狠地踢了一脚，结果就只好赤脚了。演完这一幕好戏，大家希望可以早点闭幕了。想不到还有更精彩的在后面，强盗们经过仔细观察，"认定"一些人是"财神爷"，把他们五花大绑，派喽罗们先行带走。大多数人虽免于被"绑票"，但又惊恐一场，生怕也被看中。最后，看这一幕戏似已演完，包括我在内的人们都惶惶如漏网之鱼。演完第二幕，还不放我们走，生怕我们回镇上去报信。直到夕阳西下，才命令船员把我们这些已经彻底"轻装"的"俘虏"们"送回"镇上。

快班船被洗劫和绑票的消息早已传回到新塍镇上，也传到了顾家浜。作为"当事人"的我实际上是损失很小，也没有被选中为"财神"而被迎走，因而有惊无险。但是在新塍和顾家浜的长辈们，听到消息却是惊恐万分。外祖父几次到新塍镇东栅的船码头去打听消息，傍晚时终于迎来了虎口脱险的外孙。在老家顾家浜的祖父母、父母还有宝琳妹则更为着急。因为出事地点殷家桥离新塍近，消息较确切，而离顾家浜较远，坏消息有放大效应。父亲听到快班船乘客被绑，也不清楚绑了多少人，结果如何，出于爱子心切，不顾危险，立即出发去出事地点殷家桥。他估计肇事者最可能是张鹏飞的部队，或介于军匪之间的依附张的杂牌军，所以也不怕和他们接触。结果正如所料，也碰到他们的某个头目，声言此举他们是为了"筹措军饷"，"扣留"的几个人是"奸商老板"，要和他们"商量""捐献"之事，但绝不会是小孩或少年，其余的乘客都已被"送"回新塍了。此时已是傍晚，父亲只能信疑参半而回，但一夜无眠。次日叫顾如怡（他的族叔，人称"二毛叔"，经常帮他办事）步行到新塍外祖父家来接我回家。发生这种当时也是少有之事，交通班船全停，只好靠两条腿走乡村小路，幸亏二毛叔熟悉道路，但三十余里地对我来说也算是一种考验。到家后详述此次我的单身历险，大家都是又惊又喜。

不久，家庭中又因为我而引发一件小事。参加了嘉兴县中入学考试后，接到的通知只是"备取"，意思是正式录取生如果逾期不来报到，才由备取生填补。我也感到意外，而父亲则大为生气，怪母亲在新塍没有把我管教好，以致我不用心读书，使此次中考名落孙山。父母二人发生争吵，以致父亲把茶壶都摔破了，这在我们家庭中也是很少有的。后来，父亲托人到嘉兴去打听，结果说是"备取"没有关系，只是名次后一点，只要缴足学费就行。后来也确是如此。事情过后，我想来自己过去一两年确实不大用功读书，但在新塍这样的游击区读书，学校设备和师资条件都不能和嘉兴相比，加之许多日子是在战乱频频、人心惶惶中度过的。这次的"备取"和父亲的发脾气，促使我下决心：今后在任何条件下必须克服困难、力争上游。

1944 年秋，我进嘉兴县中读书，对我来说，到敌占区去生活仍很不习惯。例如，进城必经之道的北丽桥，日寇设有岗哨，老百姓经此必须向哨兵鞠躬。幸好我是住宿在学校，一年后即抗战胜利，因此，不得已而遇到这样的羞辱窘境为数不多。在嘉兴县中读高一，当时的同班同学有高应奎、沈德潜、夏佩璋、高挹云、袁云等，低年级的同学有蔡小根、周应龙，他俩是我的同乡(分别住三家村和北义庄)。

在敌占区读书的一年，教我们国文课的老师叫盛亮夫，年纪已老，穿着长袍，留着长须，据说曾是清末的秀才，有古文功底，国文课教得也好，对学生也很和气。教唐诗时，富有感情，捋须吟咏，深入诗人角色，使我们就把他想象为唐代诗人李白或杜甫。但这位老先生，思想与时代不太合拍，记得他讲课走题时曾不无得意地向我们介绍，1944 年底敌伪国民政府主席汪精卫病死日本，嘉兴(敌伪)县政府要他代写追悼会上用的挽联一事。我只记得后一联是："望鹤归华表①，哀声雷动浙江潮"，用典确切，平仄押韵，读来也使人荡气回肠，但用来吊唁汪精卫这样一个众所周知的头号汉奸，岂非有违民族大义？

① 神话人物丁令威，辽东人，学道于灵虚山，后化鹤归故乡，止于城门华表上。有少年举弓欲射，遂在空中盘旋而歌："有鸟有鸟丁令威，去家千岁今始归。城郭如故人民非，何不学仙冢垒垒？"歌毕飞入高空。因此"望鹤归华表"意为：汪在日本死去，是成仙了，并盼望他的灵魂化鹤归来。

当然，我们也知道，盛老先生只是一个穷教员，这次写挽联，并非附敌求荣，只是文人习气，肚里有点“墨水”，想“露一手”而已。

在敌占区读书难免和一些日本人接触（对于日本大兵，我们当然避之唯恐不及）。沦陷区的中学规定要读日文，教我们日文课是一位戴近视眼镜的日本老师，按理会使我们少年学生望而生畏。我是新到县中，听老同学讲他是一位“好好先生”，非但态度和蔼，而且要求也不严，当时正中我们的下怀。在县中校门口左侧有一爿日本商人开的糕点店，似乎是夫妻店，糕点都是小而精致，味道不错，价钱也不贵，而经营方式也和中国的小店主一样很迁就顾客，学生们经常会去光顾。

由此使我看到了和在游击区看到和听到的完全不同的另一类日本人，想起了鲁迅的两句诗：“渡尽劫波[①]兄弟在，相逢一笑泯恩仇。”民众虽然会受到帝王、政客、独裁统治者的控制、利用和愚弄，但大多数人民的本质是善良的，是希望和平共处，通过自己的努力来获得幸福生活的。然而人类为了渡过一次次的“劫波”付出的代价实在是太惨痛了，对此我有切身的体会！

① 劫波为佛教名词，简称为“劫”，认为世界经历若干万年毁灭一次，尔后又重新开始，此一灭一生称为一“劫”。后人借用指重大的天灾人祸，例如指“文化大革命”为“十年浩劫”。

我的祖父

顾孝烈

我的祖父(1870—1948)享年七十八岁,按顾氏辈分为"如"字辈,学名顾如桂,字蟾卿,取"蟾宫折桂"[①]之意。弟兄辈排行第二,故我们的家庭在老家族中称为"二房"。祖父的毛笔字写得很工整,老家的长凳背面及其他一些木制家具上写的"蟾记"或"二房"均为祖父手笔,给我印象深刻。自我懂事起,看到祖父已经是很苍老了。须发银白,还有咳嗽毛病,人称"老好人""佛佛二老爷",见了祖母也是唯唯诺诺。老家号称"耕读传家",但除了我的太公(曾祖父,讳号三洲)会画国画,我估计书是不会少读的。他的书画遗作我也曾亲见,不幸毁于"文革",否则可以作为传家之宝。但太公去世太早,缺少传承,以致祖父和父亲读书均不多。母亲读的书要比父亲多一些,因此常听到母亲抱怨上辈不给父亲多读点书,以致不能充分发挥他的才能。但父亲还是很能干的,为人豪爽好客,办事有魄力,有幽默感,毛笔字写得和祖父一样好。关于祖父,母亲经常和我谈起一件趣事,说我在一两岁时的冬天,刚穿了一件桃红色的新棉袄,由祖父抱着看管,我要到天井中养着金鱼的水缸中去抓鱼,他就由着我,结果把衣袖都弄湿了。祖母因此责备他,他诚惶诚恐地好像做了一件很大的错事。母亲在我面前说:"老好人者,无用之别名也。"但由于礼教的约束,除了事后有些不满之意外,母亲对公婆还是守礼尊敬的,倒没有听到过有什么大的家庭矛盾。

祖父去世前一年,祖母的姨甥,我的表叔朱德贞(在嘉兴城中经营天真照相馆)到乡下来看望我的祖父祖母,带来了手提照相机(当时可是稀罕物),在堂楼天井中,牡丹花盛开的花坛前石凳上,给祖父祖母照了一张合影。毕竟

① 蟾宫折桂,传说月宫中有蟾蜍和仙桂,"桂子月中落,天香云外飘"。科举时代,称举人及第为"蟾宫折桂",杜牧诗云:"两枝仙桂一时芳"。

是专业摄影师，照得不错。在这样的背景下，祖母慈祥地微笑着，精神很好，尽管她那时已是七十七高龄。而当按下快门时，祖父刚好眼睛一闭，好像是睡着了，白发苍苍，老态龙钟，但祖父祖母是同年的。这样一张在我们家史中值得纪念的、给我印象深刻的照片，也是在“十年浩劫”中灰飞烟灭，只能记下这段文字给自己看看。

我的儿子、孙子、孙女们，不知他们是否有兴趣知道老祖宗们的一些吉光片羽[①]？

2003 年 8 月 20 日

① 吉光片羽指神兽的一小块毛皮，比喻残存的珍品。

我的祖母

顾孝烈

祖母享年九十二岁(1870—1962),我的儿子惠新也能记得和太太(曾祖母)一起度过的艰苦日子。疯狂的年代,引来了饥馑的岁月,年迈的祖母原有肝胃病,不习惯用蔬菜杂粮充饥,终于不起。但在当时的邻里村落,这样的高龄,已属罕见。以致在办丧事的那天,豆腐菜多烧了许多,因为亲邻不论是否"行人情",来要一碗"长寿豆腐",是礼应奉送的,这也是一种淳厚的乡风民俗。

少年时代读过的古文往往记得很牢,例如《祭祖母文》(文名已记不确切),由于"心有灵犀一点通",感受颇深,主要诗句仍能朗朗上口。年纪大了,怕再忘记,回忆记录如下:

忆昔童孙小,曾蒙大母怜。
胜衣先取抱,弱冠尚同眠。
亲邻惊宠绝,姐妹妒恩偏。
望儿终有日,道我见无年。
谆谆言犹在,悠悠岁几迁。
果然宫锦服,来拜墓门烟。
今宵华表月,莫向垅头圆。

每当默咏此诗,总会想起我的亲妈(嘉兴方言称谓祖母),回忆起我的童年琐事之一,在亲妈房中"爬抽屉",亲妈陪着我,打开大橱的门,我把抽屉中祖上留下的书画折扇一把把打开,当时还不能欣赏而只知好玩,再一把把收拢。亲妈陪着孙儿玩,毫无怨心。夏天,我疰夏了,一段时期每天有低热,睡在亲妈的大床席上由她照管,她在小茶壶中泡了冰糖茶给我喝。看到亲妈慈祥的脸容,幼小的心灵,感受到无比的温馨。

宝琳妹在浙江大学毕业，分配到镇江中国农科院蚕研所工作后，寄钱到家中，补贴家庭开支（当时正如“久旱逢甘雨”），也给亲妈一些钱。亲妈感动地说：“想不到这个小姑娘真能干，还能支持这个风雨飘摇中的家！”

亲妈的娘家是嘉兴胡氏，老家在北门塘湾街开有“胡义昌南北货行”。我在读高中时，抗日战争胜利后不久，曾经陪伴亲妈到过我的外太婆家，在北大街（今日的建国路）附近一条小巷的一个石库门中，见到她的侄子（我的表舅）和侄孙女（我的表妹）。亲妈的前半生还生活在清朝，当时也可以算是大家闺秀，由于受时代局限，书虽读得不多，但受旧礼教的熏陶，贤淑知礼还是能做到的。听我母亲讲，祖母对曾祖母（她的婆母）是很孝敬的，尽管曾祖母我是祖父的后母。亲妈对后代的慈爱我是切身感受的，她对儿子媳妇和孙辈总是和颜悦色，对外人也是如此。很少见到她生气，更没有听到她骂过什么人。在我记忆中仅有一次例外：亲妈喜欢养猫，但我母亲不喜欢猫。有一次我们感到很奇怪，亲妈板着脸坐在凳上，抓住花猫的前腿，而猫在挣扎。我问她为什么？她说：“有人讨厌它，我要把它放生！”我猜想到了原因（母亲“声讨”了厌花猫的一次“闯祸”），就向她解释和劝慰，可能是“孙子的话祖父母最爱听”的普遍规律起了作用，亲妈情绪就缓和下来，不久就释然了。外人说我父亲是孝子，我也能处处体会到，也给了我深刻的身教。这也和祖母的慈爱是分不开的。

“谁言寸草心，报得三春晖？”

2003 年 3 月 22 日

新塍外公家

顾孝烈

新塍离嘉兴城三十华里(注:1华里等于500米),是江南水乡的一个古老小镇,据镇史记载,早在两千多年前,吴越春秋时期,“垒石为城,以御兵燹”。外公家世代繁衍生息于此,我也出生于此,我的童年和少年时代大部分岁月都在外公家度过。外婆去世较早,我没有见到过外婆,仅在外公家的墙壁上见到外婆穿着古装的全身照片,时仅中年,因此可以从照片上见到我母亲和小姨母的身影,感到十分亲切。要回忆我的童年和少年时期,就离不开我的外公家,当时我这棵幼嫩的小苗,曾受到外公这棵大树的庇护,才得以逐步成长起来。正是:

忆昔童孙小,曾蒙外祖怜。

时序回溯,应从当时生存空间的地理概貌开始。新塍是江南水乡小镇,一条主要水道(市河)横贯东西,将镇区分为“港南”和“港北”;一条次要水道连通南北,使市河形似十字。沿河都是石驳岸和错落的河埠,乡镇交通和给水排水有赖于斯。主要街道沿河分布,均为花岗岩的石板路,路宽仅约三米。热闹地段临街多为店面房,冷静地段多为住宅房。此外还有许多小河流、河浜、池塘等构成水网。大小石桥,不下数十,分布其间。那时村镇地区还属地广人稀,交通闭塞,植被茂密,并无工业排放和农药等污染。因此,蓝天碧水,绿树成荫;白墙灰瓦,窗户临水;河道纵横,船只穿梭;大街小巷,点缀行人若干,这些都是小镇的典型景观。

镇上的名胜古迹有能仁寺和小蓬莱,地处镇东港南。能仁寺始建于梁代,寺之地势如凤形,寺前门有一弧形“松路”为凤颈,寺门前东西各有一池塘为凤之两翼,寺为凤身。梁代两株古银杏矗立山门外,枝叶繁茂,常有老鹰筑巢于其上。山门殿中，前有弥勒，后有韦驮，两侧为四大金刚。进山门甬道，古树成行，绿荫蔽日，时有白鹭栖息，两侧有钟楼和鼓楼。中为大雄宝殿，供三世如来佛，香烟缭绕，钟磬梵音，佛像庄严，古老而神秘。殿后尚有一待建的“千佛阁”殿基，柱础石均已就位，因抗日战争而中止。寺不设围墙，任人礼佛或参观。寺东有“小蓬莱”公园及许氏宗祠，寺西有丝业公所（我曾读书的新塍初级中学即借此开设）。此地有小桥流水、古寺殿庑、庭院画廊、茶室等江南小筑，是镇人休憩游览之胜地，由于离外公家很近，我少年时代和小朋友们经常去玩耍。

能仁寺前至今犹存的梁代古银杏

外祖父家世居新塍镇西栅头港南大弄口，住房坐南朝北，当地人称为“大弄口沈家”。沈家的老房子有两个门面和三埭楼房，前埭临街，原来应属于镇上的中产之家，但传到外祖父当家时，估计也属于家道中落，房子仅分到第三埭的一个门面，虽然房屋进深较大，可以前后分隔为两间房，但楼上楼下一共也只有四个房间（包括厨房间），屋后弄堂对面还有一间简陋的披屋，堆放杂物柴草（破败不能住人），故居住空间并不宽裕。外祖父家在镇上没有其他房产，也不开店，原来在乡间还有二三十亩水田，后来被林生娘舅卖掉了。外祖父早年学生意（做学徒），后来受聘于新塍电灯公司，老板盛味根是镇上望族，公司自己不发电，是从苏州输电过来而经营镇上的商店和住户的电灯照明，并且又经营了一家电力碾米厂。外祖父为人老实勤奋，得到老板赏识，因此从一般职员做起，直到账房先生和经理。我小时候在外祖父家经常看到，外祖父戴上老花眼镜，在账台前正襟危坐，用毛笔在一叠叠老式账册上记账和打算盘。外祖父当时也应算是高级职员了，照例可以有较多的各种收入，但他以忠诚正直出名，除工资外从不牟取额外收益，然而当时已经可以算是中等经济条件了。抗战前我经常随母亲到外祖父家作客，那时外祖父家由于祖传老屋狭小，在郎中埭寺后门桥堍港南租了两楼两底和一个厨房的房子，似乎比老屋高一个档次。楼上楼下、电灯电话（当时镇上不是家家有此条件），给我这个常住顾家浜乡下的小孩以新奇和兴奋的感觉。一九三七年，抗战开始，我全家逃难到外祖父家，又从这家房东另外租了两个房间来住，直到一九四四年我初中毕业后到嘉兴城里读高中。因此可以说，我的童年和少年大部分时间生活在外祖父家，外祖父又宠爱我这个"长孙"，使我自然地认为外祖父家就是我的家。儿童时期，有一次外祖父和我开玩笑说："你住久了，可以回家去了。"我就认真地说："不，我要吃大了才回去！"以致以后他经常在亲人面前提起此事，作为亲切爱抚的笑话来讲。

外祖父、外祖母育有二女三男，我母亲（智英，小名庆宝）为大女儿居长，姨母（慧华，小名月娥，我称她为"月娥伯"或简称"伯"）最小。其间有大娘舅（奎生）、二娘舅（林生）、小娘舅（伍云）。奎生娘舅去世较早，我未能见面。

外祖父家的经济条件由于抗战军兴和家乡沦陷而逐步由小康陷于贫穷，均和战事、政局和自然灾害等有关，也包含一些人事因素。

一九三七年十一月五日，日寇在上海金山卫登陆，当月嘉兴沦陷。当时嘉兴在长江三角洲地区也算是交通线上的一个重镇，是沪杭线和苏嘉线的交点。日寇占领后驻重兵把守，成立傀儡式的伪政府。新塍镇离嘉兴虽只有三十华里，但地点较偏僻，与嘉兴交通只有一条水道（新塍塘）和乡间小路，因此日寇一般情况下不在新塍镇驻兵。时时有抗日游击队来活动，但一般也没有长期驻守的军事实力。老百姓为了生存、生产和经商而组织的"自治政府"（对日方称之为"维持会"，对中方称之为"临时镇政府"）也只能是两面应付，日寇主要是要征收"军粮"，而抗日游击队也需要活动经费。游击队和日寇经常发生冲突是在所难免。因此，新塍镇经常局势动荡，虽免于日寇的长期占领，但时有大大小小的因战争而发生的灾难。其中最惨重的一次为"五月十三"，镇上七八十岁老人，至今不会忘记这个日子。编撰于二十世纪末的《新塍镇志》中写道："1938 年 6 月 10 日(农历五月十三日)，日军分三路进袭镇区，与游击队战于中市，毙敌小队长一人，敌为泄愤焚东南半镇而退。"我当时十岁，和母亲住在新塍镇东栅乐善坛(新农蚕种场)。清晨闻枪声，知有情况(日军拂晓偷袭是其故伎)，乘小划船沿乐善坛旁的河道向北郊乡村逃去。划出不久，见有人涉水而逃过河，知情况十分紧急，追军不远。所幸小船划速快，安全逃离险境。中午在一农家吃饭，见南方天空浓烟蔽日，知镇上房屋大面积遭日寇纵火焚烧。外祖父一家(当时有小娘舅、月娥伯)正住在镇上郎中埭，见此惨象，母子忧心如焚，十分担心亲人安危，但也不敢即刻返回镇上。待日落西山，知日寇晚上必撤回老巢(嘉兴城里)，才乘船回去。到镇上只见一片瓦砾，焦味触鼻，梁柱残木等仍在冒烟。当时外祖父、小娘舅和姨母在游击队与日寇激战和日寇焚烧居民住房时所幸都已逃离险境，门前两埭房屋被焚，所住第三、第四埭幸免，家庭财产无损，总算有惊无险，而电灯厂损失很大。但东南半镇大部分人家家已毁矣，事变情况突然，这些人家逃离时来不及带走多少东西。事后知道一些事：其一，敌酋一般不会冲锋在前，此次击毙

新塍镇于二〇〇〇年后重建的能仁寺大雄宝殿

敌酋实属意外，敌人从东冲入镇内，一名游击队员来不及撤退，躲入一民房楼上暗窥情况，见街道上敌部队前锋过后，一名带指挥刀的敌人大步走在街上，显然是敌人头目，仇人狭路，冷枪一发毙敌。此事虽一时大快人心，但引来半镇房屋被毁的惨痛代价。其二，敌军本拟占领全镇，冲过半镇，到了丝皇桥（一座较高的石拱桥，为镇中心要道），游击队机枪手坚守桥顶制高点，勇敢守住阵地。敌军无奈而退，使西北半镇民房免遭火焚。可惜镇上唯一古寺能仁寺由于处于镇东南而遭日寇付之一炬。能仁寺今虽集资重建，且规模胜昔，但终究算不得真正的古迹了。此皆日寇之罪也！

一九三七年嘉兴沦陷后，外祖父代资方经营的电灯厂还照常营业，经一九三八年农历五月十三日新塍东南半镇被日寇焚毁后，电灯厂财产损失小半（路上的电杆、电线、住户的电表等被焚毁，均为电灯厂财产）。那时幸好还有一个附属的电力碾米厂，生意不错，企业得以维持。碾米厂开在小蓬莱的水道附近，当时我也经常去玩的，看碾米机碾米，甚至和米厂的苏北工人也熟悉了，他们都按苏北习惯以船为家。外祖父和工人们的关系很好，以致当日寇侵扰而不得已暂时避难到乡下时，就借用他们的船，和他们同住同吃在船上，在新塍西栅外静僻的农村水港中东躲西藏。我当时还年幼无知，大人小孩挤在一个船仓里睡觉，对船上小灶煮的白米饭和大芋头食欲大增，过起了苏北外出务工者的船上生活，觉得十分新奇和有趣，而很少有危急感和忧虑。

大概又过了两三年，一次台风将碾米厂的厂房吹倒了，机器也有砸坏，这是意想不到天灾！电灯厂这时已无财力来恢复碾米厂，外祖父的经营和收入又少了许多。乱世时期往往祸不单行，过不久，电灯厂从苏州过来的输电线路上的木电线杆又被坏人成批偷盗，这是对风雨飘摇中的电灯厂的致命一击，结果只能歇业了事，外祖父也只能是失业了。亲朋好友中也有责怪外祖父在电灯厂兴旺发达时期没有给自己“留点后路”，只知忠心耿耿为老板卖力。但是一个人的天生性格是难以改变的。

外祖父和小娘舅是一直生活在一起的，小娘舅年轻时也去学过生意，但后来没有找到较好而长期稳定的职业，因此外祖父在世时老来也只能是清贫度日。我母亲和我作为他的后代，当此战乱频频、生灵涂炭以及后来不应该有的、史无前例的艰辛遭遇，只有使他老人家为此忧心忡忡，而没有给他老人家以实质性的回报。想来真是痛心疾首，虽属时代使然，但总是人生憾事。正是：

谁言寸草心，报得三春晖！

我母亲是外祖父的大女儿，出生于一九〇二年（当时还是清朝时代）。外祖父思想并不保守，给她从小到家塾读书。据母亲讲：《三字经》《千字文》《论语》《孟子》等都曾读过，直至十五六岁。按照当时风俗习惯，女子到这个年龄要开始做女红（刺绣、缝纫等），为出嫁作准备。母亲曾多次谈起，因此事而中止了学业，曾感到十分惋惜，因为她喜欢读书，也喜欢文学，对《红楼梦》《西厢记》《三国志》等古典小说也感兴趣。在她九十高龄后，有一次谈到《论语》《孟子》等古典教材的道德教育意义时，她曾一字不漏地背诵出“孟子见梁惠王”论“仁义”的一大段，有感于“上下交征利而国危矣”。

我的母亲

古人云“知书达理”，这在我母亲身上也有体现。她能识大体、顾大局，尊敬长辈，相夫教子，协助我父亲创办蚕种场等。母亲更有一种可贵的品质是有正义感，临危不惧，不畏强暴，这些在战乱和是非颠倒的年代最能体现出来。在我父亲组织抗日游击队时（见文后引用《新塍镇志》），她出于民族大义并未阻挠，而且还帮助游击队做事。有一次曾受父亲的委托，把一支手枪利用家庭妇女的外貌和出其不意的从容，在日寇的眼皮底下带过了“检问所”（沦陷区日寇封锁线上的老百姓出入口，有日伪军警把守和检查）；还有一次在顾家浜被日寇下乡骚扰时被抓，看来不像种田人，谎称是新塍中药店店员而脱险。后来在暗无天日的浩劫年代，她虽吃尽了难以想像的苦头，但精神上从来没有对强暴屈服过，自信正义在己一方，因而在艰难困苦的生活中顽强地“斗争”过来。我作为她的儿子，对此也曾自愧不如。在长期极端困顿之中，多次给了我战胜困难和自强不息的物质支援（最困难时期给人家做衣服贴补家用）和精神力量。

奎生舅妈和她的子女（表妹玉琴，表弟海明）虽早和外祖父分家别居，但在我儿童和少年时代是经常见面的，玉琴妹小我一岁，比我妹妹宝琳大一岁，由于年龄相仿，是我和宝琳妹在儿童时代的玩伴。奎生舅妈也给我以温厚亲切的印象。由于奎生娘舅早故，奎生舅妈家生活困难。早年，单靠舅妈给人家做衣服谋生，后来玉琴妹长大后在抗日战争后期，曾参加“跑单帮”（在城镇间贩卖肥皂、香烟等日用品）赚些辛苦钱贴补家用，也是属于“穷人孩子早当家”。一九五〇年，她参加“抗美援朝”文工团，结识一位（旅？团？）参谋长，后来与他结婚，奎生舅妈一家也随玉琴妹离开了新塍镇。故二十世纪五十年代以后，奎生舅妈一家，政治地位与经济条件在亲属中颇为突出。但是由于早年与外祖父存在某些嫌隙，后来并不与外祖父家来往与问候，而此时的外祖父正生活在贫困之中。我作为后代，祖上事情的前因后果虽不尽了然，但每每思及此事，总未免感到十分遗憾。

林生娘舅具有与家里其他人完全不同的性格。他从小也学过生意，做过店员。想来他是不愿过平凡的生活，抗战前，曾跟随新塍镇上的知名人物张木舟去“闯荡天下”（外出谋生），到过陕北、宁夏和内蒙古。回来后对我们讲他们的“奇遇历险记”和北方少数民族的奇风异俗，我听得津津有味。在抗日战争时期，张木舟出任国民政府的平湖县县长，林生娘舅又跟他去做了个科员，后又因在敌占区工作经常要对付日寇的“扫荡”，觉得太危险而辞职回新塍，做过小店中的营业员，后来在当地收购古玩等贩卖到苏州等地，作为他谋生的自由职业。

他一生没有成家，不愿过“循规蹈矩”的生活，有钱时不知节俭，有点顾前不顾后。他和外祖父的性情格格不入，外祖父认为他不务正业，另外为卖掉祖上传下的田而曾大为生气。但林生娘舅也有慷慨豪爽的一面，讲究义气，和我父亲倒也谈得来，他们都是张木舟的要好朋友。因此，林生娘舅在我们这个大家庭中，“关系微妙”。我母亲往往站在外祖父一边，有一次林生娘舅和外祖父发生什么矛盾，母亲帮外祖父讲了几句，林生娘舅就毫不客气地对他姐姐说：“不要你这个出嫁姑娘来管这种事！”我当时也在场，听到他们的争吵，我感到“心惊肉跳”。但这种家庭矛盾也没有发展到不可收拾的地步，毕竟是父子姐弟，林生娘舅小时候我母亲也曾管领过他。又好在我父亲从来不介入这种事，郎舅之间仍然是好朋友，而且林生娘舅对我这个外甥还是看好的，有钱时也会买东西给我吃，有些事我也同情他，所以我就只能采取“中立”态度了。

“文革”浩劫，我家遭难，亲戚罔顾，朋友断绝，求告无门，天地不应。在如此绝境中，能不顾一切、挺身而出、施以援手者，唯林生娘舅一人而已！他曾说过：“我怕什么！无家室之累，无后顾之忧，姐夫家无辜遭逢如此大难，我能不管？”事实也确是如此，奔走于镇江、杭州和嘉兴之间，与宝琳妹和姨夫姨母取得联系，带来生活必需品，陪我父亲到杭州医病等雪中送炭之事，不遗余力，一直做到“文革”结束。所以后来我和宝琳妹一直将他作为自己的直系亲人来奉养到最后。

小娘舅由于和我年龄相差不大，又长期和外祖父生活在一起，所以从小就和他十分亲近，他态度和蔼，经常是笑嘻嘻的。外祖父也钟爱他这个小儿子，小娘舅结婚时(抗日战争中期)，外祖父给他郑重操办婚事。当时由于我父亲曾参加抗日游击队而不敢到新塍镇上来参加婚礼，连我也不让去，外祖父对此颇不乐意。后来外祖父派了一个碾米厂工人特地到顾家浜乡下来领我到新塍，算是折中办法。当时对我来说，吃喜酒当然是很高兴的事，因此印象深刻。小舅妈我就一直称她为“新舅妈”，她也是一个态度和蔼的人。新舅妈生她的大女儿玉衡时我也在外祖父家，由于我比玉衡大十四五岁，在她未满周岁时经常抱她以为好玩。有一奇事使我记忆常新：她当时还不会讲话，但对客堂中挂的字画屏条颇感兴趣，抱她时盯住字画而笑逐颜开，还口中喃喃似在发表评论。大家戏说这小孩将来一定是喜欢文学的，后来果然做了教师。过几年，新舅妈生了儿子玉清，表妹表弟两人我是看他们长大的。

姨妈在外祖父的五个子女中最小，比我母亲小十七岁。由于外祖母中年去世，姨母幼年曾由我母亲帮着带领，故姐妹俩分外亲切。我小时候在外祖父家住，也与姨母最亲，因为她比我仅大九岁，生得又比较娇小，小孩与同龄人易于接近，我当时错把她当作“大姐姐”看待了。听我母亲讲，我小时候偶有吵闹、撒娇、生气之时，“月娥伯”一介入就会安然无事。

我父母为了我和宝琳妹从小能受到良好的教育，于一九三四年开始在嘉兴城里童军路（现在叫“少年路”）租了一套房子，就近在当时嘉兴城内有名的学校——集贤中心小学读书，当时我读一年级，宝琳妹上幼稚园（现在称“幼儿园”），而姨母因此也到嘉兴集贤中心小学来读书（读六年级），住在我家。因此，当时我和姨母又成了同一所小学的同学了。

二〇〇八年春节，表兄妹在嘉兴合影

在我的一生中，当时（一九三四年至一九三七年秋天）可能是我们家庭最幸福的时期。国民政府在东南半壁的江浙一带，社会稳定，经济相对繁荣；父亲在顾家浜老家经营蚕种场也渐见成效；嘉兴的家由母亲主持，常住的有姨母、宝琳妹和我。祖父和祖母住在顾家浜，父亲则为蚕种场工作而来来去去，生活得平和安详，其乐融融，父亲不时的到来更增加了天伦之乐。我在集贤中心小学学习的三年，每学期都能获得“品学兼优”的奖状（一直保存到“文革”）。有一次还获得了全国儿童美术比赛的奖状和奖品，这当然也使父母等亲人欢心。我当时对前途充满信心和幻想，曾对大人们说过：“我长大了要去造飞机。”

当时学校对学生进行童子军训练。姨母读的是高年级，童子军制服有呢子铜盆帽，胸前佩有绶带，还有军笛、多用军刀等，脚上穿高帮皮鞋，英姿飒爽；而我们低年级的童子军制服和装备则要差得多，因此姨母让我十分羡慕。当时嘉兴驻有国民革命军第四军军长张发奎将军的部队，军官们一律着黄呢军服，胸前束有“武装带”，腰间佩着“军人魂”短剑，十分神气。学校规定，童子军也算是“军人”，见了军官要敬礼，他们也会对我们还礼，以从小培养儿童的组织性和纪律性，这倒使我们小学生感到十分新奇和有趣。

一九三七年秋天的“八一三”事变，日寇从上海发难，开始全面侵略我国，东方传来的重炮声，从此彻底打破了我们宁静幸福的生活。蚕种场被迫关闭，父亲参加抗日游击队，尽管后来失败了，但也曾与日寇多次激战（刊于《新塍镇志》）。我和祖父母、母亲、宝琳妹避难到新塍外祖父家，姨母也回了老家。在一九三八年的新塍“五月十三”半个镇遭火焚劫难时，姨母还在新塍。当时她已是十九、二十岁朝气蓬勃的青年，已有自主能力，对于沦陷区的屈辱、动乱和缺乏生气的生活难以容忍，不久（具体时间未知）和她的同伴（同学）一起离开了新塍老家，到浙西后方（浙江西部的非敌占区）求学和找工作，结识了姨夫（江世和），翻开了人生新的一页。

二〇〇八年春节，表兄妹和家属在新塍能仁寺合影

一九四五年抗战胜利后，姨夫、姨母带着他们的女儿小萍初次来到了嘉兴和新塍。那时姨夫担任新登县的会计主任，和我父亲联襟，两人年纪虽相差十余岁，由于性格相近，初次见面就十分谈得来。小萍妹那时才两三岁，性格活泼，爹娘对她也有些宠。我觉得好玩，经常取笑她一句口头语，要东西时要“木佬佬多的”！

二十世纪五十年代后期我任教同济大学，暑期经常到杭州带学生去测量实习，庆春街刀茅巷姨夫姨妈家是常去的，经常见到表弟表妹们：小萍、小慧、小明、小文，后来又见到表妹夫钱德根和他们的女儿颖颖和兰兰。

“文革”使我家和姨夫家受到了不同程度的伤害。在十年浩劫中，我父亲和姨夫都不应该地、过早地离开了我们！他们可都是正直的人、对家庭和国家有责任感的人、从不去伤害别人的人。小明弟和惠新虽辈分为叔侄，但年龄仅相差一岁。“文革”乱起，他们正值少年求学的黄金时期，却上山下乡、不准读书、强迫他们参加超过少年体力的劳动，不应该受到的种种精神打击等，严重地影响他们的成长，过早地经历了人生的艰辛。拨乱反正后，我母亲和姨母老姐妹俩劫后余生又在上海重逢，总算能在晚年见到天理的回归和人性的复苏，见到了她们曾经辛勤抚育过并殷切期望的后代的成果。正是：

母亲和姨母(中为她们的曾孙女顾梁宏)，摄影于上海和平公园

向阳门第春常在，积善人家庆有余。

二〇一一年春节，我和惠新驱车至杭州探望小萍妹和小明弟等亲人，谈起人生经历和家庭琐事。回沪后执笔写下这一段家族历史片段，用以纪念我的外公和其他逝去的亲人，也给儿孙辈留下一点家族的历史资料。正是：

百年尘世几忧乐，万古长河一浪花。
继往开来心愿足，宁静淡泊度年华。

摘录《新塍镇志》(2000 年)中抗日战争时期有关段落：

1938 年 6 月 10 日(农历五月十三日)，日军分三路进袭镇区，与游击队战于中市，毙敌小队长一人，敌为泄愤焚东南半镇而退。

朱希部属的第一游击区第一挺进队队长顾锦华。

1938 年 10 月 17 日，嘉兴西北严墓之日军进犯新塍，遭我游击队数次堵截，次第被我击溃，总计毙日军 70 余，缴获汽艇一艘、机器船一艘、步枪 15 支、手枪 1 支、手榴弹 20 余枚，生擒日军 7 名。

同月又有日军一队从嘉兴出发，循水陆两路进犯新塍。驻镇部队司令朱希率部应战，并与副司令汪鹤松配合包抄日军后路，日军腹背受敌，渐感不支，遗尸数十具向后溃退，因不及逃逸而被俘者有日军 4 名、韩军 3 名。

悼念母亲大人

顾孝烈

艰难辛劳　养育恩重
温厚刚敏　慈母情深

母亲生于1902年，到今年（2002年）已整整一个世纪。此次因病逝世，使我从此失去生养我、培育我、相伴七十四年的最亲的亲人，我家失去了老祖宗，使我们悲痛难忍。

母亲的一生大部分时期都处于社会动荡时代，经历辛亥革命、北伐战争、抗日战争、解放战争、十年"文革"。她受过良好的旧文化、旧道德教育，但思想基本上能跟上时代的步伐。前几年，对邓小平同志的逝世哀悼不已。她青壮年时期的生活很不安定，青年丧母，在家中对她的四个弟妹，担起代理母亲的任务。为了逃避战乱，维持生计，养育教导子女，处境艰难。母亲对我兄妹二人的文化教育，始终十分重视。我九岁时，日寇侵占嘉兴，那时刚读完小学三年级。为逃避日寇暴行，在江南小镇新塍、乌镇等地反复搬迁，期间曾经历过日寇的飞机轰炸和机枪扫射。艰难险阻，死里逃生，强权暴力，并未使她惊惶失措。在如此恶劣的环境中，为了子女不致幼年失学，想尽办法，让我们能继续学业。在这期间，曾进过镇上老先生教授的私塾，到失业教师家去补习，也在她的知识范围内亲自教我们。这样直到八年抗战胜利，使我在动荡不宁的恶劣环境中，读完初中及高中一年级。我在高中求学时期，体弱多病，她为我求医问药，曾为我去找中学校长，申请补读、补考等事。这些为我奔走操劳的事，今日回忆，仍历历在目。

母亲生活俭朴，勤于做事，待人诚恳，通情达理。自幼对我熏陶影响，潜移默化，我也以此奉为为人基本准则。在强暴面前，她又刚正不屈，使我钦佩。子女的衣服鞋帽都是她亲手缝制。直至1953年我到同济大学读书时，所穿的棉大衣也是她用我父亲的旧衣服改制的。真是“慈母手中线，游子身上衣”。她勤俭持家的作风，也影响了我们全家。在我家经济最困难的日子里，她为别人家缝纫衣服，由于手艺好，细致认真，找上门要代做衣服的很多，以致收入可以贴补家用，使我这个低薪阶层者，得以渡过上有老、下有小、经济入不敷出的困境。由于我在同济大学工作后，二十九年离开家乡，一人在外，一年中只有寒暑假回家探亲，家中一切家务，包括我的孩子的生活、衣着、读书、管教、生病时的求医问药，主要都由她来决策和承担。我在外工作得以免去无法照顾家庭的后顾之忧，几十年来可以专心致志地工作。

在她所有第三代诞生时，都是她陪伴产妇，保养婴儿，是十分尽职的妇婴保育员。她的后代也确实不负她的期望：在她的第二代、第三代中，有教授、研究员、人民代表、政协委员、副教授、工程师；她的第四代，目前正在小学、初中、高中接受正规良好的教育。后代之中，有品行良好、成绩优秀、得奖受表扬者，她总是赞口不绝，十分欣喜。

亲爱的母亲，我毕生会按照您对我的期望，正直为人，勤奋工作，直到自然规律的到来。我也必定教育好我的后代，继续您的良好家风，保证都做有益于社会的好公民。争取做到一代胜过一代，对社会有所贡献，这也是您对社会的一份贡献。对后代的培育也就是生命的延续，您今天的身体虽已物化，回归大自然，但您的精神传承和遗传因子，仍永存于我们子女后代之中，绵延不绝。您整整生活了一个世纪，虽然历尽艰难困苦，但也阅历丰富，在生命的后期也欣逢盛世，看到了二十一世纪的曙光。从 1984 年起，我们一家又团聚在上海，度过了您一生中最幸福的十八年。今天，您到达人生的终点时，应无遗憾和后顾之忧。请您老人家安息吧！我亲爱的母亲。

桃李情深

顾孝烈

张远智君为同济测量专业1988届本科毕业生，后考取硕士研究生，由我指导其论文写作，于1991年完成学业。始任教于清华大学，后转至北京林业大学。2005年，将他主编教材《园林工程测量》一书寄给我。学有所获，业有所成，是应欣慰。张君在读研究生期间，曾在同济校刊用通俗文言文写小品《吾师》一文（1991年5月11日文艺副刊），也算是对我的一点怀念与评论。亦庄亦谐，略寓调侃，虽属游戏笔墨，但基本不失其真。阅此，方知张君虽专攻理工，而尚有若干文学细胞与幽默感也。飞光流逝，二十年过去矣。偶见旧刊，是为记。

吾师

吾师顾姓，年届七旬，瘦小矍铄，恬淡安详。因树帜误差椭圆理论于专业一隅，故为弟子雅号曰：顾椭圆。

师一生疏于得失之道而勤于治学之举，每逢弟子拜谒造访，皆见师引经据典，伏案疾书。每临讲台，则笔走龙蛇，口若悬河。明其旨者酣然不知置身何处，而惘惑者则魂魄渐安。师尝言：学问之道乃循序渐进，吾等得之于前人如此，总得加些许于后人乎。

师为文专注，为人亦善。每言待人须以真诚为本，忌动功利之心。有与同行合著，不问名之先后；常点化弟子文章，不计姓之有无。师之于弟子，爱近于憨、近于溺。尝有一弟子懒于劳作，佯言夜半落枕，师即又推又拿，嘱其好生静卧休息。亦尝有一单位邀师讲座，毕，付师数十酬金，师既拒之不得，旋购西瓜无数，弟子人均一个。师之为人处世，待人以宽，律己以严也。

故有关师之传闻甚多，一次上山实习，师健步如飞，众弟子勉力相随，有弟子诈称与师比赛登山，及师气喘吁吁立于山巅，环顾左右，唯天幕四垂，一呼而百应，应者山之回声也，师一笑了之。又，师巡回测区，见惶惶然一群弟子，束手对绘图小平板，师摒退众人，对脚架连踹两脚，平板而置中而水平。

师之闲情逸致唯拳与猫。拳，乃国萃太极拳，自言六七十年代间无所事事，而得益于杨式传人傅钟文，师勤练不辍，风雨无阻。猫，乃一不识捕鼠之肥硕黑猫，每当寒夜，师抚之则跃之于膝，甚觉温暖。

国画画月之法有二：其一，于白纸上绘一圆圈；其二，于白纸上涂抹颜色为云彩，于云彩中露一白块。余观师之于生活之描绘，乃不画而画。

文中涉及生活琐事，如赠瓜、登山等皆在该班学生于 1986 年夏季安徽铜陵地形测量实习中之事，当时住铜陵有色金属公司招待所。教师与学生近两个月整天生活在一起，接触面广。而该班学生中活跃分子较多，节外生枝之事情亦多。例如学生邓勇为高干子弟，擅自开动招待所的汽车，招待所负责人前来责问老师；学生与当地青年打架而要老师去派出所调解；女学生林向红实习结束要与招待所男炊事员去黄山旅游，我用“要打电话给她父亲”来警告而得以制止。讲座酬金请学生吃西瓜事，乃铜陵城建局请我去讲关于城市控制网设计专题，为不属于测量实习之事，自觉指导学生实习期间按理不应获额外酬金。故用作学生每人去买西瓜一个的费用，也算是大热天测量实习很辛苦的一点慰劳。

张远智

2011 年 1 月 28 日

吟云诗集

舒其心情　培其挚诚
有感而发　贵在天真

登　峰

一九七五年春

挥手黄山去，天都绝顶来。浩茫云海上，千姿耸群山。
苍翠古松劲，红艳杜鹃媚。莫谓蹬道险，着意自登攀。
世上无难事，全凭意志坚。

一九七四年冬，与朱照宏君至皖南黄山茶林场，联系我校道路专业学生的测量学课程结合生产任务的"开门办学"事。登山踏勘现场，山高坡陡林密，因劳累过度而旧疾复发，在林场医院住一周而返，始知任务艰难。然好胜心切，知难而进。一九七五年春，经二月余师生共同努力，终于超额完成高山地区道路勘测，不仅测通 11-8 公路，而且率娘子军连（全由女学生组成）加测 7-17 公路。道路勘测设计任务毕，茶林场招待师生游黄山风景区三日。期间曾与学生李权、郭元桃等九人攀登天都峰绝顶。始至峰下仰望，见危岩壁立，云雾缭绕，惊险逼人。然奇景诱人，有进无退。上铁链之蹬道，越鲫鱼之狭背，钻仙桃之仄缝，终达天上之都会。高标独立，四顾茫然。无限风光尽收眼底，尘纷俗虑涤荡无余。归来有感而作。

黄山迎客松与天都峰

黄山茶林场公路勘测

一九七五年春

开门办学好，师生意气宏。
披荆同战斗，筑路绕云峰。

黄山勘测公路，山高林密，沟壑纵横。每前进一步，必须披荆斩棘，涉水攀岩，相互提携。体现师生共同战斗之情，意气融洽，而偏无当时所谓“大批判”之隔阂。时临“十年浩劫”之后期，“左”魔猖獗，前途未卜。有此豪情，专注于本职工作，回首往事，可以无愧矣！

万人坑高山深谷安家

一九七五年春

肩挑行李上坡去，云雾山中把家安。
今朝挥汗洒峻岭，明日长龙跃群山。

自己肩挑测量仪器和行李上山，住宿于用毛竹树皮搭成之棚屋内，掘地为灶，架竹为床，图板当桌。入晚每人蜡烛一支，伏板作业，笑谓犹如庙中菩萨。然高山深谷，流泉淙淙，密树丛林，鸟声清脆，晨昏月夜，云雾缥缈，别有一番自然风光。工作生活于此环境中，暂如桃花源中人，不知有汉，无论魏晋，全忘外部世界之“暴秦今日又重来”。“万人坑”为高山半腰中之清幽深谷，山涧流量颇大，涧中巨石累累，雨后流泉更如千军万马呼啸奔腾而过。地名之由来相传为太平天国时起义军被清军所围困，终于万人遇难之地也，夜半惊涛岂其遗响乎？

始信峰

一九七五年春

茫茫云海，郁郁苍松。映山红遍，流泉淙淙。山迴路转，一线桥通。
悬崖雾散，翠谷烟笼。花生梦笔，笋出石矼。奇峰突起，舒我心胸。

登黄山，宿北海宾馆，面对狮子峰，旁散花精舍，“梦笔生花”时隐现于轻烟薄雾之中。知旁有始信峰，与学生李东明、苏小信漫步于密林中寻径。途经黑虎松、连理松、探海松等黄山名松。山径尽处，有“仙人桥”介于两峰之间。步临桥上，峰回路转，景色豁然开朗，苍松竞秀，危岩壁立，上出奇峰，下临无地，此即始信峰也，石笋峰亭亭玉立于其旁。初登始信峰时，云雾笼罩，山峦如影，正以不见北海群峰之真面目为憾。至巅，有顷，忽而云开雾散，群峰列峙，奇石峥嵘。绿树红花，谷底流泉，皆历历在目。清幽秀逸，奇幻突兀，始信黄山之美不仅在于天都、莲花、光明顶之雄伟壮丽也。傍晚与学生登狮子峰，至清凉台，见云海浩茫，如万顷波涛，群峰若岛，绿树如茵，怪石参差，奇松挺秀。危岩静坐，相顾无言，盖均已沉醉于此仙境中矣。至暮色苍茫，周围景色已不可复辨而返。

黄山云海

砚　铭

一九七六年冬

黄山北峙，练江南来。苍松翠谷，白雪红楼。此徽州干校之景也。劳动学习、生病生活半载于兹，风云变幻，记忆常新。假日进城，购得歙砚徽墨，观赏之余，兼作挥毫习字，不亦宜乎。赋曰：

得失天际云，毁誉耳边风。
勤奋有所获，乐亦在其中。

一九六六年五月七日“最高指示”曰：“军队既要学军，还要学工、学农；工人也要学军、学文化；农民也要兼学军事、政治、文化，也要批判资产阶级……”成为家喻户晓之“五七指示”，是“文革”动员令之一。实践是检验真理的唯一标准,是真理还是谬误,今已昭然。而当时“五七干校”已成为迫害异己、惩治知识分子的一种手段,是变相劳改之所。圾山崩,“文革”终,两凡遵,“左”风续。因而一九七六年秋冬仍按期(当时规定,同济教职工五年中须有半年)服役于干校。力不胜劳,致大咳血而住进瑞金医院分院,治疗月余。出院后仍得回干校服役,得领导照顾,分配管劳动工具分发和修理。纵观当时形势:风云变幻,诡异莫测,反复折腾,言行不一,信仰动摇,人心涣散,致使劳动和政治学习已流于形式。离“工人阶级必须领导一切”的同济大学校本部又是“天高皇帝远”“将在外,君命有所不受”。上下一致,敷衍了事,大家心照不宣,只等待半年劳动期满,可以按时回沪。因此,几十人的山乡“独立王国”的小日子倒是过得无忧无虑,优哉游哉。山坡上的两层简陋宿舍,戏称“红楼”,楼上凭栏可以北望黄山,俯瞰练江。舍后山岗起伏,点缀青松杂树。那年冬天,一场大雪将山川树木装点得粉妆玉琢,如琉璃世界。因祸得福,这样的山乡美景倒是难得一见。星期天总是进城游玩、购物、小吃,晚上聊天、看书、写信各随己便。余则抓紧学习所喜欢的“算法语言”,后来终于派上用场。因为喜欢书法,购得廉价质次的当地特产歙砚和徽墨作为玩物,也时时取出观摩欣赏。故虽经磨难而仍有此悠闲心情写此“砚铭”,以抒发当时苦中得乐之意,兼示生平志向。

题道路专业七七届毕业照

一九七七年秋

春风桃李又年年,竞业平生雨露栽。
云海群峰争奇秀,峥嵘岁月忆黄山。

一九七五年春,余担任该班测量学授课,开门办学,有黄山茶林场高山道路勘测设计一段工作与生活的亲近接触,时当惜别,倍觉依依。

春江秋兴

一九七七年秋

驶艇春江上,高台酬嘉宾。连峰危岩峙,流鱼细石清。
谈诗窥敏捷,笑语见天真。何恨相逢暂,云水本无心。

一九七七年秋,与洪炳隆君至富春江水电站,布设大坝变形观测边角控制网，历年所研究测量精度分析理论得与工程实践相结合，略展平生抱负。测量工作毕，水电站技术人员放游艇泛富春江水库，登严子陵钓台。从江畔断碑（"文革"之"丰功伟绩"之一）上抄得张授咏钓台诗："古木笼烟半锁空，高台隐隐翠微中。身安不羡三公贵，宁与渔樵卒岁同。"忆及杜牧睦州诗："州在钓台边，溪山实可怜。有家皆掩映，无处不潺湲。好树鸣幽鸟，晴楼入野烟。残春杜陵客，中酒落花前。"以及对钓台周围山水之描述："连峰际天，了无缺处，流鱼细石，直视无碍。"赏景论诗，相与甚欢。然萍水相逢，尽是他乡之客，美中不足而应知足，世事应尽作如是观。

摄　卫

一九七七年冬

百年几多时，栖栖扰攘中。得失天际云，毁誉耳边风。

陶情探太极，适性娱诗丛。摄卫须常思，何必太匆匆。

世味秋荼苦，人间直道穷。稻粱谋未足，薏苡谤何频。势利客，变色龙，一犬吠影，百犬吠声。此类鸡虫，当以白眼视之。"左"魔终于覆灭，群小其能久乎？正是：两岸猿声啼不住，轻舟已过万重山。首要善自摄卫，且看来日方长！

芦茨桃源

一九七八年冬

富春江边，奇峰突起。百丈蹬道，信步攀援。俯瞰洪流，远览群山。

芦次源头，云烟迷蒙。奇松临水，清流映碧。绿波驶艇，暂洗尘虑。

一九七八年冬，因大坝变形观测再至富春江。工作完成，仍放艇游水库。重登钓台，再溯江而上，至支流芦茨源。沿溪缓驶，水流清澈，临水多顽石奇松。至源头，有一小村镇。疏篱茅舍，竹树掩映，阡陌纵横，青山环绕，宛如桃源再现。登岸，至小商铺中购价廉物美之物而返。辛勤工作之余，得驶艇于青山绿水之间，一时怡然自得，暂忘大气候之欲暖还寒也。

一九七九年春节纪实

一九七九年春

三九严寒凛夜长，荧荧灯火映寒窗。

蜂酿百花成蜜后，为谁辛苦为谁忙？
风雪严寒夜，灵台自在春。勤奋终有获，不负苦心人。

春节假期返乡，全家虽被迫而寄居于残窗败壁之屋，一年一度，仍可乐叙天伦。随带书本笔记，夜深人静，寒灯一盏，开卷为乐。“左”魔虽已灭，余毒远未清。但曙光在前，应相信真理。毕生奋斗，义无反顾。

玉屏重上

一九七九年秋

昔春黄山游，归来常梦萦。今秋风萧瑟，重上玉屏楼。
三岛蓬莱近，天都云外浮。迎送有奇松，俯仰无俗虑。
莲花莲蕊间，百仞下云梯。林峦起伏处，仙女绣花闲。
天海碧波上，鳌鱼出水游。何处飞来石，独临千丈渊。
排云亭畔憩，凭栏览巧岩。北海留嘉宾，散花旁精舍。
明月松间照，笔花入梦来。狮峰迎日出，北溟观云海。
造化展奇秀，始信黄山美。江山留胜迹，登临增气概。
四化同努力，不负平生才。

一九七九年十一月，与陆剑鸣、杨子龙、都彩生、黄志鸣诸君设计和施测安庆市城市导线网。完成任务后，城建局派专车招待游九华山与黄山。九华山为佛教圣地，盘山道路可直抵高山广谷，寺庙林立，香火旺盛，店铺成市，山林景点分布周围。当晚宿寺庙招待所。次日乘车抵黄山，宿温泉宾馆。第三日登山，经半山寺、玉屏楼、鳌鱼峰、飞来石，夜宿北海宾馆。此次游黄山为再度登临，并有向导，阅历较详。但经过天都峰与玉屏峰的鞍部时，见天都峭壁间，石级蹬道如云梯直上，虽有石柱铁链，已无人敢于提议攀登，只能望峰兴叹。始悟四年前与学生九人勇攀天都峰，实乃借青年朝气，鼓其余勇而得以同登绝顶也。第四日，在宾馆前狮子峰清凉台观云海日出后，经白鹅岭、后山石道、云谷寺、九龙瀑而抵黄山东部出口苦竹溪，乘专车回安庆。在返程途中，思绪涌动，构思而成此篇。

城市高级控制网由经典的三角网向导线网、边角网过渡而维持十余年，直至 GPS 技术的普及应用，乃我国城市测量的历史事实。从理论到实践，余始终参与并促成其事，其成果后来反映于一九八四年和一九九九年的《城市测量规范》之中。安庆市城市导线测量为十年浩劫拨乱反正后的首次成功实践，意义深远。工作顺利，又胜景重游，心情舒畅，故有对四化目标[①]的向往和尽展才能之志。

神　驰

一九八〇年夏

少小曾负咏絮才，曲折飘零事可哀。
何期十年浩劫后，尚留余庆在人间。
风雨飘摇五十年，几曾平静把书研。
钟灵毓秀江南地，劫后余生应自怜。
时难年荒世业空，过眼云烟若梦中。
度尽劫波真理在，图新不与旧时同。
风教凋零应力挽，争名夺利蔽人才。
钻营钻研不可兼，甘心情愿作书呆。

新二楼小室独处，书余茶后。回首沧桑，神驰八极。困顿一生，始现转机。积善人家，应有余庆。珍惜时日，努力奋斗。放开手脚，发展自我。认定目标，义无反顾。

长　城

一九八〇年十月

帝王雄图载史篇，长城坚筑御烽烟。
独虑怎及千人智，锦嶂登临付笑谈。

一九八〇年秋至北京参加《测绘字典》的编写定稿会议。休息日，游长城和十三陵。金风送爽，晴空凝碧，霜叶飞红，层峦叠翠。巍巍长城似锦带、如游龙，蜿蜒飞舞于崇山峻岭之巅。健步登临，神清气爽。沉霾毒雾，一扫而光。有感于中，慨然命笔。

---

① “四个现代化”为周恩来总理于一九六四年和一九七五年两次提出的工业、农业、国防和科学技术的现代化。实现社会主义四个现代化，必须要求改变同生产力发展不相适应的生产关系和上层建筑。四化目标，当时得到知识界的衷心拥护，也是社会发展的唯一正确道路。惜乎与“阶级斗争为纲”相抵牾而一再贻误。历史无情，是非功罪，今已昭然于天下。

十 三 陵

一九八〇年十月

英雄事业付东风，石穴晶宫一例同。

千古唯余真理在，群民创造遍寰中。

面对群山，长陵祾恩殿气势雄伟，定陵地下宫艰巨经营，无一非群民之创造，而王霸者欲据为己有，古今一例。“江山代有英雄出，各苦生灵数十年!”千秋功罪，自有定评。

看莲花峰相片有感

一九八〇年十二月

江流多曲折，大器犹晚成。

晴空迷雾尽，锦绣展前程。

天道酬勤奋，修行在自身。

岁月行当惜，莲花自可登。

一九七五年仲夏，登黄山天都峰，因大雾迷蒙，未上莲花峰，期以来日。后一九八六年仲夏，至黄山疗养，终于登上莲花峰绝顶。是日天气晴朗，长空一览，群山俯伏。可穷千里之目，堪舒浩然之气，一展平生之志，诚不负前愿也。

参加长沙全国城市测量年会归程有感

一九八一年四月十五日

初晴雨后景清明，列车飞驶奔前程。

远山如黛倚云立，大地似锦五彩呈。

专题纵论开境界，博览群篇费苦辛。

归来满载寻常事，四化宏图倍有情。

余以《城市导线网精度分析》论文参加年会，后得《测绘学报》约稿刊登。而“工程控制网精度分析”列为特邀论文，此乃上海测绘院总工沈祖礽推荐之力也。后来参加《城市测量规范》制订中，有关城市边角网和城市导线网设计原则在此全国性学术年会上得到专业界认同。辛勤耕耘而有收获，亦人生快事，似有游刃有余而踌躇满志之意，也为后来继续开拓建立信心。会后归程中于列车上构思而作。

湘江归程

一九八一年春

滚滚车轮疾，心涛触景生。江山展秀丽，图画伴归程。
成败东流水，得失天际云。浩荡春风暖，难酬寸草心。
人生有际遇，处世凭挚情。四美[①]标准在，慎莫失天真。

南湖泛艇

一九八一年十二月

泛艇南湖上，今日庆功成。台榭游踪旧，桃李留影新。
炎寒同跋涉，楼塔勇攀登。精力献四化，苦乐本同根。

为嘉兴市设计四等导线网作为城市首级平面控制网，当时在国内尚属首创，为城市导线理论与生产实践相结合之又一例证。自导线网的设计、选点、埋石、造标、观测至计算，期年而成。自造高标，亲登水塔，冒寒风，顶烈日，遇难题，费思索，可谓辛苦。然为家乡建设和培养人才，诚可乐也。

小　憩

一九八二年元旦

书山有径寻幽胜，学海无涯泛险舟。
聊借画图怡倦眼，此中甘苦寸心知。

自一九五五年同济毕业，单身住集体宿舍二十五年。至一九八〇年晋升为副教授，才分配新二楼十平方米斗室，作为私人生活空间，得以书山寻径、学海泛舟，不再受任何干扰，才得“躲进小楼成一统，管他春夏与秋冬”。然而时已过知命之年矣！画图为自幼爱好，在嘉兴集贤小学时，亦曾作嘉兴火车站林荫大道水彩画，得全国少儿绘图奖。但后来战乱连绵，身家不保，学业也

---

① 四美指仁、义、忠、信。

难以为继，偶尔作画，如“能仁古寺”（写生）、“东京之秋”（临摹），也曾得中学师生称道，但毕竟偶一为之，未下功夫，贻笑大方，终于搁笔。然对图画仍有爱好，并自信尚有一定欣赏能力。限于财力，仅能信手收集一些复制品，闲时翻阅，聊怡倦眼。偶尔兴至，书此条幅挂于斗室之中，亦一时心态。

春城秋色

（五　首）

一九八二年秋，乘机飞昆明，以《城市导线网设计》论文参加“光电测距在工程测量中应用”学术会议。毕，游春城。

虹桥起飞　晴空追日

疾驰虹桥上碧穹，鹏飞万里凌鸿蒙。

天际巨弧呈地貌，晴空追日悟时踪。

万米高空，碧穹无限，地球曲率，清晰可见。西行犹如夸父追日，虽终不可及，但使夕照迟迟。

夜临春城　选胜登临

万家灯火临春城，盛会光电评论文。

更喜选胜登高日，太华秋色画中行。

飞临昆明上空时，已见万家灯火，金善锟校友至机场来接。休息日，游大观园，阅长联。登太华山（西山），远览群峰，俯瞰滇池，景色如画。

龙门远眺　云山千重

悬崖凿壁造龙门，艰巨经营贻后人。

烟波万顷来眼底，云山千重展前程。

亿年断层，风化雨蚀，成此千丈峭壁与万顷明湖，此大自然之赐也。然断崖石窟，形成西山龙门胜迹，更有赖人工。昔有僧人毕生致力开凿，贻我后人，得以闲日登临，放眼云山。抚今思昔，更悟人生重贡献之至理也。

参差石林　曲径迷途

突兀峥嵘树石林，枫丹云白碧潭清。

留恋几忘飞光疾，迂回曲经寻归程。

石林奇观，留连忘返。与忘年交沈祖礽总工同游，曲径迷途，寻归程不得，一时颇见窘态。

温泉沐浴　桃李盛情

珍珠泉畔碧玉汤，清澈温润意难忘。
何期廿年成邂逅，春城桃李亦芬芳。

此次赴昆明开会，与二十年前毕业校友许建尧、赵纪邦、朱美琪等久别重逢，盛情招待。许建尧从事昆明市城市规划，派车游黑龙潭、金殿、筇竹寺、珍珠泉。浴于珍珠泉畔温泉浴室包间。水质晶莹清澈，初临池边，空明若无水。水温适中，似有胜于黄山温泉，不愧称为“天下第一汤”也。

岁朝迎春

一九八三年元旦

天涯何处觅知音，曲折飘零今莫论。
登峰探海凭科学，陶情养性是诗文。

赠李少萍

一九八三年五月

力抗权奸志不移，中华一代好儿女。
冰霜历尽春光美，毕生奋斗复何疑。

颐和园之春

一九八三年春

春风又绿古幽州，画卷常新美不收。
万寿山前花几色，昆明湖畔柳千穗。
为辟蹊径勤探索，更遇险阻苦运筹。
雨过天晴飞归日，巍巍岱宗翼下浮。

二十世纪八十年代初，《城市测量规范》修订，执笔“城市控制网”部分，兼任规范编写组顾问。经营二载，一九八三年定稿于北京颐和园中之益寿堂（清代为太医院），处万寿山东麓，旁谐趣园。古典庭院，花木扶疏，洁净清幽。

房舍窗门桌椅则有古代风味。编写组成员研究测绘理论，分析实践数据，切磋终日，继以长夜，斟酌字句，郑重定稿。然身在皇家园林，工作之余，湖边漫步，步移景换，遍历幽胜。黎明即起，登万寿山巅，在湖光山色中运拳太极，亦足以调剂紧张工作，怡悦身心。任务毕，乘小型客机返沪，航高仅三千米，可清晰俯瞰大地，中途起降于济南和南京，均有旅客上下。机上从舷窗看露出于浮云上之泰山群峰，若青螺浮游于白水之滨，扬子江似素练飞舞于绿茵之上。飞抵上海时已灯火遍地矣，机场跑道照明若亮剑，直刺天边，为前所未见也。

颐和园中之谐趣园

新　图

一九八三年七月

勤工助学辟新途，风雨泥泞奈若何。
筹划辛劳终有获，鸳鸯湖畔展蓝图。

一九八三年夏天，带领测量专业学生（孙大路、程效军的班级），在嘉兴南湖之滨，测绘嘉兴毛纺厂地形图。先逢梅雨季节，时雨连绵，大水浸漫，泥泞途遥。继而烈日当空，暑气逼人，汗洒图板。但至任务完成，披阅新晒成之厂区地形蓝图（厂方急需），则又觉劳动收获，苦尽甜来，怡然自得。

晚　清

一九八四年六月

风雨山川净，落霞向晚晴。夕阳无限好，莫道近黄昏。

新篁诚茁壮，老树亦争春。炎凉经历尽，应能识伪真。

千金与盛名，过眼如烟云。学习与贡献，乐此慰平生。

一九八四年六月，参加于山东烟台芝罘宾馆召开的《城市测量规范》审定会议。宾馆位于烟台近郊渤海之滨，倚山面海，树木葱茏，海浪拍岸，卵石满滩。规范顺利通过，并获好评，甚可告慰。半生动荡，十年风雨。垂暮之年，冀逢盛世。老当益壮，宁知白首。穷且益坚，不坠青云。恬淡进取，以度余春。

得陈毓玲赠书

一九八五年九月

磊磊崎岖路，悠悠桃李情。

世风与日下，麟凤见天真。

人生路坎坷，世态唯炎凉。然桃李深情，亦足以聊慰孤寂。在此世风日下，只重权与利唯独忘义之时，如君之天真，诚如凤毛麟角之可贵。

疗养院碧纱窗下

一九八六年五月

忙中偷闲黄山行，修竹鸣泉腾紫云。

映窗碧叶自春色，求是丹心常静宁。

一九八六年五月接工会通知，到黄山疗养十天。碌碌卅载，首次获此关照，为此强于百忙中偷闲而成行。一行十人为各系同仁，虽非萍水相逢，然平时也各自忙碌而少交往。一朝相聚，交谈甚欢。安徽省黄山疗养院位于前山桃花溪畔，人字瀑下山坡上。庭院曲径，竹树茂密，小楼两幢，环境清幽，虽近温泉景点集市，而游人少至。仰望天都、朱砂、青鸾诸峰，若紫云腾起。俯听幽谷流泉，似泻玉鸣弦。千岩竞秀，万壑争流。虽已三至黄山，而情趣各异。何况此行为疗养，以休息为主，虽花两日登山，而其余皆在院中或在其近旁活动，如温泉沐浴、百丈泉观瀑、桃花溪溯源。斗室独居，碧窗幽静，心平气和，正宜开卷。每有理会心得，便怡然自乐，深感非宁静不足以深入求是也。

黄山飞来石畔留影

一九八六年五月

偶尔落人丛，黄山多一峰。
随遇几春秋，鸿蒙归太空。

览摄于黄山仙桃峰上飞来石畔之相片，云烟迷蒙，远山叠影，近峦峥嵘，奇松蕴秀。席坐于苍石之上而出乎郡峰之巅者已垂垂老矣。游戏笔墨，聊以自娱自解。夫大块载我以形，赋我以灵，劳我以生，逸我以老，归我以鸿蒙，乃自然之理也。岁月不羁，冀无虚度，见机而作，随遇而安。如庄子曰："吾生亦有涯，而知亦无涯，以有涯随无涯，殆矣！"如陶渊明曰："聊乘化以归尽，乐乎天命复奚疑？"又如苏东坡曰："脚力尽时山更好，莫将有限乘无穷！"均含有随遇而安和知足常乐之意。

黄山飞来石畔留影

玉屏楼前

一九八六年五月

玉屏楼台景若仙，浮云缥缈郡峰前。
紫莲含苞常待放，苍龙腾跃欲登天。

一九八六年春，至黄山疗养，摄影于玉屏楼前，送客松旁，背景为黄山最高之莲花峰也。是日，风和日丽，苍松挺秀，郡峰耸峙，浮云缭绕，诚若仙境也。莲花峰与莲蕊峰若紫莲之含苞待放，美好希望存焉。迎客松与送客松若苍龙腾起，飞跃向上，则希冀取法乎上也。

莲花峰与送客松

十日桃花溪

一九八六年五月

幽谷修篁里，楼阁起平台。山中一夜雨，云崖百丈泉。
濯足临清流，觅石供案沿。绿荫窗下静，开卷心自专。
登山览胜迹，佳景留影还。茶余空阔谈，天南地北间。
时日虽云短，过后足留恋。

工会办集体疗养，赴安徽黄山疗养院。山中十日，留此雪泥鸿爪。

黄山北海

铜陵实习

一九八六年七月

但恨铜山陷阱多，程君选点坠其中。
因公失足诚憾事，勤朴无华嘉此风。

铜陵生产实习两月，参加学生数百，完成大比例尺地形图数十平方公里。任重道艰，险情迭出，以青年教师程效军选点时坠入十余米之地质探井事件为最。程君勤恳朴实，默默无闻从事本职工作。此次为选好一个控制点而失足落井，幸而被同行教师吴限及时发现而救出，但当时半身不能动弹，伤残未卜，事后并无怨言。虚华浮夸之徒，争名夺利之辈，视之得无愧乎？诚为知人于危难之际。

大桥形变测量

一九八七年五月

烟雨江南草正青，又陪学子上金陵。
大桥形变事非小，测算辛勤求益精。

南京长江大桥变形观测国家下达任务始于一九八四年年底，随即设计、选点、建网，一九八六年正式施测，一九八七年复测。两次观测均结合学生生产实习，且有研究生参加。垂老之年为国家任务尚参加外业观测，攀登大桥钢梁及陡峭山岩，内业计算，编程上机房操作。乐此不疲，而不顾老之将至也。

南京长江大桥变形观测

温泉宾馆

一九八九年九月

南国风光好，中山独占魁。绿树荫楼榭，红花映水隈。
山青钟灵秀，泉温得地厚。丽馆迎佳宾，谈笑乐同俦。

一九八九年秋，参加国家教委第四批硕士点授权初审会议于广东中山市。同行者有江景波、沈祖炎、朱照宏教授。温泉宾馆位于中山市郊罗三妹峰南麓。峰顶巨石堆垒，旁有罗仙姑庙。于此可一览宾馆全景及当时在国内尚稀有之高尔夫球场。宾馆客房为别墅式，温泉引入每间客房内之浴缸，水温颇高。会后参观市内孙中山故居。

游武陵源

一九九一年八月

湘资沅澧飞车渡，溪带峰林眼底流。
桥通鹰嘴风光异，水绕金鞭情趣幽。
亿年沉化留残迹，一朝开发成仙苑。
历尽艰辛人未倦，结伴喜作武陵游。

为长沙市城市勘察院鉴定"航摄大比例尺机助成图"研究课题毕。毛甲智院长招待游湘西武陵源（张家界）。同行者有吴克明、区福邦、金善锟、蒋达善诸君。长沙去武陵源约380公里，公路渡湘、资、沅、澧四水。进入景区，峰岩林立，溪流萦绕。地质学上属石英砂岩峰林峡谷地貌，亿年沉积之岩层受地壳应力之水平挤压，断裂、破碎、位移。再受风雨冰雪之侵蚀风化，留此残迹而成奇特地貌。岩层重叠，峰峦突起，沟壑纵横，谷深林密，野趣盎然，景色迥异于别处名山。

同行均为年长者，惮于登高，且限于时日，故选择较平坦路线观光。其中如鸳鸯瀑布、六月飞雪、十里画廊等。登山仅游腰子寨路线，有天桥、鹰嘴岩等名胜。天桥为一天生石桥，先至桥下，见拱座分明，拱跨约三十米，拱高约二十米，颇为雄伟。沿山间小路上桥，可通行。步临桥面，清风徐来，林峦如画，飘然欲仙。过桥沿小径可达鹰嘴岩。岩如鸟喙，突出于峭壁之巅，横空约十余米，实属奇观。涉足"鹰嘴"之端，虽有铁栏相护，仍颇觉惊险。由于此巨岩凌空出世，视野广阔，但见群峰耸翠，云烟缥缈。远可见黄狮寨之亭台楼阁，近可览抬头望月之玉兔奇岩。"鹰嘴"回程，下腰子寨之深谷。石级陡峭，

武陵源金鞭溪

危岩夹峙，其中有“梭标岩”，尖锐挺立，颇为形似。山路林木荫蔽，不见天日，每下愈深，竟有下沉无底之感。然而终达谷底，即为金鞭溪。一泓清澈流泉穿行于巨细卵石之间，掬水敷面，一洗烦热。沿溪行，峰林夹岸，有千里相会、天然盆景、西天取经、紫草潭等景点。最后至金鞭岩，孤峰从谷底拔地而起三百余米，直指蓝天，岩层重重叠叠，断面整齐，棱角分明，日照之下岩色黄褐，由此得“金鞭”之名。旁有“护鞭神鹰”，展翅侧首而注视“金鞭”，亦以形象神似而得名。

两日游武陵源，未窥全貌。黄狮寨为景点最集中之处，亦未能登上，然而湘西绮丽野逸风光已有所领略。凡事不必尽兴，览景如画中留白，使更具有想象空间而回味无穷也。

书赠病友

一九九二年仲夏

慰　人

艰辛挫折寻常事，恬淡进取得延龄。
人生欣慰重贡献，祝君康复继攀登。

自　勉

艰辛挫折寻常事，恬淡知足得延龄。
人生欣慰重贡献，岂因衰老不攀登。

临　别

病中邂逅得识君，论道评事出语真。

相濡涸辙曾略似，互忘江湖岂是情。
投身宏业溶小我，涉猎诗文培挚诚。
与君摄卫需常思，柳暗花明又一村。

一九九二年夏，因旧病复发，住新华医院高干病房，识复旦大学倪光炯教授。倪教授为复旦核物理专业博士生导师，少余六岁，学识渊博，为人诚恳，亦喜业余涉猎诗文，相谈甚得。初因疾病所扰，郁郁寡欢，时予劝慰，得以稍解。出院时临别赠言，书赠以期共勉。

国清寺

一九九二年十二月

说法堂中听介绍，修竹轩里食素斋。
五峰双涧茂古树，天台佛国绝尘埃。

《测绘学报》编辑委员会于浙江天台国清寺宾馆召开。会议期间，请当地高工陈公余(《天台宗与国清寺》一书作者)在寺中“说法堂”(寺中讲经之处)介绍国清寺，并赠书。“修竹轩”为寺中食堂，寺院素斋亦难得品尝。寺离县城不远，五峰环绕，古树茂密，东西双涧于寺前汇合，流向县城，“双涧回澜”为著名一景。溪畔千年古樟成林，松鼠纵跃枝柯，东南佛国，幽绝尘寰。唐代高僧一行，通晓天文测量并精于历法，对佛教也有建树，曾游学并圆寂于比，寺前涧边留有“一行到此水西流”石碑和“一行墓”。会后游天台山，沿途寺庙众多，故有“天台佛国”之名，佛教“天台宗”发源于此。山涧亿万年冲刷山谷岩层，形成天然涵洞，遗留石梁一段飞架涧上，成为著名景点“石梁飞瀑”。登天台山主峰华顶山，山顶平旷，犹如球场，但高出云上，周边众峰环侍，依稀可望东海，景点名为“华顶归云”。

如　今

一九九二年十二月

商品经济春潮急，精神文明朝露逝。潜销暗铄归何处，试看灯红酒绿时。
马列高歌响入云，教育群氓忘自身。豪华轿车勤更换，常称公仆为人民。

我自青年时代起，相信历史唯物主义，深明人类文明和社会发展必然走向进步。对此曾充满信心，且过于乐观。身为一卒，唯知尽力本职，勇往直前而已。经历多次运动与十年“文革”的反复折腾，渐明当道诸公，很少以身作则。言行不一，阴晴莫测，教人马列，只除自己，抓权不放，唯恐过时，养尊处优，泽及子孙。此道路之所以曲折也。一卒老矣，从“不惑”而“知天命”，但终未能“随心所欲而不逾矩”也。只能我行我素，似不必“荷戟独彷徨”也。

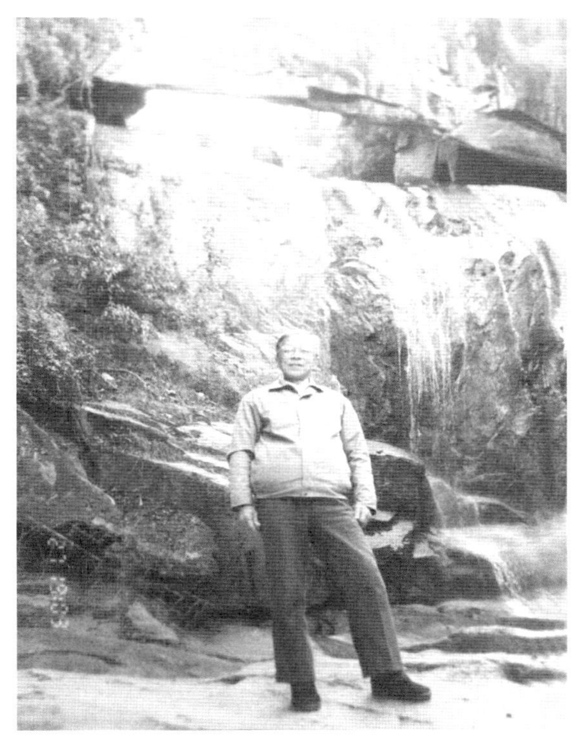

天台山石梁飞瀑

忘 忧

一九九二年十二月

百年尘世几忧乐，万古长河一浪花。
我与猫咪同嬉耍，何愁两鬓生华发。

马红曾送我一黑白小花猫，颇解人意，取名阿花咪咪。见我坐于案前写作，惯于跃居膝上，盘成一团，安然入睡。百年尘世，万古长河，人猫同乐，何愁日暮？

阿花咪咪

毕生奋斗

一九九二年十二月

常恨此身非我有,何时了却营营?一朝了却营营,回首营营乐无垠。乘其尚能营营,百尺竿头奋进!

庄子曰:“吾身非吾有也”“是天地之委形也”。

赠毕业学生

一九九三年七月

百年事业赖勤奋,学有所成亦自欣。
今朝费尽推移力,来日中流自在行。

抒　怀

一九九三年仲夏

吾生实难,逢世之艰。外寇侵扰,内战连绵。
少年花季,已尝忧患。弱冠青春,几遭摧残。
新华初创,道路曲折。斗争未休,国际大变。
一朝澄清,百废待兴。重业务实,好景须臾。
毕生勤奋,成果几稀。炎凉备感,得失心知。
几经风雨,应庆余年。花开花落,云去云来。
恬淡自适,乐道安贫。有生之日,学以自欣。
高山流水,何求知音。收拾归去,月白风清。

水乡梦

一九九三年秋

水天连碧是家乡，白首重来意感伤。
变幻风云人物异，依然十里稻花香。

平壤行

一九九四年冬

平壤凝寒色，柳京牵客心。专致平生愿，友邻遂此情。
垂柳缓飘丝，江河渐结晶。晴空莹翠色，楼宇列缤纷。
勤朴黔民在，众志筑干城。康庄终能达，易帜待来人。

一九九三年、一九九四年秋冬，为朝鲜平壤柳京大厦（105层）玻璃幕墙施工测量事，两次出国至朝鲜平壤。对此援外工程，曾倾注全力于幕墙工程的控制网方案设计、施测及计算。大厦造型奇特，测量并无先例，因而工作中亦不无创意，作为在职时的最后努力。惜乎邻邦经济困难，布设控制网后，不再有实质性进展，致使测量半途而废，未能一见玻璃幕墙竣工后之壮丽景象。朝鲜人民勤朴辛劳，而面有菜色。领导者为信仰或为自身权益而不思变革，堪叹！

朝鲜平壤柳京大厦施工测量

登庐山

一九九七年六月

盘旋上葱茏，林峦云雾中。

难识真面目，偶尔露娇容。

一九九七年六月，与上海勘察院吴克明总工一起赴南昌参加《城市测量规范》审定会议。余为城市控制测量部分编写者兼全书顾问，自二十世纪八十年代初开始参加编写，此为最后一次为规范效力。对于传统控制网与GPS网的衔接和“无定向导线”部分有所建树，亦可算完成对规范编写的“历史使命”。会议期间，曾应邀至南昌市规划设计院测量队谈“城市测量发展方向”专题。规范审定会议毕，会务组组织参观游览，先至南昌城西赣江边新建之滕王阁。巍巍高阁，画栋雕栏，飞檐斗拱，金碧交辉，虽为现代化之古典建筑，但陈设之书画雕刻，匾额对联，尽显“南昌故郡，洪都新府”之文化底蕴。惜时空有异，未能显现“秋水长天，落霞孤鹜”之意境。后乘车至庐山，途中参观共青城之胡耀邦陵园，对其拨乱反正之历史功绩，不能忘怀。登庐山道路在林峦中几经盘旋，终达住宿之芦林宾馆。傍晚与中南勘察院陆学智高工同游高山水库芦林湖，湖光山色，晚霞明丽，赏景谈心，尽兴而返。次日，参观庐山博物馆、美庐别墅、如琴湖、仙人洞、龙首崖等。至著名景点含鄱口，惜云烟迷蒙，未能极目远眺，所见有限，亦兴“难识庐山真面目”之叹。

登庐山

霜　叶

二〇〇三年秋

少年好学老希成，时世艰辛劫后身。
未觉池塘春草梦，西风霜叶满秋林。
百年尘世几忧乐，万古长河一浪花。
继往开来心愿足，宁静淡泊度年华。

有感一生行果，书扇二绝，聊以自娱。

西风霜叶

大学同窗杭州聚会

二〇〇五年十月

桃李芬芳五十春，风华硕果献斯民。
海内有幸存知己，人间难得是真情。

二〇〇五年仲秋，与大学同窗好友谢安民、王华均等二十余人重聚于杭州西子湖畔。开会交谈一日，游览两天。梅家坞品茗吃农家菜，登雷峰塔，游花港观鱼，渡三潭印月。雷峰塔为古迹重建之精品，三潭印月乃湖上之明珠。五十年前，在杭州地质实习时，曾偕同学谢安民、王华均、李少萍、庄幼贞等游此。旧地再临，友情重温，得以畅叙真情。正是："有朋自远方来，不亦乐乎！"

与同窗好友谢安民、王华均在三潭印月

能仁怀旧

新塍之能仁古寺始建于梁代，为我少年时代在外祖父家避难时同伴游乐之所也。家门口跨市河之"寺后门桥"即旁古寺之后门。寺之地势如凤形，寺前门有一弧形"松路"为凤颈，门前东西各有一池为凤之两翼，寺为凤身。古银杏两株矗立山门外，鹰巢其上。进山门甬道两侧绿荫蔽日，时有白鹭栖息。中为大雄宝殿，香烟缭绕，钟磬梵音，古佛庄严。殿后尚有一待建"千佛阁"殿基，柱础石均已就位，因抗日战争而中止。寺东为"小蓬莱"及许氏宗祠，寺西有丝业公所，有小桥流水、庭院画廊等江南小筑，乃小镇唯一之风景名胜也。一九三八年农历五月十三日，日寇扫荡，游击队员毙一日酋，寇愤而纵火焚烧所占之半镇，烟火蔽空，是所目睹！能仁寺等亦在劫中。此后，荒草断瓦残垣，满目凄凉。镇人有云：应寺中原有匾额"能仁寂静"之谶。七十年来又几经劫难与苍黄反复，今又重建新寺，规模初创，尤胜当年。愿从此"佛日增辉"（庙宇屋脊上之题词），国泰民安，烽烟不再！

（2006 年 10 月 1 日）

有　待

二〇〇九年一月

桃李情深五十年，雷雨风雹善变天。
老去自怜思尚健，后来谁为我争先？

半世从事教育工作，虽欲专心致志，培育桃李，而“反右”“四清”“下放”“文革”等政治风暴，幻莫测变，连绵不断。捕风捉影，反复折腾，摧残优秀人才，阻碍社会发展，莫此为甚。平生好胜，不干落后，亦曾刻苦钻研，努力工作，冀对专业有所建树。然时世艰辛，岁月蹉跎，谋事在人，成事在天。壮志难酬，只能有待于后来者。

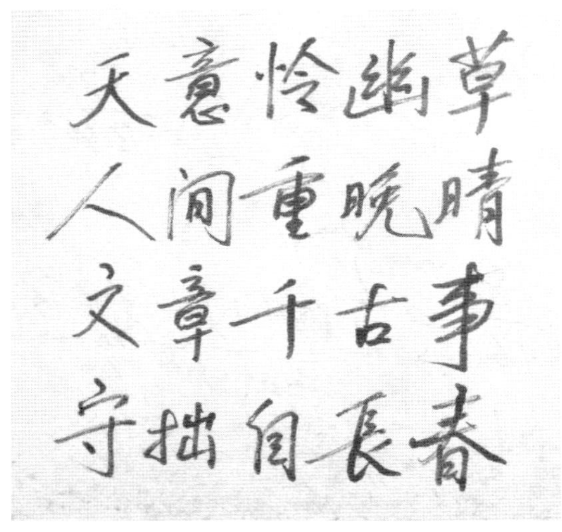

栽　松

二〇一〇年五月（时年八十二）

一世苦艰辛，营营为此生。
何事白头翁，栽松欲待荫？

余自幼爱好树木，也喜欢种树。家乡的园中屋后河边，少年时曾种过杨柳、麻栗、榆树、腊梅、橘树等，时时得阳光雨露，喜见其欣欣向荣，冀其成荫成材成果。余对树木有好感，除喜其实用外，其姿态之优美庄重，千百年之寿龄，对自然和人类之贡献，均与人之企求相一致。少年之植树梦想与行动，后来为日寇“左”魔彻底毁灭，家园已成一片荒烟蔓草，葱茏树木早已被砍伐殆尽。但一生以植树之动机，移植于本职工作，多少亦有些结果。且至耄耋之年尚孜孜不倦，尽心尽力，编著《测量学》《测量工程 LISP 程序设计》等教材而不知老之已至。白首栽松待荫，似愚不可及。然意在言外，亦仿庄子之寓意也。

书法作品

始信

七五年春

茫茫云海，郁郁苍松，映山红遍，流水声淙。山回路转，一线桥通，悬崖雾散，翠谷烟笼。花生梦笔，笋出石缸，奇峰突起，舒我心胸。

登黄山，宿北海宾馆，面对狮子峰，雾散花精舍，梦笔生花时隐时现于轻烟薄雾之中，知其旁有始信峰，与学生李吉明等十人漫步寻径，经黑虎松，山回路转，有仙人桥，步临桥上，景色实美，苍松争奇，危岩壁立，正出奇峰，下临无地。登始信峰，石笋矼亭亭玉立于其旁，此时云雾笼罩，远山如影，正以未见黄山真面目为憾，有顷云开雾散，群峰列峙，怪石峥嵘，绿树红花，岩底流泉，比比历历在目，至此始信黄山之美矣。傍晚至清凉台，见云海茫茫，如万顷波涛，汹涌于群峰之间，绿树如茵，空气清新，危岩静坐，与石猴同观云涛。江山如此多娇，踏遍青山人未老，涉水登峰，寻幽探胜，开阔心胸，益增壮志，岂止游山玩水而已。

无题（一）

无题（二）

砚铭

七六年冬日

黄山北峙，练江南来，苍松翠谷白雪红楼，此干校之景也。生活学习半载于兹，记忆常新。偕白进城，购得歙砚徽墨，砚赏之余，兼作挥毫习字，不亦宜乎？赋曰：得失天际云，毁誉耳边风，勤奋有所获，乐亦在其中。

砚　铭

烟雨楼

万顷南湖玉镜开
天光云影共徘徊
碧波何得清如许
为有千溪活水来

七七年春[illegible]

烟雨楼

雲峰

春風桃李又年年
競艷平生雨露栽
雲海群峰爭奇秀
峥嶸歲月憶黄山

七七仲春黄山行

云　峰

题毕业照

七七年冬日

春风桃李又年年
竞世平生雨露栽
云海群峰争奇秀
峥嵘岁月忆黄山

题毕业照

春江秋兴

驶艇春江上
高台酬佳宾
谈诗窥般提
笑语见天真
连峰花岩峙
流逸细石清
何恨相逢暂
云水本无心

七七年秋访至富春江
为施测布设变形观测控
制网。驾艇游水库至严
濑钓台，宾主尽欢

春江秋兴

玉屏重上

昔春黄山游 归来常梦萦 今秋风萧瑟
重上玉屏楼 三岛蓬莱近 天都云外浮
迎送有奇松 俯仰无依靠 莲花莲蕊间
百级上云梯 林壑起伏处 仙女绣花闲
天海碧波上 鳌鱼出水游 何处飞来石
独临千丈渊 排云亭畔憩 凭栏览巧岩

北海留佳客 散花傍精舍 明月松林照
笔花入梦来 狮峰迎日出 北溟观云海
造化展奇秀 始信黄山美 江山涵胜迹
登临增气概 四化同努力 不负平生材

七九年十月为安庆市测城市导线毕，同游黄山，因有向导为说，韵译，归途中在汽车上构思而作

玉屏重上

远望

忧患元元忆逝翁，红旗缥缈没遥空。昏鸦三匝迷枯树，回雁兼程溯旧踪。赤道雕弓能射虎，椰林匕首敢屠龙。景升父子皆豚犬，旋转还凭革命功。

七七年春日
录叶帅诗

远望(一)

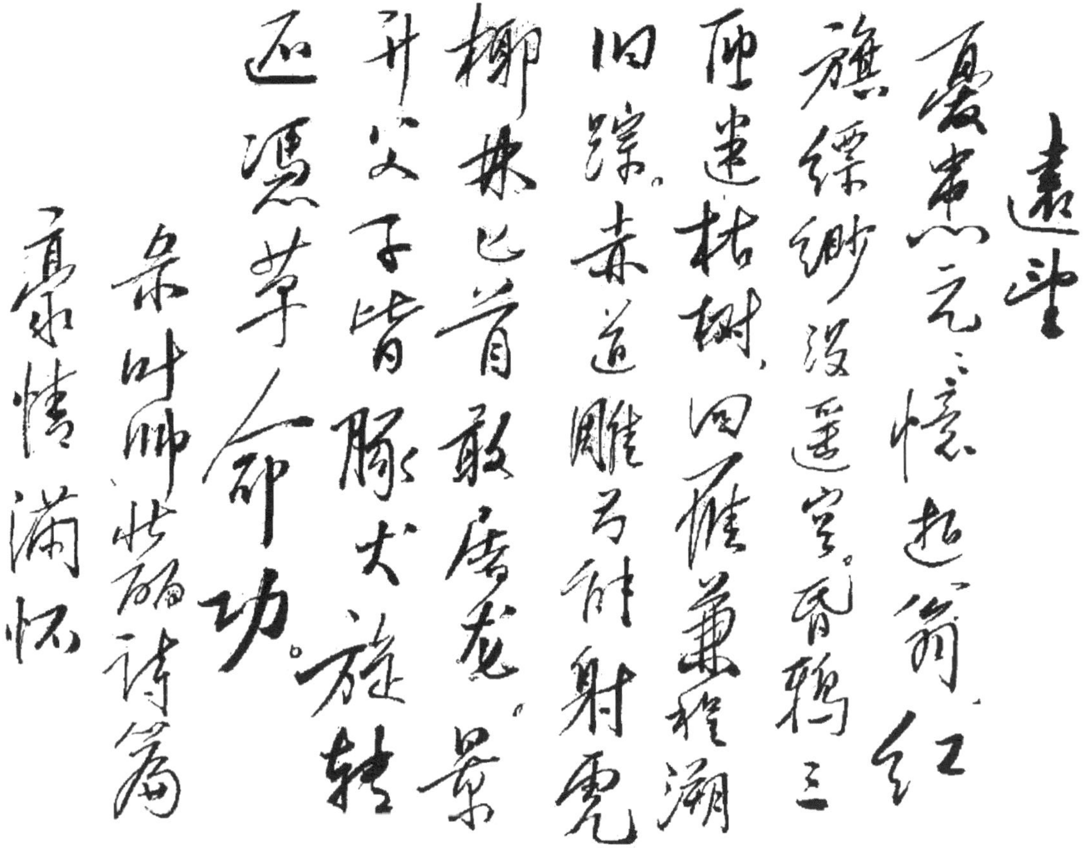

远望

忧患元元忆逝翁，红旗缥缈没遥空。昏鸦三匝迷枯树，回雁兼程溯旧踪。赤道雕弓能射虎，椰林匕首敢屠龙。景升父子皆豚犬，旋转还凭革命功。

录叶帅壮丽诗篇 豪情满怀

远望(二)

芦茨桃源

富春江边奇峰突起 百丈磴道信步
攀援俯瞰溪流 远览群山 芦茨
源头云烟迷濛 奇松临水 清泉映
碧绿波跃艇 暂洗尘虑

七九年冬再至富春江畔
测量所同游钓台与芦茨有

芦茨桃源

長城

八〇年秋

帝王雄圖載史篇
長城以阻御烽烟
猶慮後發千人智
錦嶂程焰付笑談

长 城

学趣

书山有径寻幽胜
学海无涯泛险舟
聊借画图怡倦眼
此中甘苦寸心知

学　趣

春城秋色

八二年秋赴昆明参加学术会议

疾驰虹桥上碧穹，鹏飞万里凌鸿濛。
天际巨弧呈地貌，晴空追日借时踪。

虹桥跑道疾驰而上飞苍穹 西行似追日
地球圆弧呈于天际

萬家灯火莅春城，盛会先[illegible]评論文。
更喜選胜登临日，太華秋色画中行。

夜莅春城上空 万家灯火星罗棋布
下机专车迎候 闲日选胜登临

蒼崖凿壁有龍门，艰巨经营贻后人。
万顷滇池来眼底，雲山千重展前程。

登龙门俯瞰滇池 远览云山

兀突峥嵘树石林，枫丹云白碧潭清。
流连幾忘飛光疾，迂回曲径寻归程。

石林奇观 流连忘返 登车时近与
沈总寻径不得 一时欲见君忘

珍珠泉畔碧玉汤，温润清彻意难忘。
何期廿年成邂逅，春城桃李亦芬芳。

廿年前学生建光 纪郁 王琪 久别
重逢 盛情款待 沐浴于温泉 水质
晶莹 似胜于黄山 不愧为天下第一汤

春城秋色

南湖

大庆油田

大地沉沉睡万年，人民科
学变油田。一场会战十二
路，预祝高歌唱凯旋。

大庆油田

游七星岩

借得西湖水一圜，更移阳朔七堆山。堤边添丝丝柳，画幅长留天地间。

游七星岩

借用古诗：
帝子潇湘去不还，空余秋草
洞庭间，淡扫明湖开玉镜，丹
青画出是君山。
半亩方塘一鉴开，天光云影
共徘徊。问渠那得清如许，为
有源头活水来。

借用古诗：《游洞庭湖之五》（李白）、《观书有感》（朱熹）

书信往来

给 振 雄 信

振雄：

寒假中你来上海，我教你的用 LISP 语言在 AutoCAD 中画数学曲线图，想来对你深入了解数学中的个别问题有些帮助吧？例如二次曲线的图形如何随其参数而变；无穷级数的值如何趋近计算；求抛物线与坐标轴围成的面积用小长条矩形面积求和，随 x 增量的无限减小而获得精确的面积值（这是你以后将要学的积分原理），等等。希望你以后结合所学，作进一步的应用。

你回去后，我又把求抛物线面积的 LISP 程序改进了一下。今将该程序打印一份给你，你可在计算机上试一下，可以把曲线画得更好看一点。例如把 x 取值为（$-3\sim+3$），所画抛物线就对称了。任何情况下，这种抛物线与 X 轴围成的面积为与 Y 轴围成面积的一半。

几何和三角本身就是研究图形的，代数也可以和图形结合，就是你将要学的解析几何。AutoCAD 和 AutoLISP 语言是设计和绘图的理想工具，通过图形来理解数学是很好的方法。因此，你提前一步学 CAD 对你的学习是有帮助的。你姐姐现在为工作也在学 CAD，画建筑图，将来你们可以互相交流。

英语是世界语，必须很好地学习，要日积月累。你可结合数学、物理等课，学一些这方面的英语单词，作为学习英语课的补充。

祝你身体好、思想好、学习好，天天向上！

你的爷爷

2005 年 3 月 8 日

八皇后问题答振雄

振雄：

电话中你要我在书中查“八皇后”问题，由于我对国际象棋一无所知，故查了《辞海》和《大英百科全书》，之后才知道国际象棋的“后”及其走法——横、直、斜不限步数。在 8×8＝64 个小方格中，要安置八个皇后而不相互冲突，是一个数学问题。棋盘的方格分为 8 行 8 列（横行、竖列），行号和列号各为 0，1，2，…7，如下图所示。

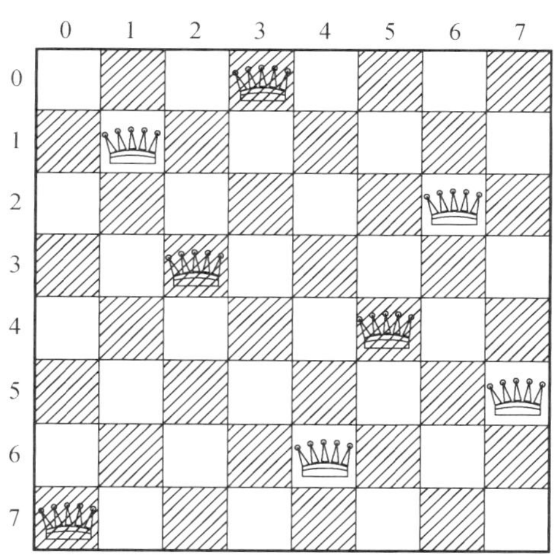

按照常规的方法先在 0 行（0，0）处放第一个棋，然后在 1 行试放第二个棋（有 6 种可能），在 2 行上试（有 3 种可能），在 3 行上试（有 2 种可能），在 3 行上试（有 2 种可能），以后的行则仅有 1 种可能了。试的次数要有 8×6×3×2×2＝576 次，只要计算的规律找到，就可编成计算机程序，利用其高速运算，很快可找到答案。书上的 LISP 语言程序编得很好，今打印给你。其中较短的一份是书上原稿，较长的一份是我加了画棋盘的功能。但是棋子还需要根据计算结果，用“复制”和“粘贴”的方法画上去。

你可把原稿（较简单的一份）在 AutoCAD 的 LISP 程序编辑器输入，注释部分可以不输入，程序的文件名可以取和程序同名（queens），放在 C 盘。使用时，在 AutoCAD 屏幕的命令行加载：（load“c：\\queens”），enter，命令行显示

QUEENS，再发命令：(queens 8)，在命令行就会显示：(3，1，6，2，5，7，8，4，0)，表示棋子应放的位置为：0 行 3 列，1 行 1 列，2 行 6 列，3 行 2 列，……，如上图所示。由于棋盘是对称的，所以在上图中的棋子可以上下对调或左右对调，但棋子间的相对位置不变，所以只能属于同一方案。

该程序可以解决不仅是 8×8 的棋盘，从 4×4 以上的 $n\times n$ 都可以解决，仅是 n 越大，花的计算时间就越多。

书上介绍的这个 LISP 程序编得相当高级，简明扼要，无懈可击，我对这个程序还不能完全破解。由于以前我主要是用 LISP 程序来绘图，这次寒假中为了想对你学数学有所帮助，才开始用 LISP 解决数学问题，所以功夫还不够。你当前主要精力还应放在学校的课程上，计算机上不能花太多的时间，量力而行吧！

我给你写信，你应该有回信，写信也是对语文的练习，要把想表达的意思写清楚也不容易啊！

爷爷

2005 年 4 月 5 日

给水锦信

水锦学友：

您好！通话后，您的来信很及时（信程 10 天），您的简历和照片已交给刘静绥（她在负责收集）。筹备组成员谢安民来电说，杭州集会初步定在 11 月初，您的回国计划请考虑这个日期，机会难得！据来信，毕业后您有缘相会的同学除我外，有蒋斐尹、谢安民、王华均、贾锦璜、杨春保。也不算多，今秋您将会遇到更多的同学。当然，您、我、王、谢特别知心，可以无话不谈，这次可能都来，可以畅谈一切，也属人生快事！五十年前我们四人合了一张影（我还留着，到照相馆拍的），您还记得吗？这次一定要再来一张！您说健康对我们来说最重要，我完全同意，我的体质不如您好，但我也在努力保持活动能力。老伴身体不太好，我也有些小毛病，希望老天照应，不要影响我们今秋的聚会！我们四人中只有您有国外经历，眼界肯定比我开阔，到时就听您的山海经了。如有国内少见的资料、书籍、图片能带点来看看吗？我现在最感兴趣的就是历史政治和地理见闻图书，因为国内旅游对我来说已属于奢望了，出国更不可能。

我毕业后的经历可以说最简单，未离母校一步，退休后还属于她。一生谨慎，拼命工作，最后总算有些微小结果。但生不逢辰，苦多甜少。只念天地无情，人生有限，做人问心无愧，不乐何为?！故也常常自解自慰，读书、写字、看电视、打太极拳，自言自语，自得其乐。但容许我的活动空间也很有限：同济新村的家、菜场、超市、新村绿地，上海市内一年难得去一二次，常年仅此而已，对我来说已经是很好的了。目前尚可告慰于好友的是：生活尚能自理，思维尚能正常进行，通信、通话、见面还可以交流。生活情况是：儿子在嘉兴市工作（建筑公司工程师），还有媳妇和孙子（读高中），一年来看我几次；身边有老伴和孙女，她今春刚大专毕业，在一家私企试用；我每月领约二千元的养老金过日子。这是我的简单情况。

多年未见，大家都老了！寄上照片一张，以免见面不相识！我们现在虽相隔万里重洋，天各一方，但友情是长存的。希望不久的将来我们的同窗好友能在杭州重叙，交流情况，畅谈人生体会。您何时回国及早告知。

祝您健康快乐！

2005 年 8 月 26 日

给文标信

文标学友：

您好！2003年在杭州一别已快三年，岁月不待人。看到您执笔的杭州聚会筹备组邀请信，一片热情和周密打算，深感欣慰。2002年同济校庆时，中凯学兄的热心提议得到一致赞同，今天只能以您为主来实现了。这次我们杭州聚会的目的是叙友情和游杭州，看来并无异议，但我认为还应以前者为主。2002年、2003年我班在上海聚会两次，有些体验可作借鉴。2002年参加母校校庆，参观青春时代留下的雪泥鸿爪，现场怀旧，畅叙经历和离情别意，以参观叙谈为主，依依不舍而别，聚会画下圆满的句号。2003年游、叙参半，又欢迎家属同来，结束后听到一些意见。一是参观市容和夜游黄浦江时未考虑老年的体力特点，太累！二是家属同来，不可避免地减少了和同学的交往，显得亲疏有别，有点旅游团的味道。当事者也实难兼顾，应可原谅！但总是带来一点遗憾。

我总认为老年同学的聚会以怀旧和交流信息为主，畅谈人生经验，丰富精神生活和文化修养为目的。这次张甫柏等在编辑的同学录有照片和简历等文字，应是最好的纪念品，聚会过后经常翻翻如同又经历当年情景，文字中如有赠言则更是有意义。由于张甫柏的高超摄影技术而得到的聚会相册，我是经常置之案头，想到就翻。我曾建议谢安民这次录一些聚会时的像（他有录像机），刻一光盘，留作纪念。

前两次聚会都在上海，这次在杭州也有纪念意义，我们即将毕业时的地质实习是在杭州。西湖原来是潟湖，宝石山的流纹岩，栖霞岭的断层擦痕，飞来峰的石灰岩孤峰等地质现象，引起我极大的兴趣。毕业实习和游西湖是可以兼顾的，浓妆淡抹的西子湖美景、风华正茂的同学年少和即将参加祖国建设的青春宏图的美妙梦想相结合，可作为永远的美好记忆。毕业后的十余年间，我每年为学生测量实习，大约有两个月在杭州浙江大学生活，奔波在白沙山、老和山和桃源岭上，西泠桥和岳湖边也成了我们过河水准测量的实习场地。因此，西湖对我也形成一个情结。西湖不仅有水光山色，更具有深厚的文化积淀，不仅有“绿杨影里白沙堤”的诗人，还有“赖有岳于双少保，人间始觉重西湖”和“秋雨秋风愁煞人”的民族英雄，等等。这次我们的东道主和组织者也应充分利用一下，给参加者于亲近自然美景之余，多一些文化欣赏和感受，以丰富我们的老年精神生活。我建议给我们每人买一个西湖风景光盘和一本介绍西湖文化的书。我也深知出题容易解题难，提出希望，仅供参考，也不必勉为其难。

同学的感情是真诚的，饮之如西湖龙井，值得回味。记得 1998 年，老兄送新作《钱塘江传奇》上门，使我十分惊喜。虽不能面谀为胜似《西游记》，但我们玩 XYZ 和 PVV 的同行，对您的文学构思和文字功夫确是钦佩，不忘故交而百里送书也使人感动。2002 年秋，应杭州市国土资源局之邀，事毕他们在楼外楼请吃龙井虾仁和西湖醋鱼，可算是名楼和名菜。但我总觉得不及那时在您家中的便饭和在袁中凯家畅谈半日，中午他招待我在他家隔壁的“大碗面”餐馆中一碗“片儿川”有滋味，因为此中情感是真挚的，没有功利成分，没有应酬和客套。

今秋的杭州聚会，我理应积极参加，不辜负故友袁中凯的一片真情厚意，以及你们的热情好客，也希望能见到更多的同窗好友。但是我也有一些难处，老伴身体不大好，自己也有些小毛病，但愿到时老天爷照顾，使我得以如愿赴会。

近照一张寄给你留念。祝

阖家康乐！

2005 年 8 月 30 日

给安民信

安民学友：

您好！接您庐山打来电话后，知今秋我班的杭州聚会定在11月初，我很赞成。因为杭州这块旅游宝地，在国庆黄金周和西湖博览会期间，估计是人山人海，老年群体去轧闹猛是不适合的。近年天气都是暖冬，寒流来得晚，11月的杭州还会是金秋天气，迟桂花可能还开着呢。这次我们杭州聚会的目的是叙友情和游杭州，看来并无异议，但我认为还应以前者为主。2002年、2003年我班在上海聚会两次，有些体验可作借鉴。2002年参加母校校庆，参观青春时代留下的雪泥鸿爪，现场怀旧，畅叙经历和离情别意，以参观母校和叙谈为主，依依不舍而别，聚会画下圆满的句号。2003年游、叙参半，又欢迎家属同来，结束后听到一些意见。一是参观市容和夜游黄浦江时未考虑老年的体力特点，太累！二是家属同来，不可避免地减少了和同学的交往，显得亲疏有别，有点旅游团的味道。李少萍对此有意见，我也有同感。例如房树人同学，毕业后我们的交往不同于一般同学，拨乱反正后，他重返专业，且在高校任教，同学加同行，故业务交往不少（远远多于我和你或王华均），2003年的相逢是大家退休后的相逢（2002年他没有来），我原以为我们有许多信息可以交流，但那次他和太太同来，我们几乎仅仅是打了个招呼！不禁使我感慨系之。所以，同学之间感情纯正是一般而言，不能一概而论。各人有各人的想法，应予原谅，但总是带来一点遗憾。当然，我并不反对家属同来旅游，但可以安排在聚会的前后，要顾及聚会的主题。

我总认为老年同学的聚会以怀旧和交流信息为主，畅谈人生经验，丰富精神生活和文化修养为目的。这次编辑的同学录有照片和简历等文字，应是最好的纪念品，聚会过后经常翻翻如同又经历当时情景，文字中如有赠言则更是有意义。前两次的聚会相册，我是经常置之案头，想到就翻。我建议这次录一些聚会时的像（水平高低和内容多少不论），刻一张光盘，留作纪念。

前两次聚会都在上海，这次在杭州也有纪念意义，我们即将毕业时的地质实习是在杭州。西湖原来是潟湖，宝石山的流纹岩，栖霞岭的断层擦痕，飞来峰的石灰岩孤峰等地质现象，引起我极大的兴趣。想当时浓妆淡抹的西子湖美景、风华正茂的同学年少和即将参加祖国建设的青春宏图的美妙梦想相结合，可作为永远的美好记忆（尽管后来的现实证明并非如想像中的美妙）。毕业后的十余年间，我每年为学生测量实习，大约有两个月在杭州浙江大学生活，奔波在白沙山、老和山和桃源岭上，西泠桥和岳湖边也成了我们过河水准测量的实习场地。因此，西湖对我也形成一个情结。西湖不仅有水光山色，更具有深厚的文化积淀，不仅有“淡妆浓抹总相宜”“绿杨阴里白沙堤”的诗人，有“赖有岳于双少保，人间始觉重西湖”和“秋雨秋风愁煞人”的民族英雄，等等。这次组织者也应充分利用一下，给参加者于亲近自然美景之余，多一些文化欣赏和感受，以丰富我们的老年精神生活。我建议给我们每人买一个西湖风景光盘或其他资料，聚会回来后还可以经常看看。其他的纪念品之类我认为可以免了。

最近和许水锦有电话和通信联系，寄来了纪念册中所需要的简历和照片。我已告诉他今秋聚会的大概日期，他今年下半年本来准备回国一次，他说准备来参加聚会的。我已告诉他您和王华均的通信地址、电话号码。上次您说华均是准备来的，我也已去信问他近况和打算。我们四人在毕业时的合影经过“文革”的扫荡我还保留着，经过五十年的惊涛骇浪和风云变幻，我们能有今天的现状，不论人生的艰险和辛酸，应属幸运，这次我们应争取再照一张“四老合影”，对比今昔，体验人生！我们之间的感情是真诚的，饮之如西湖龙井，值得回味。

您这次是聚会筹备组成员，所以我提了些具体的建议，供参考。组中成员如有异议的，您也不必坚持，以前两次聚会我也提了些看法，引起一些不快。我现在已奉行“随缘相处，随遇而安”的处世态度了。您的热情和真诚我是信得过的，所以提了以上一些对聚会的建议，可看作为老朋友之间的闲聊吧，不必当真！

随信寄照片一张留念，并附上水锦的通信地址。专此祝

全家康乐，称心如意！

2005年8月31日

给华均信

华均学友：

您好！2003年初我们在武汉相会已两年多了，想您近来很好吧！您的孙儿女们也应长大多了，您管教第三代的“任务”有所减轻吧？杭州老同学的今秋聚会邀请信想来早已收到，谢安民参加了筹备组，并在来电中说，聚会日期初步定在11月初，想来这次您会参加吧？我和许水锦最近有电话和通信联系，寄来了纪念册中所需要的简历和照片。我已告诉他今秋聚会的大概日期，他今年下半年本来要回国一次，他说准备来参加聚会的。我已告诉他您和谢安民的通信地址和电话号码。我们四人在毕业时的合影我还保留着，五十年来的惊涛骇浪和风云变幻，经历人生的艰险和辛酸，我们能有今天，已属幸运。这次我们应争取再照一张“四老合影”，对比今昔，体验人生！我们之间的感情是真诚的，饮之如西湖龙井，值得回味。同学们都已进入老年，像我这样比一般同学年龄大一点的已属高龄老人，也有好几位，这次能聚会可以说很不容易。

前两次聚会都在上海，这次在杭州也有纪念意义，我们即将毕业时的地质实习是在杭州。西湖原来是潟湖，宝石山的流纹岩，栖霞岭的断层擦痕，飞来峰的石灰岩孤峰等地质现象，当时给我们增加了很感兴趣的地质知识。想当时西子湖的美景、风华正茂的同学年少和即将参加祖国建设的宏图，结合在一起，可作为永远的美好记忆。您还记得当时和安民、水锦、少萍、斐尹等同学在花港、孤山、湖心亭等西湖景点中的摄影吧？青春岁月，好友美景，即将大学毕业的心情，意气风发，踌躇满志。尽管后来的现实证明并非如想像中的美妙，但当时的留影却记录了这段美好的时光。我的那些照片经过“文革”的扫荡，仅存你我在孤山“西湖天下景”亭前的一张，非常可惜！不知您保存得怎样？

我上次到武汉来为参加编写《大辞海》的测绘分卷的事，那年秋天已完成初稿，后来又帮编辑审稿，去年和今年在改编我以前主编的《测量学》，至今没有完成，都是些断断续续的工作，空下来就读我喜欢的书。在身边的孙女今年刚大专毕业，已在私营企业找到一份工作，就是老伴身体不太好，在日常生活中我得采购和买菜。儿子、媳妇和读高中的孙子在嘉兴。

您的情况可能比我好，上海老家还有哪些人？如果今秋赴杭，则肯定会到上海，那时可到我家来看看。

寄给您我近年的一张照片，留念。请来信告近况和是否准备参加杭州的聚会。以及昆杰、仲芬、毓俊同学是否也来参加？向您全家问好，并祝康乐！

2005年8月31日

答 振 雄

振雄：

来电所说数学问题可归结为“某自然数列受一定条件约束的重新排序”的命题。该命题需要约定的是：

(1) 某自然数列从 1 开始至某一素数(质数)，但倒序排列；该数列之和($\sum$)应为两素数的乘积，例如：$\sum(3, 2, 1) = 2 \times 3$，$\sum(5, 4, 3, 2, 1) = 3 \times 5$，$\sum(13, 12, 11, \cdots, 2, 1) = 7 \times 13$，$\sum(37, 36, 35, \cdots, 2, 1) = 19 \times 37$，…。乘积的第一项为数列的中位数，第二项为数列的个数。

(2) 约束条件为：数列的首项位置不变，数列经过排序后，前 i 项之和应为第 $i+1$ 项所整除，直至最后。

(3) 根据前两个条件，n 项数列经排序后应为：第一项为原首项，第二项只能为 1，末项(第 n 项) 应为中位数$(1+n)/2$(也应是一个素数)。

这样的命题是否一定有解？有多少个解或唯一解？是否仅有上面的(1)，(2)，(3)条约定？这些问题还不清楚(还没有得到证明)，需要进一步研究。你看对吗？

电脑编程解决数学运算问题，对于穷举、反复、循环、条件约束等计算，由于计算速度快，因此甚为便捷。但是数学模型(即全套计算公式)必须完整。对于你所提问题，既然还有上述疑问，就不太好编了。因此，先用简单的满足上述条件的数列试一下，例如以下 3 个数列的排序前后：

(3, 2, 1)→(3, 1, 2)根据上述(3)，即可将 3 个数定位；

(5, 4, 3, 2, 1)→(5, 1, 2, 4, 3)根据上述(3)，即可将 5, 1, 3 定位；根据上述(2)，即可将 2, 4 定位；

(13, 12, 11, 10, 9, 8, 7, 6, 5, 4, 3, 2, 1)→(13, 1, 2, 8, 6, 10, 4, 11, 5, 12, 9, 3, 7)

第 3 个数列就没有第 1、第 2 个那么简单了。根据上述(1)，(2)，(3)，可以先定位：(13, 1, 2, …, 7)，但在 2 以后即有定位 4、8 两种选择(产生分支)，经试验证明，选 8 可以推算到底，选 4 则不能(最后排序失败)；后面还有类似这样的分支，需要试验才能决定取舍。最后还是人工排序成功。对于你所提出的数列:(1, 2, …, 37),则分支更多,对分支的试验更为不容易。多花些时间估计也会排出来,但不一定能找到什么规律。

由于找不到分支产生的规律,只好编个 LISP 程序先试一下(见所附程序)。估计你对 LISP 语言还掌握不多,程序中虽有注释,但也难以完全读懂。我可以把编程纲要给你讲一下:

(1) 输入数列的个数(该数应符合数列之和为两个素数的乘积)。

(2) 用 LISP 语言的"表"的形式建立逆序的自然数列,例如(5 4 3 2 1),另一个表为储存排序后前 i 项数列之和,例如(5 6 8 12 15)。

(3) 用条件循环语句(while"条件"…)从第 2 个数开始,向后面的数测试,满足条件的数则提前(排序,前后交换位置),条件为能将前面各项之和整除并且不是中位数;由左向右测试满足条件的数(由于有分支,可能不止一个),第一个找到即用它(这是本程序的缺点,也就是没有考虑分支,但也暂时只能如此局部地解决问题)。

(4) 最后输出经排序后的数列。

经程序计算,只能完全解决下列两个数列:(3, 2, 1),(5, 4, 3, 2, 1),也可算是局部成功(也正因为这两个数列在排序过程中没有分支)。虽然简单,但毕竟是用计算机来排序的。对于(13, 12, …, 1),只能算出(13, 1, 2, 8, 6, 10,),以后由于分支取错(与人工排序对照),计算机排序失败。对于你所提问的数列(37, 36, …, 1),可以算到第 30 位(都满足条件),但 31~36 位已找不到满足条件的数了,因此,仍然是排序失败。如果此题有解,也必然是由于分支取错。

对于这个问题,我只能为你做这些了。对于这类题目,建议你还应注重研究这类特殊自然数列的数学特征并在理论上证明是否有解。对于计算机编程解题,恐非当务之急,因为你还没有正规地学过一种计算机语言(以后当然需要很好地学)。编此类程序,我也感到心有余而力不足,为你编这个不完整的程序也已经花了两天时间!

我知道你对功课抓得很紧,但也要劳逸结合。来日方长,不要急躁。注意体育锻炼、饮食营养和心情舒畅,要德智体全面发展。祝愉快!

你的爷爷

2006 年 6 月 1 日

给 斐 尹 信

斐尹，您好！

上海一别又一年多了，从少萍来电略知您的情况，我身体基本依旧，老伴日见衰老，家里外勤是我，内务归她，尚能煮饭烧菜。孙女去年大专毕业，在一家私企工作，早出晚归，对家务也帮不上什么。我到今年 8 月为止，完成了《测量学》第三版的编写。原因是我的两位学生，一个是测量系的副系主任，一个是工测教研室主任，要我一起写，花了两年多时间。教材一般是 5～6 年修订再版一次。所以这次新教材出来，我就对他们说了，“再 6 年，我 84 岁，肯定不行了”，所以要他们从现在就接过去。同事中比我年少的也走了不少，也有病得不能走动的，这些都向我敲起了警钟。应急流勇退，安度晚年了。

今春，退休教师协会组织老年一日游，到嘉兴南湖（一大会址）游览，我在湖心岛上烟雨楼前的摄影尚可，寄给你留念，看来我们也只能以这样的方式“见面”比较容易了。您以后如有近照，不要忘记给老朋友寄一张！

另外，有了数码照相，在照片上可以翻些花样，如题字等。故看到两年前写在扇子上的两首打油诗，尚能代表老来思想，今秋，阳台边桂花盛开，太阳花也开了不少，顺手折来装点扇面，摄影题字。寄给熟人，也不怕见笑（其中“渡”似应为“度”），留作纪念吧！

现在信息时代，什么上网、发 E-mail，朋友间交流不管相隔千山万水，都可在电脑屏幕上见面聊天，但我还没有学会这一套。写信还是老人老办法，但我认为写信还是有优点，这种信息传递不是瞬间即逝的，信和照片可以多次看、想了就看。所以还是希望得到您的来信，随便聊聊，长短均可。想来您已迁入新居了吧？一位儿子也在身边，老来也有照顾，可以尽情享受生活，不要太节俭了。总之，你我都已进入老年，还望保重再保重！尽量延长我们时间上超过半个世纪的友情交流吧！

专此并祝康乐！

2006 年 10 月

给华均信

华均，您好！

去年杭州聚会，您和夫人又到我家畅谈，已快一年了，我身体基本依旧，老伴日见衰老，家里外勤是我，内务归她，尚能煮饭烧菜。孙女去年大专毕业，在一家私企工作，早出晚归，对家务也帮不上什么。我到今年8月为止，完成了《测量学》第三版的编写。原因是我的两位学生，一个是测量系的副系主任，一个是工测教研室主任，要我一起写，花了两年多时间。教材一般是5～6年修订再版一次。所以这次新教材出来，我就对他们说了，“再6年，我84岁，肯定不行了”，所以要他们从现在就接过去。同事中比我年少的也走了不少，也有病得不能走动的，这些都向我敲起了警钟。应急流勇退，安度晚年了。

去年杭州聚会游雷峰塔时，见塔下碑文“雷峰塔重建记”写得很好，当时将其摄下。这次国庆节在家无事，将其打印出来，以飨同好。今寄一张给您，并附我写的影集前言，也算是杭州聚会的纪念之一。

今春，退休教师协会组织老年一日游，到嘉兴南湖（一大会址）游览，我在湖心岛上烟雨楼前的摄影尚可，寄给你留念，看来我们也只能以这样的方式“见面”比较容易了。您以后如有近照，不要忘记给老朋友寄一张！

另外，有了数码照相，在照片上可以翻些花样，如题字等。故看到两年前写在扇子上的两首打油诗，尚能代表老来思想，今秋，阳台边桂花盛开，太阳花也开了不少，顺手折来装点扇面，摄影题字。寄给熟人，也不怕见笑（其中“渡”似应为“度”），留作纪念吧！

现在信息时代，什么上网、发E-mail，朋友间交流不管相隔千山万水，都可在电脑屏幕上见面聊天，但我还没有学会这一套。写信还是老人老办法，但我认为写信还是有优点，这种信息传递不是瞬间即逝的，信和照片可以多次看、想到就看。所以还是希望得到您的来信，告诉您和武汉同学们的境况。

总之，你我都已进入老年，还望保重再保重！尽量延长我们时间上超过半个世纪的友情交流吧！向嫂夫人问好。

专此并祝康乐！

2006年10月

给少萍信

少萍，您好！

上次来电知您上半年又住过院了，幸康复较快，尚祈保重！我身体基本依旧，老伴日见衰老，家里外勤是我，内务归她，尚能煮饭烧菜。孙女去年大专毕业，在一家私企工作，早出晚归，对家务也帮不上什么。我到今年8月为止，完成了《测量学》第三版的编写。原因是我的两位学生，一个是测量系的副系主任，一个是工测教研室主任，要我一起写，花了两年多时间。教材一般是5～6年修订再版一次。所以这次新教材出来，我就对他们说了，“再6年，我84岁，肯定不行了”，所以要他们从现在就接过去。同事中比我年少的也走了不少，也有病得不能走动的，这些都向我敲起了警钟。应急流勇退，生死由命，富贵在天，只能是心平气和，顺应自然，乐乎天命了！

今春，退休教师协会组织老年一日游，到嘉兴南湖（一大会址）朝圣，我在湖心岛上烟雨楼前的摄影尚可，寄给你留念，看来我们只能以这样的方式“见面”了。您以后如有近照，不要忘记给老朋友寄一张！

另外，有了数码照相，在照片上可以翻些花样，如题字等。故心血来潮，看到两年前写在扇子上的两首打油诗，尚能代表老来思想，今秋，阳台边桂花盛开，太阳花也开了不少，顺手折来装点扇面，摄影题字。冒充风雅，寄给熟人，也不怕见笑（其中“渡”似应为“度”）。我们这一代人（指同学）大体上都做到了“继往开来”，您的“开来”也做得相当不错，含苦茹辛抚养大了三个女儿，培养了她们，又找到了如意郎君，如今是孙儿绕膝，有的已在读大学，您也应是心愿足了，对得起社会和您的亲人了。您的一生中的确也遭受了很大的挫折但努力克服过来了。而我所受的人生挫折实在要比你多得多。我写的“时世艰辛劫后身”如果有机会向您倾吐，如果您也能耐心听，怕三天是讲不完的。好了，“男儿有泪不轻弹”，就此打住。既然是心愿足，比上不足，比下有余，那就乐天知命，宁静淡泊，安度晚年吧！老朋友以此共勉。

现在信息时代，什么上网、发E-mail，朋友间交流不管相隔千山万水，都可在电脑屏幕上见面聊天，但我还没有学会这一套。写信还是老人老办法，但我认为还是有优点，这种信息传递不是瞬间即逝的，信和照片可以多次看、想到就看。所以还是希望得到您龙飞凤舞般的随笔来函，我看习惯了，可以一字不漏。

总之，还望保重再保重！尽量延长我们时间上超过半个世纪的友情交流吧！

专此祝康乐！

2006年10月

给振雄信

振雄：

五一节我和你奶奶、姐姐到嘉兴来看望你们后已有四个多月未见面了。你在为高考拼搏，也不想多给你干扰。要你写信也是想要你锻炼文笔，再者也想了解一些你的语文程度，此事又何其难也？所以还想要你向爷爷写信（不论写多少），谈谈学习情况和你的理想，为高考填志愿作准备。你姐姐最近在为“专升本”考试作准备，奶奶身体尚好，忙于烧菜烧饭，我在八月份完成《测量学》（第三版）的编著，新书现已出版，大学生已在用。接下去还准备写一本计算机编程的书。爷爷认为身体和头脑尚行，力所能及，应为社会发挥余热。

你学习紧张，但应劳逸结合，不忘体育锻炼。扁桃体不要让它经常发炎，天冷后颈部要保暖，饭后漱口，少吃甜食。另外，过分疲劳也容易发病，发病后要及时治疗，并要彻底治好为止。

高中语文中，文言文占较大比重，你也读了不少古文，对成语和典故要多记住一些，而且要能在行文需要时恰当地应用。因为“成语”和“典故”解决了“行文简练”和“意义深刻”的矛盾，所以用得恰当能对文章增色不少。今将我去年游杭州雷峰塔时拍摄的《雷峰塔重建记》给你，希望在你已读过《滕王阁序》这样有名的古典骈体文后，再学习一下现代人怎样用它来写出出色的传记兼抒情的文章的。我认为这是一篇文辞优美、含义深刻的好文章，既可作为名胜古迹的传记，又体现了正确的唯物历史观和进步的人生观。你有不懂的词和句可查字典或《辞海》，认真学一下有好处。学过后最好能向爷爷汇报一下你的收获。

为了提高你的兴趣，另外再附上我写的两则短文《同窗杭州聚会影集前言》和《能仁怀旧》给你看看。爷爷绝非文学家，仅是文学爱好者，偶尔有所感想，喜欢写下一点文字给自己“欣赏”；或写给要好朋友，作为思想交流。当然，也可以留给子孙后代作个纪念，如果你们感兴趣的话。我写的一般是浅近的文言文，可使行文简洁。主要是有感而发，避免空洞的文字玩弄。

祝你身体健康，学习进步！

你的爷爷

2006年10月2日

给振雄信

振雄：

看到你11月初的来信很高兴，觉得你的语文有进步了，能运用一些古文词汇，也开始谈了点思想问题，谈了些爱好和志愿。这样，你和我就可以作更深层次的沟通，而不仅是就事论事地汇报学习和生活上的一些事了。在思想上多和别人沟通是有好处的，可以避免自我封闭，开阔眼界和思路。“兼听则明，偏信则暗”也是指出要善于和别人交流思想。“性格开朗”是褒义词，是指思想上的开放性，不隐瞒自己的观点，也善于听取别人的意见。

你来信中说：“高三以来，尖锐、锋利、偏激、轻狂的我，有了较大改观，也许是被高考……磨去了棱角。”使我感到有些意外。这八个字（实为六个字，尖锐＝锋利）都应为贬义词，但你在我的印象中好像还联系不上。你父母和姐姐恐怕也没有这种印象。信中这句话也有点语病，因为你还没有经过高考！如果是指你与同学的交往中曾经有过这样的自我感觉，确实应该坚决克服掉这些缺点。古语云：“满招损，谦受益”，爷爷在漫长的一生中是深有体会的。一个人对自己的能力应该有自信心，但绝不能估计过高。“学而然后知不足”，学得越多、越深，才知道“学海无涯”，自己不过是“沧海一粟”。爷爷所以现在还能为社会做一些工作（例如写教材和技术参考书等），就是因为经常感到自己的不足，时时还需要学习，而且以此为乐，所以才有此结果。再者，只有自谦了才能发现别人的优点，而能处处学别人的优点确实对自己有很大的帮助。

尖锐（锋利）不利于和别人和睦相处。人需要有亲情，你目前在这方面几乎是完满的，有爷爷、奶奶、父母和姐姐都爱你和关怀你，但是还需要有友情。亲情和友情（包括爱情）在你一生中始终是需要的，俗语云：“在家靠父母，出外靠朋友”，是有一定道理的。要热情开放，善于交友，不要“孤芳自赏”。与朋友相处，要大度随和，使人感到“如沐春风”。尖锐有什么好处？像一只豪猪（英国人形容一些无法亲近的人），混身长刺，使人望而生畏！

你自认为是个文学爱好者，这使我很高兴。因为我也喜欢文学，尤其是我国的古代文学。例如唐诗宋词，它以高度精炼的语言和形象思维（借物喻人、喻事、喻情、喻理），表达了优美高尚的情操和深邃的哲理。陶渊明的《桃花源记》《归去来兮辞》和《五柳先生传》，每篇文章不足千字，但字字珠玑，其清高、幽逸、旷达之情感人至深，因而传诵千古，这次也影响到了你这个年仅弱冠的青年，而推崇他。你这种情操是值得赞许的，但你引用他的词句而引为同感却有些不伦不类。陶渊明处魏晋之乱世，朝代更迭，官场恶俗，他不愿同污合流，故有“不为五斗米折腰”之语和《归去来兮辞》之辞，这就是“世与我而相违”之意。而你是处于我国拨乱反正、改革开放年代的青少年，尊重人才和尊重知识已成为时代的需求，与魏晋时代的陶渊明岂能同日而语？至于家庭和个人情况来讲，你和你的父亲也不能同日而语，不说经济条件，你父亲被迫仅读完小学，而你进入了当地最好的重点高中。因此“世与我而相违”与你的现实处境可以说是“风马牛不相及也”。所以读古文要与读历史相结合，取其精华，弃其糟粕，不能作简单的类比。你也读过《滕王阁序》了，除了要能欣赏其文辞流利、对仗工整之外，其后半篇“所赖君子安贫，达人知命……有怀投笔，慕宗悫之长风(乘长风破万里浪)”，一大段中，一些奋发向上的精神，是感人至深的。例如对爷爷来说，“老当益壮，宁知白首之心”，尚时时激励着我。你应当在读古文中吸取其精华。

爷爷从中学时代起，读了一些古文，也喜欢上了古典文学。但我有自知之明，知道长大后做文学家是不够格的，还是学自然科学为立身之本，可以进退自如(有机遇和条件可以成为科学家，不行，做个工程师、教师或职员)。做个业余的文学爱好者，对为人处世、陶情养性和祖国语言文字的掌握均有好处。根据你的实情，我也希望你做个业余的文学爱好者。你数理化成绩较好，应该在数学、信息科学、工程师方向发展。

你在信中最后谈到项羽。《史记》曾说他：“剑一人敌，不足学，学万人敌”，固说明其志向很大，但你应看到司马迁写在后面含有贬义的话：“略知其意，又不肯竟学。”项羽是一个具有很大缺点的古代英雄，“不肯竟学”可能是其终于失败的原因之一。我的看法是：“一人敌”是指战术，剑学到一人敌只能做个侠客，路见不平，拔刀相助；万人敌指战略，可以统率千军万马。但一人敌是万人敌的基础，只能偏重，不能偏废。项羽的战略也没有学好，鸿门宴和同意划鸿沟为楚河汉界都是重大的战略失误，所以最后失败了。所以我认为项羽不值得你学习。

再谈谈我对高考的看法。中学学习是打基础，要求全面和扎实，所以数理文并重，考文科或理科也仅是偏重而已。所以全面和扎实应放在首位，有余力再求尽可能深一些。不能坚持个人的偏爱，而现在就去钻牛角尖。进入大学以后一、二年级先也是打基础（不过是专业的基础），然后比较专门地深入。读研究生才是专题深入。这是我对高考的“战略”上的看法，至于高考的“战术”那只能听你们老师的指导了。总之，要信心百倍，尽力而为，我相信你一定会成功的。

我在今年夏天完成《测量学》教材的编写后，秋天开始又在编写计算机的程序设计的技术参考书，最近需要赶紧完成它。所以给你的信拖了一段时间，听你爸爸说，你已问过几次爷爷有否来信？姐姐这次回家看望你们，趁此机会，我也只好暂停一下手头的写作给你写信了。对你向我谈思想的信，我也得认真对待呀！

最近我为《大辞海》事到辞书出版社去，看到《大辞海》的数理化力学卷，买了一本给你，现在对你是否有用不知道，但今后肯定是有用的。叫姐姐带给你，还有一些关于高考题等的剪报。

这次就此搁笔，祝你愉快！

你的爷爷

2006 年 12 月 8 日

给少萍信

少萍：

你好！最近从你来电中知身体比前一时期好，使我放心。同学的来信我是存档的，需要时随时再读。读你 11 月份的来信，当时你的健康情形处于低潮，又想念你的妹妹，情绪似乎有点不好。我也何尝不是如此，我也不时想念我的亲妹妹，患难与共，两情相通，竟先我而去，此情何堪！但自然规律是无情的，无可奈何花落去，只好如陶渊明所说："聊乘化以归尽，乐乎天命复奚疑？"老天爷给我多少时间，我就利用多少吧。所谓"闲愁"，闲了就容易发愁。趁手脚和脑筋尚能活动，就找些事来做做。用照片合成一张贺卡是我最近做的一件小玩意儿，送给老同学解闷。

你信中所讲一大段儿孙们的事，什么观念分歧、消费分歧、自叹落后等，最后归结为"归宿是老年公寓"。我看过后倒是为你高兴！你以前不是曾说过中年的战略转移吗？重点改为培养下一代。不但正确而且成功了，他们都与新时代同步发展，而且人财两旺。小孙子也如此聪明，电脑、围棋都已会了，说你不懂，说你落后了。这是"青出于蓝而胜于蓝""雏凤清于老凤声"，有什么不好呢？他们会挣钱又会用有什么不好呢？我想你还不至于落到鲁迅所说"九斤老太"的地步吧？我们的一生注定是艰苦的一生，各人的苦不太一样罢了。我们这一代的思维惯性是时代造成的，当然不能和儿孙们完全合拍是可以理解的。正因为你有三个女儿，个别女儿对你不够关心，也可能认为还有两位姐妹呢！不过经过我们的艰苦奋斗换来了后代的幸福，真该欣慰才是。老来无人照顾、孤独感等应与你无缘！倒是像蒋斐尹的两位公子不想要儿女、王昆杰至今还未抱上孙子，烦心事可能少了点，但天伦之乐也有缺失，替他们有些可惜。现在讲和谐社会，我们个人要讲和谐心情，尤其是我们老人，任何事看淡一点，顺其自然，往好处想不往坏处想，和下比不和上比，这样心情会和谐些。有空还可以写信和老同学聊聊，思想交流，多少都有些收益。

在新的一年中祝你健康、愉快、好运！

2007 年 1 月 18 日

亲友回忆录

我的父亲

顾惠新

我父亲和我都出生在浙江嘉兴城北近郊一个有着几百年历史的小村落，地名顾家浜。这里是由东向西大约二百多米长的小浜，浜前浜后都有清朝时代的建筑，住着都是顾姓的同族人，我们的辈分都很清楚，所以每个人对他人的称呼都不含糊。但是我小时候看到的浜南只有一幢大约三开间的看上去很高大的、柱子也很粗的房子，听祖辈们说以前浜南的房子比浜北还要好。浜北的房屋比较整齐，由东向西一共有五个墙门，我家就住在东面第一个墙门，小河浜北边砌筑有石帮岸，每个墙门前都有用于取水、洗衣服和上下船的石阶河桥，石帮岸边的河中还有一间停放船只用的水上船屋，帮岸内有一条三四米宽的石板路东西向连接每个墙门。要进我家，墙门间是第一道门，墙门间房屋不太高但很坚实，大门共有四扇，中间两扇是双开的合门，两边两扇是单开门，门板是很厚的实木做的，上三四个台阶，跨过一个很高的门槛，进了墙门是一块道场，西边有单层厢房，东边是通向东辅房的通道，再进里就是吉门间，吉门间由一并排的好几间房组成，中间一间是通道，里面是吉门，吉门宽不到两米，里面砌筑有很厚的砖墙，内侧砖上还雕刻着人物和鸟兽，很好看。木门也很厚，有横闩，吉门里面是天井，两边有二层楼的东西厢房，再往里就是大厅。大厅很高大且中间有四根很粗的栋柱，在我记忆中的前后的落地长窗已不见踪影，厅两旁的楼房是家人的居室，厅后又是天井，两边也和厅前两旁的厢房一样。再里面的堂楼是一幢二层建筑，楼上是住人，下面是统间，设有家堂，家堂里放着历代祖宗的牌位和画像，每年过节时都要拿出来祭奠，堂楼两边也是楼房，楼上都能环通，像个 U 字形。堂楼后面又有一个眉毛天井，最后是一排单层柴房，柴房东面和最南面墙门间东面是我们祖父辈建造的养蚕用房，南面六间是堂伯父家建造的，北面四间是我祖父经手建造的，堂楼楼下东边上两间披房也是。厅的东面还有两间大的平房，在平房的北面是院子，里面有花木果树，还有一口饮用水井。在这样的一个墙门里面，我家大概拥有四分之一的财产，另外在外面还有上百亩的水田和大量桑园地，这都是好几辈老祖宗留下来的财产。

我父亲出生于一九二八年，他的童年和青年时代都是在这老宅度过的。听我祖母和父亲说，我的曾祖父是个老好人，曾祖父的兄长因病早逝而他又不大管事，当时生活的主要经济来源是靠工商业的收入，如嘉兴北门顾洪昌颜料行、新塍大生酱园等。这些企业在曾祖父辈时是委托他人代理经营，后被人侵吞和经营不善导致企业倒闭。当时为了生活我的祖父就挑起了家庭生活的重担，一九三二年，我祖父牵头与自己墙门内的堂兄弟子侄创办起了蚕种场，虽然他们经历了千辛万苦，但终于成功运营。一九三七年初夏，经过四五年的艰苦经营，大家预计在年内基本可还清所有债务，但是日寇卢沟桥的枪声打破了这个江南水乡平静的生活和美好的希望。一九三七年十一月五日，日寇在嘉兴东南金山卫登陆，当月嘉兴沦陷，当时大家出逃避难，蚕种场的大好形势皆毁于一旦，当年的经营款全部泡汤。我父亲当时只有十岁，小学三年级刚毕业。此前家庭虽然艰苦，但我祖父为了培养儿女也是非常用心，小学时就把我父亲和姑母兄妹二人送到城里读书，并寄宿在亲戚家中。在战乱中停停续续直到一九四五年日寇投降后，开办在浙西大后方抗战中的省立嘉兴中学搬迁回嘉兴接收了嘉兴县立中学。

我父亲当时读高中二年级，一九四七年，也就是我父亲的人生发生转折的这一年，我父亲就读的学校教学质量在全省甚至全国也算是好的，我父亲的学习成绩在班级里也是名列前茅。本可顺利读完高中学业，但就在当年春，我父亲在学校体育活动后去洗手间时感到喉咙发痒咳出了几口鲜血，把家里人都吓坏了，因有个同学患肺结核也有咳血症状前不久去世，我祖父感到事态严重，马上带我父亲到嘉兴著名肺科医生周学章处诊疗，因当时医疗设备落后就做了个 X 光透视，检查结果是“右肺微呈结核症”，就当时这一诊断，我祖父祖母都认为我父亲得的病就是肺结核了，所以继续上学是不可能了，必须在家休养，唯一的药物就是鱼肝油和钙片，在家中静卧，由于医生的误诊就进入了治疗的误区。实际上我父亲患的是支气管扩张症，和肺结核有本质区别，肺结核是经常咳嗽并痰中带血。就这样，我父亲中途辍学在家养病兼自学功课，以后几个月时间里咳血自然是没有了，但经常静卧胃口也不佳，体虚乏力，精神萎靡，实际上已无大病，就是精神压力太大了。就在此时，我的祖父因事业受挫，又误以为儿子得了难治愈的肺结核病，在双重打击下患上了精神抑郁症，不愿出门见人和办事，这对全家又是一个沉重的打击。当时家里有我的曾祖父、曾祖母、祖父、祖母、父亲、姑母六人，曾祖父和曾祖母都已年高，就在此时，我性格坚强的祖母挑起了家庭的重担，我父亲当时刚进入成年期，他也非常懂事，看到家庭的情况后，他把担心自己身体的事转移到担心家庭生计上来了，他知道必须振作起来帮助我的祖母分担起家庭这副重担。

蚕种场我家这一组对外事务由我父亲来担任。这年年底寒假前，我父亲得到通知可以参加当年的中学毕业考试，顺利拿到了高中毕业文凭，但想去上大学，钱是一个大问题，因我父亲的妹妹、我的姑母刚进高一也需要钱，如我父亲去上大学还要一笔很高的学费，但是家中的形势和经济条件祖父已不可能再送我父亲去读大学了，就这样我父亲就在蚕种场内担任起管理工作，这样的企业在风雨飘摇中艰难地前行。六年后我父亲又迎来一个重大的转折，一九五三年春，在浙江大学大三就读的我的姑母给我父亲带来了一个好消息，国家需要培养专业人才，大学生非但免收学费还供应伙食，这是一个多么好的机遇。我姑母要我父亲去参加当年的夏季高考，我父亲当时本有些犹豫，离开了学校这么多年还能应考吗？后来在我祖母和姑母的支持下，我父亲坚定了信心，选择了上海同济大学的测量与绘图二年专修科为第一志愿，马上复习准备应考，并着手蚕种场各项工作的移交。经几个月的努力，于一九五三年七月中旬我父亲按时到省城杭州赶考，经过三天的考试，我父亲认为成绩还可以，大约一个月报纸上登出了投考大学的录取名单，我父亲被投考的第一志愿同济大学录取了，当我姑母拿着报纸从杭州冲回家报喜时，全家人高兴的心情不言而喻，不久就接到了同济大学的录取通知书，九月初，我父亲告别了家人，拎了一只不大的装随身行李的皮箱踏上了崭新的征程（他有三件纪念品，皮箱、被大学录取时刊登的那张报纸、高中的毕业证书一直被珍藏着），毕业后留校任教，从此走上了神圣的教学岗位。以上有的是我童年时亲眼所见，有的是我祖母和父亲在我懂事后经常跟我讲的家事，都深深地留在我的脑海里。

我一九五四年出生在我们的老宅里，那时的家人有我的曾祖母、祖父、祖母、父亲、母亲，抚养我长大的主要是祖母和母亲，在老宅的院子里度过了迷迷糊糊的童年。我在上小学前，我们家族的蚕种场被公私合营后合并到王店镇,因家中空了好多房子,所以被乡政府用作办公用房。我们里面所有居住人员都搬了出来,我家首次搬到浜底一户倪姓的家中居住,后又搬了几次,直至一九八二年。七岁那年的上半年,我92岁高龄的曾祖母离开了我们,当时能活到这样的高龄的人真是凤毛麟角,下半年我开始上小学读书。因企业公私合营后搬走了,母亲失业,祖父被欲加之罪发配到农场改造,祖母靠父亲寄来的钱维持家里的生活,当时我们是农居户,在一九五八年时为了生活就加入了人民公社,成了农业户口,母亲就去参加农业劳动来换取一点口粮维持生活。我们那时搬了好几次家,经历了"吃饭不要钱"和三年"自然灾害"时吃水草、树皮、糠窝窝头的时期,我父亲把省下的粮食带回家。当时乡下的医疗水平也相当差,卫生院只有一名医生,我大约八岁时,我的大妹妹不知得了什么病,医生打了一针叫我们快送嘉兴去治疗,当时只有水路,叫人用船送到嘉兴二院已为时太晚,回天乏术,大妹妹不幸夭折,时年仅五岁。我十岁时有了我的小妹妹,可是在一周岁后发现一只眼睛好像有点异常,我父亲带她到上海检查,被确诊为癌,后经手术和光疗都无法挽留她的生命,时年仅三岁。一九六六年初夏,我完成了小学六年学业,拿到了一张也是我唯一一张毕业证书,因当年"运动"的到来我也失去了再上学的机会,这也是以后留在我父亲心中的隐痛。就在那年春天,我祖父也回来了,家人团聚了,我小学也快要毕业可以升初中了,一家人可以过平静安定的生活了,美好的前景仿佛就在眼前,可是在瞬间一切都被打破了!一九六六年夏的"十年浩劫"到来了,我的祖父祖母被"造反派"戴上像烟囱一样的帽子,穿上清末的衣衫,赤着双脚,顶着烈日去游行,被用胡言乱语、颠三倒四的大会批斗,把家中的生活用品拉去"展览",又把我父亲也从上海学校拉到老家实施他们的计划,我的祖父看到好不容易出山的顶梁柱又要倒塌时,可怕的思想在脑海里形成,一个漆黑的夜晚,夜深人静,在被关押的草棚内用无比的勇气和极端手段结束了那饱经风霜的生命,消息传来犹如晴天霹雳,山崩地裂。

我父亲承受了巨大的打击,在生产队里劳动了几个月后还是被同济大学派人来接回学校。因学校停课,学生搞运动,在这样消极的状态中,我父亲还是不放下手中的书,他深信只要有知识就一定会有用的,所以他不管到学校人防工程还是到五七干校劳动都坚持他的专业学习和研究。当时的我小学毕业后也没有机会再去课堂读书了,父亲给我找了好多初中旧的教科书要我自学,假期回家时来辅导我。当时我们租住的一间房子里什么家具都没有,地上铺点稻草睡在上面,没有桌子用块木板以及砖块搁一下,就是在这样的环境中生活着。母亲在生产队劳动,我因还不到十六岁不能参加生产队的劳动,只能为家里割草养猪,另外又去嘉兴买来良种长毛兔,剪毛卖给供销社,搞点副业收入贴补家用。家用的东西坏了都是修修补补后再用,有一次喂猪的木提桶手柄坏了,我拿了一块木料用菜刀削着修理,被我祖母看到了就写信告诉我父亲说我手巧,以后能不能搞点木工工具来给我。那时我父亲想到了在农村成个能工巧匠也是一条出路,说来也巧,学校停课期间父亲被派到学校人防工程和建造防空洞的木工师傅那里一起劳动,他们相处得很好,因为木工老师傅他们一般文化水平较低,计算方法靠死记硬背,父亲本身搞测量,计算方法小菜一碟,和师傅们相互交流成了朋友,经师傅指导去买来配件制成工具后带来给我。此时的我有了工具如鱼得水,到自家地里挑了几根树枝开始动手,第一件作品靠背椅子制作成功,虽做得不是很标准,但放我家中可算是一件奢侈品了,虽然只是一把椅子,但是家里人都很高兴,好像是看到了我们这个家族的一点希望。我在农村什么农活都干过,但是我身材瘦弱,农村劳动是体力活,这不是我的强项,父亲经常对我说,你学历低还要好好自学,将来会有用的。总之一有空我会看看书,写写字,我也经常给父亲写写信,我深深地感受到没有我父亲的教诲可能就没有我今天的一切。自从我父亲给我提供了针对性的学习资料,从英文字母、三角几何到建筑业专用书籍,凭学到的有用知识我很快进入当地的建筑公司工作,边工作边学习,参加建委各种培训班来提高知识水平,我从工程技术员职称逐步晋升为助理工程师、工程师。从此,我在这个行业中承接了许多建筑工程,后来我也创办了自己的企业。我的两个子女分别大学和研究生毕业,这都离不开我父亲的影响和教诲。

我父亲自己对新东西都很感兴趣,像计算机应用及编程,早年两三间房子大小的电子管计算机和小型计算器到现在的电脑,他都能运用自如,边学边用边研究是他一贯的态度。一九七九年以后,随着形势的变化,拨乱反正,一切都进入了正常轨道。改革开放,农村分田到户,大学的一切都正常了,从此有了快速的发展,父亲在教学事业上有了用武之地,凭着他平时对知识的渴望,对工作的热情,对学术的严谨,对业务兢兢业业,他教书育人,编写教材,发表专业论文,培养专业研究生,为学校的教学事业作出了贡献,他的辛劳付出也同时得到了学校的认可，从助教升至讲师，副教授，教授，行政上出任教研室主任，并得到学校优秀教学工作者的荣誉称号，获（国务院）政府特殊津贴等待遇。一九九三年退休，退休以后从未停止他的工作，参加《大辞海》特约编审，编写教材，接受并完成各项工程任务，不断地发挥他的余热，就在他生命结束前三个月刚刚完成了教材《测量学》（第四版）的编写。

父亲于二〇一二年三月七日因病永远离开了我们，我们永远怀念你，你是我们家族的骄傲，也是子孙们永远学习的榜样，你的遗嘱“忠孝传家，诚恕待人，继往开来”我们将永记心里。

我的爷爷

顾振雄

爷爷属龙，我也属龙，我俩正好相差了一个甲子。在我出生之前，爷爷就已经从嘉兴来到了上海工作。因此在我小时候，我与爷爷相处的时间并不多。但是每到寒暑假，基本上都会到上海爷爷家去住上一阵子。长大后，总是听爷爷提起小时候的一个笑话。我还很小的时候，爸爸妈妈可能要忙农活，就把我送到上海爷爷家住一段时间。等到爸爸妈妈要回嘉兴的时候，为了不让爸爸妈妈当着我的面走出家门，故意让奶奶带我到房间里去。过了一会儿，等我发现找不到爸爸妈妈了，然后我就着急了。那个时候我还不会说话，于是就用手直指着门，意思可能是爸爸妈妈从这里出去了，我要去找爸爸妈妈。然而时间一晃，等到爸爸妈妈再来接我的时候，我竟然自己躲起来了。爷爷说我就像是见到了陌生人一样，不认识爸爸妈妈了。

我的记性不好，这些事情早就没有印象了，连幼儿园的事情都基本不记得了，更不用说幼儿园之前的事情了。在我仅存的记忆中，能够追溯到的最早的关于爷爷的记忆大概是小学时期。那时候到爷爷家去，一般先坐火车到上海火车站，然后在北广场乘115路公交车到同济大学站。记得115路公交车要开好久，一路飞驰，晃晃悠悠。其中一段路是在高架路下开的，看到路中间的隔离带内种满了植物，爬山虎爬满了整个高架桥墩，也是蛮新奇的，感觉大城市果然不一样。下了公交车之后，走进小区，不多久就到了爷爷家。

那个时候，曾祖母还没有过世，与爷爷奶奶还有姐姐住在一起。每次到了爷爷家，我们都会首先去看看曾祖母，向她问安。曾祖母当时已经接近百岁高龄，神态平静，面容安详。当时的我哪里会想到，眼前这位白发苍苍的老人，曾经是一位充满活力的青年，是一位在战火纷飞的年代里勇敢保护家庭的母亲。直到看了爷爷写的一些回忆录，才对自己的祖辈有了更多的了解。

记不太清是小学的时候还是初中的时候，有一年暑假，爷爷第一次教我用电脑来写作文。作文的题目是“爷爷家的阳台”。爷爷家的阳台上种了很多太阳花，五颜六色的，漂亮极了。清晨太阳升起，花儿们便慢慢醒来，张开花瓣，享受着阳光的温暖。傍晚夕阳西下，花瓣慢慢合上，仿佛也进入了梦乡。这不是当时的作文内容。当时是爷爷说一句，我写一句。因为我不喜欢写作文，也不知道该怎么写作文。回想起来，爷爷对我也是够有耐心的。

到了初中的时候，一方面为了增加交流，另一方面为了让我练习写作，爷爷与我偶尔会写信。而爸爸或者姐姐有时候会作为我们之间的邮差。爷爷的字写得很好看，而我的字一直都是小学生字体。有一次，爷爷教我练习签名。我按照他给我写的模板，反复地练习，一笔一画，最后终于有了一个像样的签名。

大概高中的某个寒暑假，爷爷教我 LISP 编程。之前爷爷好像就经常教爸爸和我用 AutoCAD 画图，所以有一定的基础。其实也就是一些简单的命令，比如画一条线、一个矩形、一个圆，又比如修改、裁剪、删除等。爷爷大概花了半天的时间给我介绍 LISP 的语法，然后下午我就自己写了一个简单的程序，画了一个图形。那段时间，好像正好学过三角函数，所以正好学以致用。

爷爷一直都非常关注上海的一些重大工程项目，比如磁浮线以及卢浦大桥等。高中的时候正好在物理课上学过关于磁浮线的一些原理知识，但也仅限于课本。上海的磁浮线正式运行后，爷爷便带着我去体验了一下时速 400

爷爷和我的合影

多公里的磁浮列车，又顺便带我逛了一下浦东国际机场。卢浦大桥是上海当年的重点工程项目之一，坐落在黄浦江的世博园区段。它是一座可观光的拱桥，可乘坐高速观光电梯直达50米高的卢浦大桥桥面，沿大桥拱肋人行步道拾级而上，在“巨弓”背上大约攀登280米，登上100米高的拱肋顶端，即可到达篮球场大小的观光平台。大桥开通之后，爷爷就带着我去桥上游玩。

爷爷和我在卢浦大桥

爷爷的房间既是卧室，也是书房，又是客厅。空间虽然不大，但是布置得井井有条。小小的房间里除了卧室必备的家具外，还放了一张书桌、一个单人沙发以及一个大大的书架。每次来到爷爷的卧室，我都会扫描他的书架。最初看着那些书名，完全不知所云。后来终于能看懂几何、代数、高等数学等书的题目，然后会借回去假装能看懂似地翻阅。还有一些书，估计至今我或许也只能看懂书名。书架上还放着许多亲人的照片。

到了大学，去爷爷家的机会就更多了。每次来爷爷家，最开心同时也是最难过的就是能吃到奶奶做的菜了。开心是因为奶奶做的菜好吃，难过是因为奶奶为了做这些菜要忙活大半天。只要不下雨，爷爷基本每天都会去楼下的小公园中打太极拳，早饭、晚饭前各一次。听爷爷说，同济大学的太极拳文化是很有名的，曾经还得到过某位太极大师的指点。有一段时间，我也跟着爷爷去学习打拳，但84式杨氏太极只学了前20式，没有坚持下去。我想，等我退休了，这应该也会作为我的日常运动之一吧。爷爷家有一位常客，我们叫他马公公。他是爷爷最好的朋友。每隔一段时间，都会见到马公公。马公公每次来，都会亲切地与我们打招呼，然后与爷爷聊天。

爷爷和马服真公公的合影

在我眼里，爷爷一直是我的榜样，是我追逐的目标，也是我前行的动力。在这里记录了那么多平平淡淡零零碎碎的琐事，在我心中都是一些最美好的回忆。以后再次看到这些文字的时候，会让我想起与爷爷一起度过的点点滴滴。能有这么一位爷爷，真的让我感到很幸运！

我亲爱的爷爷

顾梁宏

我自幼便由爷爷和奶奶带大，可以说爷爷担任了爸爸的角色，没少操心和费神。因为从小亲近，我时常喜欢和爷爷撒娇发嗲耍赖，喜欢叫他“老爹”，他也总是很宠溺地喊我“细货色”（嘉兴话，意为小家伙、小东西）。后来长大了，偶尔再撒娇的时候，爷爷就会笑道：“如果一直这样，你不长大，我不变老，也蛮好。”然后也免不得一通语重心长的思想教育。

爷爷陪我游外滩

爷爷的关怀是细腻的，记得上初二那年，学校搬到了长岭路，走读的路程就比较远了。暑假里爷爷给我买了第一辆自行车，教我学会骑车之后，每到傍晚，他都会带我出去，绕着同济新村外的中山北二路骑行一圈，他骑在前面，我在后面跟着，看着那个背影，总觉得特别有安全感。起初我不知道为什么要天天去骑行，只觉得没盯着我写作业就很开心，后来爷爷问我，现在胆子有没有大一点，才知道他是在默默地锻炼我骑车上大路的胆量。

爷爷具有非常强烈的家庭责任感，重视亲情，孝顺长辈，关爱家人，疼爱小辈。从我记事起，只要家里有人身体不适，爷爷就会忧心忡忡，张罗着就医、吃药，忙前跑后地照顾，直到病情有所好转才会稍稍放下心来。太太（曾祖母）晚年的生活都是由爷爷贴身照料的，白天不敢远行，晚上也没有睡过一个囫囵觉，一直陪着太太走到生命的尽头。由于爸爸算是独子，亲戚不多，与我们家最常往来的便是镇江婆婆一家人（爷爷的妹妹，嘉兴话称呼为婆婆），一直听爷爷和爸爸讲起，在以前家庭患难时期，婆婆一家给予我们无私的支援，血亲兄妹之间的义气，至今也对爸爸影响深远，一直教导我和弟弟要讲义气。婆婆偶尔会来上海小住，有时是从泰国出差回来，那些精致的小礼物和美味的红毛丹，都是刻在童年的美好记忆。后来婆婆来上海是为了看病，记得最后一次她离开上海，是我送她去的火车站，没想到那便是永别，爷爷接到她突然病逝的噩耗时，捶胸顿足，惋惜不已，更是后悔最后一次没亲自去送她，爷爷的高血压便是从那时开始有的。

爷爷的大学同窗大多不在同一个城市生活，平时只能电话、书信往来，同济大学 100 周年校庆、2005 年的杭州聚会，是难得的同窗相聚时刻，重温友谊，畅叙真情，不亦乐乎。平日里交往最频繁的便是马公公了，他也是爷爷的学生程效军叔叔的岳父，是爷爷不可多得的知音和挚友，马公公隔三差五地来家里报到，有时引得奶奶很是“吃醋”。俩人或闲聊家庭琐事，或高谈阔论古今时事，或各自看书、写作，一派闲然自得的温馨画面。

对于他为之奋斗一生的测绘事业，爷爷一直遵从着“工作学习化，学习工作化”“与时俱进，活到老学到老”的信念。早期的教学工作需要写大量的板书、做投影用的课件，以及编写教材的草稿，他就在工作的过程中慢慢练就了一手好字，一举两得，也常常用这个例子来教育那时正在练书法的我。爷爷的退休生活就是新的学习的开始，买书自学了 AutoCAD 和 LISP 编程语言，在他改编再版的教材《测量学》时，所有的插图都是改用 CAD 画的。甚至从零开始学习全新的编程语言，还编著了教材《测量工程 LISP 程序设计》，直至 2012 年 1 月，他还在改编他心爱的教材。正是这种爱学习爱钻研的好习惯，成就了他的事业，他也经常教育我要多学习以充实自己，终身奉行，适应时代。

爷爷是个富有生活情趣的人，早晚会各打一套太极拳强身健体；夏天的阳台上会种满花色繁多的太阳花；喜爱通过写作一抒心志，著有随心笔录和吟云诗集；逢年过节亲友相聚时，会用相机记录下每个时刻，我对摄影的初识，就是从那个时候开始的；偶尔也会写点书法和画画，更会使用新“武器”作画。

爷爷用新买的专业绘图板画的素描

2012 年的春节，谁也没有想到，这竟是他老人家过的最后一个春节。因春节期间会见老友，经常外出，开始只是着凉感冒发烧，几天后送至上海新华医院就诊，被诊断为肺炎，2012 年 2 月 14 日入院治疗。爷爷有支气管扩张的病根，肺的底子很差，短短几天后，炎症非但没有得到控制，而且加重至两肺炎症，血氧饱和度一度降低至 80%，2 月 18 日，医生开出了病危通知书，需要使用呼吸机才能维持 90% 的血氧饱和度。使用呼吸机期间，因为不方便说话，爷爷和外界的沟通一直是靠写字，每天记录自己的感受给医生看，也关心会诊结果、治疗方案和每天的检查结果，甚至一直心系教学工作，在本子上还留着这么一段话：“我想为学校再发挥余热一小段时间(教材)”。

2 月 22 日，可能是知道时日无多，爷爷在精神尚可的情况下，留下了对他的孙子、孙女最真挚的谏言，交待我们人不能忘本，留给了我们他回忆编纂的家史，还有他身体力行传承的家训：

忠孝传家，诚恕待人，继往开来

2 月 27 日，爷爷转入 EICU 病房进一步治疗，家属无法一直陪在旁边，连最基本的照顾也做不了，那是另一种担心和无力感，只能一切都相信医生。每次短暂的探望时间，看到爷爷的身体状态每况愈下，越来越无力和歪斜的字体，从强烈的求生欲到一点点的绝望，医生冷静地说明病况，虽然明知结果，但我们仍然不想放弃最后一丝希望，总是期望能有一丝转机。

2012 年 3 月 7 日下午，爷爷因重症肺炎、呼吸衰竭离开了人世。我失去了从小疼爱我、养育我的爷爷，我最亲爱的爷爷。这距离他虚岁 85 岁生日仅 5 天。

时光的印记如水流过

许　俐

接到惠新表哥的电话说程效军先生想汇集出版一本回忆舅舅生平的书时，我正在去北京的高铁上。挂断电话，回忆被列车拉回那远去的年代。记忆如窗外的景色一帧一帧地闪过，仿佛他还在为外婆和她女儿的女儿的女儿拍一张四世同堂，又仿佛幼时在他斗室中寻一块为我们到来特地买的上海杏仁奶糖。环顾今往，发现对舅舅的回忆全都是片段，清晰与模糊，长篇与小事，交织在四代人身上，是我成长的时光岁月如水光亮的窗口。

舅舅是母亲的兄长，他们这一辈也就只有他们兄妹二人，关系好那是自然，之间却也有称道的患难。记得外婆讲起日本人打到嘉兴，她带着他们兄妹俩到娘家新塍避难。一天，日本人用飞机轰炸了新塍，外婆正为一对上学儿女的安危心急如焚时，只见舅舅拉着母亲的手逃回家来，被吓坏的母亲到了家才哇地哭出来。外婆一句"他们倒自己逃回来了"，似乎看不出他们幼年时经受的恐惧，但是一个10岁的哥哥在战火中没有忘记小自己3岁的妹妹，应当将他们的感情添上了劫难余生的联系。舅舅年轻时身体不好，早早辍学，在家族的蚕种场当会计，已经在浙江大学蚕桑专业读书的母亲，回家、写信都劝说舅舅一定要出来考学校。这才有后来舅舅考取同济大学测量专科，转身遇见一生为之努力的测量的故事。舅舅对我们姐妹俩也甚是疼爱。很小的时候就知道舅舅在上海同济大学工作，偶有前往都有那份炫耀的骄傲，被舅舅抱坐在公交车上时居高临下于街景，还有那个年代不常见的霓虹灯的绚烂。

我们有时候自叹自己成长的年代变迁巨大，从三年自然灾害饿着肚子出生反转到如今马斯洛需求层次模型的顶端，但实际上舅舅和母亲那一代人经历的岁月还不能用这样的理论来定义。他们历经了战争、隐忍了政治风暴，在一片混沌中求得生存、求得自尊。

闭口不提在政治风暴中风雨飘摇的家庭，即使在后来开放的年代，母亲也没有系统讲过自己家族的变故，从而在某种程度上割断了我们对家族历史的传承。后来知道的、能理解到的都是我们现在看起来的悲剧，也许这些是她一生中的挣扎和痛苦，不愿提起只愿忘记，倒是父亲、舅舅和外婆会向我提及一些如烟往事。

日本人打到嘉兴，血气方刚的外公居然在隶属于国民党的乡抗日大队担任大队长。有一次去打日本人居然把只有10岁的舅舅带在身边，枪声响起，子弹在头上呼呼地飞，外公一把把舅舅推到田埂下。然而正是外公这段打日本人的历史带来了家庭一系列的政治变故。土改时被抄家，一家人被赶出家门，失去了所有的财产。“文革”时外公又成了现行反革命，最后跌入石灰坑被烧坏了脸，感染去世。

印象较深的、有关舅舅家的讲述片段是姐姐出生后外婆来我们家帮妈妈忙，同时将惠新表哥也一起带来，但没有多久就有通知让外婆返乡，说是“地主婆”需要被监视着劳动，临行前幼小的惠新表哥哭着说：为什么要我回去，我在姑姑姑父这里蛮好的，能吃得饱。当惠新表哥讲起这些事情，小学毕业就被剥夺了上学权利的他心里应该是凄楚的。

没有听到舅舅在这些变故中是怎样的，只知道他一直属于被政治审查的对象，到了“文革”期间又属于“靠边站”的一类。劳动改造中，学会了84式杨氏太极，这是他在“文革”中获得的一件乐事，成了他后半生的每天早晨迎风鹤舞的必修课。前些年，忽然对老物件上了兴趣的我寻找奶奶留下的一些首饰，才知道母亲在家庭变故后的很长时间，一直在接济外婆和舅舅，除了自己的工资，把这些首饰全部托舅舅悄悄变卖，只剩下一根簪子留作纪念。

舅舅是个专科毕业生，成为一位测量专家和教育家，之间可谓路途遥遥；在重成分的年代，更可谓希望渺渺；在人的一生中，更可谓代价之浩浩。其中没有华丽的转身，唯有执着与信念，帮助舅舅找到了自我，让他后半生乐在其中。舅舅和母亲都写了一手漂亮的钢笔字，也想到自己为何不如，不够努力？不够刻苦？可能都是原因。记得“文革”中的一天，中央人民广播电台播送毛泽东的“水调歌头·重上井冈山”，当朗诵到“世上无难事，只要肯登攀”时，母亲突然说外公在他们兄妹尚小时就赠予他们各人一枚戒指，一枚背面就刻着

"无难事",另一枚刻着"肯登攀"。

他退休之后还在重编《测量学》,还学着使用小计算机编程计算测量数据,当自己的孙子要同样选择测量专业学习时,舅舅特别领着他走过杨浦大桥,讲解帮助这座大桥诞生的测量工程。

从他的人生中,我看到的是热爱与坚持。

我们眼中的表哥

沈玉清　沈玉衡

一九九九年十月的一天，我俩到“同济”看望姑妈一家。走到同济新村579号的楼道口，看到壁报栏中一篇题为“解读百岁老人”的文章。我们就说，这是写姑妈的。文章上说：我们楼道里住着一位百岁老人——沈智英，在儿子顾孝烈、儿媳计瑞华的悉心照料下，健康长寿。

姑妈是1902年出生的，到1999年已近百岁。二十世纪九十年代初，因为白内障视力模糊，表哥便为她做了白内障手术。术后，90多岁的她又可以看报纸了。她仍耳聪目明，胃口特好，可以吃一只大肉粽，过着平静安详的日子。直到2002年5月与世长辞。一位百岁老人居然可以把生活过得如此充裕而安详，全靠表哥表嫂的一片孝心。

说到表嫂，她虽不大识字，却能平淡对己，亲切待人，勤劳一生。我们都亲切地叫她“瑞华阿姐”。

表哥有空了，便教她识字。1988年添了个孙子。她高兴地告诉我们：孙子取名“振雄”，振兴中华的“振”，英雄的“雄”。瑞华阿姐和婆婆、儿孙们住嘉兴，一家三代，六口人融融乐乐。直到1984年，姑妈和瑞华阿姐的户口迁到上海，和表哥一起住在同济新村243号。他们婆媳和睦相处，夫妻相濡以沫。三人有一个共同之处，那就是都很敦厚，平和朴素。尤其是表哥在家里是顶梁柱，在教育事业上体现了我国文化人的操守和品格，真是忠孝两全。

表哥不但待家人和善，对亲戚也照顾有加。记得在“三年困难时期”，每人每年8尺布票，每月4两油票、25斤粮票。那年头粮票比钞票更金贵。表哥来我家探望外祖父（也就是我们的祖父）的一天，给了他4斤全国粮票。那时年迈的祖父和全家人过着节衣缩食的生活。祖父常拿出这4斤粮票的整张纸（是八连方的，每小张是半斤粮票）把玩着。那纸虽轻，却因为浸润着一颗沉甸甸的孝心，显得格外珍贵，再缺粮，他也不舍得拿出来买粮。直到他1961

年过世。

我伯父在80年代末因为咳嗽，到上海就医，就住在表哥家。表哥带这位舅舅去医院就诊多次，最后确诊为肺癌。在这期间，他悉心照顾这位一直单身的舅舅。按说表哥自己也年近“花甲”，上有老母亲，又加上患病的舅舅。但他没有任何怨言，好几次往返于上海嘉兴之间。

表哥的为人，特别是孝敬父母长辈，尽在我们眼里，铭记于心。要讲的话，三天三夜也说不完，恕我笔拙，写的只是沧海一粟。

2012年春节，我俩去给表哥拜年，他还精神十足。似乎每次见面总要讲起，少年时住在新塍外祖父家的事，给我们讲日本鬼子进新塍镇烧杀掠抢的恶行。

2012年3月忽闻表哥“感冒”了，万万想不到回天乏术，没过几天就不幸与世长辞。

你的匆匆离去，令我们伤痛不已。人事有代谢。如今振雄已踏上你的足迹努力前行。你可以瞑目矣！

师生情谊

怀念顾孝烈老师

鲍 峰

我初次认识顾老师是在1981年的初冬，进入了大学本科的最后一个教学环节——毕业设计。作为“文革”后恢复高考的首届本科生的毕业设计，系里投入了所有的力量（当时的测量系只有施一民一名在读研究生），顾老师带领了一个团队指导一个课题的毕业设计，记得还有杨子龙、洪炳隆、都彩生等老师，我和其他七名同学在顾老师等老师们的指导下进行了毕业设计的学习。

我们当年的毕业设计课题是“采用电磁波测距技术布设导线网作为城市首级控制网”。当时还是改革开放的初期，国内尚不能自己生产电磁波测距仪器，缺少电磁波测距技术的实例和操作规程，城市控制网常采用三角锁的形式布设。电磁波测距导线网作为城市的首级控制网没有先例也没有规范。我们的毕业设计课题是为这方面做试验，采用电磁波测距技术布设导线网作为嘉兴市的城市首级控制网。

顾老师给我的第一印象是朴素、和蔼、没有架子。在嘉兴，他和我们学生一起住四人的房间，挤在卡车的后车厢去测量，11月、12月的嘉兴已是相当寒冷，站在卡车的后车厢吹着寒风，确实不好受。尤其是，因为通视的需要，测量的控制点大都选在大楼顶部、水塔顶上，除了寒冷还非常危险。记得有一个点是位于一个半径不到2米的水塔上，弧面的顶面周围又没有栏杆，年过半百的顾老师每次总是亲自上去，给我们做出了榜样，至今仍影响着我。

转年，我毕业留校，分配在顾老师为主任的第一教研室，从此和顾老师有三十年的亦师亦友（同事）的相处。

1982年初，刚开始工作，就碰到了一件至今仍难忘的事。我们在嘉兴完成了城市控制网后，由上海勘测设计院进行大比例尺地形图测绘，他们在测图时发现，他们施测的水准与我们的成果不能符合。消息传来，我非常紧张（毕业设计时的精密水准主要是由我和其他两名同学测量的），担心如果是我们的原因造成了测量成果的错误，不但给勘测院的工作带来了很大的困难，也会严重损害我系的声誉，当然也担心这可能给自己以后的工作带来不利的影响。顾老师却非常淡定和自信，从没有怀疑我们的成果会有错。多年后，更了解了老师的专业素养和严谨作风后（尽管当时的野外测量工作是由我们做的，但纪录手簿、计算结果顾老师都亲自检查过，而且都是要求我们严格按规范施测的），才明白这份谈定和自信的底蕴，当然也有一份对青年人的爱护。尽管自信我们的测量成果不会有错，但为了搞清原因，我和教研室的两位老师又去嘉兴进行了水准测量，结果是我们的成果与勘测院的成果也不符，当然跟我们去年的成果也不符。经分析，发现高程数据是一次比一次小，遂怀疑是地面沉降所致。恰从有关方面得知，国家有关单位有一精密水准路线经过嘉兴，也发现了这个问题，证实是地面沉降的原因。

1980 年是我国改革开放的初期，却是顾老师这代知识分子的黄金时代。年过半百的顾老师使出了浑身的劲，嘉兴绍兴、广州等城市留下了他设计和测量的城市控制网，南京长江大桥、浦江大桥、富春江大坝等工程有他的智慧和测量数据，铜陵、德清、海宁、溧阳等地有他主持测绘的地形图和地籍图。这时期顾老师也完成了众多的论文、著作，《城市测量规范》等国家测量规范留下的他学识，《辞海》留下了他写的条目。好几次看到他累到口吐鲜血。1986 年，顾老师晋升为教授，成为同济大学自 1952 年院系调整测量系迁武汉后的第一位测绘学科在职教授。

顾老师治学严谨、做事求完善，对己严苛。但对他人尤其是年轻人却非常宽厚。对我们这些学生，他除了在学术、工作中要求严格。其他方面都非常宽厚。对于不同的见解、不同的观点他都容许争论、不强加于人，就是对于年轻人的一些“轻狂之举”也从不计较。尽管当时的有些领导、老师对此有些误会，顾老师也从不解释，从教几十年来，从未听到有哪个学生对顾老师有不敬之语。

顾老师是睿智的学者、学识丰厚的智者，他有众多的论文、著作，主持并参与了许多我国测绘规范的制定。顾老师也是聪慧的匠人，他不但设计与布设城市控制网、制定测量方案，而且还亲手制作测量的仪器和工具，如当年自制的横基尺、激光测距仪与光学经纬仪的连接件的制造、各种测量观测标志、点、连接件等，凡是由顾老师设计、制作的工具不仅好用而且精美，体现了匠人之心匠人之艺。作为学生，每每自叹不如。

清明之际，思念之情更甚。奈人愚笔拙，词不达意，文欠情思。然老师之楷模、老师之教诲、老师之音容笑貌长印在心中、现在脑中，伴我一生。

深切怀念恩师顾孝烈教授

程效军

我尊敬的导师顾孝烈教授离开我们已经快五年了，总想写点回忆顾老师的文章，一直没能静下心来。最近，《测绘宗师——忆顾孝烈教授》一书由同济大学出版社正式立项，并于2018年出版，作为弟子的我应该为这本书尽一份绵薄之力。

1981年9月我考入同济大学测量系工程测量专业，当时的入学教育比较简单，系里安排几位有名的教授包括顾孝烈、陈龙飞、陆剑鸣、王国海等与我们新生一起座谈，有幸认识了顾孝烈教授，他清瘦的脸上戴着一副普通的茶色眼镜，讲话不紧不慢，有条不紊，普通话中夹带着江浙口音，个别语句还听不太懂。

直到第三学期顾老师才给我们班主讲“地形测量学”，这门课是我们接触的第一门专业课，也是最重要的一门专业课，测量系非常重视，同时还安排了徐广如和鲍峰老师担任辅导老师，30个人的班级配备这么强的师资力量是非常罕见的。当时没有正式出版的教材，用的是由顾老师等几位老师一起编写的油印教材。那时老师讲课用的是投影仪，每张投影模片都是顾老师自己亲自制作的，顾老师的字写得非常漂亮，就像打字机打印得那样工整与美观，每堂课的板书也赏心悦目。地形测量学的内容丰富且教学形式多样，有理论教学、习题课和课间实验，按照一般惯例，像实验课和习题课完全可以由辅导老师负责，甚至一部分主讲内容也可以安排辅导老师去讲，顾老师尽管是大牌教授，不论什么类型的课他都亲力亲为。每次上课顾老师都会提前来到教室，事无巨细地做好课前的各项准备工作，听顾老师的每一次课对于我们来说无疑是一种享受，课堂上根本没有同学打瞌睡。顾老师在习题课上教会了我们使用能编程的计算器SHARP-5103，当时觉得非常新奇和“高大上”，一有时间跑就到计算室去借计算器SHARP-5103用，很多时间往往一器难求。

地形测量学的第一次期中考试，我因在计算附合导线允许闭合差时搞错了 n 和 $n+1$，被扣了 2 分，只考了 98 分（满分 100 分），顾老师也为我惋惜。地形测量学上了两个学期，最后我都取得了优异的成绩，这与顾老师的引人入胜的教学方法是分不开的。

暑期的地形测量学实习也给我留下很深的印象，该实习分为两个阶段，第一阶段是到嘉兴毛纺总厂测地形图，属于生产实习；第二阶段是到浙江大学老和山测等高线地形图，属于教学实习。当时指导测图这样的生产实习对于顾老师他们老师来说也是头一次，于是在正式实习之前，顾老师带着徐广如和鲍峰等几位老师提前赶到嘉兴毛纺总厂，亲自测绘了一幅完整的地形图，通过这个过程总结测图中可能遇到的问题以及经验，然后才有把握很好地指导学生开展测图工作。正式实习时顾老师亲自指导我们小组，当时嘉兴正值梅雨季节，几乎天天下雨，这可急坏了顾老师他们，总担心完不成任务，只有雨一停，就催同学们赶紧出工。大部分同学都喜欢睡懒觉，只有我一个人习惯早起，几乎和老师们同时到食堂吃早饭，这一点给顾老师他们留下很

1983 年暑假到嘉兴毛纺总厂测地形图的师生合影（最后排左四为顾孝烈老师，第二排右一为程效军）

好的印象，也为后来的留校任教打下了基础。由于是生产实习，作为学生的我们每天也能获得三毛钱的补贴，这基本上可以够吃饭了，当然这也是我第一次赚钱，既锻炼了自己的实践能力又通过自己的劳动获得了收益，异常开心。

顾老师第二次给我们上课是在 1984 年秋季学期，他主讲“城市测量控制网优化设计”。这门课融入了顾老师自己很多的科研成果，包括他主持设计的广州市城市测量控制网、昆明市导线网等，以及他参加城市测量规范编写时开展的研究工作所取得的成果，特别是他创新性地提出采用误差椭圆来评定控制网的精度既科学又直观，为此不少同学都亲切地称顾老师为“顾椭圆”。在课堂上顾老师不仅讲理论方法，而且特别注重结合工程实例，介绍控制网优化设计与平差程序的核心代码，另外，布置的作业要求我们编程并在 PC-1500 上实现，我们班同学都觉得这门课的含金量非常高，使大家受益匪浅，不少兄弟院校的青年教师都慕名来旁听这门课。

1985 年大学毕业时由于我的综合成绩排在全班第一，被确定为推荐免试研究生人选，当时推荐免试研究生属于试点，30 多人的班级只有一个名额。但在毕业前的英语水平测试中，我的测试成绩没有达到学校规定的“优秀”的要求，而被取消了推免资格，这年全校被取消推免资格的有近十人。毕业时在顾老师和时任测量系主任金国雄教授的极力推荐下，系里决定将我留校任教，并安排我进入顾老师负责的地形测量教研室。按照测量系当时的规定，留校任教的青年教师必须到测量实验室去锻炼一年，据说这是学习国外的先进经验，因此我第一年只好到测量实验室工作，其实在测量实验室与在教研室唯一的区别就是要坐班(即必须正常上下班)，其他也没有什么区别。期限一到顾老师就立即把我要回了教研室。

回到教研室与顾老师的接触就越来越多了，他直接安排我的工作，担任辅导老师、去工地测量、指导实验与实习等。难以忘怀的还是参与安徽省铜陵市 20 平方公里 1∶1 000 地形图的测绘，这个项目是姚坤一老师通过关系硬从安徽省测绘局抢来的，费用压得非常低，只能安排大学生进行生产实习，项目由陆剑鸣教授总负责，顾老师担任技术负责人。在顾老师的带领下，一批青年教师包括王子成、鲍峰、潘国荣、邹伟鸿和我等人从 1986 年 3 月就开始到铜陵去布设测图控制网，当时主要采用导线网的形式，用的是光学经纬仪加测机舍的 Redmini 测距仪。顾老师白天与我们一起去测量，晚上回到宾馆进行计算，一开始住在条件比较好的天井湖宾馆，住了没几天，系里说太贵，就搬到了普通的招待所。晚上计算好了还要计划第二天的工作，每天都要忙到深夜。暑假正式测图时，我协助都彩生老师指导测专85的实习，陈士连、徐秉华、陈益茂、顾士雄等都是测专85的学生，顾老师和陆老师领导的总部住在市中心的长江饭店，我们则住在位于市郊的铜陵市党校，由于我指导的小组任务完成得比较快，所以都老师派我去支援吴限指导的小组，吴限那时还是顾老师的研究生，曾参加过对越自卫还击战。在帮他们小组进行图根导线选点时，我走在队伍的最前列，平胸高的野草挡住了视线，不慎掉入一深达十米的废矿井，造成脊椎压缩性骨折，当即被抢救到铜陵市人民医院。这一事故把顾老师和陆老师他们急坏了，他们一方面到医院来安慰我，另一方面积极与当地医院以及同济医院沟通，切实制定出稳妥的治疗方案。在同济医院的协调下，一周内学校通过水路将我转院到上海市第一人民医院。住院期间顾老师经常到医院来看望我，鼓励我要积极配合医院与医生治疗，并转告我学校和测量系各方面的近况，特别是铜陵市测图工作的情况。经过半年多的治疗和休养，我重新站了起来，回到了教研室。铜陵测图项目带给测量系太多的教训：①从安徽省测绘局抢来这个项目，最后还要由安徽省测绘局组织验收，所以连续三年验收都没能通过；②测量系没有完成这么大项目的人力和经验，当时主要依靠二年级的大学生测图，每位指导老师要指导两个小组，且许多指导老师还是刚考入测量系的研究生；③缺乏安全意识，除我掉入废矿井外，潘国荣摔断手臂，王子成被疯狗咬，研究生卢新海差点被火车辗压，等等。铜陵测图之后测量系再也没敢承担类似的生产实习，可见其影响之深远。

康复后顾老师建议我攻读在职硕士研究生，在他的支持下，我顺利考上了在职硕士研究生，顾老师也名正言顺地成了我的导师，从此与顾老师的关系更进了一步。节假日以及过年过节经常到他家里去汇报学习与工作，顾老师不仅关心我的工作，更关心我的学习，在顾老师的积极争取下，测量系于1988年派我到同济留德预备部脱产学习德语一年。攻读硕士研究生期间在顾老师的带领下，我先后参加了斜桥、郭店镇等地的全数字地籍测量工作，在此基础上我完成了硕士学位论文的撰写，并于1990年初顺利通过了硕士研究生论文答辩。

一转眼工作五年了，有一次在顾老师家里正巧遇上马服真老师，顾老师向我介绍了马老师，马老师离开后，顾老师突然问我有没有女朋友，我说没

程效军通过硕士研究生论文答辩后与顾孝烈老师的合影

有，顾老师说："那我帮你介绍一个。"没过几天顾老师通知我，到杨浦公园去约会，见面后才知道顾老师给我介绍的女朋友就是马服真老师的女儿马红，后来马红告诉我她那时最烦别人给她介绍男朋友，但一听是顾老师介绍的，她倒愿意去见见，尽管我那天"西装配运动鞋"式的穿着让马红笑到今天，想不到两个人还真谈成了，马红成了我家的"马政委"。这是顾老师唯一一次当红娘，竟然获得了成功，顾老师比攻克了一项科研难题还兴奋，这是他自己认为做得最得意的一件事，后来只要他的弟子来看他，他总会兴高采烈地向他们讲述这段做媒人的故事。

硕士研究生毕业后，顾老师便鼓励我撰写学术论文，我撰写的第一篇论文《解析法土地面积量算与精度分析》就是在顾老师精心指导下完成的，获《城市勘测》录用，发表于 1994 年第 4 期，1996 年我破格晋升副教授时这篇论文发挥了很大的作用。待我晋升副教授后，顾老师又鼓励我攻读博士学位，由于他自己不是博导，他向时任测量系主任的刘大杰教授推荐了我，我于 1997 年顺利考上刘大杰教授的博士研究生。在职攻读博士研究生非常不容易，因为不仅要处理好正常的工作以及照顾好家庭，还要抽出业余时间钻研业务。每次见到顾老师，他总是笑嘻嘻地询问我的学位论文进展情况，鼓励我一定要克服各种困难，争取早日毕业。在导师刘大杰教授的悉心指导以及

程效军和马红结婚时与顾孝烈老师及顾梁宏的合影

顾老师的鞭策下，经过长达五年的不懈努力，终于于2002年初顺利通过了博士学位论文答辩，同年也晋升为教授。

顾老师经常对我说，大学老师除了做好教学和科研外，一定要积极参与教材的编写。他主动带我一起编写《房地产测绘》，该教材于1996年由中国建筑工业出版社出版。而后又把鲍峰和我拉进了同济品牌教材《测量学》编写组，在顾老师的带领下我们三人一起改编了《测量学》的第二版，并于1999年由同济大学出版社出版。《测量学实验》第一版是由顾老师和鲍峰编写的，在其第二版改编时，顾老师又把我拉进了《测量学实验》的编写组。

顾老师十分重视工程实践，对于具体的工程测量项目，无论大小，也无论费用多少，他都会非常认真去对待。一有什么项目，他都喜欢叫上我，到了现场我们一起讨论方案，一起观测，一起计算，一起绘图，尽管他是我的导师，但在工地上他往往把我当作合作伙伴。顾老师经常对我说，我们从事工程测量的教师，如果不直接参与工程测量项目，就不会了解社会对测量行业的需求，反过来完成的这些工程测量项目又会成为我们开展科学研究和撰写论文的素材，所以我们不必在项目的费用上与甲方讨价还价，只要项目具有挑战性、哪怕费用少些也一定要做。顾老师在完成工程项目的过程中十分注重学习，我们一起承担西郊宾馆测图工程时，他已退休，甲方要求提交CAD绘制的地形图，他仔细观看了我用CAD绘图的全过程后，就下决心开始学习CAD。他从头开始学，认真得像个小学生。通过几个项目的实践，他使用 CAD 绘图的水平远远超过了我，不仅如此，他还主动自学了 AutoLISP 编程，并动手编写了许多工程测量上实用的 LISP 程序，在此基础上我和顾老师以及顾振雄（顾老师孙子）一起编著了《测量工程 LISP 程序设计》，于 2012 年 3 月由同济大学出版社出版。另外在《测量学》第四版改编时，在顾老师的统一指挥下，书中四百余幅插图全部改由 CAD 绘制，从而大大提高了教材的插图质量。甚至在顾老师的影响下，就连被迫停学而只有小学毕业学历的顾惠新（顾老师儿子）也学会了 CAD 绘图。

顾老师特别注重锻炼身体，他喜爱与擅长的项目是太极拳。据顾老师说，在二十世纪七十年代，杨氏太极拳的传人到同济来推广太极拳，顾老师有幸成为了第一批学员，当时他学得非常认真，学成后打出的太极拳套路清晰、姿势标准。从此顾老师不管什么天气，也不论是在学校还是出差在外，他都坚持每天早、晚各打一套太极拳。他还曾经劝我学习太极拳，并把学习太极拳的教学录像送给我，我学了几次没有学会，就放弃了，辜负了顾老师的一片期望。

顾老师的绘画技术也非常高，我曾经问他，为什么绘画这么好？他说小时候曾跟嘉兴的一位画家学过一段时间的绘画，最初的理想是到同济读建筑学专业，后来进了测量与绘图专业他也没有后悔，总觉得要描绘祖国的大好河山同样需要良好的绘画基础。在嘉兴测图生产实习结束后，顾老师带领几位老师动手清绘地形图，既能描绘出合格的线条又能写出标准的等线体字的老师没有几个。顾老师清绘的地形图线条标准、注记工整，质量胜过测绘院的专业描图员，所以当时一半以上的地形图都是顾老师亲自清绘的。在编撰教材时，他动手构思并绘制插图，最有代表性的要算一张地形地貌详图。这张图是顾老师设计且一笔一画绘制的，最早出现在同济版的《测量学》油印教材中，后来被其他许多高校的测量学教材所盗用。同济版的《测量学》教材中的四百多幅插图都凝聚了顾老师的心血。甚至对于一些新型的仪器他都能够根据仪器的照片，设计并绘制出仪器的外观线划图，令许多仪器厂商十分敬佩。顾老师的绘画才能为提高教材的质量作出了重要的贡献，《测量学》（第三版）于 2009 年被评为第六届全国高等学校优秀测绘教材一等奖，其中重要的一个原因就是该教材的插图质量高。

顾老师兴趣爱好广泛，他酷爱摄影，且不断钻研摄影技术。早在二十世纪八十年代他就自己购买了一台非常好的相机，出差、下工地不论到哪里他都背着，走到哪儿拍到哪儿，他善于发现身边的美。从前的相机是用胶卷的，而胶卷的价格也不菲，但顾老师从不吝啬胶卷，他非常乐意给大家拍工作照、生活照和合影，拍好后他还自掏腰包将相片冲印好。1986 年在嘉兴与顾老师一起指导实习时，路过当地一家幼儿园，他亲自教我，应该怎样取景、怎样设置相机参数以及怎样操控相机才能拍出具有该幼儿园特点的照片。因此在顾老师家里，除了大量的书籍之外，就算影集了，顾老师按照时间及类别整理影集，所以要想找那张照片是轻而易举的事。顾老师退休后，曾经要求他指导过的研究生，每人拍一张全家福寄给他，他准备整理出一本研究生的影集，但遗憾的是许多研究生都没有完成顾老师的任务。2012 年顾老师回嘉兴过春节，春节后当地城建局的同行宴请顾老师，饭前饭后顾老师为同行们拍了许多照片，第二天印好照片，他冒着严寒把这些照片分别送给他们，超冷的天气和过度的劳累使顾老师患上了重感冒，几天下来高烧不退，家属们将他送到上海新华医院，经过几天的治疗，病情有所好转，当我们盘算着顾老师出院日期时，想不到他的病情突然恶化，呼吸异常困难，被送进了重症监护室，我到重症监护室去看他时，他已经说不出话来，他知道是我去看他，就在小本本上吃力地歪歪扭扭地写了“少喝酒”三个字给我，想不到这竟是顾老师最后留给我的话。2012 年 3 月 7 日顾老师因间质性肺炎导致肺部纤维化而与世长辞，顾老师走了，永远地离开了，离开了他挚爱的测绘事业，离开了他温馨的家庭和深爱着他的亲朋好友，也离开了众多关心着他的学生和弟子们。而顾老师的谆谆教诲和自身所示范的对事业的执着追求与奉献精神将永远激励着大家在各自的人生道路上不断开拓向前。愿顾老师在天国不再如此地忙碌和操劳！

师恩难忘：缅怀顾孝烈教授

毛　锋

37 年前(1981 年),我大二时第一次上顾孝烈教授的课,是 PC-1500 电算程序设计,那时还是西门子 ALGOL 语言电算程序设计,现在已经记不清楚了。现在记得很清楚的是,我的计算机编程都是跟着顾老师的课和跟随顾老师上机实习学会的。从最初的 ALGOL 语言打孔编程,到 BASIC 编程,又到 FORTRAN 编程。

我写书也是跟恩师顾孝烈教授学会的。现在,我已经公开出版了二十多本专著,涉及的领域从地理信息系统(GIS)到遥感(RS)、全球卫星导航系统(GNSS)等空间信息技术应用,从数字油田到文化遗产保护,从京杭大运河到中华文明探源,但我永远难以忘记的,还是恩师顾孝烈教授为第一作者、我为第二作者出版的我此生第一本书——《测量电算程序设计》(中国石油大学出版社,1992 年)。

其实,这本书是以顾孝烈教授本人及他指导的研究生,如孙大路等师兄在研究生期间的成果为基础,我只是负责整理、逐一翻译和实算,主要工作是把有 BASIC 编程而没有 FORTRAN 编程的翻译补充 FORTRAN 编程、把有 FORTRAN 编程而没有 BASIC 编程的翻译补充 BASIC 编程而已。

这本不足 40 万字的书编写了两年多的时间,之所以花费的时间如此长,是因为顾老师有两个严格要求:第一是此书的每个大程序、小程序、子程序都必须同时具有 BASIC 和 FORTRAN 两个版本,以适应测量平差计算在当时流行的两种计算机编程环境下的应用;第二是每个大程序、小程序、子程序都要在 BASIC 和 FORTRAN 环境下以实际案例计算对比、验证无误。这本书出版后曾被中国石油大学(华东)测量专业作为教材使用多年,也许因为是第一本测量电算程序设计书,从来没有任何单位或学生反映任何一段程序有问题。跟随导师顾孝烈编著这本书不仅教会了我著书立说,而且教会了我后来撰写有关软件编程类图书良好的习惯:编程必须经过实例计算并直接采用编译通过的计算机程序而不再重新键盘输入,保证"一码不错"。

1985 年,我大学毕业设计时,跟随顾老师参加了"嘉兴市控制测量"生产项目。当时,嘉兴市已经有很多楼房,所以测量控制点大部分都是在高于楼房很多的水塔之上或新建的六七十米高的铁标之上。

我从小就敢爬到桑树的最高处采摘最成熟、最甜的桑葚,因此爬再高的铁标我都不怕,因为我知道铁标比树枝牢靠。但是,第一次跟着顾老师爬到水塔上测量时,我却禁不住发抖了:在水塔上往远处看,楼房就如同平房,往下看,行人小得如同蚂蚁。水塔之上,要么有一圈细铁丝,要么连一圈细铁丝也没有。其实,如果抓住铁丝滑落下水塔,也只是抓着铁丝摔下去而已。

最为可怕的还是高塔上的风,风很大且必须迎风测量。在塔下本来无风的天气,可爬上水塔时,风就变得呼呼响了。最大的困难是,要在三四平方米的水泥做成的尖顶水塔上架设测量仪器并开展一测回又一测回的测量。第一次跟随顾老师上高高的水塔,爬我是爬上去了,但到达光秃秃的塔顶时,我蜷缩在一团,实在站立不起来,更不要说架设仪器测量了。当时,顾教授已近 50 岁,缩在一团的我,看着顾教授熟练地架设仪器,并一边测量一边教导我如何移位、如何保护自己和保护仪器、如何高空迎风观测等等。

我当时并不是怕不在高塔测量就毕业不了,因为顾老师指导的有晕高症的同学,也可以不上高塔测量。我斗胆开始尝试高塔迎风测量,是因为我当时觉得,50 岁的顾教授可以熟练操作的,我一个 20 岁出头并不晕高,而且毕业将靠此谋生的年轻人,如果不过这一关,不仅无地自容,而且不知将来如何谋生。在其后的一个多月里,我架设仪器和测量时,虽不能像顾老师那样熟练,但我可以慢慢移动、小心翼翼开展测量了,还经过努力将测量数据都坚持不懈地测完并全部合格。

1989 年,我在恩师顾孝烈教授、樊功瑜教授指导下完成了硕士论文,随后又在两位恩师的推荐下报考了武汉测绘科技大学(现武汉大学)於宗俦教授、晁定波教授的博士生,即使后来又跟随中国科学院院士陈述彭教授、欧亚科学院院士何建邦教授开展博士后研究,碰到的许多学术问题我还是习惯前去上海请教顾老师和樊老师。

顾老师、樊老师的指点和指教不仅帮助我解决了一系列技术难题,而且在我也成为教师、教授后,还跟着顾老师等恩师们学会了如何带硕士生、如何指导博士生或博士后。顾孝烈教授、樊功瑜教授是我走上学术道路的最初导师，也是我从学生转变成教师后最初的指导导师。

现在，每当我碰到看似无法解决的困难时，我就会以嘉兴高高水塔上的迎风测量激励自己，就会以做硕士论文时公式推导不出来顾老师和樊老师对我的鼓励和鞭策，尤其是嘉兴高塔上克服恐惧的经历，每每想起总能给我克服困难的信心和勇气。

1981 年，我跟随顾老师学习计算机程序设计，1985 年跟随顾老师在高塔迎风测量，这些情景历历在目，如同昨天，计算起来却已过去三十多年，人生真是如同白驹过隙！

每当想起恩师顾孝烈教授，总是浮想联翩。此刻，千言万语也难以表达我对顾老师的怀念之情，情不自禁写下一首缅怀诗：

师恩永怀念

光阴似箭难回顾，白粉前台育后新。
闻承祖命为尽孝，侍老抚幼治家勤。
国需速成堪称烈，披星戴月不怜身。
句句肺腑一代师，行行程序算法深。
年年学子沐教恩，岁岁桃李增新人。
字字珠玑隽且永，笔笔功力锦绣文。
蚕丝蜡炬师表怀，两袖清风即黄金。
一生治学无杂念，万世追忆弟子心。

我想，选择教师这种职业，就是选择了燃烧自己以照亮后人，熬的是深夜，吃的是粉末；选择教师这种职业，就是选择了责任，无论风吹雨打、艰难险阻，首先想到的是如何为学生弟子们作榜样；选择教师这种职业，就是选择了奉献，不会为子孙后代留下多少遗产，但是即使离开了这个世界，也会为未来的教学和科研留下教材、专著及文章。

我想，顾孝烈教授直接指导过的数十乃至上百名研究生是弟子，顾孝烈教授直接教授过的数百乃至数千名本科生也是弟子，而且我认为这些弟子的弟子也都是弟子，所以我说“万世追忆弟子心”！

对于我来说，如果有来生，我还愿意做顾老师的学生！

怀念尊敬的顾孝烈教授

程家龙

"一日为师，终身为父。"顾老师是我的导师，又像父亲一样对我们关怀备至。他是一个和我们交心的导师、一个指引我们成长的导师、一个启迪我们智慧的导师、一个教育我们做正人的导师。

培育桃李三十载，鞠躬尽瘁五十春。顾老师离我们远去了，但他生前的事迹却令我们追念不已。在三十多年的教育教学生涯中，他一直爱岗敬业、爱校如家、勤勤恳恳、任劳任怨。他刻苦钻研每一篇文章，精心设计每一个教案，认真上好每一堂课；在平凡的岗位上默默地奉献着、耕耘着，为教育事业作出了实实在在的贡献。他主编的《测量学》沿用至今，作为测量学的开拓者，顾老师无愧为学界泰斗；他的备课笔记总是那么的条理清晰，字迹工整，我至今仍然珍藏着一本，时刻提醒我严谨地工作。

生活中顾老师还是大孝子，一直奉养着高龄的老母亲。生活中又保持了知识分子的清廉与刚正。他以宽大的胸怀和宽容的态度教导学生，给予学生切实的帮助和鼓励，用亲切的话语和灿烂的笑容温暖学生的心灵，用阳光雨露般、公正无私的关爱引导学生走上成才之路；古道热肠、有求必应。对待学生犹如自己的孩子，生活上、工作上关怀备至。

我庆幸，曾经跟随这样一位德高望重的教授学习，尽管时光短暂，但受用终身。恩师以虔诚的人格教导我，给我留下宝贵的精神财富。这么多年，恩师用心待我，我感怀在心。

孔子风范，万世流芳。顾老师虽然离开了我们，但他那种爱岗敬业、无私奉献的精神；脚踏实地、一丝不苟的作风；严于律己、为人师表的风范，将永远铭记在我们心中。我们一定会传承顾老师的优良作风，在各自工作岗位上努力工作、奋力拼搏。

吾　师

张远智

每当想起顾老师时，首先浮现的就是他那微笑着的脸，真诚而宽厚，洋溢着智者的光辉，就那么亲切地看着我……

"能够当顾老师的研究生是人生中的一大幸运。"当年虞润身老师的话又在耳边响起。而如今，我已年过半百，从教也有二十五年，忆起人生的过往，不禁叹服：诚哉！不虚此言。

第一次见顾老师是在 1986 年的夏天，他作为带队老师带领 1983 级测量工程专业（本科）、1985 级测量工程专业（专科）和我们 1984 级测量工程专业（本科）去安徽铜陵进行测量生产实习。顾老师和我们班都住在有色金属招待所（现五松山宾馆）。虽然我们每两个小组有一名指导老师，但印象里，顾老师时常深入我们的小组进行具体指导。记得有一次，接近中午时分，顾老师回驻地路过我组测区，见我们组一上午都没有搬过站（早晨顾老师正巧也路过了我组的这个测站点），于是他停下来，并没有责怪或批评我们，而是和颜悦色地问我们碰到了什么问题，传授我们安置小平板的技巧并亲自示范，然后再看我们操作，一一指出各人操作及配合中的问题，极其细致与认真。当看到我们基本掌握了技巧后，才欣然离开。

也是在这次实习中，某天晚饭后，班长突然通知各组去领西瓜。炎炎夏日，每组 3 个大西瓜，终于能够一饱口福，同学们立即欢声雀跃起来。听班长讲，是铜陵有个单位请顾老师去作专业讲座，顾老师将单位给的劳务费全部买了西瓜。在这次实习过程中，我们班发生了好几件令老师们头疼的事，如某同学偷开他人汽车，造成剐蹭事故；某 4 名同学和当地几个小混混发生冲突，被打受伤；某情窦初开的女同学执意要在实习结束后和招待所食堂大师傅同游黄山等，都被顾老师或诚挚沟通，或报警安抚，或晓以利害加利用家长的名义施压等予以一一化解。此后，无论是在读研还是工作期间，顾老师曾和我说过好几次这些事，直言我们年轻时的少不更事及老师们的担心。师者如父，莫过如此。

1986年秋季，我们开始听顾老师主讲的“城市导线测量”课。顾老师讲课认真，思维清晰，板书优美，常举些易于理解的日常事例来说明专业中的思想，异常生动。由于顾老师讲话带有浓重的嘉兴口音，他举的例子，有些作为段子在我们班同学间一直流传着。记得有次上课，全班只来了10人左右，在得知大部分同学都去外滩游行后，顾老师停止了讲课，走下讲台坐到了我们中间，和我们谈了他对当下形势的理解和看法，叮嘱大家要理性表达，注意安全。现在想来，历经世事，并没有令他变得世故，他依然拥有一颗赤子之心。

1989年，我开始读研，投身顾老师门下，和顾老师相处愈多，愈发感受到他专业上的严谨与精深，生活中的平和、宽容与睿智。他不仅在专业上指导我，也在人生态度和生活观念上感召着我，引领着我。

研一时，顾老师给我们上“测量电算程序设计”课，教材是他自编的。书中不仅有理论和方法，还公开了不少FORTRAN程序源代码。我们上课的地点在测量馆一楼教室。由于我们这届只有4个研究生，所以教室中总是显得空旷。也正是由于人少，一些课程的讲课中时不时地就穿插了一些讨论和对话，甚至有时还拉拉家常，不知不觉，就到了下课时间。但在顾老师的课上，绝没有这些。他的话题绝少离开课程内容，总是侃侃而谈，奋笔疾书，我们需要聚精会神，才能勉强跟上他的思路。不仅如此，课后的作业也让我们颇费一番脑筋，编写程序、上机调试，大费周折。私下里，我们4个同学聊天，都对顾老师敬佩有加：一位耳顺之年的老人，仍能编写如此复杂的程序，其钻研精神，不得不服！

在读研期间，顾老师对我的关心是全方位的，如果要给这个时段加上标签，那一定是“温暖”。记得刚开始读研不久，顾老师把我叫到办公室，和我讲了读研期间的诸多需要注意的事项，如时间的安排、方向的选择、经费的使用、课程的学习、实习及调研事宜、论文的写作等，并询问我自己的想法。此外，在生活上的关心也处处体现：多次问我经济上是否有困难，还多次把我们师兄弟叫到他家里去聚餐。现在想来，在读研期间，吃到最好的饭菜，除了过年在家吃之外，就是顾师母做的饭菜了。记得有段时间，我突然对练武术产生了兴趣，在学校武协报了个班，开始一周两个下午在北楼边的草地上学习形意拳，师傅是来自上海武术队的教练。练过形意拳后不久，偶尔听说顾老师是太极高手，常在新村里教人打拳，于是我就和顾老师说想学习太极。顾老师听后很高兴，让我每天清晨六点半去新村某处学练。可惜我没起过大早，又缺乏毅力和恒心，一听要起这么早，就吓回去了，现在想来，实在是一件非常遗憾的事。

研二时，因为参加顾老师和上海土地管理局的一个项目，有段时间白天都要去长宁区土地管理局进行外业测量及在PC-1500机上进行数据采集程序的编写和调试。遇到问题，晚上就去顾老师家里请教。由于时常回学校晚，所以有时去顾老师家已经很晚了，离开时师太、师母和孙女梁宏都已睡下，想必也已过了顾老师平时的睡觉时间点，但顾老师从未露出过倦意，总是精神抖擞、侃侃而谈。台灯的光亮洒在他的脸上，泛着一层柔和的像油画色彩一样的亮色，那只他心爱的花猫就悄悄地趴卧在案头，周围十分安静，满空间都是他那循循善诱的声音。想起这些，令我不由得眼中湿润。现在回想起来，这么多次打搅了他和师太她们的休息，都没有向他们表达过歉意，实在是惭愧万分。此外，由于该项目的具体负责人是王卫安老师，王老师不仅理论深厚，且精于编程，给了我很大的指导和帮助，在此也向他道声感谢！

刚上研三，顾老师就询问起我的毕业去向，我和他说想去南京的行政单位。过了几天，顾老师告诉我，系主任陆剑鸣老师有个同学在江苏省土地管理局担任办公室主任，他可以请陆老师为我写一封推荐信。一听是省土地管理局这样的单位，我当即高兴地答应了。当我带着陆老师的推荐信到南京见到徐主任后，她告诉我，由于省局是管理单位，而我是做技术的，所以可否先到下面的一线局工作一段时间，如有机会，以后再调到省局。他看我的籍贯是泰州，就建议我先去扬州市土地管理局工作（当时泰州还是个县级市，隶属于扬州市），如果我愿意，她马上就可以给扬州局打电话把这件事定下来。由于我当时并不想回老家，所以就没有答应徐主任的建议。回到学校后，我和顾老师说，如果去不了南京，就想去广东，而那时广东正是改革开放的前沿阵地。于是顾老师就给他的合作单位广州市城市勘察规划设计研究院的区院长打电话并亲笔为我写了一封推荐信。当我在1991年的国庆节，从上海坐了36个小时的硬座火车到广州时，非但没有任何疲倦感，反而有些兴奋。在广州，受到了师兄孙大路，同学方锋的热情接待和关照。孙大路师兄当时是区院长的助理，在他的建议和推荐下，我决定去珠海。区院长在看了顾老师写的推荐信后，当场给珠海市规划局的梁局长打了电话，并手书书信一封，让我当面交给梁局长。后来的过程非常顺利，当我一周后从珠海回广州时，已手握珠海规划局的接收函，工作的事算是定下了。虽然因为国家计划指标的原因，我最终没有去成珠海，但这其中，顾老师、陆剑鸣老师、孙大路师兄、方锋同学以及徐主任、区院长和梁局长所给予的关心和帮助，令我感动至深，真是谢谢他们了！

在此后的论文工作中，顾老师更是关心有加，不仅为我确定了论文的主题、结构和内容，对文章的进度也是常有询问，不仅多次审阅修改，甚至对给答辩评委送聘书时该如何应答都给我一一讲明。回想整个读研期间，尽管我并不是很努力，人也不够聪明，许多事做得并不得体，但顾老师从没有批评过我，用他的话说，就是把我们这些学生都当作自己的孩子看。从顾老师身上，我看到真正为人师者的长者风范。他像一座灯塔，恒久地为我指明前进方向。

毕业后，为完成国家计划指标，我到了清华大学土木工程系测量教研室工作。记得有次顾老师来建设部修订城市测量规范，还特地到学校看我，询问我的工作及生活情况，并和我新婚不久的爱人聊起了我以前的一些事。顾老师走后，我爱人和我说，顾老师真的就像你的父亲一样。我也曾数次利用出差机会去顾老师家里看望他。他依然和师太、师母及小梁宏住在原先的小三居里。房间中显得有点挤，不少东西都摞到了橱柜上。记得有次到顾老师家，他略带自豪调侃着笑着和我说，虽然已退休多年，但他现在依然是家里的壮劳力。看着他那稍稍有些佝偻的身躯，突然心中一阵酸楚。像他这样的一代知识分子，一辈子勤于奉献，却并没有享受到多少改革的物质成果。

2002年我从清华调到了北京林业大学林学院。2004年去看顾老师时，他得知我正在编写园林测量教材，立即就把他自己所编写的测量学教材的所有电子资料都刻盘给了我。当打开他用CAD画的教材插图时，我总觉得，每一个点，每一条线，不仅体现着他的辛苦和智慧，也凝结着他对学生的支持和关爱。2008年夏天去看顾老师时，他告诉我去年6月刚刚过了80岁，在沪的师兄弟给他办了一个小型的庆祝仪式。当我问为什么不通知一下外地的师兄弟时，顾老师说，他不想因为这而耽误了大家的工作。于是我和他约定，90大寿时一定来给他祝寿，顾老师高兴地笑了。然后，他在电脑中把当时拍的照片和我一一分享，看着他的满头白发和绽放着幸福的皱纹，我百感交集。

写到这里，耳边又响起歌者张智的那首《温暖的归途》："……星空下我思绪如烟，离开的人还会回来，那些岁月变成了故事，却又变成另一个起点……"

吾师顾公，终其一生，严于律己，宽以待人，辛劳却愉悦，简朴却富足。

怀念顾孝烈教授

王晓伦

我的恩师顾孝烈是一位品质高尚、学识渊博的测量学教授。我很幸运能遇上这么好的一位导师。

1986 年我考上了同济测量系的硕士研究生，导师就是顾老师。就在 1986 年的暑假，我在西安收到顾老师的来信。他问我是否可以提前到上海同济，并参加测量系在安徽省铜陵地区地形测量的生产实习任务。我高兴地接受了要求，提前到同济大学报到，然后去了铜陵参加了这次生产实习。第一次见到顾老师时，我对他就有十分的好感。他穿着朴素，戴着一副眼镜，透着智慧的神情。他言语谈吐平稳柔和，谦逊文雅，让我感到他很平易近人。虽然顾老师身为德高望重的测量学家和教授，却身先士卒，不辞辛劳地参加了这次生产实习。他与青年教师以及同学们一样，同吃，同住，同劳动，并以他丰富的理论和实践经验，对实习进行计划和指导。这种勇于言传身教，以身作则的精神，感染并鼓励了我们。

顾孝烈老师基础理论扎实，测量实践经验丰富，尤其重视理论联系实际。他为我们这届研究生开设了“城市测量控制网设计与优化”的课程。他备课认真，讲课条理清晰，深受研究生们的欢迎。当时，他不但同一时期担任多名研究生论文的指导工作，还肩负培养青年教师的任务。他不但给本科生授课，还给研究生授课，开讲座。他不但进行深入的科学研究，还编写出高水平的测量学教材和专著。顾老师为国家培养了许多建设人才，为测量科研和教学建设做了重要贡献！他严谨的治学态度和超凡的研究、工作能力，真令人佩服。

对于我的论文指导，顾老师做了周到的安排。在他的指导和帮助下我选择了研究方向，并制定出一步步的研究计划。选择了调研地点。他为我提供了 DLT 程序，并帮助我编写了用于近景摄影测量的多个小程序。特别是他安排了测量系的仲正民老师，专门帮助我完成了近景摄影测量研究中的各个实验。使我顺利地完成了论文，通过了毕业答辩，获得了硕士学位。

顾老师在教书的同时，十分重视育人。他教育我们要有好的品质和人生态度。学习、研究和做事要踏踏实实，要勤奋。记得有一年冬天，他来到我们所住的西北三楼研究生宿舍看望我们。我一直记着这次交谈中他说的一段话："在做事与做学问中，不要看不起做小事。一定要踏实，做小事也要认真做好，能做好小事，才有可能干出大事。"以后几十年的人生中，无论遇到大事与小事，我都努力尽量地做好。所以生活和工作上的困难都一个个被克服了。

我 1989 年研究生毕业后，返回西安，在西安冶金建筑学院工作，不久就出国定居了。后来没有再与顾老师见过面。他不幸去世的消息，也是后来才知道的。我心里很难过。顾老师的音容笑貌时常出现在我的脑海里。我是他的学生，他严谨的治学态度和教书又育人的优良作风，是我们后辈宝贵的精神财富。我敬佩顾老师，谆谆教诲意犹在耳，使我终身受益。

回忆顾孝烈老师

冯金涛

顾孝烈老师是我国测绘界的一名老教师，长期在同济大学测量系任教。我以前读本科和研究生不是在同济大学，因此没有听说过顾老师的名字。我最早认识顾老师还是在1999年，我完成硕士研究生学业后来到上海铁道大学工作。

上海铁道大学有铁道工程专业，因此也有测量教研室，但是那里的测量师资力量不强。我来校报到后不久，学校领导分配给我们教研室一个任务——测绘校园的数字化地形图，为以后的校园规划建设提供资料。那时的测量教研室组长是张科，他以前在同济大学读书，是顾老师的研究生，于是他邀请顾老师来为我们提供指导。一同过来指导的还有程效军老师，他也是顾老师的学生，是张科老师的师兄。

第一次见面是在铁道大学的测量实验室，顾老师带来两份金属测量控制点的设计图纸，让张老师送去校办工厂订制成品。我们这边的几个测量老师都来了，顾老师听说我以前在西南交通大学读研究生，就问我是否认识那里的卓健成老师。卓老师那时是西南交通大学测量系德高望重的老教师，我当然认识他，而且他还曾指导过我的学习。顾老师于是说他与卓老师是测绘界同行，彼此曾将书稿寄给对方审阅，也算是一种交往吧。我这时才知道顾老师也是中国测绘界的一位宗师，不由对他肃然起敬。

后来张老师回来了，顾老师对他说准备按照三级导线的标准做校园网平面控制。我插话说，三级导线的标准不是很高的，为什么不按三等或四等导线来做？顾老师似乎对我提出的这个问题感觉好笑，于是向我解释：铁道大学校园规模不大，导线边长不可能达到三、四等导线的标准，只能按三级导线来做，而且这样也足够了。顾老师还断定我缺少工程测量的实践经验。我听后心悦诚服。我以前读研究生时，西南交通大学的某位老师向学校领导提议建设校园测量控制网，我的导师说那个网以后只能用于工程测量，不能用于大地测量，因此对于测绘工程专业的学生作用有限。我当时不明白他为什么那么说，导师说大地测量控制网的边长要很大，在校园里面建设肯定是不行的，因此那只能是一个工程测量控制网，为学生做地形图测绘实习使用。现在看来，顾老师的解释也是这个道理。

之后大概有两周的时间，顾老师几乎每天带领我们进行测量工作，从布设首级的三角形，到后面用导线测量加密，以及细部测量。在布设首级三角形时，顾老师还执意与我们一起登上教学楼顶，在位置最高的水箱上指导工人浇筑标石，把测量控制点标志安装上。在细部测量时，顾老师带领我们不停地巡视现场，仔细记录每一个地物特征点的编号和属性。他认真工作的态度深深感染了每一个在场的人，我们多次劝他注意休息，而他都微笑着拒绝了。现场的观测工作主要由程老师负责，他们从同济大学带来一台 SOKKIA 全站仪，通过专用的存储卡保存测量数据，然后把数据带回学校处理。我们几个本校的老师只在现场做一些辅助工作，同时学习他们的测量方法。将校园全部重新测绘一遍是不必要的，因为那样做工作量太大，不可能按期完成任务。我们已经有以前测绘的校园地形图，于是在这个基础上针对有变化的地方进行了补测和重测。当时校园前面正在建设天佑楼，校园后面正在开发桃李大学生村，这两处区域的设计方案经过定位后直接移植到地形图上，极大地提高了作业效率。测绘工作完成后，张科老师将打印好的地形图交给学校领导，获得了学校领导的好评。

数字化测绘在那时是一个研究热点，我以前在西南交通大学也看到一些老师进行这方面的研究并取得了很好的成果。我也在测量系老师的带领下参与了几个测量项目，但实践经验总体上还是欠缺的，只能通过以后的工作和学习逐渐加强了。在 2000 年 4 月，上海铁道大学与同济大学合并，校园成为同济大学的沪西校区，我们测量教研室的三个老师申请转入同济大学土木工程学院测量与国土信息工程系，于是有了新的工作环境。我这时才知道，同济大学在上海东面的杨浦区，铁道大学在上海西面的普陀区，中间的路途还是很远的，乘公交需要在上海火车站换乘，因此那段时间顾老师不辞辛劳往返两地，指导我们进行数字化测绘，是非常不容易的。

我来到同济大学之后主要从事课堂教学工作，后来又开始攻读博士学位。顾老师是已退休的教授，平时一般不来系里，因此很少见面。有一次我去测量实验室，看到顾老师和程老师也在那里，为他们合作编写的测量学著作准备素材。实验场地中间架设了一台三维激光扫描仪，顾老师正在对三维激光扫描仪拍照。那时三维激光扫描仪刚进入国内市场，是一种新型的高效能测量仪器，工作原理与电子全站仪是完全不同的。我正在思考这种仪器有朝一日是否会取代电子全站仪，就像电子全站仪取代经纬仪一样。我于是走过去向顾老师提出了这个问题，顾老师听了马上说，三维激光扫描仪不会马上取代电子全站仪，因为如果目标特征点明显，用电子全站仪对其进行测量是很快的，而扫描仪的效果却不一样了。这个解答一下子就扫除了我的疑惑，为此我非常感谢顾老师。

顾老师从事测绘教育工作多年，退休后还参与城市测绘标准的制订和研究工作，在全国测绘界享有很高的声誉。顾老师平易近人，深得我们这些青年教师的爱戴。测量系后来从一·二九大楼迁移至新落成的土木大楼，我们拥有了面积更大的工作场所。有一天我在自己的办公室里学习，看到一些老教师过来参观。顾老师也在那里，他向我介绍了同来的测量系老教师。他们都为测量系有更好的办公场所感到高兴。顾老师的孙子顾振雄后来考入同济大学测绘工程专业，测量系的老师们都很喜欢他，而他也确实非常优秀，后来还获得推荐研究生资格，硕士毕业后在上海测绘院工作。

我后来参与测量实验室的仪器管理工作。有一日听说顾老师因病逝世了，大家准备一起去宝山参加他的追悼会。我因为正在指导学生上课而无法前去，只能在心里默默想念他，回想那些与他交流的日子，感谢他给予我的解答，痛惜自己失去了这样一位和蔼而亲切的老师。

学术成果

教材及学术专著

《城市导线测量》
顾孝烈，杨子龙，都彩生，陆剑鸣
测绘出版社，1984 年

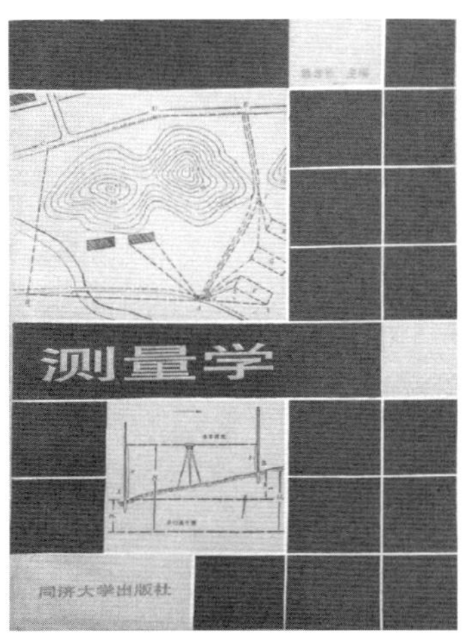

《测量学》
顾孝烈
同济大学出版社，1990 年

《城市与工程控制网设计》
顾孝烈
同济大学出版社，1992 年

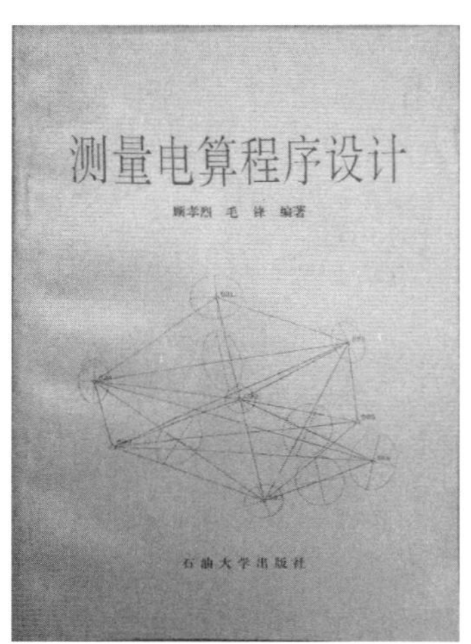

《测量电算程序设计》
顾孝烈，毛峰
中国石油大学出版社，1992 年

《房地产测量》
顾孝烈，洪炳隆，程效军
百家出版社，1994 年

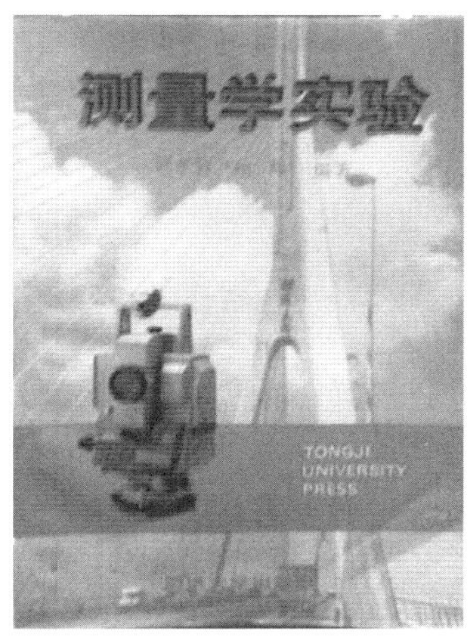

《测量学实验》
顾孝烈，鲍峰，程效军
同济大学出版社，1996 年

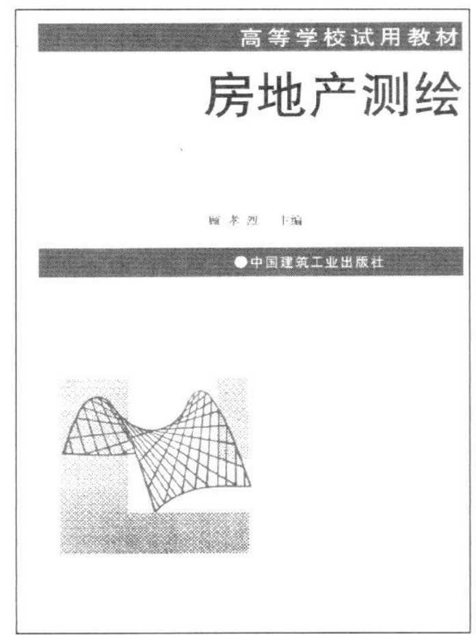

《房地产测绘》
顾孝烈，程效军，周霞波
中国建筑工业出版社，1996 年

《测量学》(第 2 版)
顾孝烈，鲍峰，程效军
同济大学出版社，1999 年

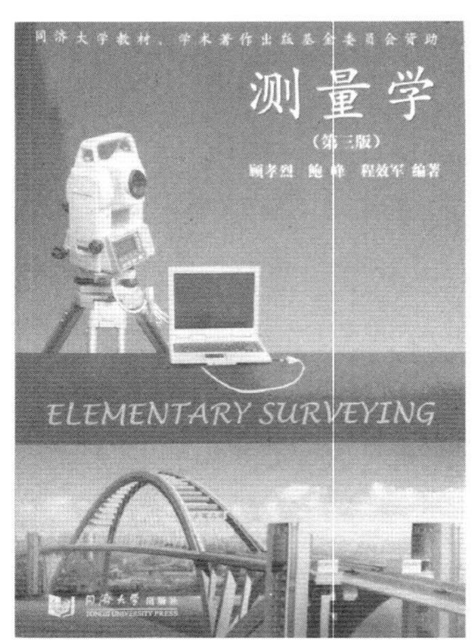

《测量学》(第 3 版)
顾孝烈,鲍峰,程效军
同济大学出版社,2006 年

《CASIO fx-4850P 计算器土木工程测量计算程序开发与应用》
顾孝烈,程效军
同济大学出版社,2007 年

《CASIO fx-5800P 计算器土木工程测量计算程序开发与应用》
顾孝烈,程效军
同济大学出版社,2007 年

《测量学实验》(第 2 版)
顾孝烈,鲍峰,程效军
同济大学出版社,2010 年

《测量学》（第 4 版）
顾孝烈，鲍峰，程效军
同济大学出版社，2011 年

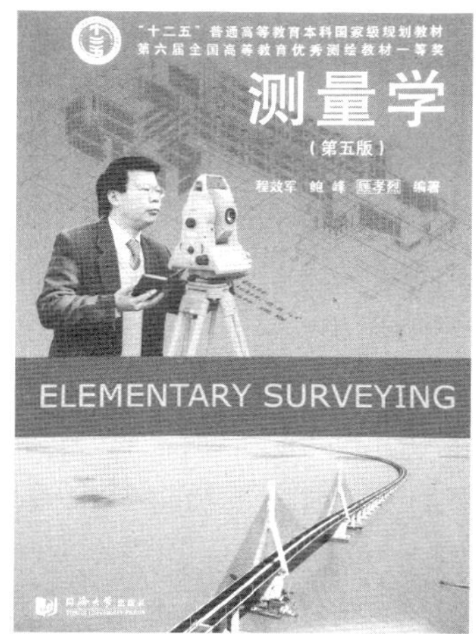

《测量学》（第 5 版）
程效军，鲍峰，顾孝烈
同济大学出版社，2016 年

主要学术论文

[1] 顾孝烈,洪炳隆,杨子龙,等. 工程边角控制网的精度分析和优化设计[J]. 同济大学学报,1980(2):94-109.

[2] 顾孝烈,杨子龙,都彩生,等. 光电测距导线的精度分析和设计[J]. 同济大学学报(自然科学版),1980(4):57-73.

[3] 顾孝烈,杨子龙,都彩生,等. 城市光电测距导线的精度分析[J]. 测绘学报,1982(2):33-43.

[4] 顾孝烈. 城市测边网的设计与技术规定[J]. 测绘学报,1984(3):13-23.

[5] 顾孝烈,黄勇如. 多个粗差定位的矢量分析法[J]. 测绘学报,1987(4):51-58.

[6] 顾孝烈,邹伟鸿. 测量控制网的敏感度分析法优化设计[J]. 测绘学报,1988(3):27-34.

[7] 顾孝烈,邹伟鸿. 用机助模拟法进行城市平面控制网优化设计[J]. 同济大学学报(自然科学版),1988(4):110-120.

[8] 孙大路,顾孝烈. 平面控制网平差中不同类观测值权的确定[J]. 同济大学学报(自然科学版),1994(1):53-57.

[9] 程效军,顾孝烈. 解析法土地面积量算及精度分析[J]. 城市勘测,1994(4):15-18.

[10] 程效军,缪盾,顾孝烈. 基于CASIO Fx-5800P计算器的空间点位坐标变换[J]. 地矿测绘,2008,24(4):1-3.

[11] 程效军,许诚权,顾孝烈. 基于CASIO Fx-5800P计算器的墙面平整度检测计算[J]. 铁道勘察,2008,34(5):3-6.

[12] 程效军,周行泉,顾孝烈. 基于CASIO Fx-5800P计算器的法方程式平差计算[J]. 测绘地理信息,2009,34(2):45-46.

[13] 程效军,顾孝烈. 工程结构物的抛物面方程回归计算[J]. 同济大学学报(自然科学版),2009,37(9):1246-1249.

[14] 程效军,顾孝烈,鲍峰. 面向信息化测绘的测量学教材内容改革[J]. 教育教学论坛,2012(14B):56-58.

工程边角控制网的精度分析和优化设计

顾孝烈　洪炳隆　杨子龙　姚坤一

一、测角网、测边网与边角网的精度分析

1. 用误差椭圆表示三角点平面位置的精度

用角度或边长交会所得的三角点的点位，由于受到观测值中包含的偶然误差的影响，是一个二维随机变量。如果观测值（角度和边长）的误差（ε）服从正态分布规律，则作为观测值的函数——三角点的点位（x_0，y_0）同样服从正态分布。

观测值的误差服从正态分布时的密度函数为：

$$\varphi(\varepsilon)=\frac{1}{\sqrt{2\pi m}}\exp\left\{-\frac{\varepsilon^2}{2m^2}\right\} \tag{1-1}$$

式中，ε 为观测值的真误差，m^2 为观测值的方差（即标准差的平方），exp 为指数函数，其分布函数为

$$\phi(x)=\frac{1}{\sqrt{2\pi m}}\int_{-\infty}^{0}\exp\left\{-\frac{x^2}{2m^2}\right\}\mathrm{d}x \tag{1-2}$$

根据分布函数求得 ε 落入区间（$-m$，m），（$-2m$，$2m$），（$-3m$，$3m$）的概率为：

$$\left.\begin{array}{l}P\{|\varepsilon|<m\}\simeq 0.682\,7\\ P\{|\varepsilon|<2m\}\simeq 0.954\,5\\ P\{|\varepsilon|<3m\}\simeq 0.997\,3\end{array}\right\} \tag{1-3}$$

二维随机变量 x，y 的正态分布的密度函数为：

本文发表于《同济大学学报》，1980 年第 2 期。

$$f(x, y)=\frac{1}{2\pi m_x m_y\sqrt{1-r^2}}\exp\left\{-\frac{1}{2(1-r^2)}\left[\frac{(x-x_0)^2}{m_x^2}-\frac{2r(x-x_0)(y-y_0)}{m_x m_y}+\frac{(y-y_0)^2}{m_y^2}\right]\right\} \tag{1-4}$$

式中，m_x^2，m_y^2 为点位在坐标轴方向的方差，r 为相关系数，按下式计算：

$$r=\frac{m_{xy}}{m_x m_y} \tag{1-5}$$

式中，m_{xy} 为点位坐标值的协方差。

为了求得等分布曲线(等概率曲线)，令

$$\frac{(x-x_0)^2}{m_x^2}-\frac{2r(x-x_0)(y-y_0)}{m_x m_y}+\frac{(y-y_0)^2}{m_y^2}=\lambda^2 \tag{1-6}$$

只要保持上式右端的值不变，则分布密度函数式(1-4)为一定值，因此规定 λ 为一常量。在式(1-6)中，x、y 为变量，其余均为常量。根据判别式，知道该函数的图像为一椭圆。由于它代表误差的等概率曲线，因此称为误差椭圆。这样的误差分布称为椭圆分布。为了简化椭圆方程式的形式，首先平移平面坐标系，使(x_0, y_0)与原点重合，则式(1-6)成为：

$$\frac{x^2}{m_x^2}-\frac{2rxy}{m_x m_y}+\frac{y^2}{m_y^2}=\lambda^2 \tag{1-7}$$

旋转平面坐标轴，使 x 轴与椭圆长半轴方向重合，则 m_x 和 m_y 将改变其数值，设分别以 A, B 表示。并且此时两个坐标轴方向的误差是不相关的，即 $r=0$。由于 λ 可以任意选择，因此令 $\lambda=k$，此时椭圆方程式为：

$$\frac{x^2}{A^2}+\frac{y^2}{B^2}=k^2 \tag{1-8}$$

该误差椭圆以 E_k 表示。当 $k=1$ 时的误差椭圆

$$\frac{x^2}{A^2}+\frac{y^2}{B^2}=1 \tag{1-9}$$

称为标准误差椭圆。

考虑上述条件，二维正态分布的密度函数为：

$$f(x, y)=\frac{1}{2\pi AB}\exp\left\{-\frac{1}{2}\left[\frac{x^2}{A^2}+\frac{y^2}{B^2}\right]\right\} \tag{1-10}$$

交会点落入误差椭圆 E_k 内的概率为：

$$P[(x,\ y)\subset E_k]=\iint_{E_k} f(x,\ y)\mathrm{d}x\mathrm{d}y=\iint_{E_k}\frac{1}{2\pi AB}\exp\left\{-\frac{1}{2}\left[\frac{x^2}{A^2}+\frac{y^2}{B^2}\right]\right\}\mathrm{d}x\mathrm{d}y \tag{1-11}$$

最后得到：

$$P[(x,\ y)\subset E_k]=1-\exp\left\{-\frac{k^2}{2}\right\} \tag{1-12}$$

k 以不同的数值代入，得到：

$$\left.\begin{aligned}&k=1,\ P[(x,\ y)\subset E_k]\simeq 0.393\,5\\&k=2,\ P[(x,\ y)\subset E_k]\simeq 0.864\,7\\&k=3,\ P[(x,\ y)\subset E_k]\simeq 0.988\,9\\&k=4,\ P[(x,\ y)\subset E_k]\simeq 0.999\,7\end{aligned}\right\} \tag{1-13}$$

即点位落入标准误差椭圆的概率为 0.393 5，落入 2 倍、3 倍、4 倍标准误差椭圆的概率分别为 0.864 7、0.988 9 和 0.999 7。由此可见，3 倍标准误差椭圆可以作为极限误差椭圆，点位落入 3 倍标准误差椭圆内大约有 99%的可能性。以后讨论误差椭圆不加其他说明时均指标准误差椭圆。

用误差椭圆表示平面点位的精度时，具有全面和直观的优点，并且有明确的概率意义。工程控制网经常需要分析点位在某一特定方向的误差，利用误差椭圆表示点位误差的全面性可以方便地做到这一点。在进行控制网设计方案比较时，直观性是非常重要的。因此误差椭圆很适宜用于工程控制网的精度分析。

2. 用点位坐标值的方差和协方差(或权系数)计算误差椭圆

设平差值函数的标准差为 m_F，单位权标准差为 m_u，m_n^2 为单位权方差或称方差因子，平差值函数的权倒数为$\dfrac{1}{p_F}$，则

$$m_F^2=m_u^2\ \frac{1}{p_F} \tag{1-14}$$

$\dfrac{1}{p_F}$取决于控制网的图形结构、观测值的种类和预定的精度，m_u 取决于观

测值实际达到的精度。对于平差后的精度评定，m_u 及 $\frac{1}{p_F}$ 均取自平差的结果。在控制网的设计阶段，有关图形结构的数据可以从设计图上量取，观测值的精度则采取预定的精度。

自从使用电子计算机以解决测量上的数据处理问题以来，三角网平差最常用的方法采用属于间接平差的坐标变量法，因为其数学模型比较简单，便于评定平差值函数的精度。

设 m 个观测值方程式为 n 个坐标未知数的函数：

$$\boldsymbol{V}=\boldsymbol{AX}+\boldsymbol{L} \tag{1-15}$$

式中，$\boldsymbol{V}$ 为观测值的改正值列阵，$\boldsymbol{A}$ 为观测值方程式的系数矩阵，$\boldsymbol{X}$ 为坐标改正值列阵，$\boldsymbol{L}$ 为常数项列阵。由此组成 n 个法方程式：

$$\boldsymbol{A}^{\mathrm{T}}\boldsymbol{PAX}+\boldsymbol{A}^{\mathrm{T}}\boldsymbol{PL}=0 \tag{1-16}$$

式中，$\boldsymbol{P}$ 为观测值的权对角阵。令

$$\boldsymbol{A}^{\mathrm{T}}\boldsymbol{PA}=\boldsymbol{C},\ \boldsymbol{A}^{\mathrm{T}}\boldsymbol{PL}=\boldsymbol{D} \tag{1-17}$$

则法方程式的形式为：

$$\boldsymbol{CX}+\boldsymbol{D}=0 \tag{1-18}$$

由此得到坐标未知数的解：

$$\boldsymbol{X}=-\boldsymbol{C}^{-1}\boldsymbol{D} \tag{1-19}$$

式中，$\boldsymbol{C}^{-1}$ 为法方程式系数阵的逆阵，称为坐标未知数的权系数阵，一般用 $\boldsymbol{Q}$ 表示。权系数阵各元素有代表性的编号为以相应的坐标编号为下标。设有 t 个待定点的权系数阵为

$$\boldsymbol{Q}=\left\{\begin{matrix} Q_{x_1y_1} & Q_{x_1y_1} & Q_{x_1x_2} & \cdots & Q_{x_1x_t} & Q_{x_1y_t} \\ Q_{y_1x_1} & Q_{y_1y_1} & Q_{y_1x_2} & \cdots & Q_{y_1x_t} & Q_{y_1y_t} \\ \vdots & \vdots & \vdots & & \vdots & \vdots \\ Q_{y_1x_1} & Q_{y_ty_1} & Q_{y_tx_2} & \cdots & Q_{y_tx_t} & Q_{y_ty_t} \end{matrix}\right\} \tag{1-20}$$

方差因子与权系数阵的乘积即为方差——协方差阵 $\boldsymbol{S}$：

$$
\boldsymbol{S}=m_u^2\boldsymbol{Q}=\begin{bmatrix} m_{x_1}^2 & m_{x_1y_1} & m_{x_1x_2} & \cdots & m_{x_1x_t} & m_{x_1y_t} \\ m_{y_1x_1} & m_{y_1}^2 & m_{y_1x_2} & \cdots & m_{y_1x_t} & m_{y_1y_t} \\ \vdots & \vdots & \vdots & & \vdots & \vdots \\ m_{y_1x_1} & m_{y_ty_1} & m_{y_tx_2} & \cdots & m_{y_tx_t} & m_{y_t}^2 \end{bmatrix} \tag{1-21}
$$

上式中位于对角线上的元素为方差，表示各待定点在坐标轴方向的标准差的平方，而处于非对角线上的元素为协方差，它反映出各点坐标标准差之间的相关程度，如果某两个元素不相关，则相应的协方差为零。如果令 $m_u=1$，则权系数阵即为方差——协方差阵。

根据权系数阵的相应元素，用下列公式计算任意待定点 i 的点位误差椭圆的长半轴 A、短半轴 B 和长半轴在 x，y 坐标系统中的方向角 φ_0。

$$
\left.\begin{aligned} A^2&=\frac{m_u^2}{2}\left\{Q_{x_1x_i}+Q_{y_iy_i}+\sqrt{(Q_{x_ix_i}-Q_{y_iy_i})^2+4Q_{x_iy_i}^2}\right\} \\ B^2&=\frac{m_u^2}{2}\left\{Q_{x_1x_i}+Q_{y_iy_i}-\sqrt{(Q_{x_ix_i}-Q_{y_iy_i})^2+4Q_{x_iy_i}}\right\} \\ \tan^2\varphi_0&=\frac{2Q_{x_iy_i}}{Q_{x_ix_i}-Q_{y_iy_i}} \end{aligned}\right\} \tag{1-22}
$$

点位误差椭圆是相对于控制网中的坚强点(起始点)而言的。在某些工程控制网中还需要评定或估算任意两个待定点 i 和点 j 之间的相对点位误差，此时需要根据相应的权系数用下式计算点 i 和点 j 的相对误差椭圆参数。设

$$
\left.\begin{aligned} Q_1&=Q_{x_ix_i}+Q_{x_jx_j}-2Q_{x_jx_j} \\ Q_2&=Q_{y_iy_i}+Q_{y_jy_j}-2Q_{y_jy_j} \\ Q_3&=Q_{x_iy_i}+Q_{x_jy_j}-Q_{x_iy_j}-Q_{x_jy_i} \end{aligned}\right\} \tag{1-23}
$$

则

$$
\left.\begin{aligned} A^2&=\frac{m_u^2}{2}\left\{Q_1+Q_2+\sqrt{(Q_1-Q_2)^2+4Q_3^2}\right\} \\ B^2&=\frac{m_u^2}{2}\left\{Q_1+Q_2-\sqrt{(Q_1-Q_2)^2+4Q_3^2}\right\} \\ \tan^2\varphi_0&=\frac{2Q_3}{Q_1-Q_2} \end{aligned}\right\} \tag{1-24}
$$

有了误差椭圆与相对误差椭圆的参数以后，还可以根据下式计算以误差椭圆长半轴为 x 轴的任意方向 φ 的点位误差的方差 m_{φ}^{2}：

$$m_{\varphi}^{2}=A^{2}\cos\varphi+B^{2}\sin^{2}\varphi \tag{1-25}$$

其标准差为：

$$m_{\varphi}=\sqrt{A^{2}\cos^{2}\varphi+B^{2}\sin^{2}\varphi}$$

上式即代表点位误差曲线（图 1 中的虚线）的极坐标方程。m_{φ} 属于一维随机变量，其概率服从一维正态分布[式(1-2)，式(1-3)]。

3. 边角交会和边角网的精度分析

无论是全面三角网、三边网，边角网或加测若干对角线的网，不外乎是许多三角形的交会。边角网测定点位的实质是单个三角形的测角前方交会、三角交会及测边交会的组合。因此首先分析单个三角形的测角前方交会及测边交会的点位误差椭圆。图 2 所示为各种交会角的典型测角前方交会的点位误差椭圆。

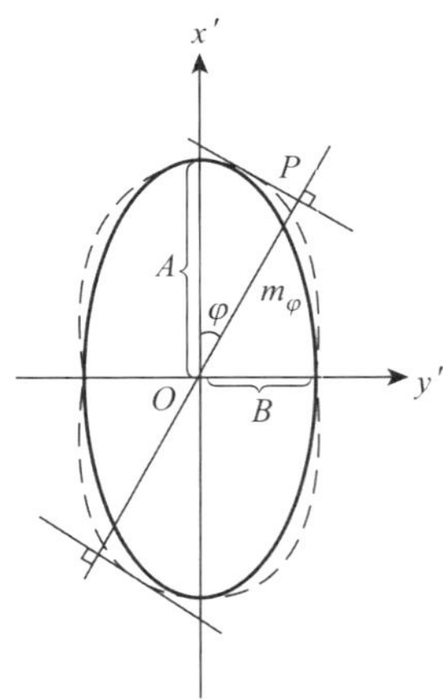

图 1　点位误差曲线

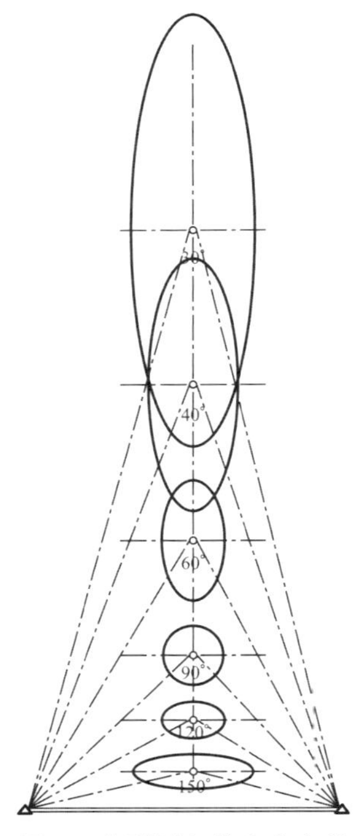

图 2　典型测角前方交会的点位误差椭圆

由此可见，测角前方交会在交会角 $r=90°$ 时，点位误差椭圆的长、短轴相等；当 $r>90°$ 时，长轴平行起始边，随着交会角的再增大，长轴也逐渐增大，而短轴有所减小；当 $r<90°$ 时，长轴垂直于起始边，随着交会角的再减小，长、短轴均增大，长轴的增大尤为显著。

对于测边交会，关于测边的精度可分两种情况来讨论。图 3 所示为假定以测边的相对误差为一常数的各种交会角的测边交会典型图形的点位误差椭圆。图 4 所示为假定不论距离远近以测边误差为一常数时的点位误差椭圆。但是作为测边交会的点位误差椭圆变化趋势来看，两者的基本情况是一致的。即在交会角 $r=90°$ 时，误差椭圆的长、短轴相等；当 $r>90°$ 时，长轴垂直于起始边，随着交会角的再增大，长轴逐渐增大，短轴有所减小；当 $r<90°$ 时，长轴平行于起始边，随着交会角的再减小，长轴迅速增大。

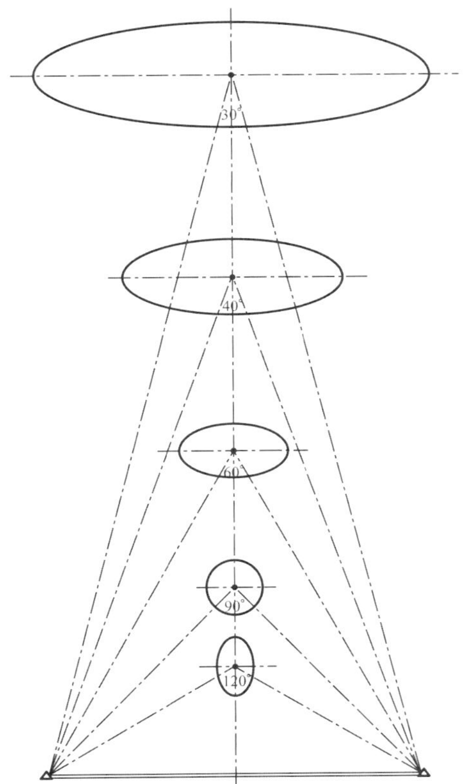

图 3 假定以测边的相对误差为常数的点位误差椭圆

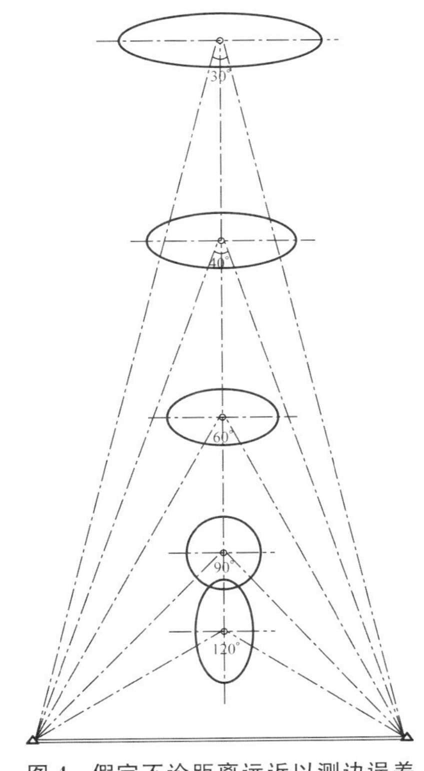

图 4 假定不论距离远近以测边误差为常数时的点位误差椭圆

由此可见，各种交会角的典型测角交会的误差椭圆长轴方向与典型测边交会的误差椭圆的长轴方向是互相垂直的。如果以交会角 $r<90°$ 的交会称为远方交会，垂直于起始边的方向称为纵向，平行于起始边的方向称为横向，则

在远方交会时,测边交会有利于控制纵向误差,测角交会有利于控制横向误差。

以上的结论可以推广应用于单三角锁中。图5所示为典型单三角锁的点位误差椭圆,用细线所画椭圆为测角网(三角网)的点位误差椭圆,它们的短轴方向大致和三角锁的延伸方向相垂直,因此有利于控制横向误差(或称方位误差);粗线所画椭圆为测边网(三边网)的点位误差椭圆,它们的短轴方向大致和三角锁的延伸方向相一致,因此有利于控制纵向误差(或称尺度误差)。当三角锁由任意三角形所组成时(图6)上述情况并无明显变化[①]。

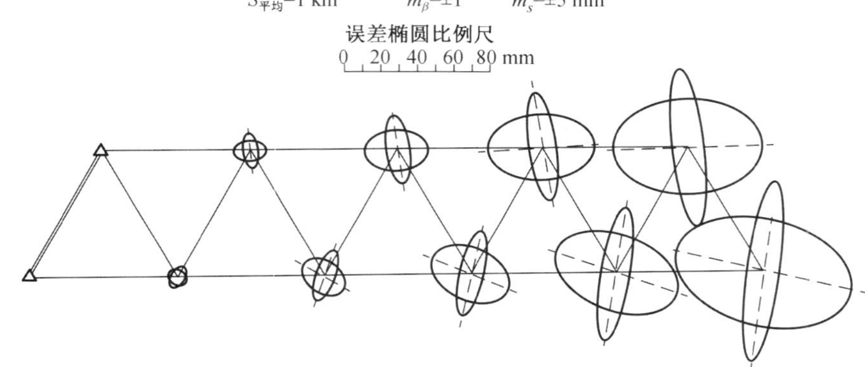

图5 典型单三角锁的点位误差椭圆

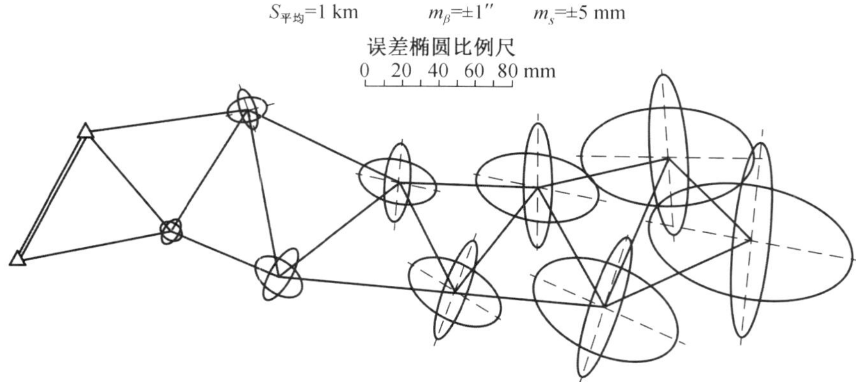

图6 由任意三角形组成三角锁的点位误差椭圆

① 本文各图所作误差椭圆均用作者编制的"工程边角控制网平差计算及精度评定"专用电算程序按坐标变量法平差计算而得。

根据测角网和测边网各自有利于控制误差的方向大致互相成正交的特点，取边角测量的组合（边角网）肯定可以达到取长补短、有效地提高点位精度的效果。上述由任意三角形组成的三角锁取边、角测量的组合时，点位误差椭圆如图 7 所示。

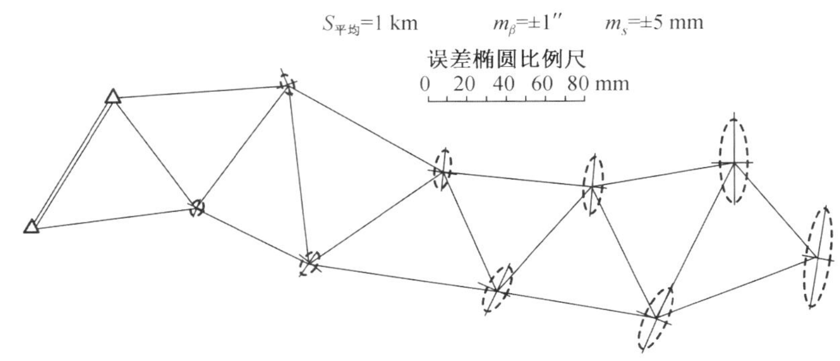

图 7 三角锁取边、角测量组合时的点位误差椭圆

本文在以后的附图中，在同一张图上用粗线画出测边网的误差椭圆，用细线画出测角网的误差椭圆，用虚线画出边角网的误差椭圆，以便作明显的比较。

在正中点多边形（图 8、图 9）、全面网（图 10）和大地四边形网（图 11）中，如果起始点位于网的一侧边缘，则测角网有利于控制横向误差（方位误差）、

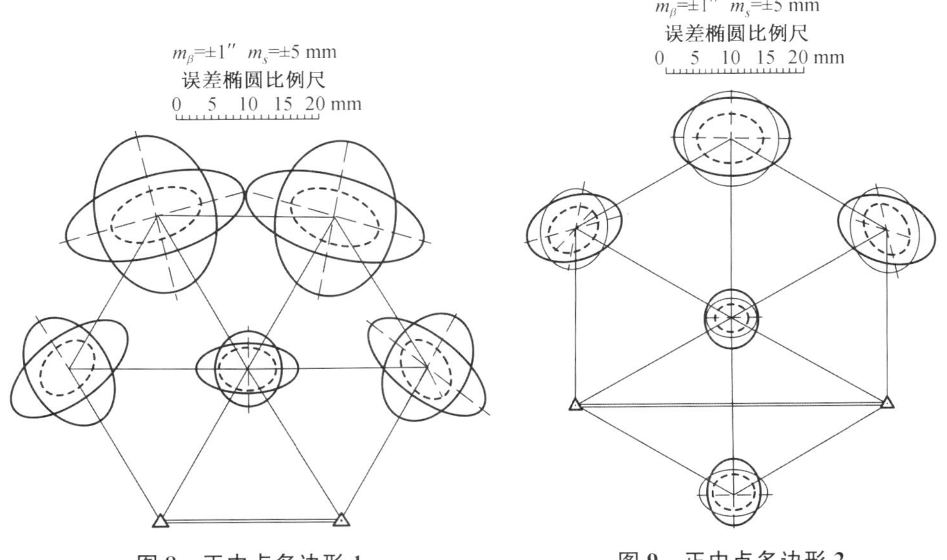

图 8 正中点多边形 1

图 9 正中点多边形 2

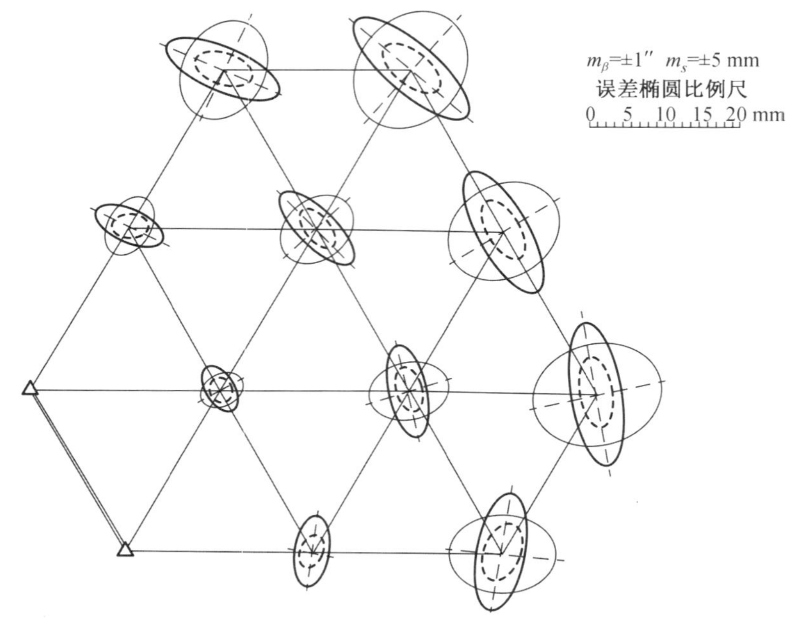

图 10 全面网

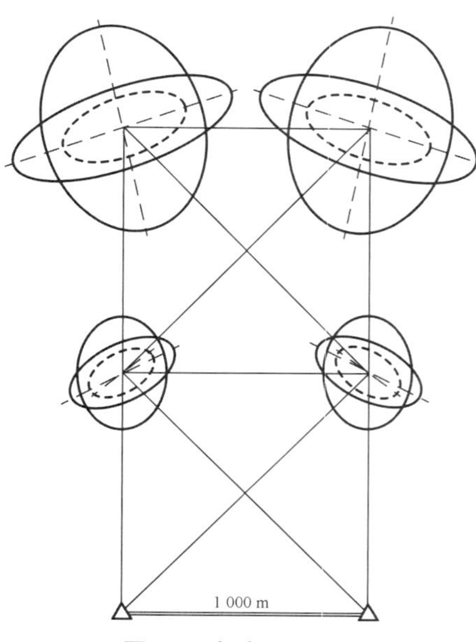

图 11 大地四边形网

测边网有利于控制纵向误差(尺度误差)的结论仍然是适用的。从观测值的性质来讲,角度观测(或方向观测)加强网的方位精度,边长观测加强网的尺度精度也是容易理解的。

比较图 8 和图 9 的两个中点多边形,可以看出在独立的工程控制网中,起始点间的距离要适当长一些,并且不要位于网的边缘,这样对待定点的点位精度是有利的。

二、边、角观测值的权及其精度配合

1. 边、角观测值的权的确定

观测值的权 p 的确定直接影响到边角网平差计算的结果，这是因为所有的严密平差都是根据在满足全部条件的情况下以$[pvv]=\min$ 来确定观测值的改正值 v 的。在平差计算时，观测值的权 p 取方差因子（单位权方差）m_u^2 与观测值的方差估值 m^2 之比，即

$$p=\frac{m_u^2}{m^2} \tag{2-1}$$

设角度观测值的方差估值为 m_β^2，方向观测值的方差估值为 m_D^2，边长观测值的方差估值为 m_s^2，则角度观测值、方向观测值及边长观测值的权相应为：

$$p_\beta=\frac{m_u^2}{m_\beta^2},\ p_D=\frac{m_u^2}{m_D^2},\ p_s=\frac{m_u^2}{m_s^2} \tag{2-2}$$

取 $m_u=1$（这对于平差计算和精度估算有方便之处），则角度观测值、方向观测值及边长观测值的权相应为：

$$p_\beta=\frac{1}{m_\beta^2},\ p_D=\frac{1}{m_D^2},\ p_s=\frac{1}{m_s^2} \tag{2-3}$$

角度观测值或方向观测值的方差估值根据测角仪器的等级和测回数，并参照相应等级的三角测量精度来决定。观测结果如果有较多的独立三角形个数，按照三角形闭合差用下列菲列罗公式计算角度观测方差加以参照，则根据更充分一些。

$$m_\beta^2=\frac{[WW]}{3n} \tag{2-4}$$

式中 W_i 为各个三角形的角度闭合差，n 为参加计算的三角形个数。而方向观测值的方差估值为：

$$m_D^2=\frac{1}{2}m_\beta^2 \tag{2-5}$$

边长观测值的方差估值根据光速测距仪的等级或型号以下列公式估算：

$$m_s^2 = m_c^2 + (s \cdot \text{ppm})^2 \tag{2-6}$$

式中，s 为边长，m_c 为测距仪常误差，ppm 为测距仪比例误差的百万分率。以上两种误差的估值，最初只能根据仪器的标称精度，但经过一段时期的实践以后，应以仪器实际所能达到的精度指标为准。

在进行测角网或测边网的平差时，观测值的权的确定并不显得很重要，这是因为网中仅有一种类型的观测值。在边角网平差时，涉及两种不同类型的观测值、边角网整体平差的实质是按照边、角观测值各自的权或方差来分配由大量多余观测所产生的闭合差。权大应该少分配一些，权小应该多分配一些。因此边、角观测值的权的正确规定就显得很重要，权如果确定得不准确就有可能把原来应该改正角度的部分而去改正边长，或反之。

据此，作者建议在工程边角网的平差中，首先根据上述方法确定角度（或方向）与边长观测值的权，分别按测角网与测边网进行平差，从分别平差结果的精度评定中，得到角度（或方向）观测值和边长观测值的方差估值.然后按公式(2-3)计算其权，据此进行边角网的整体平差。但是采用这种方法需要有个前提，即不论测角网和测边网应该有大量的多余观测，否则分别平差所评定的观测值的精度是不太可靠的。

2. 边、角观测值的精度配合

采用测边网或测角网都可以建立平面控制网，而采用边角组合的控制网的目的是为了充分发挥测角与测边在建立控制网时的各自的优点以达到提高控制网精度的目的。根据一些典型图形的分析，边角网的最后成果的获得，实质上是取测边网与测角网成果的加权平均值。而取两个值的加权平均值时，两者的权（或方差）必须相当才能收到实际的提高精度的效果。

设有两个独立观测值（或两组独立观测值的函数）的方差为 m_1^2 和 m_2^2，则取其加权平均值时的方差为：

$$m^2 = \frac{m_1^2 \cdot m_2^2}{m_1^2 + m_2^2} \tag{2-7}$$

其标准差为：

$$m = \frac{m_1 \cdot m_2}{\sqrt{m_1^2 + m_2^2}} \tag{2-8}$$

根据两个值的误差比率，用式(2-8)计算加权平均值的误差减小率如表1所示。

表1　加权平均值的误差减小率

两个值的误差比率	加权平均值的误差减小率
1∶1	0.707
1∶1.5	0.832
1∶2	0.894
1∶3	0.949
1∶4	0.970

由此可见，两值取加权平均时，以二者的误差相等（权相等）对提高精度最为有效。当二者的误差比率达到1∶2时，加权平均值仅能提高大约10%的精度。因此超过这个比值时，再取二者的加权平均一般就没有实际意义，这是从误差数值的大小来考虑。另外，根据测角网有利于控制横向误差、测边网有利于控制纵向误差来考虑，则应该使二者的误差椭圆长轴大致正交，以达到取长补短，改善点位误差的均匀性（例如从椭圆缩小为近似于圆）的目的。因此一般说来，测边网和测角网二者的点位误差椭圆的长、短轴分别近于相等是边，角观测值精度配合的标准，而二者的误差椭圆长轴近于正交是边角网图形设计的标准。

根据上述原则以及一些典型图形的分析，提出下列关于边、角观测值精度配合的一般计算式：

$$\frac{m_s}{s}=\frac{m_D}{\rho''}=\frac{m_\beta}{\sqrt{2}\rho''} \tag{2-9}$$

式中，m_s为测距标准差，s为平均边长，m_D为方向观测标准差，m_β为角度观测标准差。上式也可写成

$$\left.\begin{aligned} m_s&=\frac{s\cdot m_D}{\rho''}=\frac{s\cdot m_\beta}{\sqrt{2}\rho''}\\ m_D&=\frac{m_s}{s}\rho''\\ m_\beta&=\frac{m_s\sqrt{2}}{s}\rho'' \end{aligned}\right\} \tag{2-10}$$

精密工程控制网一般为二等网，按照二等网的测角精度和各种边长计算相配合的测距精度如表 2 所示。

表 2　测距精度（$m_\beta=\pm1''$）

s/m	m_s/mm
300	1.0
500	1.7
1 000	3.4
1 500	5.1
2 000	6.9

为了与二等三角测量的测角精度相配合，测距的相对精度大约为 1/300 000。控制网的边长越短，要求测距精度越高。对于边长为 1 km 左右的精密工程控制网，只有用精密短程光速测距仪才能达到所需要的精度，即测距精度大约为（2 mm，2 ppm），即 2 mm 的常误差及百万分之二的系统误差。

以上计算边、角测量精度配合的公式(2-9)、式(2-10)是根据单三角锁和全面网而得到的。对于具有特殊形状和大量多余对角线的复杂网，要通过逐次试算作出误差椭圆进行比较，才能得到较理想的边角精度的配合，也就是边角测量的精度配合和图形设计同时进行。

所谓工程边角控制网，不一定需要观测所有的方向和所有的边长，可以在测角网的基础上视需要而加测若干边长，或在测边网的基础上视需要而加测若干方向。边长和方向也可以视需要而进行不等权观测。

3. 利用展开系数考虑观测值的权分配

建立工程控制网时，通过坐标变量法平差计算求得各个待定点的坐标改正值[式(1-15)—式(1-19)]。在工程控制网的复测时，上述求未知数的过程还可以通过求展开系数的方法而大为简化，而且可以通过展开系数分析观测值对未知数的直接影响。

将式(1-17)代入式(1-19)，并用 $\boldsymbol{Q}$ 表示法方程式系数阵的逆阵 $\boldsymbol{C}^{-1}$，得到

$$\boldsymbol{X}=-\boldsymbol{Q}\boldsymbol{A}^{\mathrm{T}}\boldsymbol{P}\boldsymbol{L} \tag{2-11}$$

在定期复测中，当控制网的结构和观测值的精度保持不变时，则 $\boldsymbol{A}$，$\boldsymbol{P}$，$\boldsymbol{Q}$ 均为常量，因此其乘积也为常量，并且在首次建网的平差计算中已经得到。

设 $\boldsymbol{\alpha}$ 为与 $\boldsymbol{A}$ 同样是 $m\times n$ 阶矩阵，并使

$$\boldsymbol{\alpha}^{\mathrm{T}}=-\boldsymbol{Q}\boldsymbol{A}^{\mathrm{T}}\boldsymbol{P} \tag{2-12}$$

将式(2-12)代入式(2-11)，得到用展开系数求未知数的公式：

$$\boldsymbol{X}=\boldsymbol{\alpha}^{\mathrm{T}}\boldsymbol{L} \tag{2-13}$$

即

$$\begin{bmatrix} x_1 \\ x_2 \\ \vdots \\ x_n \end{bmatrix}=\begin{bmatrix} \alpha_{11} & \alpha_{12} & \cdots & \alpha_{m1} \\ \alpha_{12} & \alpha_{22} & \cdots & \alpha_{m2} \\ \vdots & \vdots & & \vdots \\ \alpha_{1n} & \alpha_{2n} & \cdots & \alpha_{mn} \end{bmatrix}\cdot\begin{bmatrix} l_1 \\ l_2 \\ \vdots \\ l_m \end{bmatrix} \tag{2-14}$$

复测时利用展开系数及观测值方程式的常数项计算未知数时，可以把式(2-14)改成数表矩阵的列与列相乘的格式，便于在表格中运算：

$$\begin{bmatrix} x_1 \\ x_2 \\ \vdots \\ x_n \end{bmatrix}=\begin{bmatrix} \alpha_{11} & \alpha_{21} & \cdots & \alpha_{1n} \\ \alpha_{21} & \alpha_{22} & \cdots & \alpha_{2n} \\ \vdots & \vdots & & \vdots \\ \alpha_{m1} & \alpha_{m2} & \cdots & \alpha_{mn} \end{bmatrix}\cdot\begin{bmatrix} l_1 \\ l_2 \\ \vdots \\ l_m \end{bmatrix} \tag{2-15}$$

由此可见，利用展开系数不但可以在网的复测时直接根据观测值方程的常数项求未知数，并且能清楚地显示出每个观测值对最后成果(待定点的坐标)的影响，从而可以据此研究观测值的权分配问题。在式(2-15)中，展开系数矩阵 $\boldsymbol{\alpha}$ 的每一行为该行的观测值对各个待定点坐标值的影响，每一列为各个观测值对该列的坐标值的影响。在工程控制网中，假如对于某一个所关心的坐标值而言，哪个观测值的展开系数的绝对值大，则这个观测值对该坐标值的影响就大，如果有必要就可以分配这个观测值以更大的权；哪个观测值的展开系数的绝对值小，则这个观测值对该坐标值的影响就小，可以适当减小其权。

这里必须指出，观测值的权分配的理论分析要和使用的仪器以及所采用的观测纲要所能达到的实际精度相适应。因为对于各个同类观测值，往往使用同一的(或同一等级的)仪器，改变观测纲要究竟能改变多少观测精度？其经济价值如何？这些都是需要从实践中解决的问题。

三、工程边角控制网的优化设计

1. 工程控制网的设计原则

工程控制网都是为特定的工程建设中某些项目服务的，或者是为了工程建筑物和机械安装的精确放样，或者是为了在建筑和运行过程中的变形观测。这时需要确定某些待定点相对于起始点（固定点）的点位误差，或者确定待定点与待定点之间的相对点位误差。其测定精度一般要求在毫米级，特别精密的工程也会提出要求在 1 mm 以内的精度。

在工程控制网内，并非对所有的点位要求有同样高的精度，而是有所侧重，并且往往关心某些点位在特定方向的精度。例如水利枢纽的变形观测控制网，侧重于大坝轴线两端以及排列在大坝轴线上的点位，对于重力坝主要是关心与水流（水压）方向相一致的点位精度，而对于拱坝特别关心拱冠处的径向和拱座处的切向的点位精度；桥梁施工控制网要关心桥轴线方向的点位精度；隧道施工控制网要确保贯通面处的横向点位精度，等等。此时边角观测值的精度配合与边角网的图形设计，在一般原则的指导下，主要还应根据这种特定的要求。

由于工程控制网的精度要求高，所侧重的点位及其方向又各不相同，因此必须对具体的控制网根据其特定的要求进行优化（Optimisation）设计，充分利用近代精密测量仪器的性能、合理布设控制网的图形，使能花最少的时间、人力和物力，得到最佳的结果。所谓控制网的优化设计，就是根据概率论与测量误差传播理论，结合工程建筑的特定要求与当地地形、地质条件，在一般设计原则的指导下，利用专用程序和电子计算机的快速计算，对设计方案反复进行分析和修改，使逐步趋于合理和完善的过程。

以下用几个实例来论述工程控制网的设计。

2. 水电站 A 边角控制网的设计

水电站 A 位于峡谷之中，拦河坝为 480 m 长的混凝土重力坝，坝高 130 m。为了监视大坝轴线端点以及坝轴线上其他点位可能产生的位移，建立两个大地四边形加长对角线的大坝变形观测控制网如图 12 所示。图中 1，2 点为基本控制点，作为建网时的起始点（点旁设有倒锤监视），点位远离大坝变形区；3，4 点为变形观测工作点，基本上已离开大坝变形区；5，6 点为大坝轴线端点。要求轴线端点在水流方向（纵向）如果发生 3 mm 以上的位移，能够以 68%以上的概率从复测中发现;如果发生 6 mm 以上的位移,能够以 95%以上的概率从复测中发现。因此对于 5，6 两点在垂直于大坝轴线方向的点位标准差要求不大于 2 mm。三角网平均边长为 480 m。

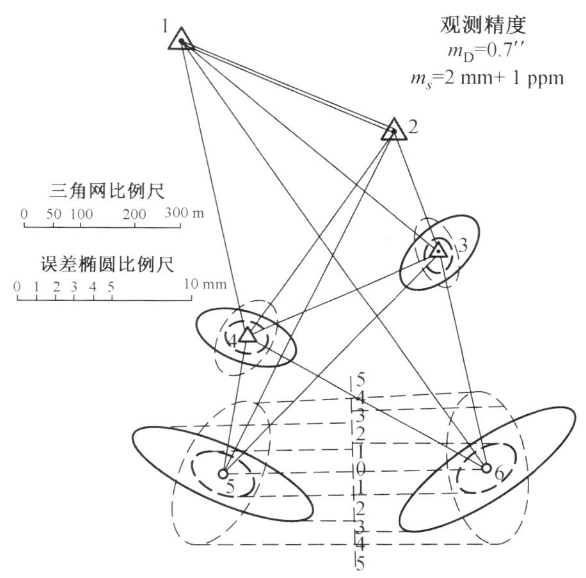

图 12 大坝变形观测控制网

先以测角网作为初步设计,按二等三角测量的观测精度取方向观测值标准差 $m_D=\pm 0.7''$,用"工程边角控制网平差计算及精度评定"专用程序算得 3，4，5，6 各点的点位误差椭圆如图 12 中细线所示。从图上可以看出:① 轴线端点的点位误差椭圆长轴方向大致平行于水流方向,不利于对端点点位的纵向控制;②轴线端点的点位误差椭圆在垂直于大坝轴线方向上的投影(分量)大约为 4 mm。因此按二等测角网的建网精度不能满足预定要求。

根据大地四边形网的典型图形(图 11)的分析,这类图形的测边网有利于控制纵向误差。按方向观测值标准差 $m_D=\pm 0.7''$,用式(2-10)计算与其相配合的边长观测值标准差 $m_s=\pm 1.6$ mm,取 m_s(2 mm，1 ppm)用专用程序算得测边网的点位误差椭圆如图 12 中的粗线所示。测角网与测边网的误差椭圆长、短轴基本上分别相等并且大致垂直,初步说明边角的精度配合是恰当的。作为测边网,轴线端点的误差椭圆在垂直于轴线方向的投影仍在 3 mm 以上。因此按边角网计算各点的误差椭圆如图 12 中的虚线所示,这时端点误差椭圆在垂直于轴线方向的投影已不大于 1.5 mm。由此可见,该网在采用上述观测精度的边角组合以后，对端点纵向精度的提高起了显著的效果，已能满足预定的要求。

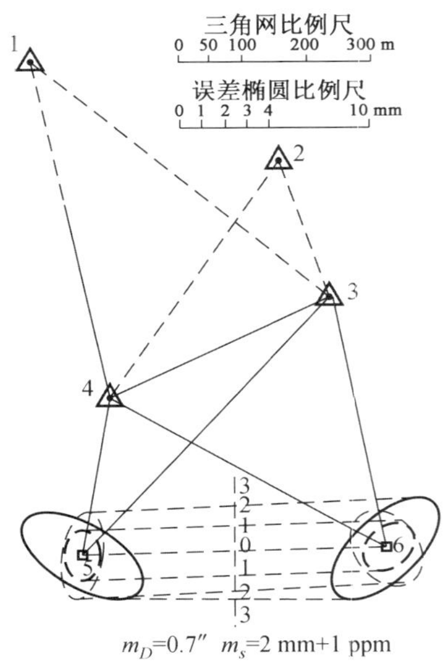

图 13 变形观测工作网

该基本控制网建成以后，预定每隔 2～3 年将网中边角复测一次，以检查基本控制点 1, 2 及变形观测工作点 3, 4 本身的稳定性。

由变形观测工作点 3、4 及轴线端点 5, 6(另外包括轴线上的若干点子)组成变形观测工作网如图 13 所示。工作网每半年定期观测一次以及必要时随时观测。按照方向观测值标准差 $m_D=\pm 0.7''$，测距标准差 m_s(2 mm, 1 ppm)分别计算测角网、测边网及边角网的端点点位误差。由于工作网的边长较短，测边网的点位误差相对来说显得大一些，而测角网的点位误差在轴线垂直方向的投影已不大于 2 mm，轴线上其他点位的误差根据模拟计算不会大于端点的误差。因此该变形观测工作网可以采用二等测角网。

关于利用展开系数进行观测值的权分配以水电站 A 的测边网为例，网中共观测 12 条边，有 8 个坐标未知数(4 个待定点)。先假定各边作等测回数的观测，通过平差计算求得其展开系数阵 $\alpha_{(12\times 8)}$，排列于表 3 中。如果关心的是坐标值 x_5 和 x_6(因为大坝轴线方向为 y 轴方向)，则从该两列的展开系数中可以看出：$\alpha_{2,7}$，$\alpha_{3,5}$，$\alpha_{3,7}$，$\alpha_{9,5}$ 和 $\alpha_{10,7}$ 的绝对值较大，相应于这些系数的观测边为 2—3, 1—4, 4—5, 3—6，可适当增加其观测次数以增大其权，$\alpha_{1,5}$，$\alpha_{5,5}$，$\alpha_{8,5}$ 和 $\alpha_{8,7}$ 的绝对值较小，可适当减少其观测次数以减小其权。经过这样的权分配以后，再次评定其精度，以估计权分配的效果。

表 3 水电站 A 测边网的展开系数

观测值		δx_3	δy_3	δx_4	δy_4	δx_5	δy_5	δx_6	δy_6
		1	2	3	4	5	6	7	8
1—3	1	0.163 08	−0.527 39	−0.000 53	−0.281 98	−0.008 45	−0.200 20	0.116 97	−0.166 46
2—3	2	0.695 54	0.104 61	−0.112 66	0.379 49	−0.301 90	0.978 58	0.811 23	0.971 59
1—4	3	−0.313 51	−0.335 30	0.683 65	−0.788 02	0.771 96	−1.436 23	−0.662 72	−1.425 79

（续表）

观测值		δx_3	δy_3	δx_4	δy_4	δx_5	δy_5	δx_6	δy_6
		1	2	3	4	5	6	7	8
2—4	4	0.310 92	0.479 19	0.244 95	0.681 44	0.050 66	0.614 12	0.357 62	0.650 84
3—4	5	−0.237 51	− 0.411 46	0.041 23	0.217 48	0.032 58	−0.294 00	− 0.226 89	−0.168 42
1—6	6	0.028 04	0 .196 43	0.165 00	− 0.341 94	0.235 96	−0.484 26	0.238 85	− 0.516 99
2—5	7	0.308 32	0.379 64	0.113 98	0.361 81	0.333 29	0.577 98	0.365 92	0.546 41
3—5	8	−0.214 43	− 0.319 63	−0.025 83	−0.115 35	0.028 02	0.305 98	0.016 66	0.133 41
4—5	9	− 0.124 55	−0.113 16	−0.084 68	−0.244 70	0.694 50	−0.745 94	−0.343 87	−0.591 96
3—6	10	0.005 87	0.160 41	−0.106 40	0.171 62	−0.327 60	0.705 02	0.933 15	0.792 88
4—6	11	−0.058 55	0.008 56	−0.063 68	0.229 34	0.258 48	−0.595 61	−0.228 76	−0.717 14
5—6	12	0.033 91	0.073 53	−0.018 00	−0. 038 10	−0.296 52	0.659 01	− 0.114 74	−0.233 37

3. 水电站B边角控制网的设计

水电站B位于某江下游，为一低水头河床式发电站，并且有船闸、鱼梯、渠道等设施，坝长 560 m。为了监视大坝轴线端点的稳定性，根据当地的地形、地质条件建立一个中点多边形再加一个大地四边形的大坝变形观测控制网如图 14 所示。1，2 为基本控制点（起始点），7，8 为发电厂房轴线端点，要求轴线端点的纵向位移在 3 mm 以上能够被发觉。

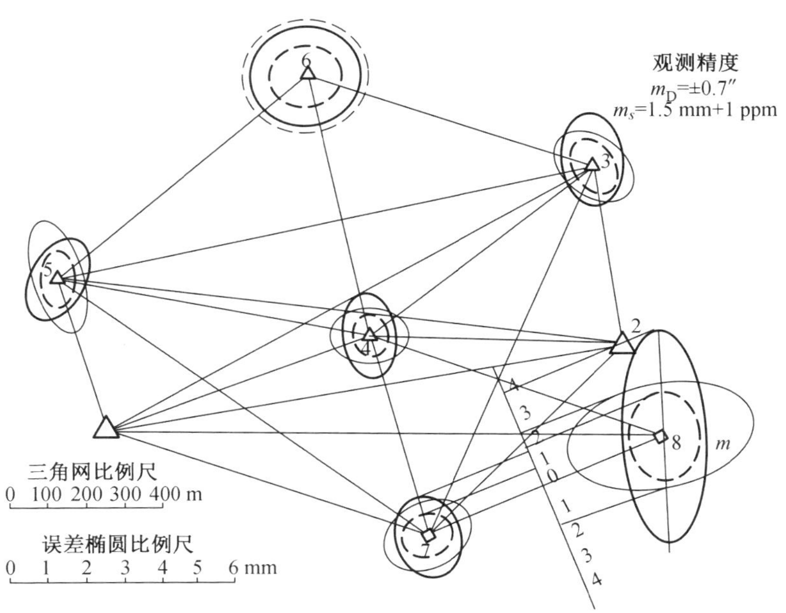

图 14 大坝变形观测控制网

本网平均边长为 900 m,按二等三角测量的方向观测值标准差 $m_D=\pm 0.7''$,用公式(2-10)算得与其相配合的边长观测值标准差 $m_s=\pm 3$ mm,则所用测距仪的精度应为 m_s(2 mm, 2 ppm)。据此算得端点 8 的纵向误差不论测边网,测角网或边角网均超过 2 mm。因此结合测量仪器条件的可能性,改用 $m_D=\pm 0.6''$,m_s(1.5 mm, 1 ppm),按测边网、测角网与边角网计算各点的误差椭圆如图 14 所示。

从测边网和测角网的误差椭圆来看,在第 6 点大小近于相等,在第 4 点和第 8 点长、短轴近于相等、方向正交,因此可以认为边角的精度配合基本上是恰当的。从本网所关心的轴线端点 7, 8 的纵向误差来看,边角组合对第 7 点的精度提高效果是显著的,在边角网中纵向误差已不到 1 mm;由于图形关系,测边网的第 8 点误差椭圆长轴方向是在纵向,因此对提高该点纵向精度效果并不显著,但是边角组合以后的该点纵向误差也已在 2 mm 以内,达到了设计的要求。本网作为两年复测一次的基本控制网。

由 1, 2, 3, 4, 5,7, 8 点组成变形观测工作网设计了两个方案:

(1) 测角网方案(图 15)——考虑到测边网对本网最弱点 8 的纵向精度的提高效果不大,因此适当提高方向观测精度,使 $m_D=\pm 0.5''$,而采用测角网,其结果可使第 8 点的纵向误差在 2 mm 以内。

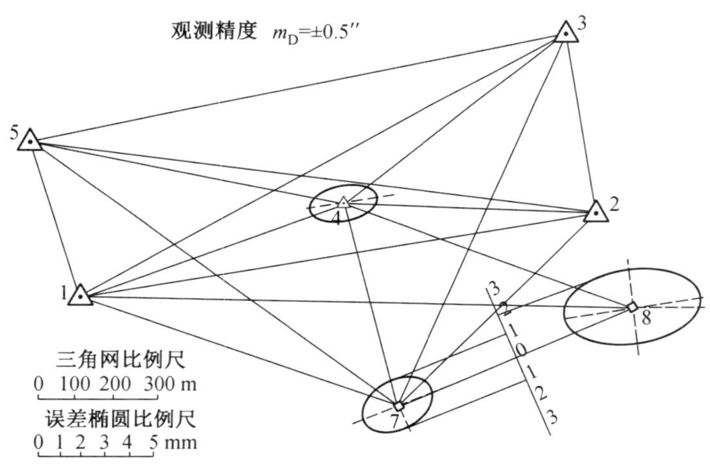

图 15 测角网方案

(2) 边角网方案(图 16)——在测角网的基础上加测若干边长,图中粗线为进行测距的边。按 $m_D=\pm 0.7''$, m_s(1.5 mm, 1 ppm),也可以使第 8 点的纵向误差小于 2 mm。

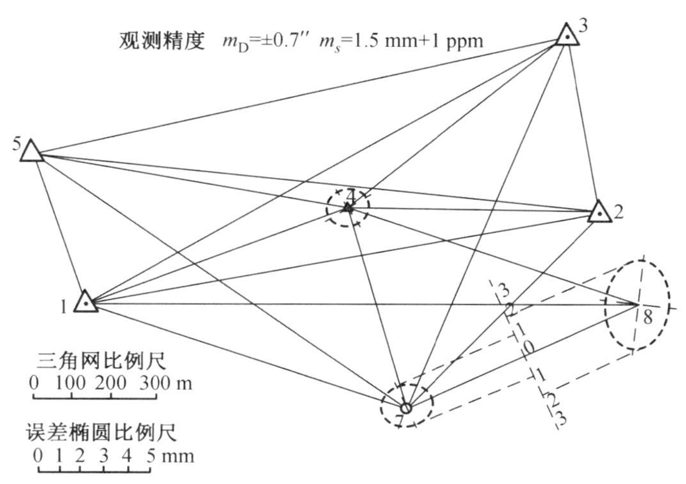

图 16 边角网方案

4. 矿山竖井联测边角控制网的设计

矿山的地下巷道贯通测量是以地面上竖井联测的结果作为起始数据的。某矿山的竖井联测网如图 17 所示，1，2 为起始点，4，5 为竖井的近井点（这两点不能通视），通过点 3 联成网形，控制网平均边长为 1 000 m。要求两近井点的相对误差在贯通处的横向误差不大于 10 mm。

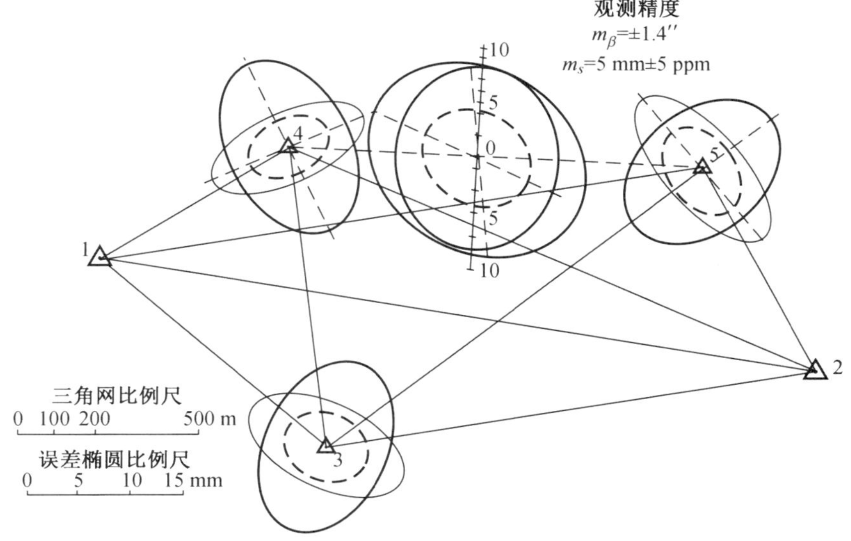

图 17 某矿山的竖井联测网

所用测距仪的精度 m_s(5 mm，5 ppm)，对于 1 000 m 的平均边长，边长观测值的标准差 $m_s=\pm 7$ mm，用公式(2-10)计算与其相配合的方向观测值标准差 $m_D=\pm 1.4''$算得各点的测边网、测角网和边角网的误差椭圆和 4，5 两近井点的相对误差椭圆。可以看出边角测量的精度配合是恰当的。在边角网中，4，5 两点的横向相对误差为 4.5 mm，完全能够满足设计要求。

从以上所举的实例中可以看出，从按一般边角网的边角精度配合开始，到按网中主要待定点的特定方向的边角精度配合，以及图形结构的研究分析和观测值的适当权分配，是精密工程控制网设计的逐步优化过程。

在设计中拟定边、角测量的精度时、必须以近代测量仪器所能达到的精度的现实可能性为依据，并且要解决在测量实践中随之而带来的一系列必须处理的问题，例如高精度测距中的大气折射影响问题，高差测定及高差改正的精确性问题，精密测角中的旁折光影响问题和仪器的纵轴倾斜改正等问题。

随着四个现代化的进展，大型精密工程的兴建必将对工程控制网的设计理论和测量技术提出更高的要求。因此建立在概率论、数理统计、测量新技术与误差理论基础上的测量控制网的优化设计的理论和实践必将得到更广泛的重视。

参考文献

[1] Allman J S，Hoar G J. 大地控制网的最优化[J]. 测绘译丛，1979(3).

[2] Paul R W，Steven D J. Trilateration with Short Range EDM Equipment and Comparison with Triangulation [C]// Proceedings of The American Congress on Surveying and Mapping，Fall Convention，1973.

[3] None. Error Ellipse——A Simple Example [J]. Survey Review，1971，21(162)：182-186.

[4] Allan A L. The Error Ellipse——A Further Note[J]. Survey Review，1972，21(166)：387-390.

[5] Хлебников А В. О Предварительном Анализе Точности Геодезических Сетей по Эллипсам Ощибок[J]. Геодезия и Картография，1976.

[6] Невзоров Н И. Об Оценка Точности Положения Геодезических Пунктов[J]. Геодезия и Картография，1976.

[7] Невзоров Н И. Сравнение Погрешностей Координат в Сетях Трилатерации и Триангуляции[J]. Геодезия и Картография，1978.

[8] 张世英，刘智敏. 测量实践的数据处理[M]. 北京：科学出版社，1977.

光电测距导线的精度分析和设计

顾孝烈　杨子龙　都彩生　陆剑鸣

一、光电测距导线的误差传播与测量的精度要求

1. 导线边长测量的误差分析

本文所讨论的光电测距导线为城市三、四等及一、二级导线，其边长大约从 100 多米至 3 km，因此一般用短程红外光源相位式测距仪。其计算距离 D 的公式为：

$$D=\frac{C_0}{2nf}\left(N+\frac{\Delta\phi}{2\pi}\right)+k \tag{1-1}$$

式中，C_0 为真空中的光速，n 为空气的折射率，f 为测距仪的调制频率，N 为调制光在测线上往返传播的整波数，$\Delta\phi$ 曲为往返传播的相位差，k 为仪器的加常数。因此其测距误差为：

$$m_D=\sqrt{\left(\frac{\lambda}{4\pi}\right)^2 m_\phi^2+D_2\left(\frac{m_{c0}^2}{C_0^2}+\frac{m_n^2}{n^2}+\frac{m_f^2}{f^2}\right)+m_k^2} \tag{1-2}$$

式中，λ 为调制光的波长，m_ϕ 为测定相位的误差，m_{c0} 为真空中的光速误差，m_n 为空气折射率的误差，m_f 为调制频率的误差，m_k 为加常数的误差。上式还没有包括安置测距仪及反光镜时的对中误差 m_0 以及由于固定的电子和光信号串扰所产生的测定相位的周期性误差 m_t。因此总的测距误差为：

本文发表于《同济大学学报》，1980 年第 4 期。

$$m_D=\sqrt{\left(\frac{\lambda}{4\pi}\right)^2 m_\phi^2+m_e^2+m_t^2+m_k^2+D^2\left(\frac{m_n^2}{n^2}+\frac{m_{c0}^2}{C_0^2}+\frac{m_f^2}{f^2}\right)} \tag{1-3}$$

上式根号内前 4 项误差与距离的长短无关，称为常误差 m_c；后 3 项与距离的长度成正比，称为比例误差 m_R，即

$$\left.\begin{aligned} m_c&=\sqrt{\left(\frac{\lambda}{4\pi}\right)^2 m_\phi^2+m_e^2+m_t^2+m_k^2}\\ m_R&=D\sqrt{\frac{m_n^2}{n^2}+\frac{m_{c0}^2}{C_0^2}+\frac{m_f^2}{f^2}}\\ m_D&=\sqrt{m_c^2+m_R^2}\end{aligned}\right\} \tag{1-4}$$

设比例误差的比率为 R，通常以百万分率（ppm）表示，因此测距误差的估算公式可以写成：

$$m_D=\sqrt{m_c^2+(D\cdot R)^2} \tag{1-5}$$

或简写为 $m_D(m_c,\ R)$。

比例误差的一部分为系统误差。对于全网都用某一台仪器来测距，则系统误差的主要来源为仪器的频率误差 m_f。由于气象因素（沿测线的大气平均温度及气压）的不能正确测定而产生空气折射率的误差，在同一地区、同一时间内的测距也会形成系统误差。在精密测距时，如果在这方面不加注意，则气象因素所引起的误差会上升到主要误差来源的地位。

仪器加常数的误差与由于发光管相位不均匀而在照准中产生的误差也属于系统误差，但一般不与距离成比例。

在以后讨论导线测量的精度时，分别考虑光电测距中的偶然误差部分与系统误差部分。

2. 导线端点与中点的点位误差及其比例关系

直伸导线具有一定的代表性，并且可以使精度估算的公式简化。因此讨论导线端点与中点的点位误差及其关系时以直伸导线为例。

设导线的各个转折角 β_i 的观测中仅存在偶然误差 m_{β_i}，而各条边长 s_i 的测量除了存在偶然误差 ms_i 以外，还存在符号不变、大小与边长成正比的系统误差，设其比例系数为 λ。则有 n 条导线边、总长为 L 的直伸等边支导线的端点的纵向误差 m_t、横向误差 m_u 和总的点位误差 M 为：

$$
\left.\begin{aligned}
m_t &= \sqrt{n \cdot m_s^2 + \lambda^2 L^2} \\
m_u &= \frac{m_\beta}{\rho} L \sqrt{\frac{(n+1)(2n+1)}{6n}} \\
M &= \sqrt{n \cdot m_s^2 + \lambda^2 L^2 + \frac{m_\beta^2}{\rho} L^2 \frac{(n+1)(2n+1)}{6n}}
\end{aligned}\right\} \quad (1-6)
$$

对于两端连接在坚强点上的附合导线，当角度经过方向角闭合差的调整之后，从一个端点推算至另一个端点的纵、横向误差及点位误差为：

$$
\left.\begin{aligned}
m_t &= \sqrt{n \cdot m_s^2 + \lambda^2 L^2} \\
m_u &= \frac{m_\beta}{\rho} L \sqrt{\frac{(n+1)(n+2)}{12n}} \\
M &= \sqrt{n \cdot m_s^2 + \lambda^2 L^2 + \frac{m_\beta^2}{\rho^2} L^2 \frac{(n+1)(n+2)}{12n}}
\end{aligned}\right\} \quad (1-7)
$$

导线测量能否达到预定精度最明显的指标为附合导线的坐标增量闭合差 f_x、f_y 及全长闭合差 f。上式可以作为估算容许闭合差的依据。

导线经过平差以后，其最弱点为离开坚强点最远的点，即导线的中点 m。按直伸等边导线平差后的精度评定，得到导线中点的纵、横向误差为：

$$
\left.\begin{aligned}
m_{t(m)} &= \frac{1}{2} m_s \sqrt{n} \\
m_{u(m)} &= \frac{m_\beta}{\rho} L \sqrt{\frac{(n+2)(n^2+2n+4)}{192n(n+1)}}
\end{aligned}\right\} \quad (1-8)
$$

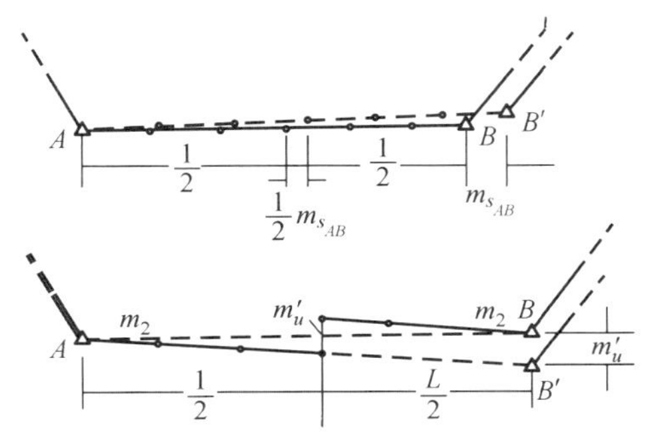

图 1　起始数据误差的影响

导线端点和中点的点位误差除了上述由测量误差所引起的以外，还受到起始数据误差的影响。导线所附合的起始边边长误差 $m_{s_{AB}}$ 形成纵向误差，起始方向角误差 m_α 形成横向误差，如图 1 所示。

起始数据误差影响端点的纵、横向误差为：

$$\left.\begin{aligned} m'_t &= m_{s_{AB}} \\ m'_u &= \frac{m_\alpha}{\rho} \cdot \frac{L}{\sqrt{2}} \end{aligned}\right\} \quad (1-9)$$

起始数据误差影响中点的纵、横向误差为：

$$\left.\begin{aligned} m'_t(m) &= \frac{1}{2} m_{s_{AB}} \\ m'_u(m) &= \frac{m_\alpha}{\rho} \cdot \frac{L}{2\sqrt{2}} \end{aligned}\right\} \quad (1-10)$$

根据式(1-7)—式(1-10)，可以得到导线端点和中点点位误差的比例关系。首先将式(1-7)和式(1-8)的第一式进行分析比较。严格成直伸的导线，如果不考虑起始数据误差的影响，则平差后可以完全消除测距中的系统误差的影响，但对于曲折导线则不可能完全消除。因此假定导线中点仍受到$\frac{1}{2}\lambda L$ 的系统误差影响，由此得到：

$$m_t = 2m_{t(m)} \quad (1-11)$$

而将式(1-7)和式(1-8)的第二式进行比较，得到：

$$m_u = 4\sqrt{\frac{n^2+2n+1}{n^2+2n+4}}\, m_{u(m)} \quad (1-12)$$

当导线边数 $n=4\sim16$ 时，m_u 与 $m_{u(m)}$ 的比例系数如表 1 所示，因此可以近似地取其等于 4。

表 1　幕墙玻璃面平整度检测的计算

导线边数	n	4	8	12	16
比例关系	$4\sqrt{\frac{n^2+2n+1}{n^2+2n+4}}$	3.78	3.93	3.96	3.98

将式(1-9)和式(1-10)进行比较，得到

$$\left.\begin{aligned} m'_t &= 2m'_{t(m)} \\ m'_u &= 2m'_{u(m)} \end{aligned}\right\} \quad (1-13)$$

3. 导线中点点位精度的要求与导线的容许闭合基

城市及工矿地区的导线为了满足 1∶500 测图及一般工程施工放样的

需要，规定导线的最弱点（对于单导线为中点）相对于高级控制点而言的点位中误差 $M_{(m)}$ 为 5 cm。而中点的点位误差由测量误差及起始数据误差所引起，即

$$M_{(m)} = \sqrt{m_{t(m)}^2 + m_{u(m)}^2 + m'^2_{t(m)} + m'^2_{u(m)}} = 5\ \text{cm} \tag{1-14}$$

中点点位误差的各个组成部分采用等影响原则来分配：

$$m_{t(m)} = m_{u(m)} = m'_{t(m)} = m'_{u(m)} = \frac{M_{(m)}}{\sqrt{4}} = \pm 2.5\ \text{cm} \tag{1-15}$$

根据中点与端点的纵、横向误差的比例关系，得到端点纵、横向中误差为：

$$\left.\begin{aligned} m_t &= \pm 2.5\ \text{cm} \times 2 = \pm 5\ \text{cm} \\ m_u &= \pm 2.5\ \text{cm} \times 4 = \pm 10\ \text{cm} \\ m'_t &= \pm 2.5\ \text{cm} \times 2 = \pm 5\ \text{cm} \\ m'_u &= \pm 2.5\ \text{cm} \times 2 = \pm 5\ \text{cm} \end{aligned}\right\} \tag{1-16}$$

导线端点总的纵、横向中误差 $m_{t(\Sigma)}$、$m_{u(\Sigma)}$ 及总的点位中误差 $M_{(\Sigma)}$ 为：

$$\begin{aligned} m_{t(\Sigma)} &= \sqrt{m_t^2 + m'^2_t} = \sqrt{5^2 + 5^2} = \pm 7.1\ \text{cm} \\ m_{u(\Sigma)} &= \sqrt{m_u^2 + m'^2_u} = \sqrt{10^2 + 5^2} = \pm 11.1\ \text{cm} \\ M_{(\Sigma)} &= \sqrt{m_{t(\Sigma)}^2 + m_{u(\Sigma)}^2} = \sqrt{7.1^2 + 11.2^2} = \pm 13.3\ \text{cm} \end{aligned} \tag{1-17}$$

在附合导线的测量中，端点点位误差具体反映为导线的增量闭合差 f_x、f_y 与全长闭合差 $f=\sqrt{f_x^2+f_y^2}$。f 相当于 $M_{(\Sigma)}$，而根据 f_x、f_y 以及导线闭合边的方向角 θ 按下式计算的导线纵、横向闭合差 t 和 u 相当于 $m_{t(\Sigma)}$ 和 $m_{u(\Sigma)}$。

$$\begin{bmatrix} t \\ u \end{bmatrix} = \begin{bmatrix} \cos\theta & \sin\theta \\ -\sin\theta & \cos\theta \end{bmatrix} \cdot \begin{bmatrix} f_x \\ f_y \end{bmatrix} \tag{1-18}$$

取式(1-17)算得的数值的 2 倍即为各个等级导线测量容许的纵、横向闭合差 $t_{(\max)}$、$u_{(\max)}$ 和容许的全长闭合差 $f_{(\max)}$，即

$$\left.\begin{aligned} t &= \pm 7.1\ \text{cm}, \quad t_{(\max)} = \pm 14.2\ \text{cm} \\ u &= \pm 11.2\ \text{cm}, \quad u_{(\max)} = \pm 22.4\ \text{cm} \\ f &= \pm 13.3\ \text{cm}, \quad f_{(\max)} = \pm 26.6\ \text{cm} \end{aligned}\right\} \tag{1-19}$$

由于各个等级的导线总长的不同,因此要求有不同的相对闭合差如表 2 所示。

表 2　导线相对闭合差要求

导线等级	假定导线总长/km	导线相对闭合差	
		中误差	容许误差
三等	15 12	1/110 000 1/90 000	1/55 000 1/45 000
四等	10 8 6	1/75 000 1/60 000 1/45 000	1/38 000 1/30 000 1/22 000
一级	3 2.4	1/23 000 1/18 000	1/12 000 1/9 000
二级	1.5 1.2	1/11 000 1/9 000	1/6 000 1/4 500

根据中误差及 2 倍中误差出现的概率:

$$P\{|\varepsilon|<m\}\simeq 0.683,\ P\{|\varepsilon|<2m)\simeq 0.954$$

导线闭合差大于中误差、小于容许误差的导线条数不应占总条数的 1/3 以上。

4. 导线测量的精度要求

(1) 距离测量的精度要求

在直伸导线中,距离测量的误差形成纵向误差。因此可以根据纵向误差的规定值计算距离测量的精度要求。根据式(1-6)及式(1-16),得到

$$m_t^2=n\cdot m_s^2+\lambda^2L^2=(50\ \mathrm{mm})^2$$

设短程光速测距仪的系统误差为 2 ppm,导线总长 L 以千米计,则要求每条导线边的测距中误差为:

$$m_s=\sqrt{\frac{2\,500-(2L)^2}{n}}\ (\mathrm{mm}) \tag{1-20}$$

根据上式算得各等级导线、在不同的导线总长与平均边长的情况下,所需要的测距精度如表 3 所示。由此可见,每条导线边的测距精度要求(偶然误

差部分)变化在 24～13 mm 之间。边数越多、边长越长,则要求测距精度越高,而主要是边数。针对三、四等及一、二级导线的测距精度要求,根据式(1－5)设计三种测距精度为:

$$m_{s_1}=(12\ \text{mm},\ 10\ \text{ppm}),m_{s_2}=(12\ \text{mm},\ 5\ \text{ppm}),m_{s_3}=(7\ \text{mm},\ 5\ \text{ppm})$$

表 3　各等级导线的测距精度要求($\lambda=2\times10^{-6}$)

导线等级	假定导线总长/km	平均边长/m	导线边数 n	要求测距精度/mm	设计测距精度		
					12 mm,10 ppm	12 mm,5 ppm	7 mm,5 ppm
三等	15	3 000	5	22		19	17
	12	3 000	4	18		19	17
四等	10	2 000	5	20		16	12
	8	2 000	4	24	23	16	12
	8	1 600	5	21	20	14	
	8	1 000	8	17	16	13	
	6	1 500	4	24	19	14	
	6	1 000	6	20	16	13	
	6	500	12	14	13	12	
一级	3	200	10	16	12		
	3	200	15	13	12		
	2.4	200	12	14	12		
二级	1.5	150	10	16	12		
	1.5	100	15	13	12		
	1.2	100	12	14	12		

按导线边长计算测距误差,也列于表 3 作为对照。可见第一种测距精度已能满足大部分场合的导线测距,四等导线中的长边宜用第二种测距精度,三等导线中的长边宜用第三种测距精度。

考虑到测距仪的标称精度中并不包括导线测距时仪器及反光镜的对中误差以及由高差改正等带来的误差,因此针对上述三种设计的测距精度所采用的测距仪标称精度应为:

$$m_{s_1}=(10\ \text{mm},\ 10\ \text{ppm}),m_{s_2}=(10\ \text{mm},\ 5\ \text{ppm}),m_{s_3}=(5\ \text{mm},\ 5\ \text{ppm})$$

(2) 角度测量的精度要求

在直伸导线中,角度测量的误差形成横向误差,因此可以根据横向误差的规定值计算角度测量的精度要求。根据式(1－6)及式(1－16),得到

$$m_u = \frac{m_\beta}{\rho} \cdot L\sqrt{\frac{(n+1)(n+2)}{12n}} = 100\ \text{mm}$$

设导线总长 L 以千米为单位、测角中误差 m_β 以秒为单位，则

$$m''_\beta = \frac{20.6}{L(\text{km})}\sqrt{\frac{12n}{(n+1)(n+2)}} \tag{1-21}$$

按上式根据导线总长及边数算得各等级的导线的要求测角精度以及设计的测角精度如表 4 所示。

表 4　各等级导线的测角精度要求

导线等级	假定导线总长/km	平均边长/m	导线边数 n	要求测角精度 m_β/(″)	设计测角精度 m_β/(″)
三等	15	3 000	5	1.6	1.5
	12	3 000	4	2.2	1.8
四等	10	2 000	5	2.5	2.5
	8	2 000	4	3.3	2.5
	8	1 600	5	3.1	2.5
	8	1 000	8	2.7	2.5
	6	1 500	4	4.3	3.0
	6	1 000	6	3.9	3.0
	6	500	12	3.1	2.5
一级	3	300	10	6.5	5
	3	200	15	5.4	5
	2.4	200	12	7.6	6
二级	1.5	150	10	13.1	10
	1.5	100	15	10.9	10
	1.2	100	12	15.3	12

5. 导线网精度的初步分析

光电测距导线网的精度估算以单条导线的误差传播规律为基础。根据以上分析，知道单条导线的端点点位误差在一定的测量精度下与导线的总长、导线的边长(或导线的边数)有关。这种关系在图解表示中可以看得很清楚。

以四等光电测距导线为例，设观测精度为：$m_s=(12\ \text{mm}, 5\ \text{ppm})$，$\lambda=2\ \text{ppm}$，$m_\beta=\pm 2.5''$，导线边长分别为 500 m，1 000 m，1 500 m，2 000 m，导

线总长 L 为 1～10 km。分别按式(1-6)和式(1-7)计算其端点点位误差 M。以 L 为横坐标，以 M 为纵坐标作图如图 2 所示。点位误差的图解曲线近似于一条直线。

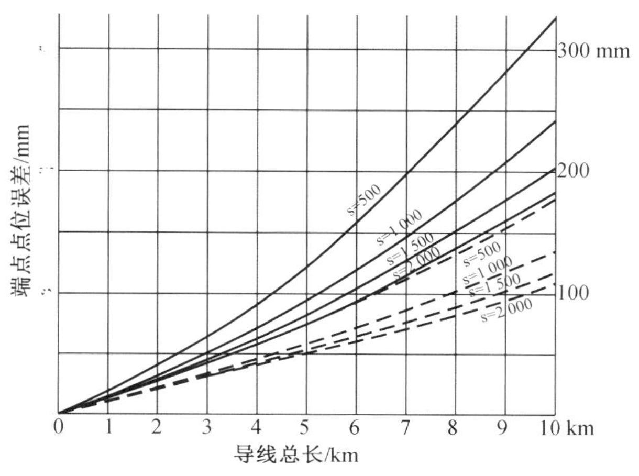

图 2　四等光电导线端点误差

由此可见，在一定的测量精度与平均边长的情况下，导线端点的点位误差大致与导线的长度成正比。设以 1 km 长的导线端点点位误差 $M_{1\ \mathrm{km}}$ 作为单位权中误差、L 长度的导线端点点位误差为 M，其权为 p，则可以得到下列的近似关系式：

$$M=M_{1\ \mathrm{km}}\cdot L=M_{1\ \mathrm{km}}\sqrt{\frac{1}{p}} \tag{1-22}$$

$$L=\sqrt{\frac{1}{p}},\ p=\frac{1}{L^{2}} \tag{1-23}$$

据此可以用等权替代法近似地估算导线网的等权线路长度、最弱点的位置、最弱点及结点的点位误差，作为导线网初步设计时的精度估算。

设附合在两个高级控制点之间的单条导线的容许长度为 L，如图 3(a)所示，则若干种与其等权的典型导线网的单条线路及附合线路的长度以及最弱点的位置用等权替代法计算的结果如图 3 中其他图形所示。

如果等权线路的长度没有超过相应等级单导线的容许长度，则导线网中最弱点的点位误差一般就会在容许范围以内。图 3 可以作为导线网初步设计时的参考。

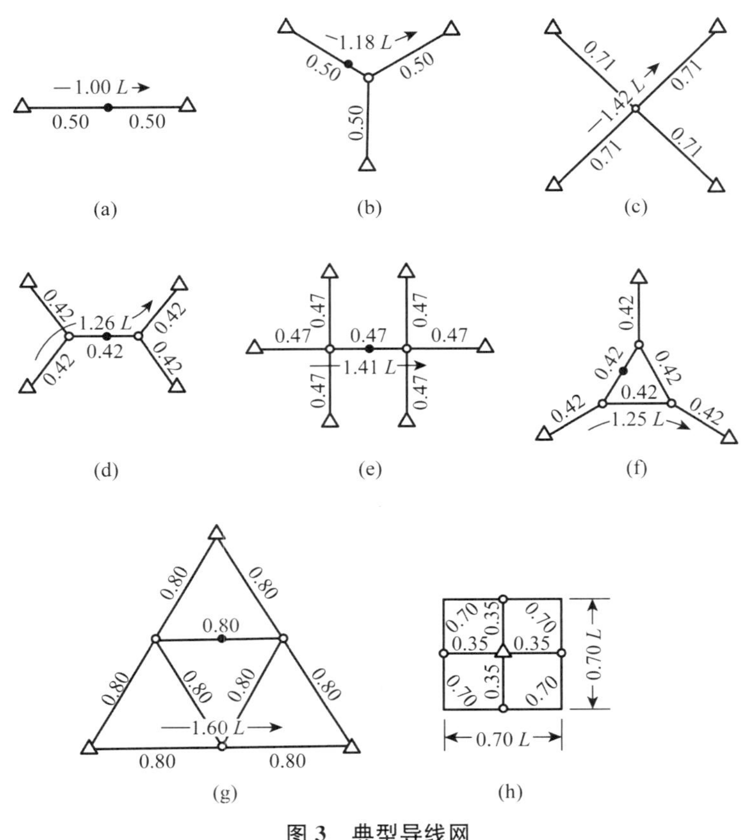

图 3　典型导线网

二、用点位误差椭圆分析导线和导线网的精度

以上用一些最简单的直伸等边导线作为例子，从保证最弱点的点位误差出发，讨论了各个等级的导线在各种布设情况（导线总长、边数或平均边长）下，导线测量的必要精度。至于直伸导线和一般曲折导线的精度差别如何？平差后各导线点的点位误差以及边长和方向角误差的全貌是怎样的？导线网的线路长度用等权替代法估算的可靠程度如何？导线网中的点位误差以及边长和方向角误差的全貌又是怎样的？则就需要用导线和导线网按坐标变量法平差求得其方差——协方差矩阵，据此计算各导线点的误差椭圆和边长、方向角误差来分析研究这些在导线和导线网设计中必须解决的问题。

用误差椭圆分析导线和导线网的精度时，分别以一级和四等导线为例。因为一、二级导线和三、四等导线不但在观测精度上而且在布置形式上是有所区别的。一、二级导线点作为工程施工放样的依据，或作为图根导线的起始点，或本身作为图根点，一般均沿地面布设，可以称为“地面导线”。三、四等导线的布设是为了代替常规的三、四等三角网，因此四等导线的精度和密度应该满足布设一级导线的需要，而三等导线的精度和密度应该满足布设四等导线的需要。三、四等导线点一般设立在地形制高点或高层建筑物上（由于采用光电测距才有了这个可能），视线离地面较高，可以称为“空中导线”。少数四等导线可沿着宽阔直伸的干道沿地面布设。

1. 一级导线的精度分析

设一级导线总长 $\sum S = 2\,400$ m，平均边长 $S = 200$ m，导线边数 $n = 12$，测距精度 m_s（12 mm，5 ppm），测角精度 $m_\beta = \pm 6''$。图 4(a)所示为导线严格直伸时各导线点的点位误差椭圆，图 4(b)—图 4(e)为导线弯曲成各种形状时的点位误差椭圆。并且把各种形状的导线的边长和方向角误差列于表 5。由此可见：

表 5　各种形状的一级导线的边长和方向角误差

导线边号	平差后边长误差/mm					平差后方向角误差/(″)				
	a	*b*	*c*	*d*	*e*	*a*	*b*	*c*	*d*	*e*
A—1	11.5	11.7	11.6	11.8	11.5	5.1	5.1	5.1	5.0	5.6
1—2	11.5	11.6	11.6	11.8	11.5	6.1	6.1	6.0	6.0	7.3
2—3	11.5	11.5	11.6	11.7	11.5	6.2	6.3	6.2	6.3	8.1
3—4	11.5	11.5	11.5	11.6	11.5	6.0	6.2	6.0	6.3	8.5
4—5	11.5	11.5	11.5	11.5	11.5	5.6	5.9	5.8	6.3	8.7
5—6	11.5	11.5	11.5	11.5	11.5	5.4	5.7	5.6	6.3	8.8
6—7	11.5	11.5	11.5	11.5	11.5	5.4	5.7	5.6	6.3	8.8
7—8	11.5	11.5	11.5	11.5	11.5	5.6	5.9	5.8	6.3	8.7
8—9	11.5	11.5	11.5	11.6	11.5	6.0	6.2	6.0	6.3	8.5
9—10	11.5	11.5	11.6	61.7	11.5	6.2	6.3	6.2	6.3	8.1
10—11	11.5	11.6	11.6	11.8	11.5	6.1	6.1	6.0	6.0	7.3
11—*B*	11.5	11.7	11.6	11.8	11.5	5.1	5.1	5.1	5.0	5.6
平均	11.5	11.6	11.6	11.7	11.5	5.7	5.9	5.8	6.0	7.8

注：$\sum S = 2.4$ km，$n = 12$，$m_s = \pm 6''$，$m_s =$（12 mm，5 ppm）。

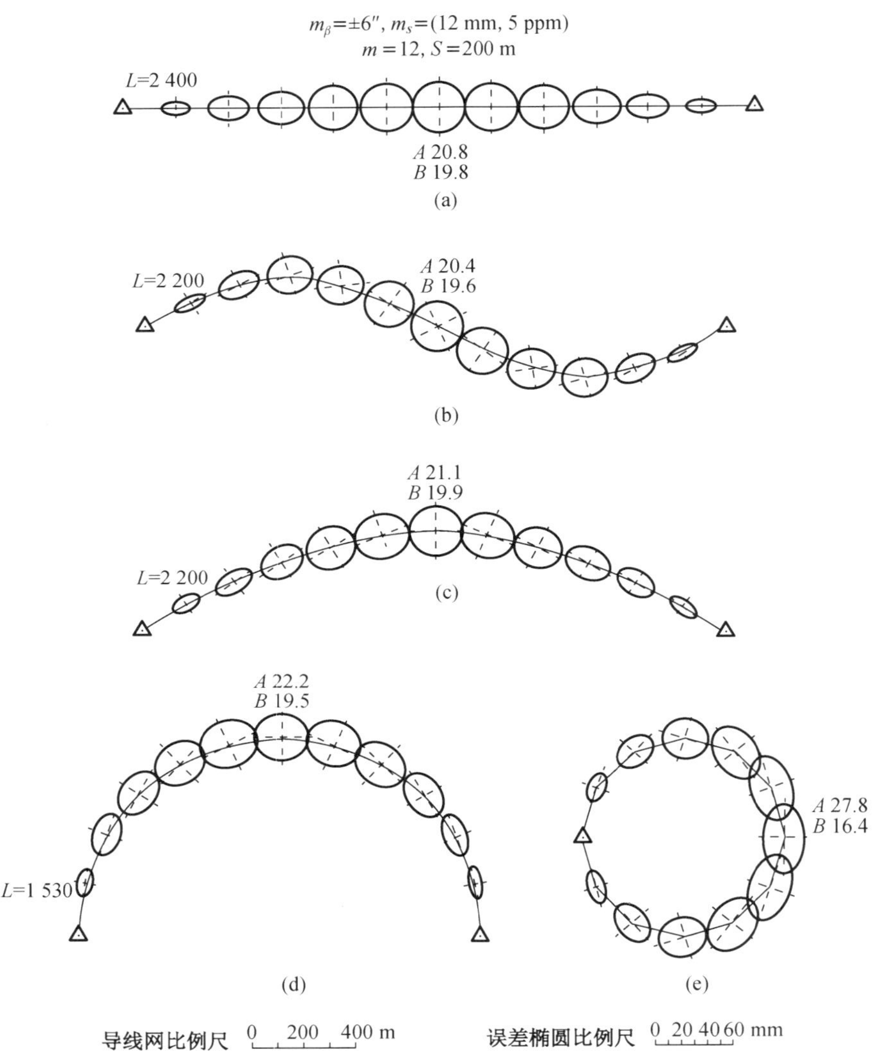

图 4　导线不同形状时的点位误差椭圆

(1) 各种形状的导线，除了弯曲成闭合环形以外，由测量误差引起的纵、横向误差没有超过±25 mm 的要求。

(2) 最弱点是在导线的中部，靠近中部的导线点位误差椭圆大致成为圆形，说明这样设计的导线其点位误差在各个方向是比较均匀的。

(3) 曲折度 $L/\sum S$ 在 0.6 以上的各种弯曲形状的导线的点位误差和直伸导线相比较基本上是一致的，因此认为直伸导线可以作为典型而代表一般的导线来进行精度分析。导线的精度主要决定于导线的总长、边数以及导线测量的精度，不像三角网的精度那样在很大程度上取决于三角网的图形。这个特点使导线的布设要比三角网灵活和方便得多。

(4) 平差后导线的边长精度和测量的精度相比并无显著的提高。这可以用只有一条多余的边长观测来解释。

(5) 导线边的方向角精度平差后有显著的提高，并且精度趋于均匀，这对于低等导线的附合是有利的。方向角的最弱边不在导线的中部而位于导线全长的大约 1/4 和 3/4 的地方。方向角误差的平均值除环形导线以外大约相当于测角误差。

从以上列举的一级导线的点位误差情况来看，导线的精度尚留有余地。因此，一级导线的总长可适当增加至 3 km，但是导线延长后考虑到纵、横向误差的相称性，适当提高测角精度至 $\pm 5''$，平差后的点位精度能满足预定的要求。

2. 四等导线的精度分析

四等导线和四等三角一样，边长按照实际情况应该有一个较宽广的范围。沿地面布设的导线平均边长一般为 500 m，最长也不大会超过 1 000 m，这是由道路情况和沿地面的通视条件所决定的。空中导线的边长选择的自由程度较大，但是为了满足布设一级导线的需要以及照顾到短程红外测距仪的测程，一般采用 1 000～2 000 m 的边长（后者相当于城市四等三角网的平均边长）。考虑到国家和城市三等三角网的边长情况，设四等直伸导线的总长为 6～8 km，导线边长为 500～2 000 m。导线测角精度 m_β 为 $\pm 2.5''$，测距精度 m_s 为（12 mm，5 ppm），计算各种情况下的导线点位误差椭圆如图 5 所示。由此可以看出：

(1) 导线总长为 6～8 km，边数为 4～12，边长为 500～2 000 m 的各种四等直伸导线的点位精度变化不大，因此四等导线的边长布置可以有较大的灵活性。图 5 所示各种情况的导线的最弱点的纵、横向误差均小于 25 mm，说明这样设计的导线测量精度是恰当的。

(2) 具有 12 条导线边、总长为 6 km 的四等直伸导线各点的点位误差椭圆和具有同样边数、总长为 2.4 km 的一级导线相同。这是符合分级布网的原则：各级控制点在不同的控制范围内达到大致相同的精度。

四等导线要完全代替四等三角网还需要考虑其点位在控制范围内分布的均匀性（相当于四等三角点的分布情况），因此四等空中导线经常需要布设成曲折形状。曲折形状的导线在同样的高级控制点的边长下布设，其总长较

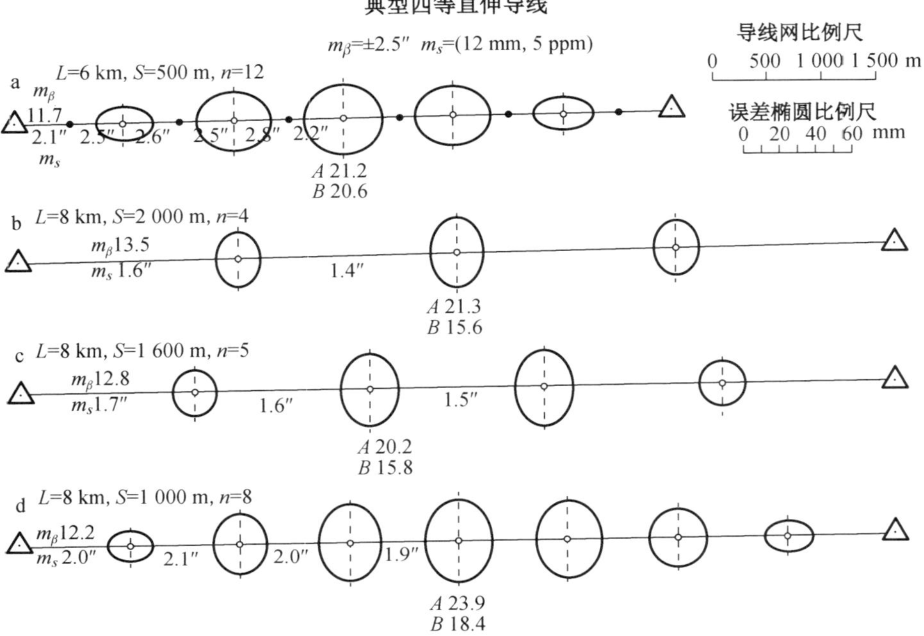

图5 导线点位误差椭圆

之直伸导线可成倍地增加。要保持最弱点的点位精度，则导线的测角精度应随导线总长的增加而适当提高。图6所示为三种不同总长的典型曲折导线在同样的边长与测距精度的条件下，给以不同的测角精度所得出的导线点位误差椭圆以及边长和方向角误差。图6(a)，(b)的布网形式按其测角精度应属于四等导线，这时导线总长可达8～12 km。而图6(c)的布网形式按其测角精度应属于三等导线的范围。这类形式的曲折导线平差后各边的方向角误差都不大于导线的测角中误差。

根据以上分析，四等导线所附合的高级控制点的边长可以达到6～8 km，这对于平均边长为4.5 km的城市三等三角网完全可以满足要求，而国家三等三角网的8 km平均边长一般也能满足要求。如果把四等导线组成导线网时，则总长还可适当增长(图3)，在平均边长为9 km的城市二等网下，越级布设四等导线网也是有可能的。因此四等导线和导线网适应的范围较广。只有当高级控制点的密度难以在其下布设四等导线或导线网时，才考虑先布设三等导线。

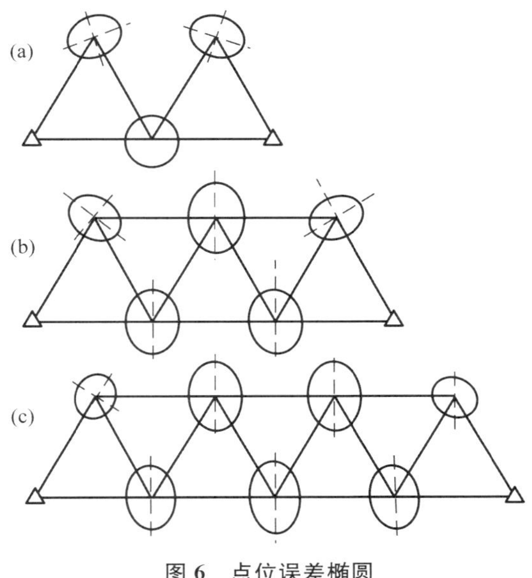

图 6　点位误差椭圆

3. 一级导线网的精度分析

为了能在超过导线容许长度的高级控制点之间布设导线和为了导线点位的均匀分布，各个等级的导线往往需要布置成导线网的形式。以上已经用等权替代法进行了导线网精度的初步分析，得到了在各种形式的导线网中导线线路的容许长度。在这个基础上，再用严密的方法作出误差椭圆，对导线网的精度作进一步的分析。

图 7 所示为典型的单结点和双结点的一级导线网。为了和总长为 3 km 的典型一级直伸导线相对照，设导线测量的精度为 $m_\beta=\pm 5''$，$m_s=$（12 mm，10 ppm）。导线网中线路的最大长度，按图 3 所示对于单结点网为 3 km×1.18＝3.54 km，对于双结点网为 3 km×1.26＝3.78 km。模拟计算时为了取平均边长 200 m 的整倍数以及图形的对称性，两者均取 3.6 km。导线点的点位误差椭圆、边长和方向角误差如图 7 所示。由此可见：

（1）双结点导线网中最弱点的点位误差按要求略留有余地，而单结点导线网则略有超出，这和两者都取单导线长度的 1.2 倍有关。说明等权替代法用于这些网形的初步精度估算是相当准确的。

（2）和单导线相比，导线网中的点位精度比较均匀。双结点导线网的最弱点在中间一条线路的中部，而单结点导线网则在单条线路离已知点大约

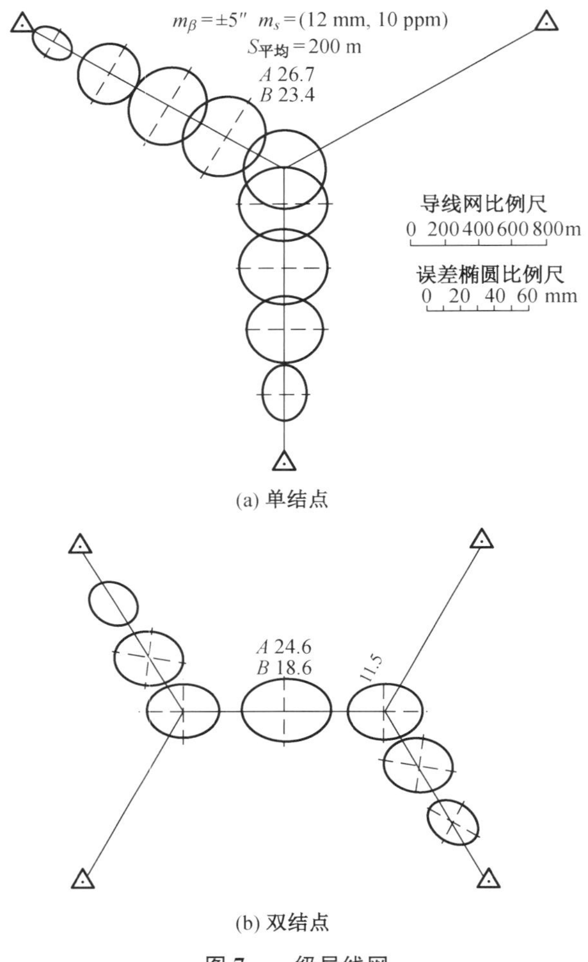

(a) 单结点

(b) 双结点

图 7　一级导线网

4/5的地方。这和等权替代法的估算也是相符的。

(3) 平差后各边的方向角误差的平均值大约为测角中误差的 1.1 倍。最弱边在和已知点连接的边上，在单结点和双结点网中分别达到测角中误差的 1.3 倍和 1.5 倍。

图 8 和图 9 所示为某两城市的双结点和三结点的一级导线网平差后的点位误差椭圆以及边长和方向角误差。和典型图形相比较，双结点网的线路较长而三结点网的线路较短，这在精度评定中得到相应的反应。两个导线网完全符合设计要求。由此可见，典型图形的理论分析和实践的结果基本上是相符合的。

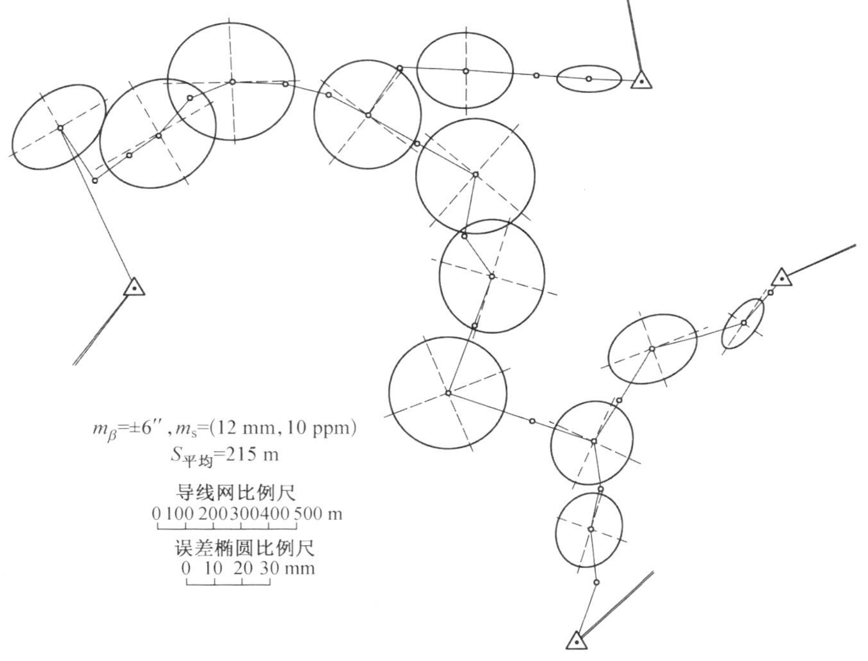

图 8　双结点导线网平差后的点位误差椭圆

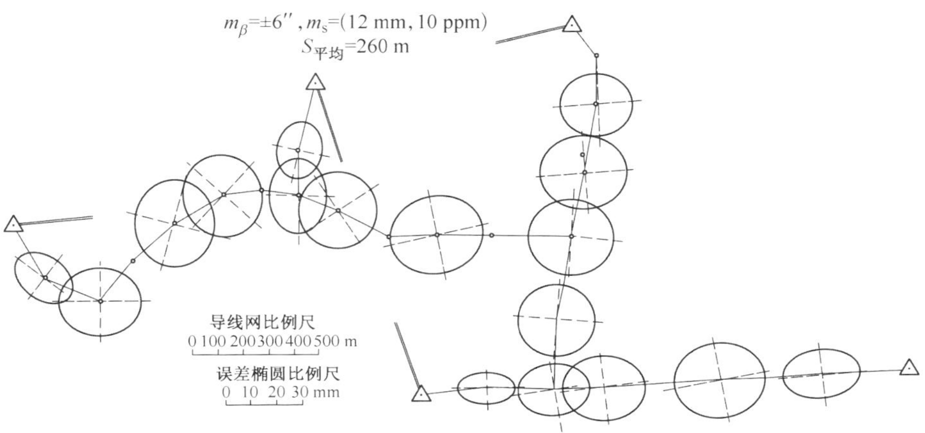

图 9　三结点导线网平差后的点位误差椭圆

4. 四等导线网的精度分析

图 10 所示为 2 000 m 边长的四等导线网的三种典型图形。图 10(a)为曲折形式、图 10(c)为直伸形式、图 10(b)介于两者之间。由此可见：

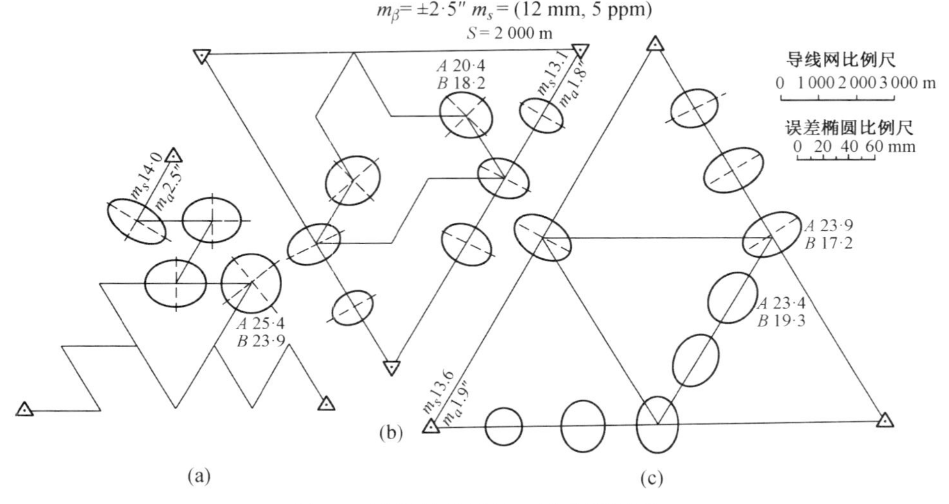

图 10　四等导线网的三种典型图形

(1) 在边长为 8～12 km 的三等三角网下布设四等导线网，不论采用直伸或曲折的形式，适当地组成若干结点和闭合环以后，都可以提高导线的精度而使之符合要求。例如图 10(c)的导线网，高级控制点间的距离达 12 km，为 8 km 长的四等标准直伸导线的 1.5 倍(按图 3 的等权线路，这种图形的线路长度可达单导线的 1.6 倍)，仍能满足点位精度的要求。

(2) 和一级导线网一样，导线网的点位精度趋于均匀。

(3) 平差后各边的方向角误差的平均值大约为测角中误差的 0.9 倍，比一级导线网的方向角误差平均值小一些，这和此种形式的四等导线网的边数较少有关。

图 11 和图 12 所示为某两城市的四等导线网平差后的点位误差椭圆以及边长和方向角误差。前者在市区的三等三角点较密(平均边长 4 250 m)，因此四等导线网组成形式简单的单结点网。后者三等网的边长较长(平均 8 110 m)，因此四等导线网组成 13 个结点和 10 个闭合环的复杂的导线网。由于导线网的线路不长(和典型图形相比)，结构紧密，因此导线网的精度高于规定的要求。

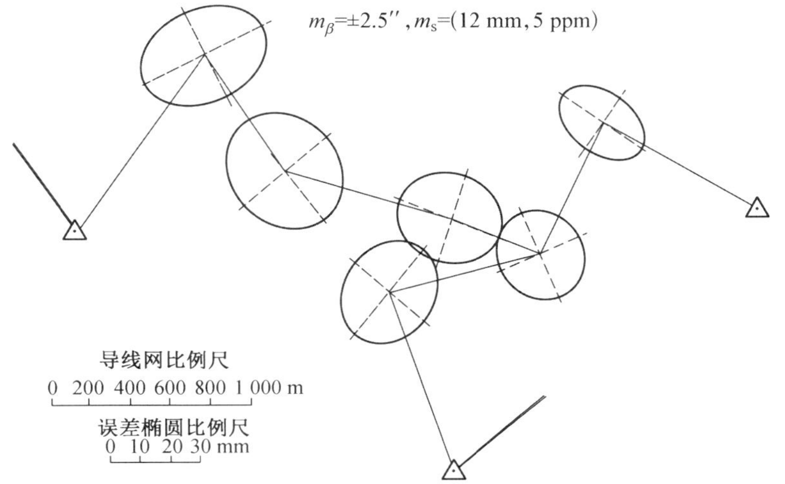

图 11　单结点四等导线网平差后的点位误差椭圆

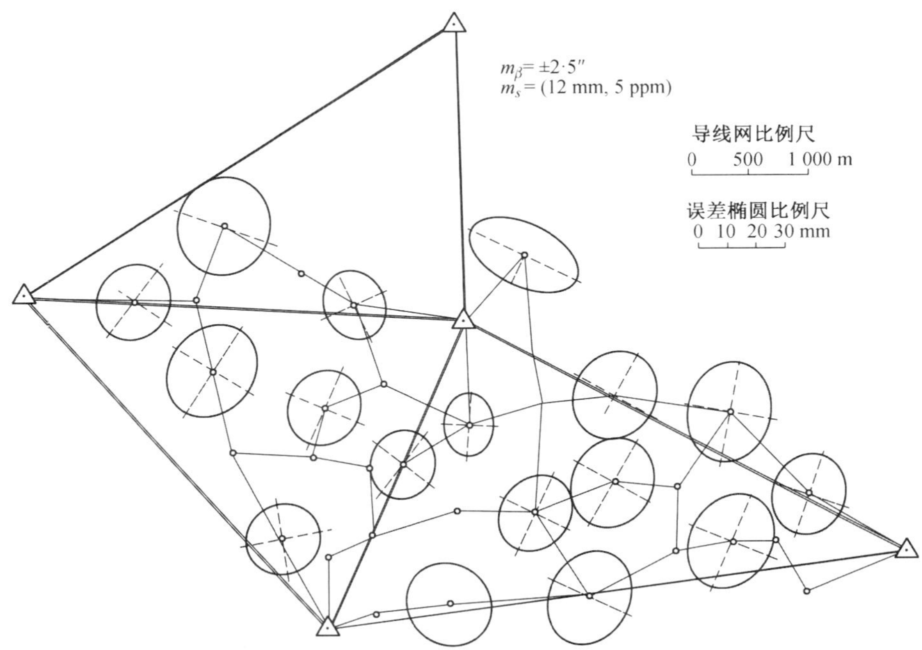

图 12　复杂四等导线网平差后的点位误差椭圆

三、城市三、四等及一、二级导线网的设计

1. 城市导线网设计概述

在城市及工矿地区以导线形式布设平面控制网时，必须最后使导线点的密度和精度能满足城市最大比例尺测图(一般为 1∶500)以及市政工程施工放样的需要。因此对于作为平面基本控制点的等级导线，提出导线中最弱点的总的点位中误差相对于高级控制点不超过 5 cm 的要求，并要求点位误差在各个方向大致是均匀的，即纵、横向误差大致相等，点位误差椭圆接近于误差圆。布设具有足够密度与精度的导线网的目的应该以最经济的手段来达到。这就必须做到下列几点：

(1) 合理地规划各个等级的导线网的布网方案。根据测区的范围、高级控制点的分布情况及现场的具体条件，拟定首级导线网及以下几个等级的导线网的布网方案，设计好各个等级导线网的线路总长、平均边长和网形。

(2) 拟定施测纲要。根据现有的仪器设备，规定测角和测距的方法、测回数、读数次数和各种技术限差。

(3) 拟定成果处理的方法。其中包括评定野外观测成果的精度、规定导线的各种闭合差以及拟定导线和导线网的平差计算方法。

所有这些可以称之为导线网的设计工作。导线网设计的理论以单导线为基础，然后按照各种不同形式的典型导线网求得其与单导线的关系，最后用导线网的典型图形进行模拟计算作为设计相同类型的导线网的依据。设计导线网一般应该进行精度估算，平差后要作出精度评定。

2. 分级布网与起始数据误差

测量控制网的布网原则是从整体到局部，分级布网，逐级控制。高级网采用比较坚强的图形和比较精密的方法进行测量，其成果作为精度稍差的次一级网的起始数据，依次下去，做到层层控制。这样，作为整体的首级网在测区建立以后，以下的加密网就可以按轻重缓急分期分批地布设，或按地区特点因地制宜地采用不同的布网形式。分级布网和逐级控制可以使低级网的精度得到保证，可以使网形不致太复杂，便于测量工作的组织，便于检核和平差计算。在条件许可时也可以越级布网，以减少分级的层次，有利于提高成果的精度和加密的速度。

在测量控制网的分级布网与逐级控制中，高级控制点要作为次级控制网的起始数据，平差计算时要作为没有误差的"真值"。事实上高级控制网必然包含误差，并形成低级网的起始数据误差，只是起始数据误差的影响一般来说应该比测量误差的影响小一些。起始数据误差与测量之间的比例关系应该取得恰当，这样，一方面使能够真正起到逐级控制的作用，另一方面也不致对高级控制网提出过高的要求使之难以做到。

在导线网设计中，起始数据误差和测量误差的比例一般取 $1:\sqrt{2}$，在最不利情况下为等影响。例如在关于导线中点的纵、横向误差的形成的讨论中，采用了等影响。其理由是：①讨论是针对次级导线网附合到高级导线网（或三角网）的最弱点或最弱边上的最不利情况而言的；②起始数据误差估计得大一些可以使测量误差限制得紧一些，使导线的精度留有余地。

以一级导线附合在城市四等三角点上或二级导线符合在一级小三角点上为例来讨论起始数据误差的容许值。导线所附合的两个高级控制点之间的边长误差增加了导线的纵向误差。高级控制点 A、B 之间的容许边长误差 $m_{S_{AB}}$（图 1），根据式（1－9）式和式（1－16）为

$$m_{S_{AB}}=m_t'\leqslant\pm 5\ \text{cm}$$

城市四等三角网的平均边长为 2 km，一级小三角网的平均边长为 1 km。因此要求其边长的相对误差不大于：

$$\text{四等三角}\quad \frac{m_s}{S}=\frac{5}{200\ 000}=\frac{1}{40\ 000}$$

$$\text{一级小三角}\quad \frac{m_s}{S}=\frac{5}{100\ 000}=\frac{1}{20\ 000}$$

四等三角和一级小三角网的最弱边也能满足以上要求。

高级控制点上的起始方向角误差增加了导线的横向误差。起始方向误差 m_α 相当于导线连接角的误差（图 1），根据式（1－9）和式（1－16）得到：

$$m_u'=\frac{m_\alpha}{\rho''}L\ \frac{1}{\sqrt{2}}\leqslant\pm 5\ \text{cm}$$

因此要求：

$$m_\alpha=\leqslant\frac{0.05\sqrt{2}}{L(m)}\rho''$$

四等三角　$m_\alpha\leqslant\frac{0.05\sqrt{2}}{2\ 000}\rho''=\pm 7''$；一级小三角　$m_\alpha\leqslant\frac{0.05\sqrt{2}}{1\ 000}\rho''=\pm 14''$

四等三角网相邻边之间的方向角中误差一般不会大于±3″，一级小三角网不会大于±6″。因此对于四等三角及一级小三角网不论边长和方向角的精度都能满足布设下一级导线的需要。

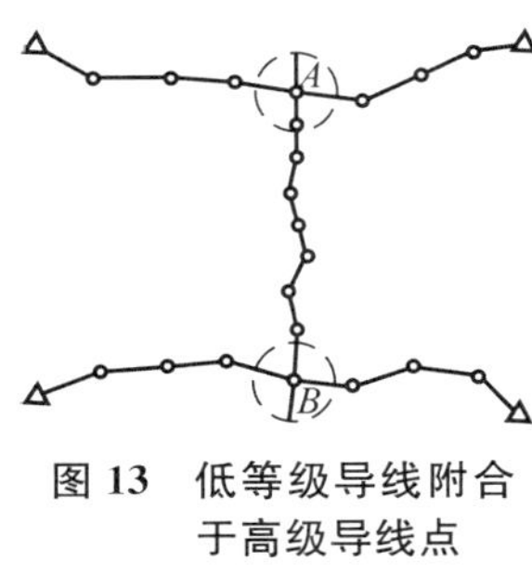

图 13　低等级导线附合于高级导线点

再以低级导线附合于高级导线点上为例，如图 13 所示，最不利的情况为低级导线所附合的两个高级导线点 A 和 B 在本身的导线中均为最弱点，则其纵、横向误差各为 $5\sqrt{2}$ cm。在这种情况下，高级导线点的横向误差形成低级导线起始数据中的纵向误差。两点横向误差的共同影响使低级导线产生的纵向误差为 $(5/\sqrt{2})\times\sqrt{2}=5$ cm，正好能满足式 (1-16) 的要求。高级导线边的方向角误差大约相当于测角中误差，而要求的方向角误差大约相当于低级导线的测角中误差，因此也能满足要求。

3. 导线的测量误差与导线的网形

任何一种控制测量成果都是观测值的函数，观测值的误差对成果影响的大小除决定于观测误差本身的大小以外，还决定于函数的形式，也就是控制网的图形。因此合理布网与精心观测是保证导线网精度的两个相辅相成的方面，并且也可以作某种程度的互相调节。例如导线网图形较差，可以适当提高测量精度；测量精度受到限制，则用改善网形来解决。

根据前面的典型导线与导线网的精度分析，关于导线网形与测量误差对导线成果的影响可以归纳为下列几点，作为导线网设计的参考：

(1) 在直伸导线中，测角误差形成导线点位的横向误差，测距误差形成纵向误差。导线测角和测距的精度配合是以导线中部的最弱点的纵、横向误差大致相等为原则。

(2) 导线的测角误差影响大致与导线的长度和转折角数的平方根的乘积成正比。因此横向误差过大时，应提高测角精度，或增长导线边以减少角数。

(3) 根据短程光电测距仪的特点，导线的测距误差，在边长较短的一、二级导线中，主要是常误差在起作用，因此纵向误差大致与导线边数的平方根成正比。在三、四等导线中，边长在 1 km 以上时，比例误差逐渐占主导地位，导线的纵向误差大致与导线的长度的平方根成正比。如果测距仪经过精密的乘常数与加常数测定并正确地进行气象改正，则与线路长度成正比的、正负号不改变的测距系统误差在导线测距中不占主要地位。

(4) 在曲折导线中,测角与测距误差对导线点位的纵、横向误差的影响不能截然分开。提高测角或测距的精度,对纵、横向的点位精度都有所改善。

(5) 曲折导线的精度不低于同样长度和同样边数的直伸导线,因此导线的长度和边数是导线网图形设计中的一个重要指标。直伸和曲折的区别仅在于:直伸导线可以附合到边长较长的高级控制点上,同样长度的曲折导线附合的边长要短得多。

(6) 导线平差后的边长精度与测量精度相比较提高不多,而导线边的方向角精度则有较大的提高。在12条导线边的情况下,方向角误差大致相当于测角误差,随着边数的增减而略有增减。

(7) 组成导线网以后,由于多余观测的增加和图形结构的加强,因此可以提高网中点位的精度,并使之趋于均匀。和单导线相比较,可以适当增加导线线路的长度。用等权替代法估算导线网的等权线路长度基本符合导线组成网形后精度提高的实际情况。

(8) 用坐标变量法严密平差模拟计算的典型导线网,经过实践的检验,可以作为相同类型导线网的设计标准。

4. 城市导线的设计标准与主要技术要求

由于短程光电测距仪用于城市导线测量还是近年来的事情,在我国目前还正处于逐步推广之中。因此有关光电测距导线的设计标准与技术要求在现行的《工程测量规范》中还没有得到充分的反映和列出详细的规定。

作者根据短程红外光电测距仪的测距精度和导线测量的误差传播理论,对城市三、四等及一、二级光电测距导线进行了一些分析研究,其中包括收集与分析了一些城市的四等及一级光电测距导线的实测资料,对一些城市的四等及一级光电测距导线的设计、施测与平差计算进行了一些实践,以及利用编制的导线网的坐标变量法严密平差与精度评定的电算程序对一些实测的和模拟的典型导线和导线网进行了计算和分析。并利用了点位误差椭圆这一直观而全面的分析点位精度的方法。在此基础上总结和提出城市三、四等和一、二级光电测距导线设计的理论和方法,并把设计标准和主要技术要求的建议列于表6。

表 6　城市等级光电测距导线的设计标准与主要技术要求

导线等级	*附合线路长度/km	平均边长/m	导线边数	测距误差/mm	测距仪精度及测距方法						经纬仪等级及测回数			方向角闭合差(角数 n)/(″)	导线全长最大相对闭合差
					常误差/mm	比例误差/ppm	测回数	读数次数	单程或往返	测角误差/(″)	$J6$	$J2$	$J1$		
三等	15	3 000	5	20	5	5	2	4	往返	1.5		12	9	$3\sqrt{n}$	$1\sqrt{60\,000}$
	12	3 000	4	20	5	5	2	4	往返	1.8		9	6	$3\sqrt{n}$	$1\sqrt{48\,000}$
四等	10	2 000	5	16	5	5	2	4	往返	2.5		6	4	$5\sqrt{n}$	$1\sqrt{40\,000}$
	8	1 600	5	16	5	5	2	4	往返	2.5		6	4	$5\sqrt{n}$	$1\sqrt{32\,000}$
	6	500	12	12	10	5	1	4	往返	2.5		6	4	$5\sqrt{n}$	$1\sqrt{24\,000}$
一级	3	250	12	12	10	10	1	4	单程	5	6	3	1	$10\sqrt{n}$	$1\sqrt{12\,000}$
二级	1.5	120	12	12	10	10	1	4	单程	10	2	1		$20\sqrt{n}$	$1\sqrt{6\,000}$

注：* 导线组成结点或闭合环等网形时，估算其等权线路长度作为附合线路长度，或参照典型网形设计。

四、结　论

随着短程光电测距仪的发展，导线作为城市各等级平面控制网的一种形式也将会得到更广泛的采用。目前看来，城市四等导线网取代四等三角网是完全可能的，因为它具有布网灵活方便、点位完全可以按布设下级网的需要来选定、加密速变快等优点。电子计算技术的推广和发展解决了较高等级导线网的严密平差问题，并为导线网的精度分析提供了有力的工具。城市光电导线测量的实践正在开展，相信广大测绘工作者对此的经验总结与理论研究将会进一步促进其发展。

城市光电测距导线的精度分析

顾孝烈　杨子龙　都彩生　陆剑鸣

一、光电测距导线的误差传播与测量的精度要求

1. 导线边长测盘的误差

本文所讨论的光电测距导线为城市三、四等及一、二级导线，其边长从100多米至3 000 m，边长测量一般用短程红外光源相位式测距仪。测距的误差来源中有一部分与距离D的长短无关，称为常误差m_c，另一部分与距离D成正比，称为比例误差，设其比率为R，通常以百万分率(ppm)表示。因此测距误差的表示式为：

$$m_D = \sqrt{m_c^2 + (D \cdot R)^2} \tag{1}$$

一般m_c以"mm"为单位，Rppm以"mm/km"为单位，简写为：$m_D(m_c, R\text{ppm})$，例如m_D(5 mm，5 ppm)。

比例误差的一部分为系统误差。对于全网都用某一架仪器来测距，则系统误差的主要来源为仪器的频率误差。由于气象因素(沿测线的大气平均温度及气压)的不能正确测定而产生空气折射率的误差，在同一地区、同一时间内的测距也会形成系统误差。在精密测距时，如果在这方面不加注意，则气象因素所引起的误差会上升到主要误差来源的地位。

仪器加常数的误差与由于发光管相位不均匀而在照准中产生的误差也属于系统误差，但一般不与距离成比例。

在以后讨论导线测量的精度时，分别考虑光电测距中的偶然误差部分与系统误差部分。

本文发表于《测绘学报》，1982年第2期。

2. 导线中点点位精度的要求与导线的容许闭合差

直伸导线具有一定的代表性，并且可以使精度估算的公式简化。因此讨论导线中点点位精度的要求与导线的容许闭合差时以直伸导线为例。

对于两端附合在坚强点上的直伸等边附合导线，当角度经过方向角闭合差的调整之后，从一个端点推算至另一个端点的纵向误差为 m_t、横向误差为 m_u。

导线经过平差以后，其最弱点为离开坚强点最远的点，即导线的中点 m。按直伸等边导线平差后的精度评定（不考虑量距系统误差），得到导线中点的纵、横向误差为 $m_{t(m)}$ 和 $m_{u(m)}$。

导线端点和中点的点位误差除了由测量误差所引起的以外，还受到起始数据误差的影响。起始数据误差形成端点的纵、横向误差为 m'_t 和 m'_u，中点的纵、横向误差为 $m'_{t(m)}$ 和 $m'_{u(m)}$。

比较导线端点和中点的点位误差，可以得到它们的比例关系。对于严格成直伸的导线，如果不考虑起始数据误差的影响，则平差后可以完全消除测距中的系统误差影响，但对于曲折导线则不可能完全消除。因此假定导线中点仍受到 $1/2\lambda L$ 的系统误差影响，由此得到：

$$\left.\begin{aligned} m_t &= 2m_{t(m)} \\ m_u &= 4\sqrt{\frac{n^2+2n+1}{n^2+2n+4}}m_{u(m)} \approx 4m_{u(m)} \end{aligned}\right\} \tag{2}$$

以及

$$\left.\begin{aligned} m'_t &= 2m'_{t(m)} \\ m'_u &= 2m'_{u(m)} \end{aligned}\right\} \tag{3}$$

城市及工矿地区的导线为了满足 1∶500 测图及一般工程施工放样的需要，规定导线的最弱点（对于单导线为中点）相对于高级控制点而言的点位中误差 $M_{(m)}$ 为 5 cm，而中点的点位误差由测量误差及起始数据误差所引起，即

$$M_{(m)} = \sqrt{m^2_{t(m)} + m^2_{u(m)} + m'^2_{t(m)} + m'^2_{u(m)}} = 5\ \text{cm} \tag{4}$$

中点点位误差的各个组成部分采用等影响原则来分配：

$$m_{t(m)} = m_{u(m)} = m'_{t(m)} = m'_{u(m)} = \frac{M_{(m)}}{\sqrt{4}} = \pm 2.5\ \text{cm} \tag{5}$$

根据中点与端点的纵、横向误差的比例关系，得到端点纵、横向中误差为：

$$\left.\begin{aligned} m_{t(m)} &= \pm 2.5\ \text{cm} \times 2 = \pm 5\ \text{cm} \\ m_{u(m)} &= \pm 2.5\ \text{cm} \times 4 = \pm 10\ \text{cm} \\ m'_{t(m)} &= \pm 2.5\ \text{cm} \times 2 = \pm 5\ \text{cm} \\ m'_{u(m)} &= \pm 2.5\ \text{cm} \times 2 = \pm 5\ \text{cm} \end{aligned}\right\} \tag{6}$$

导线端点总的纵、横向中误差 $m_{t(\sum)}$、$m_{u(\sum)}$ 及总的点位中误差 $m_{(\sum)}$ 为：

$$\left.\begin{aligned} m_{t(\sum)} &= \sqrt{m_t^2 + m'^2_t} = \sqrt{5^2 + 5^2} = \pm 7.1\ \text{cm} \\ m_{u(\sum)} &= \sqrt{m_u^2 + m'^2_u} = \sqrt{10^2 + 5^2} = \pm 11.2\ \text{cm} \\ m_{(\sum)} &= \sqrt{m^2_{t(\sum)} + m^2_{u(\sum)}} = \sqrt{7.1^2 + 11.2^2} = \pm 13.3\ \text{cm} \end{aligned}\right\} \tag{7}$$

取式(7)算得的数值的 2 倍即为各个等级导线测量容许的纵、横向闭合差 $t_{(\max)}$、$u_{(\max)}$ 和容许的全长闭合差 $f_{(\max)}$，即

$$\left.\begin{aligned} t &= \pm 7.1\ \text{cm},\ t_{(\max)} = \pm 14.2\ \text{cm} \\ u &= \pm 11.2\ \text{cm},\ u_{(\max)} = \pm 22.4\ \text{cm} \\ f &= \pm 13.3\ \text{cm},\ f_{(\max)} = \pm 26.6\ \text{cm} \end{aligned}\right\} \tag{8}$$

3. 导线测量的精度要求

(1) 距离测量的精度要求

在直伸导线中，距离测量的误差形成纵向误差。因此可以根据纵向误差的规定值计算距离测量的精度要求。根据式(6)，得到

$$m_t^2 = n \cdot m_s^2 + \lambda^2 L^2 = (50\ \text{mm})^2$$

设短程光速测距仪的系统误差为 2 ppm，导线总长 L 以千米计，则要求每条导线边的测距中误差为：

$$m_s = \sqrt{\frac{2\,500 - (2L)^2}{n}}\ (\text{mm}) \tag{9}$$

根据上式算得各等级导线、在不同的导线总长与平均边长的情况下，所需要的测距精度如表 1 所示。由此可见，每条导线边的测距精度要求(偶然误差部分)变化于 24～13 mm 之间。边数越多、导线总长越长，则要求测距精度越高。针对三、四等及一、二级导线的测距精度要求，根据式(1)设计三种测距精度为：

$m_{s_1} = (12\ \text{mm},\ 10\ \text{ppm})$，$m_{s_2} = (12\ \text{mm},\ 5\ \text{ppm})$，$m_{s_3} = (7\ \text{mm},\ 5\ \text{ppm})$

表 1　各等级导线的测距精度要求($\lambda=2\times10^{-4}$)

导线等级	假定导线总长/km	平均边长/m	导线边长 n	要求测距精度/mm	设计测距精度		
					12 mm，10 ppm	12 mm，5 ppm	7 mm，5 ppm
三等	15	3 000	5	18		19	17
	12	3 000	4	22		19	17
四等	10	2 000	5	20		16	12
	8	2 000	4	24	23	16	12
	8	1 600	5	21	20	14	
	8	1 000	8	17	16	13	
	6	1 500	4	24	19	14	
	6	1 000	6	20	16	13	
	6	500	12	14	13	12	
一级	3	300	10	16	12		
	3	200	15	13	12		
	2.4	200	12	14	12		
二级	1.5	150	10	16	12		
	1.5	100	15	13	12		
	1.2	100	12	14	12		

按导线边长计算测距误差，也列于表 1 作为对照。可见第一种测距精度已能满足大部分场合的导线测距，四等导线中的长边宜用第二种测距精度，三等导线中的长边宜用第三种测距精度。

考虑到测距仪的标称精度中并不包括导线测距时仪器及反光镜的对中误差以及由高差改正等带来的误差，因此针对上述三种设计的测距精度所采用的测距仪标称精度应为：

$$m'_{s_1}=(10\ \text{mm},\ 10\ \text{ppm}),\ m'_{s_2}=(10\ \text{mm},\ 5\ \text{ppm}),\ m'_{s_3}=(7\ \text{mm},\ 5\ \text{ppm})$$

(2) 角度测量的精度要求

在直伸导线中，角度测量的误差形成横向误差，因此可以根据横向误差的规定值计算角度测量的精度要求。根据式(6)，得到

$$m_u=\frac{m_\beta}{\rho}\cdot L\sqrt{\frac{(n+1)(n+2)}{12n}}=100\ \text{mm}$$

设导线总长 L 以千米为单位、测角中误差 m_β 以秒为单位，则

$$m''_\beta = \frac{20.6}{L(\text{km})}\sqrt{\frac{12n}{(n+1)(n+2)}} \tag{10}$$

按上式根据导线总长及边数算得各等级的导线的要求测角精度以及设计的测角精度如表 2 所示。

表 2　各等级导线测角精度要求

导线等级	假定导线总长/km	平均边长/m	导线边数 n	要求测角精度 m_β/(″)	设计测角精度 m_β/(″)
三等	15	3 000	5	1.6	1.5
	12	3 000	4	2.2	1.8
四等	10	2 000	5	2.5	2.0
	8	2 000	4	3.3	2.5
	8	1 000	5	3.1	2.5
	8	1 000	8	2.7	2.5
	6	1 500	4	4.3	3.0
	6	1 000	6	3.9	3.0
	6	500	12	3.1	2.5
一级	3	300	10	6.5	5
	3	200	15	5.4	5
	2.4	200	12	7.6	6
二级	1.5	150	10	13.1	10
	1.5	100	15	10.9	10
	1.2	100	12	15.3	12

4. 导线网精度的初步分析

光电测距导线网的精度估算以单条导线的误差传播规律为基础。根据以上分析，知道单条导线的端点点位误差在一定的测量精度下与导线的总长、导线的边长（或导线的边数）有关。在一定的测量精度与平均边长的情况下，导线端点的点位误差大致与导线的长度成正比。设以 1 km 长的导线端

点点位误差 $M_{1\,km}$ 作为单位权中误差、L 长度的导线端点点位误差为 M，其权为 p，则可以得到下列的近似关系式：

$$M = M_{1\,km} \cdot L = M_{1\,km}\sqrt{\frac{1}{p}} \tag{11}$$

$$L = \sqrt{\frac{1}{p}}, p = \frac{1}{L^2} \tag{12}$$

据此可以用等权替代法近似地估算导线网的等权线路长度、最弱点的位置、最弱点及结点的点位误差，作为导线网初步设计时的精度估算。

设附合在两个高级控制点之间的单条导线的容许长度为 L，如图 1(a)所示，则若干种与其等权的典型导线网的单条线路及附合线路的长度以及最弱点的位置用等权替代法计算的结果如图 1 中其他图形所示。

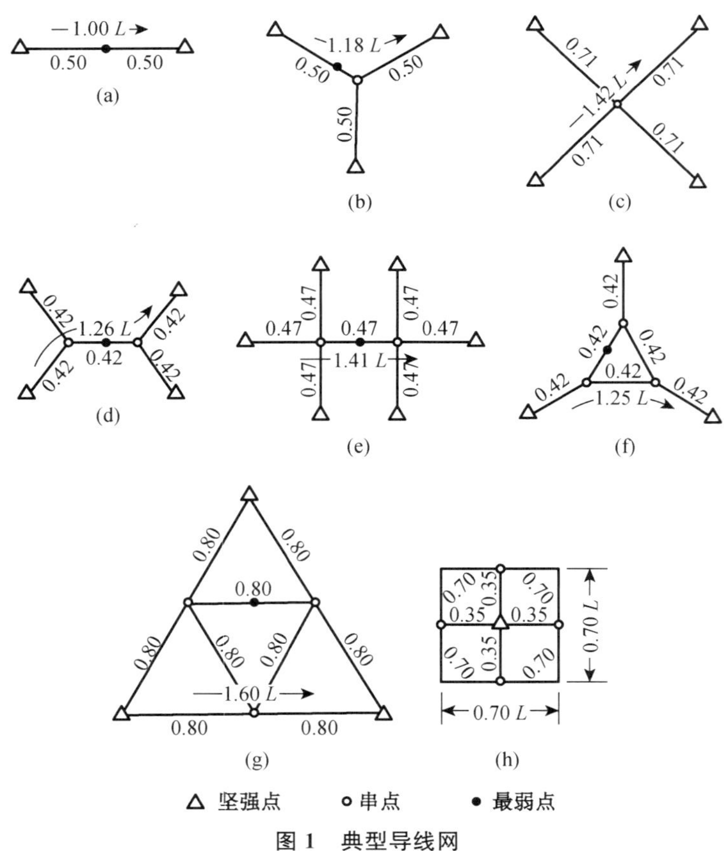

图 1　典型导线网

如果等权线路的长度没有超过相应等级单导线的容许长度，则导线网中最弱点的点位误差一般就会在容许范围以内。图 1 可以作为导线网初步设计时的参考。

二、用点位误差椭圆分析导线和导线网的精度

以上用直伸等边导线作为导线的典型，从保证最弱点的点位精度出发，讨论了各个等级导线在各种布设情况(导线总长、边数或平均边长)下，导线测量的必要精度以及导线网精度的初步分析。为了弄清楚：直伸导线和一般曲折导线的点位精度差别、平差后各导线点的点位误差、边长和方向角误差、导线网中线路的容许长度用等权替代法估算的可靠程度，以及各种典型导线网中的导线点点位误差、边长和方向角误差、按照导线测量的必要精度，将导线和导线网用坐标变量法平差求得其方差—协方差矩阵，据此计算各导线点的误差椭圆参数(长半径 A、短半径 B 和长半径的方向角 φ_0) 以及边长和方向角误差，用来分析上述在导线和导线网设计中必须解决的问题。

1. 一级导线的精度分析

设一级导线总长 $\sum S = 2\ 400$ m，平均边长 $S = 200$ m，导线边数 $n = 12$，测距精度 $m_s = (12$ mm, 5 ppm)，测角精度 $m_\beta = \pm 6''$。图 2(a)所示为导线严格直伸时各导线点的点位误差椭圆，图 2(b)—图 2(e)为导线弯曲成各种形状时的点位误差椭圆。并且把各种形状的导线平差后的边长和方向角误差列于表 3。由此可见：

表 3　各种形状的一级导线的边长和方向角误差

导线边号	平差后边长误差/mm					平差后方向角误差/(″)				
	a	b	c	d	e	a	b	c	d	e
A-1	11.5	11.7	11.6	11.8	11.5	5.1	5.1	5.1	5.0	5.6
1-2	11.5	11.6	11.6	11.8	11.5	6.1	6.1	6.0	6.0	7.3
2-3	11.5	11.5	11.6	11.7	11.5	6.2	6.3	6.2	6.3	8.1
3-4	11.5	11.5	11.5	11.6	11.5	6.0	6.2	6.0	6.3	8.5
4-5	11.5	11.5	11.5	11.5	11.5	5.6	5.9	5.8	6.3	8.7
5-6	11.5	11.5	11.5	11.5	11.5	5.4	5.7	5.6	6.3	8.8

（续表）

导线边号	平差后边长误差/mm					平差后方向角误差/(″)				
	a	b	c	d	e	a	b	c	d	e
6-7	11.5	11.5	11.5	11.5	11.5	5.4	5.7	5.6	6.3	8.8
7-8	11.5	11.5	11.5	11.5	11.5	5.6	5.9	5.8	6.3	8.7
8-9	11.5	11.5	11.5	11.6	11.5	6.0	6.2	6.0	6.3	8.5
9-10	11.5	11.5	11.6	11.7	11.5	0.2	0.3	6.2	6.3	8.1
10-11	11.5	11.6	11.6	11.8	11.5	6.1	6.1	6.0	6.0	7.3
11-B	11.5	11.7	11.6	11.8	11.5	5.1	5.1	5.1	5.0	5.6
平均	11.5	11.6	11.6	11.7	11.5	5.7	5.9	5.8	6.0	7.8

注：$\sum_S = 2.4$ km，$n = 12$，$m_\beta = \pm 6''$，$m_s = (12$ mm，5 ppm)。

(1) 各种形状的导线，除了弯曲成闭合环形以外，由测量误差引起的纵、横向误差没有超过±25 mm 的要求。环形导线往往作为独立的导线网，可以不考虑起始数据误差的影响，这样它的最弱点点位精度仍然是足够的。

(2) 最弱点位于导线的中部，靠近中部的导线点位误差椭圆大致成为圆形，说明这样设计的导线其点位误差在各个方向是比较均匀的。

(3) 曲折度 $\dfrac{L}{\sum S}$ 在 0.6 以上的各种弯曲形状的导线的点位误差和直伸导线相比较基本上是一致的，因此认为直伸导线可以作为典型而代表一般的导线来进行精度分析。导线的精度主要决定于导线的总长、边数以及导线测量的精度，不像三角网的精度那样在很大程度上取决于三角网的图形。这个特点使导线的布设要比三角网灵活和方便得多。

(4) 平差后导线的边长精度和测量的精度相比并无显著的提高。这可以用只有一条多余的边长观测来解释。

(5) 导线边的方向角精度平差后有显著的提高，并且精度均匀，这对于低等导线的附合是有利的。方向角的最弱边不在导线的中部而位于导线全长的大约 1/4 和 3/4 的地方。方向角误差的平均值除环形导线以外大约相当于测角误差。

从以上列举的一级导线的点位误差情况来看，导线的精度尚留有余地。因此，一级导线的总长可适当增加至 3 km，但是导线延长后考虑到纵、横向误差的相称性，适当提高测角精度为±5″，平差后的点位精度能满足规定的要求。

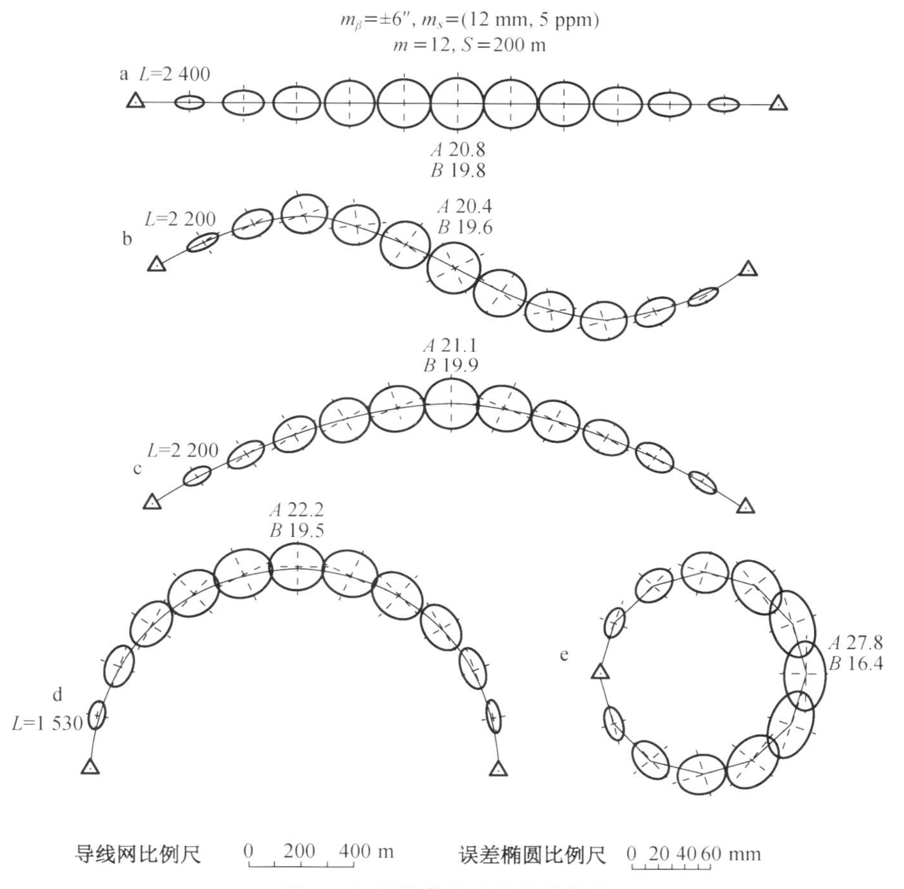

图 2　各导线点的点位误差椭圆

2. 四等导线的精度分析

四等导线和四等三角网一样，边长按照实际情况应该有一个较宽广的范围。沿地面布设的导线平均边长一般为 500 m，最长也不大会超过 1 000 m，这是由道路情况和沿地面的通视条件所决定的。空中导线的边长选择的自由程度较大，但是为了满足布设一级导线的需要以及照顾到短程红外测距仪的测程，一般采用 1 000～2 000 m 的边长（后者相当于城市四等三角网的平均边长）。考虑到国家和城市三等三角网的边长情况，设四等直伸导线的总长为 6～8 km，导线边长为 600～2 000 m。导线测角精度 m_β 为 ±2.5″，测距精度 m_s 为(12 mm，5 ppm)，计算各种情况下的导线点位误差椭圆如图 3 所示。由此可以看出：

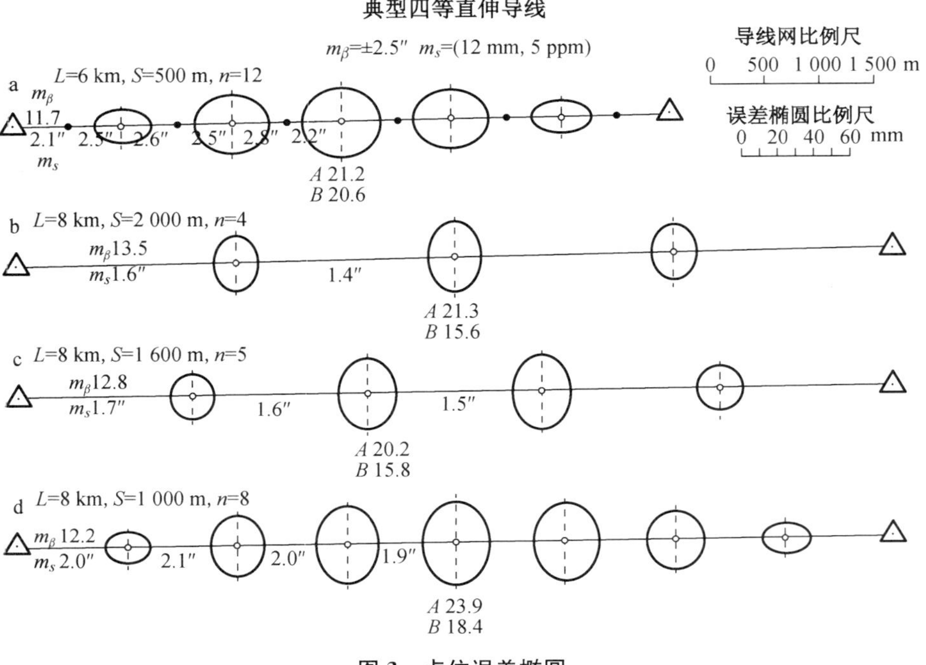

图 3　点位误差椭圆

(1) 导线总长为 6～8 km，边数为 4～12，边长为 500～2 000 m 的各种四等直伸导线的点位精度变化不大，因此四等导线的边长布置可以有较大的灵活性。图 3 所示各种情况的导线的最弱点的纵、横向误差均小于 25 mm，说明这样设计的导线测量精度是恰当的。

(2) 具有 12 条导线边、总长为 6 km 的四等直伸导线各点的点位误差椭圆和具有同样边数、总长为 2.4 km 的一级导线相同。这是符合分级布网的原则：各级控制点在不同的控制范围内达到大致相同的精度。四等导线要完全代替四等三角网还需要考虑其点位在控制范围内分布的均匀性(相当于四等三角点的分布情况)，因此四等空中导线经常需要布设成曲折形状。曲折形状的导线在同样的高级控制点的边长下布设，其总长较之直伸导线可成倍地增加。图 4 所示为典型的曲折导线，总长为 12 km，其点位精度满足规定要求。

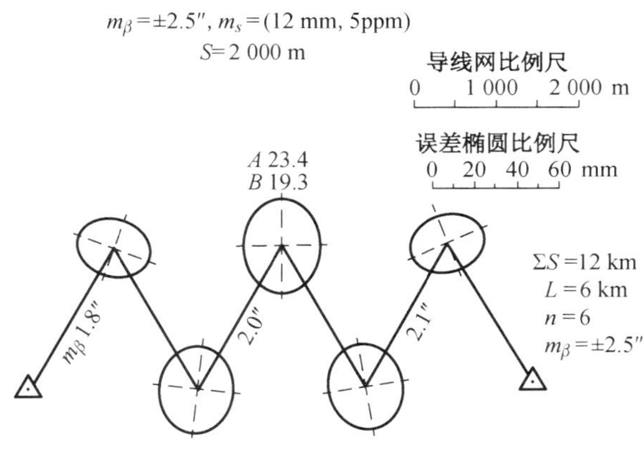

图 4　典型的曲线导线

根据以上分析，四等导线所附合的高级控制点的边长可以达到 6～8 km，这对于平均边长为 4.5 km 的城市三等三角网完全可以满足要求，而国家三等三角网的 8 km 平均边长一般也能满足要求。如果把四等导线组成导线网时，则总长还可适当增长(图 1)，在平均边长为 9 km 的城市二等网下，越级布设四等导线网也是有可能的。因此四等导线和导线网适应的范围较广。只有当高级控制点的密度难以在以下布设四等导线或导线网时，才考虑先布设三等导线。

3. 一级导线网的精度分析

为了能在超过导线容许长度的高级控制点之间布设导线和为了导线点位的均匀分布，各个等级的导线往往需要布置成导线网的形式。以上已经用等权替代法进行了导线网精度的初步分析，得到了在各种形式的导线网中导线线路的容许长度。在这个基础上，再用严密的方法作出误差椭圆，对导线网的精度作进一步的分析。

图 5 所示为典型的单结点和双结点的一级导线网。为了和总长为 3 km 的一级直伸导线相对照，导线网中线路的最大长度，如图 1 所示，两者均取 3.6 km。导线点的点位误差椭圆、边长和方向角误差如图 5 所示。由此可见：

(1) 典型的单结点和双结点导线网中，最弱点的位置和精度与前述等权替代法的估算基本相符。

(2) 与单导线相比，导线网中的点位精度比较均匀。

(3) 平差后各边的方向角误差的平均值大约为测角中误差的 1.1 倍。最弱边在和已知点连接的边上，在单结点和双结点网中分别达到测角中误差的 1.3 倍和 1.5 倍。

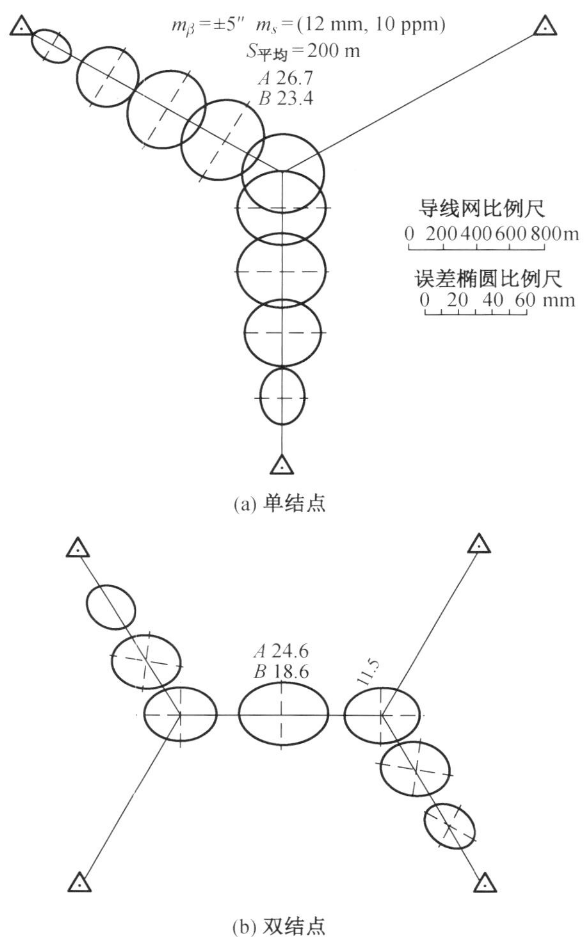

(a) 单结点

(b) 双结点

图 5 典型的单结点和双结点的一级导线网

4. 四等导线网的精度分析

图 6 所示为 2 000 m 边长的四等导线网的三种典型图形。图 6(a)为曲折形式,图 6(c)为直伸形式,图 6(b)介于两者之间。由此可见:

(1) 在边长为 8～12 km 的三等三角网下布设四等导线网,不论采用直伸或曲折的形式,适当地组成若干结点和闭合环以后,都可以提高导线的精度而使之符合要求。例如图 6(c)的导线网,高级控制点间的距离达 12 km,为 8 km长的四等标准直伸导线的 1.5 倍(按图 1 的等权线路,这种图形的线路长度可达单导线的 1.6 倍),仍能满足点位精度的要求。

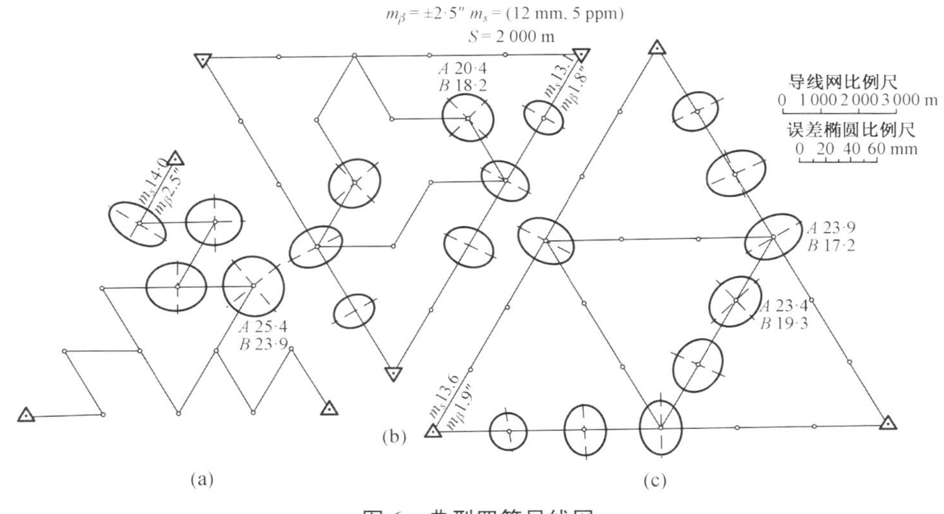

图 6　典型四等导线网

（2）和一级导线网一样，导线网的点位精度比较均匀。

（3）平差后各边的方向角误差的平均值大约为测角中误差的 0.9 倍，比一级导线网的方向角误差平均值小一些，这与该种形式的四等导线网的边数较少有关。

5. 三、四等独立导线网的精度分析

以三等或四等导线网作为城市及工矿地区的首级控制网时，往往需要布置成具有多个闭合环形的独立导线网。图 7 所示为典型的三、四等田字形独立导线网。由于每个闭合环的周长较长，分别达到 24 km 和 16 km，因此导线的测角中误差应适当提高，例如分别采用 ±1.5″和 ±2.0″。既然作为独立的首级网，就可以不考虑起始数据误差的影响。从图 7 可以看出，各导线点的点位误差相对于中心原点没有超过 5 cm 的规定。这个点位误差也可以看作每个闭合环中互为最远点的点位误差。对于整个城市地区，不论从布设低等控制网、测图或施工放样来讲，没有必要提出边缘地区相对于中心地区或相对于另一边缘地区的相对点位误差的要求。因此，在每一个适合于下级控制网加密的闭合环中，互为最远点的点位误差可以作为设计首级独立导线网的精度指标。这样，闭合环的个数在不致使首级网过于复杂的条件下可以适当增加，如图 8 所示，这时三等和四等独立导线网的控制面积分别为 324 km^2 和 144 km^2。

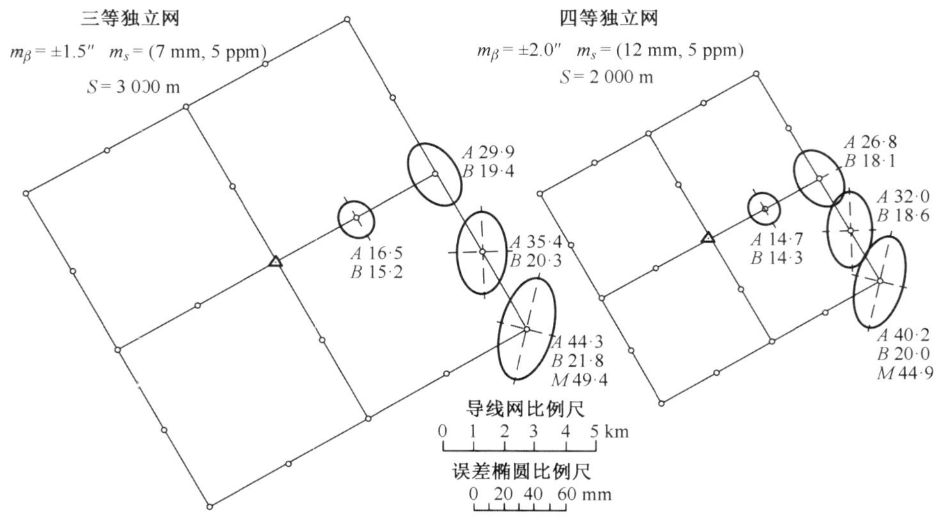

图 7　典型的三、四等田字形独立导线网

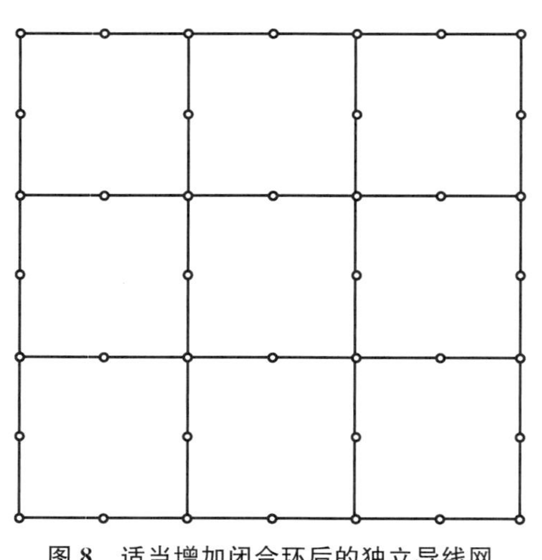

图 8　适当增加闭合环后的独立导线网

三、城市三、四等及一、二级导线网的设计

根据上述的分析，归纳城市导线网的几点布网原则并提出一些设计标准：

（1）一个测区要建立一个统一的、能长期使用的平面控制网，作为各种比例尺测图和一般工程施工放样的基本控制。首级网的范围根据当前需要，并顾及远景规划。其精度应有适当贮备，以留有扩展的余地。

（2）首级网的等级要和测区的面积相适应。根据前述对独立网的精度分析，关于首级导线网的等级与控制面积的建议如表 4 所示。

（3）上一级网的布设要考虑下一级网的布设方便，因此尽可能做到几个等级的导线网同时进行设计。

（4）导线点的密度应满足下级导线网的附合，具体标准为导线线路之间的间距和导线的平均边长。建议各等级导线的线路间距如表 5 所示。

导线边长的决定，除了保证导线点位的精度与密度之外，还应以可能的通视条件和测距仪器的性能（测程）来考虑。建议各等级导线的平均边长如表 6 所示。

（5）根据城市导线的设计理论和方法，把设计标准和主要技术要求的建议列于表 7。

表 4 首级导线网的等级与控制面积的建议

首级导线网等级	控制面积/km^2	首级导线网等级	控制面积/km^2
三等	100～250	一级	≤4
四等	≤100	二级	≤1

表 5 各等级导线路间距的建议

导线等级	线路间距/m	
	下级为单导线	下级为导线网
三等	5 000～6 000	6 000～8 000
四等	1 700～2 000	2 000～4 000
一级	800～1 000	1 000～1 200
二级	500～600	—

表 6 各等级导线平均边长的建议

导线等级	平均边长/m	
	空中导线	地面导线
三等	3 000	
四等	1 600～2 000	500～1 000
一级		200～300
二级		100～150

表 7　城市等级光电测距导线的设计标准与主要技术要求

导线等级	*附合线路长度/km	平均边长/m	导线边数	测距误差/mm	测距仪精度及测距方法					测角误差/(″)	经纬仪等级及测回数			方向角闭合差(角数 n)/″	导线全长最大相对闭合差
					常误差/mm	比例误差/ppm	测回数	读数次数	单程或往返		J6	J2	J1		
三等	15	3 000	5	20	5	5	2	4	往返	1.5		12	9	$3\sqrt{n}$	1/60 000
	12	3 000	4	20	5	5	2	4	往返	1.8		9	6	$3.6\sqrt{n}$	1/48 000
四等	10	2 000	5	16	5	5	2	4	往返	2.0		6	4	$4\sqrt{n}$	1/40 000
	8	1 600	5	16	5	5	2	4	往返	2.5		6	4	$5\sqrt{n}$	1/32 000
	6	500	12	12	10	5	1	4	往返	2.5		6	4	$5\sqrt{n}$	1/24 000
一级	3	250	12	12	10	10	1	4	单程	5	6	3	1	$10\sqrt{n}$	1/12 000
二级	1.5	120	12	12	10	10	1	4	单程	10	2	1		$20\sqrt{n}$	1/6 000

注：* 导线组成结点或闭合环等网形时，估算其等权线路长度作为附合线路长度，或参照典型网形设计。

随着短程光电测距仪的发展，导线作为城市及工矿地区各等级平面控制网的一种形式也将会得到更广泛的采用。城市三、四等导线网取代三、四等三角网是完全可能的，因为它具有布网灵活方便、加密速度快等优点。电子计算技术的推广和发展解决了较高等级导线网的严密平差问题，并且为导线网的精度分析提供了有力的工具。城市光电导线测量的实践正在开展，相信广大测绘工作者对此的经验总结与理论研究将会进一步促进其发展。

参考文献

[1] 契巴塔寥夫. 测量学(下卷，第一分册)[M]. 北京：高等教育出版社，1955.

[2] Д. С. Шеин. Городская Полигонометрия[M]. 1952.

城市测边网的设计与技术规定

顾孝烈

一、测边网和测角网的比较

测角网和测边网都是以连续三角形为主体的平面控制网，其实质都是交会定点。前者用角度交会而后者用距离（边长）交会。为了将两者进行比较，首先在一个三角形中分析测角前方交会及测边交会的点位误差椭圆。设测角中误差 σ_β 的弧度值和距离测量的相对中误差 σ_S/S 相等，即

$$\frac{\sigma''_\beta}{\rho''}=\frac{\sigma_S}{S} \tag{1}$$

设方向观测中误差 $\sigma_d=\sigma_\beta/\sqrt{2}$，而在这种简单的交会图形中，交会角的测角中误差 σ_β 即为交会方向的方向角中误差 σ_β，因此式(1)也可以写成

$$\frac{\sigma''_\beta}{\rho''}=\frac{\sigma''_d\sqrt{2}}{\rho''}=\frac{\sigma_S}{S} \tag{2}$$

今作对称交会，交会角从 120°变化到 30°，待定点的点位误差椭圆如图 1 所示。图 1 中细线椭圆为测角交会的结果，

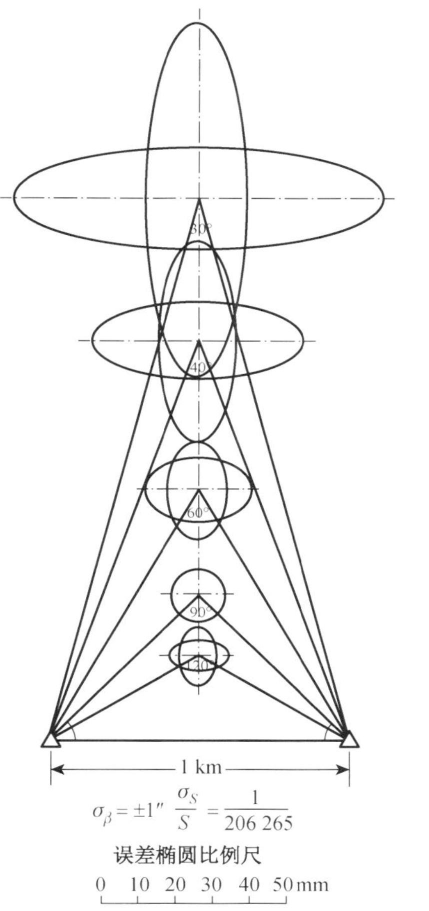

图 1　待定点的点位误差椭圆

本文发表于《测绘学报》，1984 年第 3 期。

而粗线椭圆为测边交会的结果(以后有误差椭圆的图中均同此)。

由此可见:

(1) 两者的误差椭圆长、短半轴的方向互成正交而数值相等,因此可以认为上述角度观测的精度和距离测量的精度在这种简单的交会中是相当的。

(2) 交会角为 90°时两者的误差椭圆为同一圆。

(3) 如果以垂直于已知边的方向为纵向,平行于已知边的方向为横向,则在一般情况下交会角小于 90°时,测角交会的纵向误差大于横向误差,测边交会则反之。换言之,测边交会有利于控制纵向误差,测角交会则有利于控制横向误差。

在边长为 1 km 的三角形单锁中将测角与测边的结果相比较时,考虑到角度有了多余观测而边长则没有,因此适当降低测角精度。设方向观测中误差 $\sigma_d = \pm 1''$,距离测量中误差 $\sigma_S = \pm 5$ mm,大致相当于按照

$$\frac{\sigma''_d}{\rho''} = \frac{\sigma_S}{S} \tag{3}$$

计算单锁中各待定点的点位误差椭圆如图 2 所示。可见与简单前方交会有相类似之处,即测角锁的纵向误差较大,而测边锁的横向误差较大。

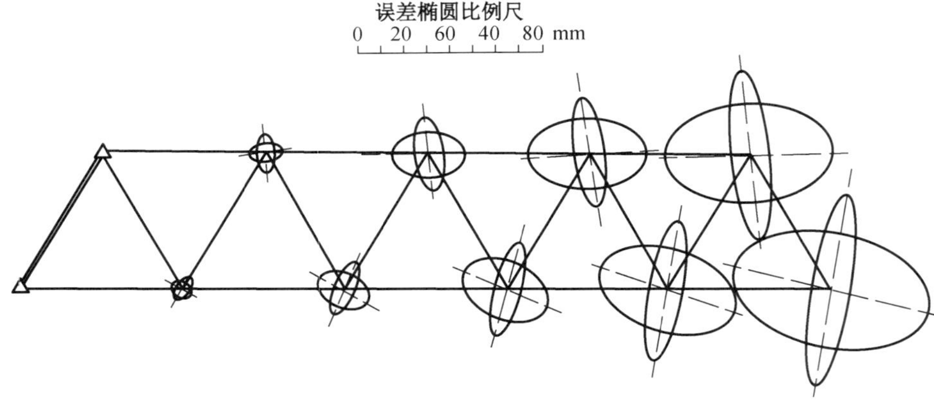

图 2 各待定点的点位误差椭圆

但是应该注意到,测边锁的纵向误差的积累小于测角锁的横向误差的积累,即前者的误差椭圆短半轴小于后者。其原因是每次(即在每个三角形中)用测边来确定点位的纵向位置时,具有相对独立的性质,而用测角确定点位的横向位置时,其方向角还受到前几个三角形中方向传递误差的影响。这和

直伸导线的情况有相似之处，导线愈长(导线转折角愈多)则横向误差的积累(由测角误差引起)愈显著于纵向误差的积累(由测距误差引起)。但是从另一方面来看，测边锁的横向误差的积累相当于测角锁纵向误差的积累。

在由几个中点多边形组成的网中，上述基本情况并没有改变(图 3)，测边网的薄弱方向的误差略大于测角网的相应方向，但总的点位误差还是相当的。

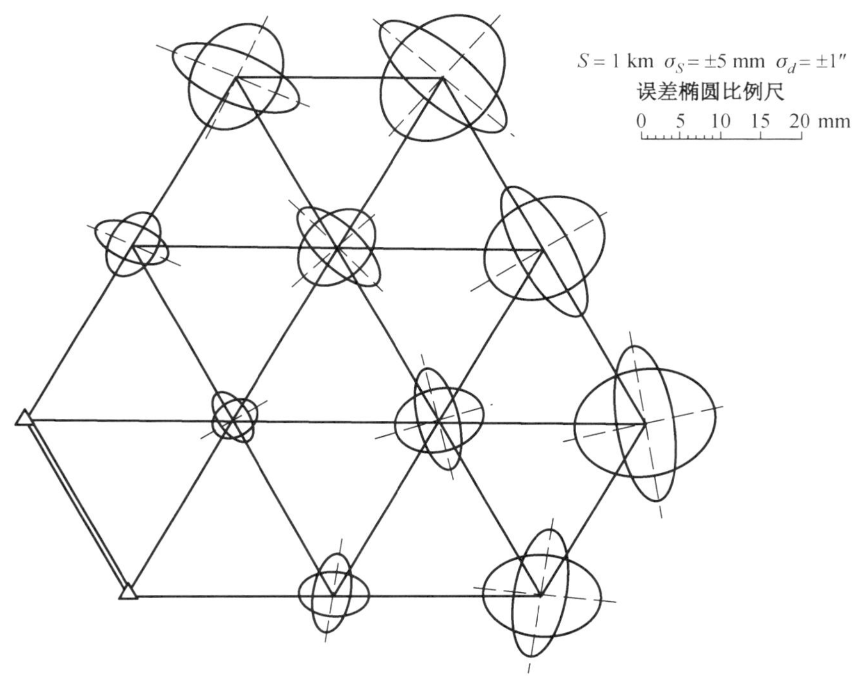

图 3　中点多边形网的点位误差椭圆

图 1—图 3 的点位误差椭圆都是相对于起始点而言的，因此可以称为绝对点位误差椭圆。城市低等级(一般指四等以下)的平面控制网，在高级点的控制下，要求在该范围内相对于起始点而言的点位误差不超过一定数值(例如 5 cm)，应该用绝对点位误差来衡量。城市四等和四等以上的平面控制网的边长达到 2 km 和 2 km 以上，此时点位误差的衡量不需要是某待定点相对于起始点而言的绝对点位误差椭圆，而应是相邻点的相对点位误差椭圆。为了在这方面对测边网和测角网进行比较，模拟计算具有 12 个中点多边形的城市四等独立网，分别按测边网和测角网计算若干相邻点的相对点位误差椭圆如图 4 所示。在测角与测边精度按照式(3)相匹配的情况下，测边网的相对点

位误差椭圆长轴略大于测角网，但总的点位误差仍然是相当的。

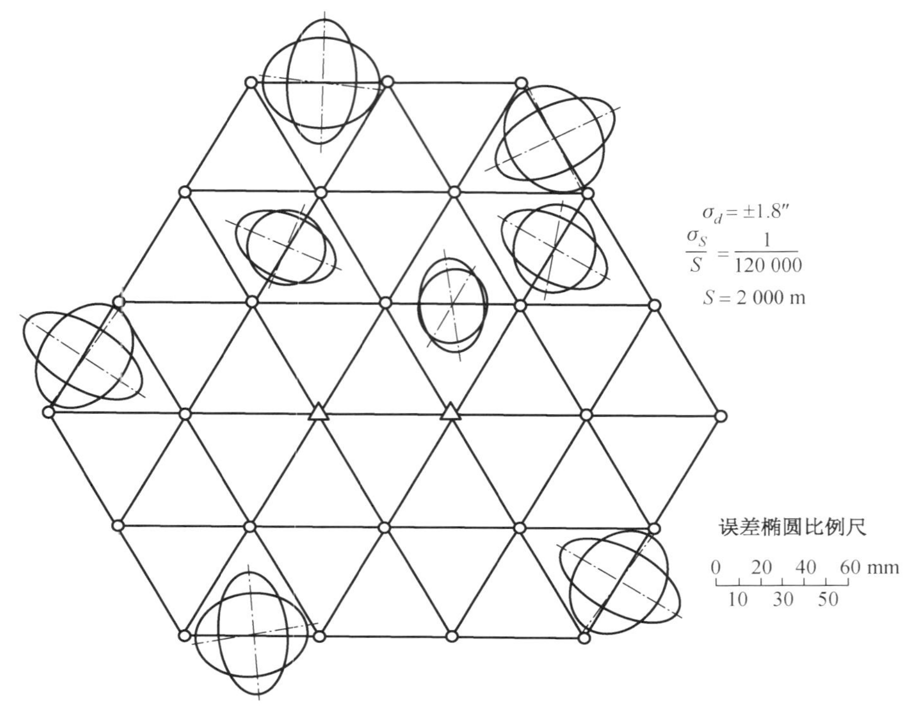

图 4　相对点位误差椭圆

二、边长观测和角度观测的精度匹配

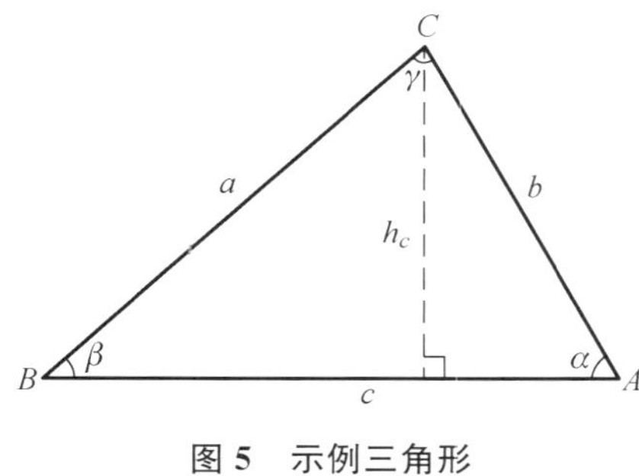

图 5　示例三角形

测角网中的角度误差对推算边长的影响在大地测量学的经典著作中已有详尽的论述，以下就测边网中边长误差对推算角度的影响作相应的分析。

在一个三角形中（图 5）边和角的误差基本关系式，可以通过余弦公式（4）的微分而得到。

$$c^2 = a^2 + b^2 - 2ab\cos\gamma \tag{4}$$

例如对于 γ 角：

$$\mathrm{d}\gamma'' = \frac{\rho''}{ab\ \sin\gamma}\left[(b\ \cos\gamma - a)\mathrm{d}a + (a\ \cos\gamma - b)\mathrm{d}b + c\mathrm{d}c\right] \tag{5}$$

或

$$\mathrm{d}\gamma'' = \frac{\rho''}{h_c}(-\cos\beta\ \mathrm{d}a - \cos\alpha\mathrm{d}b + \mathrm{d}c) \tag{6}$$

式中，h_c 为 C 点相对于 AB 边的高，$h_c = a\ \sin\beta = b\ \sin\alpha$。

如果将式(6)中边长的误差 $\mathrm{d}a$，$\mathrm{d}b$，$\mathrm{d}c$ 与 γ 角的误差 $\mathrm{d}\gamma''$ 的关系分别表示，可以得到下式：

$$\left.\begin{aligned}
\mathrm{d}\gamma''_{(\mathrm{d}a)} &= -\frac{\rho''}{h_c}\cos\beta\ \mathrm{d}a = -\rho''\ \frac{\mathrm{d}a \cdot \cot\beta}{a} \\
\mathrm{d}\gamma''_{(\mathrm{d}b)} &= -\frac{\rho''}{h_c}\cos\beta\ \mathrm{d}b = -\rho''\ \frac{\mathrm{d}b \cdot \cot\beta}{b} \\
\mathrm{d}\gamma''_{(\mathrm{d}c)} &= \rho''\ \frac{\mathrm{d}c}{h_c}
\end{aligned}\right\} \tag{7}$$

上式表明：a、b 边的正误差使 γ 角减小(α、β 角的角值越小则影响越大)，c 边的正误差使 γ 角增大(α、β 角的角值越大则影响越大)，其几何关系可以用图 6 表示。由于 $c = a\ \cos\beta + b\ \cos\alpha$，因此式(7)中的第三式也可以写成：

$$\mathrm{d}\gamma''_{(\mathrm{d}c)} = \rho''(\cot\alpha + \cot\beta)\ \frac{\mathrm{d}c}{c} \tag{8}$$

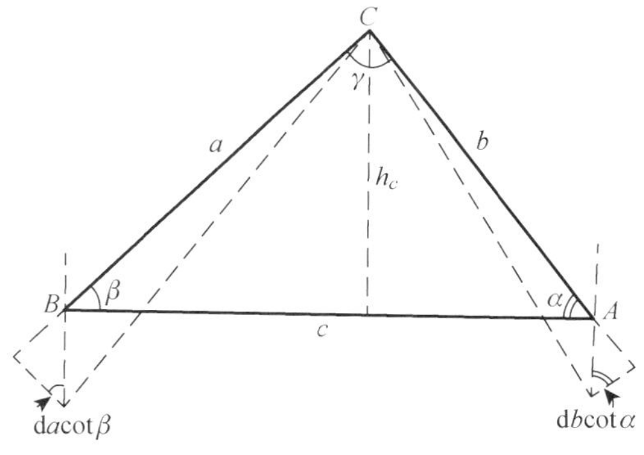

图 6　边长误差与 γ 角的关系

根据式(7)和式(8)，可以由式(5)得到

$$\mathrm{d}\gamma'' = \rho''\left[-\cot\beta\frac{\mathrm{d}a}{a} - \cot\alpha\ \frac{\mathrm{d}b}{b} + (\cot\alpha + \cot\beta)\ \frac{\mathrm{d}c}{c}\right] \tag{9}$$

式(6)和式(9)可以作为测边网中边长和角度误差的基本关系式。按照独立观测值的中误差传播定律，根据式(7)得到

$$\sigma''_r = \rho''\sqrt{\cot^2\beta\left(\frac{\sigma_a}{a}\right)^2 + \cot^2\alpha\left(\frac{\sigma_b}{b}\right)^2 + (\cot\alpha + \cot\beta)^2\ \left(\frac{\sigma_c}{c}\right)^2} \tag{10}$$

式中，$\frac{\alpha_a}{a}$，$\frac{\alpha_b}{b}$，$\frac{\alpha_c}{c}$ 为各边的测距相对中误差。

光电测距仪的测距中误差 σ_S 的估算公式为

$$\sigma_S = \pm\sqrt{\sigma_0^2 + (S \cdot R \cdot 10^{-6})^2} \tag{11}$$

式中，σ_0 为测距仪的常误差，R 为比例误差系数(百万分率)，S 为边长。一般中、短程测距仪的 $\sigma_0 = \pm 5$ mm，$R = 5$[相应于式(9)，测距误差可简写成 $\sigma_S = \pm(5\ \text{mm} \pm 5\ \text{ppm})$]，在 2 km 以上的测距中，比例误差将起主要作用，再考虑到网中边长实际上不会相差很大，可以假定测距的相对误差为某一常数，即

$$\frac{\alpha_a}{a} = \frac{\alpha_b}{b} = \frac{\alpha_c}{c} = \frac{\alpha_S}{S} \tag{12}$$

则测边网中估算角度中误差的公式可以根据式(10)改写为

$$\sigma''_r = \rho'' \frac{\alpha_S}{S}\sqrt{2(\cot^2\alpha + \cot^2\beta + \cot\alpha \cdot \cot\beta)} \tag{13}$$

由式(7)、式(8)、式(10)、式(13)可以看出，测边网中角度的精度不但决定于边长测量的相对精度而且还与三角形中角值的大小有关，因此和测角网一样也可以讨论一下三角形的最有利的形状问题，也就是使下列数值为最小的问题

$$Q = \cot^2\alpha + \cot^2\beta + \cot\alpha \cdot \cot\beta$$

可见与测角网中讨论推算边长的精度时对三角形的图形要求一样[1]，最理想的图形为等边三角形。对于等边三角形，根据式(13)可以得到

$$\sigma''_\alpha = \sigma''_\beta = \sigma''_r = \rho'' \frac{\alpha_S}{S}\sqrt{2} \tag{14}$$

如果以方向中误差 σ''_d 来代替上式中的角度中误差，则可以得到

$$\frac{\sigma''_d}{\rho''} = \frac{\alpha_S}{S}$$

上式为测边网中的边长观测精度与测角网中的方向观测精度相匹配的理论依据。如果再作进一步的分析，考虑到由式(10)算得的角度中误差应该相当于测角网中通过三角形图形条件平差后的中误差(因为通过三条边计算三个角度并不存在多余观测)这样一个因素，则要使边长观测值与角度观测值的精度相匹配，应有下列等式：

$$\frac{\alpha_S}{S}=\frac{\sigma''_d}{\rho''}\sqrt{\frac{2}{3}}\approx 0.8\,\frac{\sigma''_d}{\rho''} \tag{15}$$

但是根据上述对一个三角形的边、角精度分析时，还应该考虑到另一因素，即在测角网中推算边长时还受到传播误差积累的影响，这和该三角形离开起算边的远近和推算路线中三角形图形结构有关。因此同时考虑上述两个因素时，则根据式(3)作边、角的精度匹配还是可取的，通过在三角锁、大地四边形锁和多个中点多边形组成的网中的模拟计算也证明了这一点[4]。在某实测的边角独立网中，进行边角测量精度基本上相匹配的精度评定，计算所得的相对点位误差椭圆如图 7 所示。

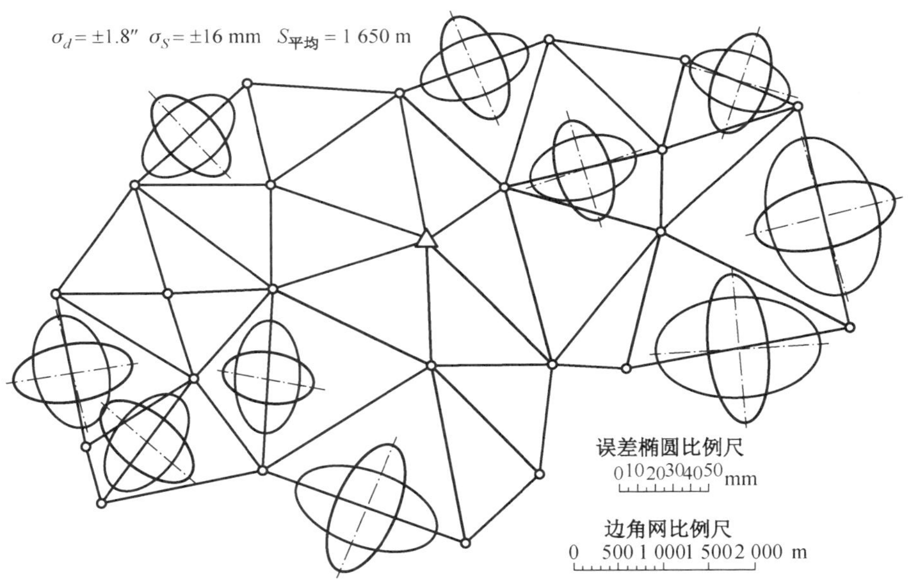

图 7　相对误差椭圆

对于不同的边长，设方向观测中误差 $\sigma_d=\pm 1''$，根据式(3) 算得相匹配的测距中误差 σ_S 如表 1 所示。根据不同的方向观测中误差 σ''_d（或侧角中误差 σ''_β）算得相匹配的测距相对中误差如表 2 所示。

表 1　测距中误差

S/m	σ_S/mm	S/m	σ_S/mm
500	2.4	1 500	7.3
1 000	4.8	2 000	0.7

（续表）

S/m	σ_S/mm	S/m	σ_S/mm
2 500	12	4 000	19
3 000	15	4 500	22
3 500	17	5 000	24

注：$\sigma''_d = \pm 1''$，$\frac{\sigma_S}{S} = \frac{1}{206\ 000}$。

表 2　测距相对中误差

σ_d/(″)	σ_β/(″)	σ_S/S	σ_d/(″)	σ_β/(″)	σ_S/S
0.5	0.7	1∶413 000	1.8	2.5	1∶115 000
0.7	1.0	1∶295 000	2.0	2.8	1∶103 000
1.0	1.4	1∶206 000	2.5	3.5	1∶83 000
1.3	1.8	1∶159 000	3.0	4.2	1∶69 000
1.5	2.1	1∶138 000	3.5	5.0	1∶59 000

注：$\frac{\sigma''_d}{\rho''} = \frac{\sigma_S}{S}$。

由此可见，与各等级三角测量相匹配的测边网的测距精度用近代的中、短程测距仪非但是可以达得到的，而且往往是可以超过的，这为测边网的推广提供了有利条件。

三、测边网中的角度精度及其检核

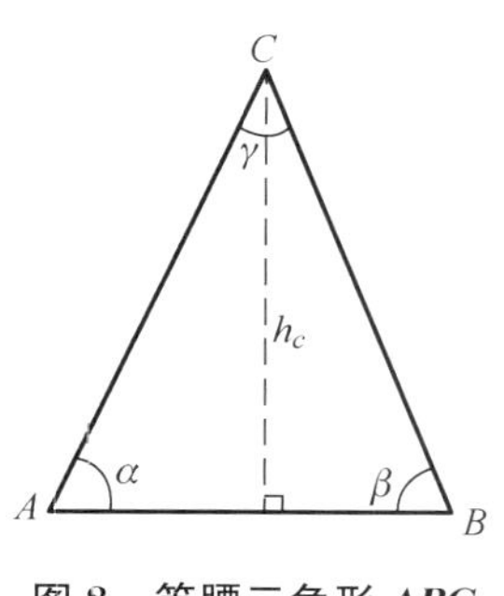

图 8　等腰三角形 *ABC*

由于实际的平面控制网图形不可能是严格的正三角形，因此在测角网中，每一三角形的各边有不同的边长精度。同样在测边网中，每一三角形的各角也有不同的角度精度。

设等腰三角形 ABC 中（图 8）角度 $\alpha = \beta$，此时根据式（13）可以得到

$$\sigma''_\gamma = \rho'' \frac{\alpha_S}{S} \cot \beta \sqrt{6} = 0.505 \times \frac{m_S}{S \times 10^{-6}} \tan \frac{\gamma}{2} \tag{16}$$

对于各种不同的测距相对中误差 $\frac{\alpha_S}{S}$ 及不同大小的 γ 角，其角度中误差如表 3 所示。

表 3 角度中误差

$\gamma/(°)$	$\alpha、\beta/(°)$	$\sigma_\gamma/('')$					
		测距相对误差分母					
		300 000	160 000	120 000	100 000	60 000	30 000
30	75	0.45	0.84	1.13	1.35	2.26	4.51
40	70	0.61	1.15	1.53	1.83	3.06	6.13
50	65	0.79	1.47	1.96	2.36	3.93	7.85
60	60	0.97	1.82	2.43	2.92	4.86	9.72
70	55	1.18	2.21	2.95	3.54	5.90	11.8
80	50	1.41	2.65	3.53	4.23	7.07	14.1
90	45	1.68	3.16	4.21	5.05	8.42	16.8
100	40	2.01	3.76	5.02	6.02	10.0	20.1
110	35	2.41	4.51	6.01	7.22	12.0	24.1
120	30	2.92	5.47	7.29	8.75	14.6	29.2

由此可见，测边网中角度的精度随 γ 角度的增大而降低，角度从 30°到 120°，角度误差增大 6.4 倍，因此在每一三角形中必须限制最大的角度。设以 60°角度为标准，以标准角度的误差的两倍为极限，则测边网的每个三角形中最大的角度不应大于 100°。另一方面，角度越小，所对边长也往往越短。过短的边长导致测距相对误差的增大和形成与理想图形相差太远的不利图形（其他两个角度会偏大），因此建议在一般情况下不小于 30°。

为了加强测边网的图形强度和进行检核，宜在适当图形中（例如近似于矩形）增测对角线，组成大地四边形，或组成扇形。此时大、小角的限制，可以只对必要的三角形而言。

由于测边网中的检核条件较少，并且考虑到角度误差随交会角度的增大而增大，对于等级较高的测边网宜在一些三角形中以相应等级的测角精度观测一个较大的角度作为检核[3]。

根据式(10)，检核公式可定为

$$\Delta\gamma''_{容}=\pm 2\rho''\sqrt{\cot^2\beta\left(\frac{\sigma_a}{a}\right)^2+\cot^2\alpha\left(\frac{\sigma_b}{b}\right)^2+(\cot\alpha+\cot\beta)^2\left(\frac{\sigma_c}{c}\right)^2} \quad (17)$$

如果各边具有同样的测距相对精度 $\frac{\alpha_S}{S}$，则根据式(13)可得

$$\Delta\gamma''_{容}=\pm 2\sqrt{2}\rho''\frac{\alpha_S}{S}\sqrt{\cot^2\alpha+\cot^2\beta+\cot\alpha\cdot\cot\beta} \quad (18)$$

以上两式中 $\Delta\gamma''_{容}$ 为三角形中某角度的计算值和观测值的容许差数(以秒为单位)。设 $\frac{\alpha_S}{S}=\frac{1}{100\ 000}$ 时，按式(18) 计算的 $\Delta\gamma_{容}$ 值如表 4 所示。

表 4　$\Delta\gamma_{容}$ 值(″)

α/(°)	β/(°)												
	30	35	40	45	50	55	60	65	70	75	80	85	90
30	17.50	15.99	14.86	13.97	13.25	12.65	12.14	11.70	11.32	10.97	10.66	10.37	10.10
35		14.43	13.25	12.33	11.58	10.96	10.43	9.97	9.57	9.21	8.89	8.60	
40			12.04	11.09	10.31	9.67	9.12	8.64	8.22	7.85	7.52		
45				10.10	9.30	8.63	8.06	7.57	7.14	6.75			
50					8.48	7.89	7.20	6.68	6.23				
55						7.08	6.46	5.93					
60							5.83						

注：设 $\frac{\sigma_S}{S}=\frac{1}{100\ 000}$。

四、独立测边网的条件检核

受最少制约的测边网，在起始数据中只确定一个点的固定坐标和该点至另一点的固定方向角，这种测边网称为独立测边网。在独立测边网中，每一个中点多边形、大地四边形或扇形存在一个几何条件(相当于测角网中的极条件的产生)。因此相对于测角网来讲，条件方程式的个数是比较少的(不考虑测边网中边长的对向观测而产生的多余观测条件)。

独立测边网中的条件方程式可以用多种形式表示[3]，为了使和惯用的测角网中的条件方程式相接近，以采用圆周角条件(对于中点多边形)和组合角

条件(对于大地四边形和扇形)的形式为宜。

1. 中点多边形的圆周角条件

对于中点多边形中的每一个三角形,可以用余弦定律根据三边的长度算得三个角度 α_i, β_i, γ_i,如图 9 所示。

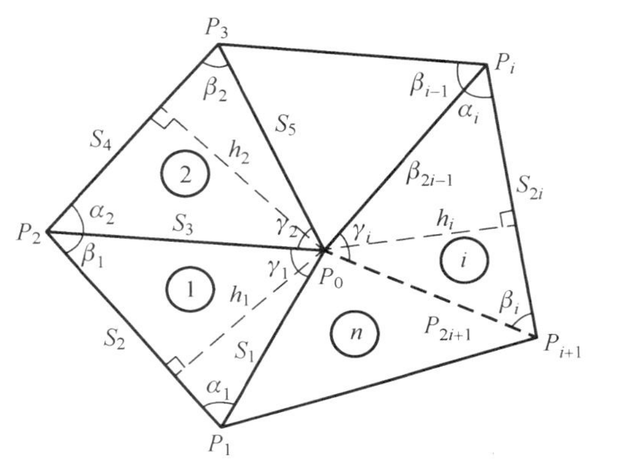

图 9　中点多边形

根据式(4)可以写出改正值方程式

$$v_{\gamma_i} = \frac{\rho''}{h_i}(-\cos \alpha_i v_{S_{2i-1}} + v_{S_{2i}} - \cos \beta_i v_{S_{2i+1}}) \quad i = 1, 2, \cdots, n \tag{19}$$

在极点 P_0 上,中心角 γ_i 之和存在着相当于测角网中的圆周角条件

$$\left.\begin{aligned} & v_{r_1} + v_{r_2} + \cdots + v_{r_n} + W_R = 0 \\ & W_R = \sum_{i=1}^{n} r_i - 360^\circ \end{aligned}\right\} \tag{20}$$

将式(19)代入式(20),得到测边网中的圆周角条件

$$a_1 v_{S_1} + a_2 v_{S_2} + \cdots + a_{2n} v_{S_{2n}} + W_R = 0 \tag{21}$$

式中辐射边系数

$$a_{2i-1} = -\frac{\sin(\alpha_i + \beta_{i-1})\rho'' \cdot 10^{-6}}{S_{2i-1} \sin \alpha_i \sin \beta_{i-1}} \tag{22}$$

外围边系数

$$a_{2i} = \frac{\sin \gamma_i \rho'' \cdot 10^{-6}}{S_{2i} \sin \alpha_i \sin \beta_i} = -\frac{\sin(\alpha_i + \beta_i)\rho'' \cdot 10^{-6}}{S_{2i} \sin \alpha_i \sin \beta_i} = \frac{\rho'' \cdot 10^{-6}}{S_{2i-1} \sin \alpha_i} \tag{23}$$

式(22)中，α_i 和 β_{i-1} 可以称为外围相邻角，式(21)—式(23)中 S 以千米为单位，v_S 以毫米为单位。

2. 大地四边形和扇形的组合角条件

大地四边形或扇形可以看作为折叠的中点三边形或四边形。对于大地四边形可以任选一点作为极点，如图 10 所示，在极点 P_0 的组合角条件为

$$\left.\begin{aligned} & v_{r_1}+v_{r_2}-v_{r_3}+W_c=0 \\ & W_c=\gamma_1+\gamma_2-\gamma_3 \end{aligned}\right\} \tag{24}$$

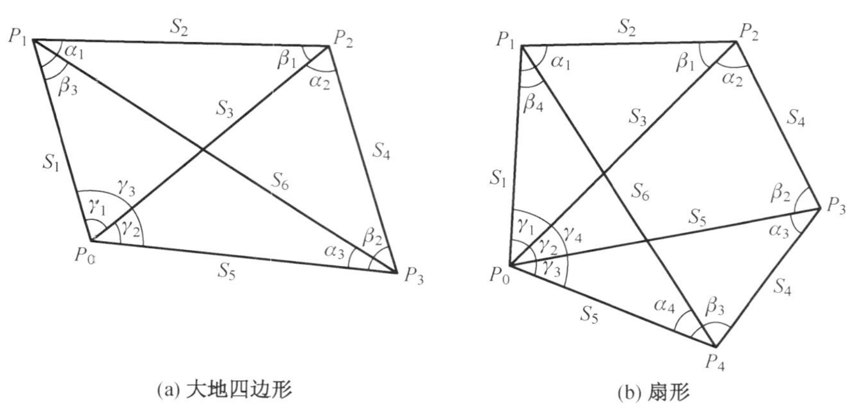

(a) 大地四边形　　(b) 扇形

图 10　大地四边形和扇形

对于扇形，在极点 P_0 的组合角条件为

$$\left.\begin{aligned} & v_{r_1}+v_{r_2}+v_{r_3}-v_{r_4}+W_c=0 \\ & W_c=\gamma_1+\gamma_2+\gamma_3-\gamma_4 \end{aligned}\right\} \tag{25}$$

在以上两种图形中，编号为最后的三角形(重叠三角形)的三个角度为负值，仍可用式(22)和式(23)计算条件方程式系数。即其中 v_{S_1}，$v_{S_{2n-1}}$，$v_{S_{2n}}$(大地四边形 $n=3$，上列扇形 $n=4$)的系数 a_1，a_{2n-1}，a_{2n} 应为

$$\left.\begin{aligned} a_1 &= \frac{\sin(\alpha_1-\beta_n)\rho''\cdot 10^{-6}}{S_1\sin\alpha_1\sin\beta_n} \\ a_{2n-1} &= \frac{\sin(\beta_{n-1}-\alpha_n)\rho''\cdot 10^{-6}}{S_{2n-1}\sin\alpha_n\sin\beta_{n-1}} \\ a_{2n} &= \frac{\sin\gamma_n\rho''\cdot 10^{-6}}{S_{2n}\sin\alpha_n\sin\beta_n}=-\frac{\rho''\cdot 10^{-6}}{S_{2n-1}\sin\alpha_n} \end{aligned}\right\} \tag{26}$$

由此可见，用上述公式计算条件方程式的系数是很有规则的，因而也是容易记忆的。

3. 圆周角条件和组合角条件的检核

设以式(21)作为测边网中条件方程式的普遍式，则条件方程式的容许闭合差为

$$W_{容} = \pm 2\sqrt{\sum_{i=1}^{2n}(a_i^2\sigma_{S_i}^2)} \tag{27}$$

式中，$\sigma_{S_i}^2$ 为各边的先验测距方差，如果按各边的平均测距中误差 σ_S 计算，则

$$W_{容} = \pm 2\sigma_S\sqrt{\sum_{i=1}^{2n}a_i^2} \tag{28}$$

如果按各边的平均测距相对中误差 α_S/S 计算，则

$$W_{容} = \pm 2\frac{\alpha_S}{S}\sqrt{\sum_{i=1}^{2n}a'^2_i} \tag{29}$$

式中 a' 按下式计算

$$\left.\begin{aligned} &\text{辐射边系数 } a'_{2i-1} = -\frac{\sin(\alpha_i+\beta_{i-1})\rho''\cdot 10^{-6}}{\sin\alpha_i\sin\beta_{i-1}} \\ &\text{外围边系数 } a'_{2i} = \frac{\sin\gamma_i\rho''\cdot 10^{-6}}{\sin\alpha_i\sin\beta_i} \\ &i = 1,\ 2\cdots,\ n \end{aligned}\right\} \tag{30}$$

五、城市测边网的设计

根据前述“在测边与测角的精度相匹配的条件下，测边网与测角网的精度相当”的结论，各等级城市测边网的设计应尽可能和测角网的规格取得一致。

参照城市测角网有关平均边长和测角中误差的规定，建议各等级城市测边网的平均边长、测距精度和所采用的测距仪标称精度等如表 5 所示。

表 5　建设各等级城市测边网的精度要求

等级	平均边长 S/km	测角中误差 σ_β/(″)	测距相对中误差 σ_S/S	测距中误差 σ_S/mm	测距仪标称精度
二等	9	1.0	1∶300 000	±30	±(5 mm±3 ppm)
三等	5	1.8	1∶160 000	±30	±(5 mm±5 ppm)
四等	2	2.5	1∶120 000	±16	±(5 mm±5 ppm)
一级	1	5	1∶60 000	±16	±(10 mm±10 ppm)
二级	0.5	10	1∶30 000	±16	±(10 mm±10 ppm)

四等及四等以上的测边网，各边应进行往返观测。往返观测的差数不应超过 2 倍的测距仪标称精度。

由于测边网的各边均独立测定，因此平差后的边长精度（纵向精度）基本上是均匀的。但是其方向精度（横向精度）会随着其远离起始点和推算图形的不良而逐渐降低。因此测边网和测角网一样，在设计选点时必须重视图形结构，以边长接近该等级的平均长度的近似正三角形为理想图形。各三角形的内角宜不小于 30°和不大于 100°，在图形适宜时增测一些对角线。

对于网中的每个中点多边形、大地四边形和扇形，应进行圆周角条件或组合角条件的检核。对于一些较大的角度以相应等级的测角精度进行观测作为检核，该角度观测值也可以参加平差计算。

测边网的平差计算由于条件个数远少于未知数的个数，一般以条件平差为宜。但是如果能利用电算程序，则间接平差便于评定精度，且可以用作优化设计的工具。

参考文献

[1] 陈永龄. 大地测量学（上卷，第一分册）[M]. 北京：测绘出版社，1957.

[2] 陶本藻. 综述测边、测角网的平差计算[J]. 测绘通报，1980(6)：9-13.

[3] Phillips J O. Specifications to support classification, standards of accuracy, and general specifications of geodetic control surveys [R]. National Oceanic and Atmospheric Administration, National Ocean Survey ,1980.

[4] 顾孝烈，洪炳隆，杨子龙. 工程边角控制网的精度分析[J]. 工程勘察，1981(1)：3-10.

多个粗差定位的矢量分析法

顾孝烈　黄勇如

一、引　言

由于自然界、仪器设备及人为的不利因素的影响，野外采集的观测数据中除了含有随机误差以外，还经常会混入粗差。因此在观测成果平差处理前应进行观测值的筛选，以消除或减弱粗差对平差结果的影响。

根据数理统计原理，Baarda 教授提出一种检测粗差的“数据探测”方法。他认为残差的统计特性并不是标准正态分布，因此直接根据残差判断观测系统是否存在粗差会导致错误的结果。他提出采用标准化残差来检验观测系统是否存在粗差。第 i 个观测值的标准化残差 $\bar{v}_i$ 的计算公式为

$$\bar{v}_i = \frac{v_i}{\sqrt{q_{ii}}} \tag{1}$$

式中，q_{ii} 是残差协因数阵 $\boldsymbol{Q}_{vv}$ 中第 i 个主对角线元素。

但是数据探测法并不是粗差定位的有效方法。那种认为具有超过限差的最大标准化残差的观测值必含有粗差的观点，只有在残差协因数阵 $\boldsymbol{Q}_{vv}$ 的主对角线元素 q_{ii} 在数值大小上占优势且只存在一个粗差的情况下才是正确的。由于最小二乘法能有效地将粗差分配到其他观测值的残差上，当粗差多个出现时，一般不能根据观测值的残差或标准化残差的大小判断粗差的位置。

本文从最小二乘原理出发，采用矢量分析和数理统计方法，通过分析每个观测值或观测组对残差矢量的作用和残差协因数阵 $\boldsymbol{Q}_{vv}$ 列向量之间的关系来确定粗差的位置，并给出粗差估值的大小。

本文发表于《测绘学报》，1987 年第 4 期。

二、观测值残差的矢量分析

1. 矢量空间的最小二乘法

设误差方程式为

$$v = \mathbf{A}x - l \tag{2}$$

式中，l 是观测矢量，v 是残差矢量，x 为未知数估值。

为了讨论方便，一般将非等精度观测通过一定的变换化为等精度观测[3]，使观测值的权阵 $\boldsymbol{P}$ 化为单位阵 $\boldsymbol{I}$。由此组成法方程式

$$\mathbf{A}^{\mathrm{T}}\mathbf{A}x - \mathbf{A}^{\mathrm{T}}l = 0 \tag{3}$$

未知参数 x 及观测值 l 的最小二乘解

$$\hat{x} = (\mathbf{A}^{\mathrm{T}}\mathbf{A})^{-1}\mathbf{A}^{\mathrm{T}}l \tag{4}$$

$$\hat{l} = \mathbf{A}\hat{x} = \mathbf{A}(\mathbf{A}^{\mathrm{T}}\mathbf{A})^{-1}\mathbf{A}^{\mathrm{T}}l \tag{5}$$

未知参数 x 及残差 v 的协因数阵

$$\begin{aligned} \boldsymbol{Q}_{xx} &= (\mathbf{A}^{\mathrm{T}}\mathbf{A})^{-1} \\ \boldsymbol{Q}_{vv} &= I - \boldsymbol{A}\boldsymbol{Q}_{xx}\mathbf{A}^{\mathrm{T}} = \boldsymbol{I} - \mathbf{A}(\mathbf{A}^{\mathrm{T}}\mathbf{A})^{-1}\mathbf{A}^{\mathrm{T}} \end{aligned} \tag{6}$$

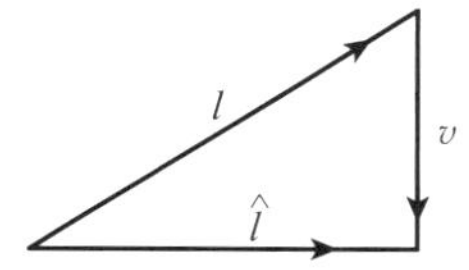

图 1　残差矢量 v、观测值矢量 l 和观测平差值矢量 $\hat{l}$ 的空间关系

由矢量空间的理论可知，观测矢量是观测空间中的一个矢量，残差的协因数阵 $\boldsymbol{Q}_{vv}$ 的列向量组成条件空间 $S\{\boldsymbol{Q}_{vv}\}$，观测空间在最小二乘条件下可以分成两个直接和的子空间：条件空间 $S\{\boldsymbol{Q}_{vv}\}$ 和解空间 $S\{\mathbf{A}\}$。残差矢量 $\mathbf{V}$ 是观测值矢量 l 在条件空间中的投影，$v \in S\{\boldsymbol{Q}_{vv}\}$；观测平差值矢量 $\hat{l}$ 是观测值矢量 l 在解空间中的投影，$\hat{l} = \mathbf{A}x \in S\{\mathbf{A}\}$。如图 1 所示。

残差协因数阵 $\boldsymbol{Q}_{vv}$ 是对称、幂等和非负定的投影算子，它满足

$$\left.\begin{aligned} \boldsymbol{Q}_{vv}^{\mathrm{T}} &= \boldsymbol{Q}_{vv} \\ \boldsymbol{Q}_{vv}^{2} &= \boldsymbol{Q}_{vv} \\ l^{\mathrm{T}}\boldsymbol{Q}_{vv}l &\geqslant 0 \end{aligned}\right\} \tag{7}$$

$\boldsymbol{Q}_{vv}$ 空间的维数（矩阵 $\boldsymbol{Q}_{vv}$ 的秩数）即多余观测的个数。

根据式（2），式（4）和式（6），残差矢量可以表达成

$$v = \mathbf{A}(\mathbf{A}^{\mathrm{T}}\mathbf{A})^{-1}\mathbf{A}^{\mathrm{T}}l - l = -\boldsymbol{Q}_{vv}l \tag{8}$$

或

$$v = -\sum_{i=1}^{m}\boldsymbol{Q}_{vv}e_i l_i = -\sum_{i=1}^{m}\boldsymbol{Q}_i l_i \tag{9}$$

式中，$e_i = (0, 0, \cdots, i = 1, 0, \cdots, 0)^{\mathrm{T}}$，$\boldsymbol{Q}_{vv}e_i$ 或Q_i 是$\boldsymbol{Q}_{vv}$ 的第i 列向量，即观测值 l_i 在条件空间 $S\{\boldsymbol{Q}_{vv}\}$ 中的投影方向。

2. 分析矢量之间的关系

(1) 矢量 v 与Q_i 的关系

矢量 v 与Q_i 之间的夹角余弦(图 2)为

$$\cos\theta = \frac{v^{\mathrm{T}}Q_i}{\sqrt{v^{\mathrm{T}}v}\ \sqrt{Q_i^{\mathrm{T}}Q_i}} = \frac{v^{\mathrm{T}}\boldsymbol{Q}_{vv}e_i}{\sqrt{v^{\mathrm{T}}v}\ \sqrt{e_i^{\mathrm{T}}\boldsymbol{Q}_{vv}e_i}} = \frac{v_i}{\sqrt{v^{\mathrm{T}}v}\ \sqrt{q_{ii}}} \tag{10}$$

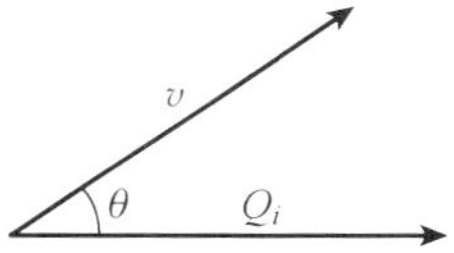

图 2　矢量 v 与 Q_i 之间的空间关系

因此

$$\sqrt{v^{\mathrm{T}}v}\cos\theta = \|V\|\cos\theta = \frac{v_i}{\sqrt{q_{ii}}} = \bar{v}_i \tag{11}$$

上式表明数据探测法中的标准化残差 $\bar{v}_i$ 的几何意义是残差矢量 v 在 Q_i 方向上的投影长度。

(2) 观测值 l_i 与其在条件空间上投影的关系

设 $v_{(i)}$ 为由观测值 l_i 产生的残差矢量，即

$$v_{(i)} = -\boldsymbol{Q}_{vv}e_i l_i \tag{12}$$

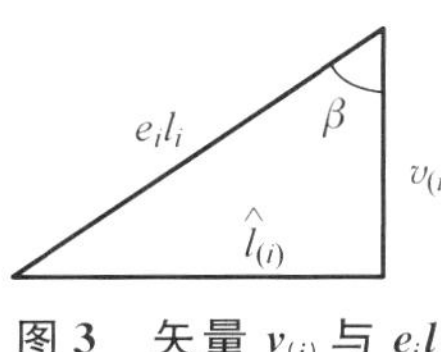

图 3　矢量 $v_{(i)}$ 与 $e_i l_i$ 的空间关系

矢量 $v_{(i)}$ 与 $e_i l_i$ 的夹角余弦(图 3)为

$$\cos\beta = \frac{l_i e_i^{\mathrm{T}}\boldsymbol{Q}_{vv}e_i l_i}{\sqrt{l_i^2}\ \sqrt{l_i e_i^{\mathrm{T}}\boldsymbol{Q}_{vv}e_i l_i}} = \frac{v_{(i)}^{\mathrm{T}}v_{(i)}}{l_i^2\ \sqrt{q_{ii}}} = \sqrt{q_{ii}} \tag{13}$$

因此

$$q_{ii} = \cos^2\beta = \frac{v_{(i)}^{\mathrm{T}}v_{(i)}}{l_i^2} \tag{14}$$

上式说明任一观测值 l_i 在条件空间和解空间有不同的投影长度，反映观测值可靠性的参数 q_{ii} 的几何意义是观测值 l_i 产生的残差平方和与观测值 l_i 平方的比值。

(3) $\boldsymbol{Q}_{vv}$ 列向量之间的关系

矢量 Q_i 与 Q_i 的夹角余弦(图 4)为

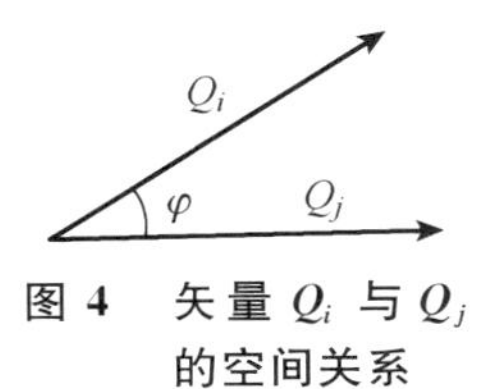

图 4　矢量 Q_i 与 Q_j 的空间关系

$$\cos\varphi = \frac{(\boldsymbol{Q}_{vv}e_i)^{\mathrm{T}}\boldsymbol{Q}_{vv}e_j}{\sqrt{e_i^{\mathrm{T}}\boldsymbol{Q}_{vv}e_i}\ \sqrt{e_j^{\mathrm{T}}\boldsymbol{Q}_{vv}e_j}} = \frac{q_{ij}}{\sqrt{q_{ii}q_{jj}}} \tag{15}$$

夹角余弦 $\cos\varphi$ 的大小反映了这两个矢量的相关程度。如果 $\cos\varphi = 0$，则两个矢量正交，相应的两个观测值 l_i 和 l_j 中的误差对相互的残差不起作用；如果 $\cos\varphi = 1$，则两个矢量平行，相应的两个观测值完全相关，误差对相互残差的影响难以区分。

由于粗差是比随机误差大得多的量值，如能去掉含粗差的观测值，则残差矢量的长度会显著变小。

三、矢量投影分析法

矢量投影分析法根据粗差对残差矢量有较大影响这一事实，分析观测值或观测值组在残差平方和中所占的分量，以确定粗差投影矢量以及包含该矢量的最小子空间，从而确定粗差的位置。

1. 矢量投影分析法的基本公式

假设第 i 组观测值中存在粗差 $\Delta l_{(i)}$ 将残差矢量向由第 i 组 $\boldsymbol{Q}_{vv}$ 列向量组成的子空间作垂直投影。此时残差矢量分解成粗差投影矢量 $\boldsymbol{Q}_{vv}e_{(i)}\Delta l_{(i)}$ 和纯残差矢量 v'，即

$$v = v' + \boldsymbol{Q}_{vv}e_{(i)}\Delta l_{(i)} = v' + \Delta v \tag{16}$$

式中

$$e_{(i)} = \begin{bmatrix} 0 & \cdots & 1 & 0 & 0 & \cdots & 0 \\ 0 & \cdots & 0 & 1 & 0 & \cdots & 0 \\ 0 & \cdots & 0 & 0 & 1 & \cdots & 0 \\ & & & \ddots & & & \\ 0 & \cdots & 0 & 0 & 0 & \cdots & 0 \end{bmatrix}^{\mathrm{T}} \tag{17}$$

纯残差矢量 v' 不受粗差的影响,它与子空间 $S\{Q_{(i)}\}$ 中的任一矢量正交,即

$$v'^{\mathrm{T}}\boldsymbol{Q}_{vv}e_{(i)}=[v-\boldsymbol{Q}_{vv}e_{(i)}\Delta l_{(i)}]^{\mathrm{T}}\boldsymbol{Q}_{vv}e_{(i)}=0 \tag{18}$$

将上式整理得到粗差估值

$$\Delta\hat{l}_{(i)}=[e_{(i)}^{\mathrm{T}}\boldsymbol{Q}_{vv}e_{(i)}]^{-1}e_{(i)}^{\mathrm{T}}v \tag{19}$$

将式(19)代入式(16),解得纯残差矢量

$$v'=v-\Delta v=-\boldsymbol{Q}_{v'v'}l \tag{20}$$

式中

$$\boldsymbol{Q}_{v'v'}=\boldsymbol{Q}_{vv}-\boldsymbol{Q}_{vv}e_{(i)}[e_{(i)}^{\mathrm{T}}\boldsymbol{Q}_{vv}e_{(i)}]^{-1}e_{(i)}^{\mathrm{T}}\boldsymbol{Q}_{vv} \tag{21}$$

为纯残差矢量的协因数阵。同理,粗差投影矢量 Δv 及其协因数阵 $\boldsymbol{Q}_{\Delta v\Delta v}$ 为

$$\Delta v=-\boldsymbol{Q}_{\Delta v\Delta v}l \tag{22}$$

$$\boldsymbol{Q}_{\Delta v\Delta v}=\boldsymbol{Q}_{vv}e_{(i)}[e_{(i)}^{\mathrm{T}}\boldsymbol{Q}_{vv}e_{(i)}]^{-1}e_{(i)}^{\mathrm{T}}\boldsymbol{Q}_{vv} \tag{23}$$

$\boldsymbol{Q}_{v'v'}$ 和 $\boldsymbol{Q}_{\Delta v\Delta v}$ 同样是对称、幂等和非负定的投影算子。此时残差的平方和

$$v^{\mathrm{T}}v=(v'+\Delta v)^{\mathrm{T}}(v'+\Delta v)=v'^{\mathrm{T}}v'+\Delta v^{\mathrm{T}}\Delta v=l^{\mathrm{T}}\boldsymbol{Q}_{v'v'}l+l^{\mathrm{T}}\boldsymbol{Q}_{\Delta v\Delta v}l \tag{24}$$

令

$$R_{(i)}=\Delta v^{\mathrm{T}}\Delta v=v^{\mathrm{T}}v-v'^{\mathrm{T}}v'=v^{\mathrm{T}}e_{(i)}[e_{(i)}^{\mathrm{T}}\boldsymbol{Q}_{vv}e_{(i)}]^{-1}e_{(i)}v \tag{25}$$

则 $R_{(i)}$ 是残差矢量在与第 i 组含有粗差的观测值相应的 $\boldsymbol{Q}_{vv}$ 的子空间上的投影长度平方。因为 l 服从正态分布,$\frac{v'^{\mathrm{T}}v'}{\sigma_0^2}$ 和$\frac{\Delta v^{\mathrm{T}}\Delta v}{\sigma_0^2}$服从 χ^2 分布,由于 $\boldsymbol{Q}_{v'v'}\boldsymbol{Q}_{\Delta v\Delta v}=0$,所以$\frac{v'^{\mathrm{T}}v'}{\sigma_0^2}$ 和$\frac{\Delta v^{\mathrm{T}}\Delta v}{\sigma_0^2}$统计上是相互独立的。作统计量:

$$F_R=\frac{(\Delta v^{\mathrm{T}}\Delta v)/n}{(v'^{\mathrm{T}}v')/f}=\frac{R_{(i)}/n}{(v^{\mathrm{T}}v-R_{(i)})/f} \tag{26}$$

F_R 服从 F 分布,式中 n 为粗差的个数[$R_{(i)}$ 的自由度],f 为 $v'^{\mathrm{T}}v'$ 的自由度。

纯残差矢量 v' 不受第 i 组观测值中粗差的影响,而粗差投影矢量 Δv 不仅受本身粗差的影响,还受其他观测值中随机误差的影响。若该观测值组不含有或不全含有粗差,而其他观测值有粗差存在,则虚拟的粗差估值 $\Delta l_{(i)}$ 或 $R_{(i)}$

随着它与其他观测值在条件空间的相关程度而大小变化。因此直接对式(26)的统计量进行检验一般不能正确给出粗差位置。矢量投影分析法把寻找粗差分为两个步骤:一是确定粗差个数,二是确定粗差位置。

2. 粗差个数的确定

一个存在粗差的观测系统,在剔除个别观测值后,观测系统通过粗差检测,则说明所剔除的观测值可能含有粗差。由于在剔除的观测值中增加不含粗差的观测值,粗差检测仍能通过,所以对粗差个数作这样的规定;使观测系统通过粗差检测所需剔除观测值的最少个数就是粗差的个数。

由于事先不知道粗差的个数,在判断观测系统存在粗差之后,粗差个数的确定从假设有一个粗差开始。将残差矢量依次对观测值相应的子空间投影,剔除投影长度最大的观测值,对观测系统作粗差检测。若观测系统仍存在粗差,则假设有两个粗差,将初始的残差矢量投影在由 $\boldsymbol{Q}_{vv}$ 中二列向量组成的子空间上,剔除投影长度最大的两个观测值,再检测观测系统是否存在粗差。若粗差检测通过,则粗差数为两个。若不然,再依次增加粗差个数进行循环计算。

矢量投影分析法的粗差检测采用数据探测方法,即用标准化残差来检验观测系统是否存在粗差。若取显著水平 $\alpha = 0.01$,当

$$\frac{|v_i|}{\sqrt{q_{ii}}} > 2.58\sigma_0 \tag{27}$$

成立时,就认为观测系统存在粗差。其中 σ_0 为先验单位权中误差。

为了确定粗差个数,在假定粗差个数的情况下,需求出投影长度为最大的 $R_{\max}$。当观测数量和粗差个数较多时,计算 $R_{\max}$ 要花费很多时间,因为每个不含粗差的观测值都参加了循环计算。从残差矢量的投影分析中可以知道,观测值中含有粗差时,使残差矢量在大小和方向上发生变化。反映在残差矢量在各个 Q_i 方向上投影时,其长度(标准化残差)比较大。可是由于 $\boldsymbol{Q}_{vv}$ 中各列向量的相关性和观测值中随机误差的影响,一些不含粗差的观测值的标准化残差也可能比较大。但是反过来说,标准化残差较小的观测值一般是不会含有粗差的。取某个限值 α,当

$$\gamma = \frac{v_i^2}{q_{ii}} < \alpha \tag{28}$$

成立时,就认为该观测值不含粗差而不参加循环计算。

3. 粗差位置的确定

矢量分析法用下列三个检验步骤,逐步缩小含粗差的观测值组的范围,以确定粗差的位置。

(1) F 单尾检验

取式(26)的统计量作 F 单尾检验

$$F_R = \frac{R_{(i)}/n}{(v^{\mathrm{T}}v - R_{(i)})/f} < F_{\alpha(n,f)} \tag{29}$$

如果观测系统存在 n 个粗差,且都在第 i 组观测值内,则 $v^{\mathrm{T}}v - R_{(i)}$ 不受粗差影响,在一定置信度下,F_R 必定超过检验分位值。所以含有粗差的观测组一定包括在满足不等式 $F_R > F_{\alpha(n,f)}$ 的观测值组内。

(2) 差值 ΔR 的检验

假设第 i 组观测值存在粗差,则差值

$$\Delta R = R_{\max} - R_{(i)} \tag{30}$$

是由随机误差引起的。如果在剔除第 i 组观测值后,再将 v' 在$\boldsymbol{Q}_{vv}$ 各列向量中投影量 γ 为最大的一个观测值去掉,则

$$R_{(i)} + \gamma > R_{\max} \tag{31}$$

或

$$\gamma > R_{\max} - R_{(i)} = \Delta R \tag{32}$$

由于 $R_{(i)}$ 与 γ 在统计上是相互独立的,$R_{(i)} + \gamma$ 也服从 χ^2 分布,因此作统计量

$$\frac{\gamma}{(v^{\mathrm{T}}v - R_{(i)} - \gamma)/(f-1)} > \frac{\Delta R}{(v^{\mathrm{T}}v - R_{\max})/(f-1)} = F_{\Delta R} \tag{33}$$

当该统计量超过检验分位值 $F_{\alpha(1,f-1)}$ 时,就认为第 i 组观测值可能含有粗差。

(3) 剔除观测组后的观测系统检验

最后对为数不多的观测组确定粗差位置。先剔除其中一组,对观测系统进行粗差检验,如果检验通过,则该组就是可能存在粗差的观测组。然后将该组观测仍放回观测系统中,再剔除第二组观测值,进行粗差检验。按此顺序依次进行。

由于各个观测值的定位条件不同，粗差定位的结果可能给出多组粗差位置。但这样毕竟缩小了粗差定位的范围，有利于野外检测工作，减少盲目的返工。

四、粗差定位方法的对比试验

为了考察矢量投影分析法剔除粗差的能力，将本方法与选择权迭代法进行对比试验。算例为图 5 所示的测角网。

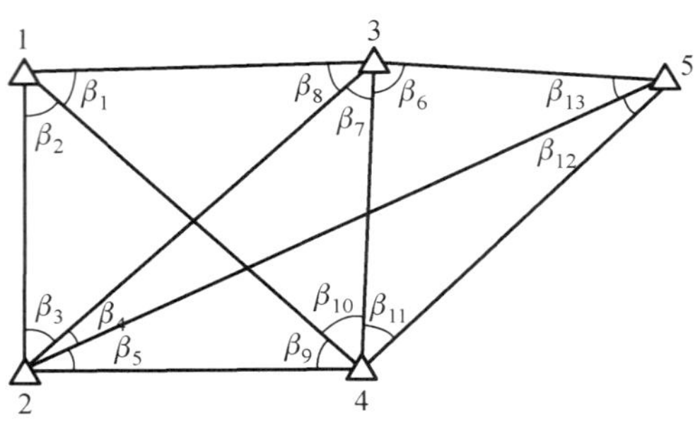

图 5　示例测角网

选择权迭代法采用了三个权函数式[4]，L_d 代表丹麦法，L_0 和 L_1 分别代表当 $q=0$ 和 $q=1$ 时的 L_p 迭代法，L_n 代表矢量投影分析法。

本试验是在观测值仅含有随机误差且它们之间相互独立的基础上，再人为加入不同大小、个数和位置的粗差来进行比较、验证矢量投影分析法与其他方法的粗差定位能力。本试验加入 1～3 个粗差。选择权迭代法判断粗差位置是按残差 v_i 大于 $3\sigma_0$ 为依据。对比试验结果统计表（表 1 ～ 表 7）的最后一栏是各种方法粗差定位能力的评价。“T”表示粗差定位正确，“F”表示粗差定位错误，空白表示未能全部定位粗差。若矢量投影分析法给出多组粗差位置，则表中第一栏在每个粗差组前面的序号按残差平方和增量 $R_{(i)}$ 的大小排列。

表 1　对比试验结果统计 1（$\sigma_0=\pm 0.8''$　$\Delta l_2=13\sigma_0$）

方法	1	2	3	4	5	6	7	8	9	10	11	12	13	粗差定位情况
l	−0.14	10.40	−0.16	−0.42	0.70	0.11	0.70	−0.40	0.87	0.65	0.98	0.60	0.21	
L_0	−0.16	−9.34	−0.03	−0.15	−1.73	−0.13	−0.20	−0.16	−0.14	−0.27	−1.42	−0.23	−0.11	T
L_1	−0.09	−9.03	−0.23	0.10	−1.84	−0.34	0.14	−0.35	−0.40	−0.50	−0.84	−0.21	−0.51	T
L_d	0.10	−9.89	−0.02	0.27	−0.96	−0.18	−0.35	0.11	−0.80	−0.67	−0.99	−0.38	−0.35	T
L_n	0.10	−9.90	−0.02	0.27	−0.96	−0.18	−0.35	0.11	−0.80	−0.67	−0.99	−0.38	−0.35	T

表 2　对比试验结果统计 2($\sigma_0=\pm 0.8''$　$\Delta l_6=4.5\sigma_0$)

方法	1	2	3	4	5	6	7	8	9	10	11	12	13	粗差定位情况
l	−0.14	−0.79	−0.16	−0.42	0.70	−3.60	0.70	−0.40	0.87	0.65	0.98	0.60	0.21	
L_0	0.12	1.00	0.27	1.03	−0.14	1.98	−0.01	0.12	−2.35	−1.03	−0.19	−0.09	0.10	
L_1	0.06	0.97	0.23	0.95	−0.54	1.75	−0.20	0.24	−1.81	−0.90	−0.38	−0.18	0.62	
L_d	0.03	1.00	0.05	0.95	−0.94	1.27	−0.32	0.42	−1.27	−0.93	−0.45	−0.22	1.21	
L_n	0.13	0.81	0.15	0.46	−0.72	3.40	−0.67	0.40	−0.99	−0.67	−0.93	−0.57	−0.10	T

表 3　对比试验结果统计 3($\sigma_0=\pm 0.8''$　$\Delta l_2=\Delta l_{10}=13\sigma_0$)

方法	1	2	3	4	5	6	7	8	9	10	11	12	13	粗差定位情况
l	−0.14	10.40	−0.16	−0.42	0.70	0.11	0.70	−0.40	0.87	10.40	0.98	0.60	0.21	
L_0	−0.06	−9.44	−0.20	−0.13	−1.39	−0.14	−0.19	0.01	−0.23	−10.31	−1.47	−0.15	−0.14	T
L_1	−0.19	−8.87	0.05	0.0	−2.14	−0.28	0.16	−0.68	−0.43	−9.84	−0.92	−0.23	−0.47	T
L_d	−0.78	−6.60	1.35	−1.11	−4.28	−0.07	1.21	−3.65	−0.74	−7.32	−1.62	0.41	−0.63	F
L_n	0.20	−9.90	−0.39	0.33	−0.74	−0.27	−0.23	0.36	−0.37	−10.90	−0.91	−0.28	−0.44	T

表 4　对比试验结果统计 4($\sigma_0=\pm 0.8''$　$\Delta l_4=\Delta l_{11}=\Delta l_{12}=10\sigma_0$)

方法	1	2	3	4	5	6	7	8	9	10	11	12	13	粗差定位情况
l	−0.14	−0.79	−0.16	8.00	0.70	0.11	0.70	−0.40	0.87	0.65	8.00	8.00	0.21	
L_0	0.32	0.45	0.37	−3.85	−5.50	−0.08	−1.38	0.36	−0.09	−0.10	−0.04	−12.49	−3.71	F
L_1	0.54	0.18	0.27	−4.69	−2.60	−1.88	−0.87	0.50	−1.78	−0.97	−2.46	−10.46	−1.58	F
L_d	1.27	−0.85	0.25	−3.47	−2.68	−1.80	−1.70	0.82	−1.86	−1.20	−0.79	−11.69	−2.04	F
L_n	0.08	0.85	0.21	−8.80	−0.30	0.30	−0.79	0.35	−0.58	−0.46	−9.40	−7.50	0.30	T

表 5 对比试验结果统计 5（$\sigma_0=\pm0.8''\quad \Delta l_{11}=\Delta l_{12}=5\sigma_0$）

方法	1	2	3	4	5	6	7	8	9	10	11	12	13	粗差定位情况
l	−0.14	−0.79	−0.16	−0.42	0.70	0.11	0.70	−0.40	0.87	0.65	4.00	−4.00	0.21	
L_0	0.35	0.45	0.29	0.01	−0.46	0.31	−1.19	0.41	−0.49	−0.37	−4.88	3.99	0.27	T
L_1	0.50	0.21	0.36	1.92	−2.38	−0.30	−1.49	0.43	−0.31	−0.24	−1.47	2.18	−0.73	
L_d	0.62	0.05	0.31	2.01	−1.85	−0.15	−1.44	0.52	−0.72	−0.50	−1.39	2.24	−1.02	
L_n ①	0.14	0.78	0.21	−0.18	−0.39	0.21	−0.83	0.37	−0.62	−0.48	−5.10	4.30	0.21	T
L_n ②	0.29	0.46	0.44	2.70	−4.10	−0.69	−1.56	0.30	0.31	0.16	0.11	1.28	−1.01	F

表 6 对比试验结果统计 6（$\sigma_0=\pm0.8''\quad \Delta l_4=\Delta l_{11}=\Delta l_{12}=6\sigma_0$）

方法	1	2	3	4	5	6	7	8	9	10	11	12	13	粗差定位情况
l	−0.14	−0.79	−0.16	4.80	0.70	0.11	0.70	−0.40	0.87	0.65	4.80	4.80	0.21	
L_0	0.35	0.41	0.37	−2.28	−3.83	−0.15	−1.42	0.37	−0.09	−0.10	−0.07	−7.72	−1.97	F
L_1	0.47	0.26	0.34	−2.74	−1.42	−1.24	−0.80	0.43	−1.86	−0.90	−1.48	−6.16	−1.04	
L_d	0.85	−0.24	0.22	−2.13	−1.88	−1.09	−1.37	0.66	−1.40	−0.94	−0.59	−7.02	−1.23	
L_n ①	0.08	0.85	0.21	−5.60	−0.30	0.30	−0.79	0.35	−0.56	−0.45	−6.20	−4.30	0.30	T
L_n ②	0.46	−0.07	1.16	−1.10	−0.40	−4.80	−0.05	−0.05	−5.00	−1.17	0.42	−5.70	0.11	F
L_n ③	0.16	0.69	0.35	−2.50	−3.90	−0.96	−1.21	0.30	0.01	−0.05	−0.57	−7.30	−1.12	F
L_n ④	0.17	0.72	0.26	−1.42	−4.60	−3.60	−0.99	0.35	−0.41	−0.34	0.84	−7.30	0.23	F

表 7 对比试验结果统计 7（$\sigma_0=\pm0.8''\quad \Delta l_2=\Delta l_7=4.5\sigma_0$）

方法	1	2	3	4	5	6	7	8	9	10	11	12	13	粗差定位情况
l	−0.14	3.60	−0.16	−0.42	0.70	0.11	3.60	−0.40	0.87	0.65	0.98	0.60	0.21	
L_0	−0.14	−2.57	−0.02	−0.14	−1.73	−0.12	−3.14	−0.16	−0.12	−0.26	−1.41	−0.27	−0.10	T
L_1	−0.50	−1.33	−0.44	−0.06	−2.37	−0.49	−2.00	−0.63	−0.40	−0.57	−0.62	0.17	−0.95	F
L_d	−0.51	−1.07	−0.64	−0.22	−1.74	−0.65	−1.54	−0.68	−0.94	−0.97	−0.88	0.72	−1.09	
L_n	−1.00	−0.41	−0.54	−0.16	−3.60	−0.86	−1.45	−0.95	−0.10	−0.31	−0.30	0.29	−1.02	F

五、结　论

矢量投影分析法是以矢量分析和数理统计为理论基础，以剔除观测值检测观测系统为手段来定位粗差的一种方法。它充分利用了最小二乘法的平差成果，利用计算机快速运算的功能，有效地对观测成果进行检验和粗差定位。从矢量投影分析法的理论和实例计算的分析中可以得到以下初步结论：

（1）在观测系统仅存在一个粗差的情况下，矢量投影分析法定位粗差的能力较强，特别对于小粗差的剔除，此法比其他方法的效果更好。

（2）在观测系统存在多个粗差的情况下，矢量投影分析法能正确定位 6 倍标准差以上的粗差或给出多组粗差位置，并能排列出定位条件好的、处于边界值的粗差。

（3）矢量投影分析法给出的多组粗差位置，应根据每组观测值在残差平方和中增量的大小确定其粗差组的可能性大小，根据各个观测值在粗差组中出现的次数确定该观测值含有粗差的可能性。

（4）若两个残差的相关系数接近于 1，并且它们的协方差阵主对角元素 q_{ii} 的数量相差较大，则当此二观测值中含有粗差时，选择权迭代法仅认为 q_{ii} 大的观测值含有粗差，而矢量投影分析法给出两个可供参考的粗差位置，避免了当 q_{ii} 小的观测值含有粗差时的粗差定位错误。

（5）由于 $\boldsymbol{Q}_{vv}$ 列向量的相关性和观测误差的随机性，观测系统多个小粗差的存在给粗差个数的确定带来了困难。在某些情况下由于剔除少于实际个数的观测值，仍能使观测系统通过粗差检测，因而导致粗差定位错误。

参考文献

[1] 陈永奇. 测量工程个别问题[R]. 武汉测绘学院讲义，1984.

[2] Rao C R, Kum S. Generalized inverse of matrices and its applications[M]. John Wiley & Sons，1971.

[3] 王任享. 粗差检测与粗差定位[M]//国家测绘总局出国人员报告文献集. 1983.

[4] 李德仁. 利用选择权迭代法进行粗差定位[J]. 武汉大学学报(信息科学版)，1984，9(1)：46-68.

测量控制网的敏感度分析法优化设计

顾孝烈　邹伟鸿

一、概　述

近年来测量控制网的优化设计有很大的发展，其主要方法有解析法和机助模拟法。解析法主要是将控制网的设计用一个理想化是数学模型——准则矩阵来描述，并严格按最优化问题的数据解法来获得设计方案。E. Grafarend和 G. Schmitt 等对该方法有详细的论述[1-5]。解析法目前存在的问题是：准则矩阵的理论如何更符合控制网的实际需要以及解算的技术问题。机助模拟法主要是利用计算机的快速而准确的信息加工和设计者的分析判断能力相结合，从而获得满足设计要求的方案。P. Mephem 和 J. Krakisky等对该方法有具体的介绍[2]。机助模拟法尚待解决的问题是：如何防止由于设计者的经验不足而可能遗漏掉更优的方案以及如何避免花费过多的计算机使用时间。

敏感度分析法是针对上述问题，并试图结合两种主要优化方法的优点而提出来的。首先，将控制网的设计要求构成简单、直观的目标函数。然后，利用计算机进行设计变量对目标函数的敏感度计算，通过人机对话及时提供给设计者，使设计者能按照实际可行性对敏感的设计变量进行修正，以取得较显著的目标增益；同时舍弃非敏感的设计变量，以降低成本费用。经过若干次人机对话，最后获得最优设计方案。

二、敏感度分析法优化设计的理论

设控制网初始方案的平差模型为：

$$\left.\begin{aligned}\underset{m\times1}{\boldsymbol{V}} &= \underset{m\times n}{\boldsymbol{A}}\,\underset{n\times1}{\boldsymbol{X}} - \underset{m\times1}{\boldsymbol{L}}\\ \boldsymbol{L} &\sim N(\boldsymbol{A}\widetilde{\boldsymbol{X}},\ \underset{m\times m}{\boldsymbol{P}^{-1}}),\ \sigma_0^2 = 1\end{aligned}\right\} \tag{1}$$

式中，$\boldsymbol{L}$ 为观测值向量，$\boldsymbol{V}$ 为残差向量，$\boldsymbol{X}$ 为参数向量，$\boldsymbol{P}$ 为观测值的权阵，σ_0^2 为方差因子。

参数的协方差阵及其最小二乘估计值为：

$$\left.\begin{aligned}\underset{n\times n}{\boldsymbol{Q}_0} &= (\boldsymbol{A}^{\mathrm{T}}\boldsymbol{PA})^{-1}\\ \hat{\boldsymbol{X}} &= \boldsymbol{Q}_0\boldsymbol{A}^{\mathrm{T}}\boldsymbol{PL}\end{aligned}\right\} \tag{2}$$

设增加观测值 $\boldsymbol{L}_1$ 的平差模型为：

$$\left.\begin{aligned}\underset{m1\times 1}{\boldsymbol{V}_1} &= \underset{m1\times n}{\boldsymbol{A}_1}\underset{n\times 1}{\boldsymbol{X}_1} - \underset{m1\times 1}{\boldsymbol{L}_1}\\ \boldsymbol{L}_1 &\sim N(\boldsymbol{A}_1\tilde{\boldsymbol{X}}_1,\ \boldsymbol{P}_1^{-1})\end{aligned}\right\} \tag{3}$$

增加观测值 $\boldsymbol{L}_1$ 后，参数的协方差阵为：

$$\begin{aligned}\underset{n\times n}{\boldsymbol{Q}_1} &= (\boldsymbol{A}^{\mathrm{T}}\boldsymbol{PA} + \boldsymbol{A}_1^{\mathrm{T}}\boldsymbol{P}_1\boldsymbol{A}_1)^{-1}\\ &= \boldsymbol{Q}_0 - \boldsymbol{Q}_0\boldsymbol{A}_1^{\mathrm{T}}(\boldsymbol{P}_1^{-1} + \boldsymbol{A}_1\boldsymbol{Q}_0\boldsymbol{A}_1^{\mathrm{T}})^{-1}\boldsymbol{A}_1\boldsymbol{Q}_0\\ &= \boldsymbol{Q}_0 + \Delta\boldsymbol{Q}\end{aligned} \tag{4}$$

当原有观测值 $\boldsymbol{L}_i$ 的权增大或减小 $\Delta\boldsymbol{P}_i$ 时，相当于增加一个和 $\boldsymbol{L}_i$ 相同的新观测值，其权为 $\Delta\boldsymbol{P}_i$，此时参数的协方差阵为：

$$\underset{n\times n}{\boldsymbol{Q}_1} = \boldsymbol{Q}_0 - \boldsymbol{Q}_0\boldsymbol{A}_i^{\mathrm{T}}(\Delta\boldsymbol{P}_i^{-1} + \boldsymbol{A}_i\boldsymbol{Q}_0\boldsymbol{A}_i^{\mathrm{T}})^{-1}\boldsymbol{A}_i\boldsymbol{Q}_0 \tag{5}$$

当增加网点时，设式(1)为原网的平差模型，相应增加的未知数为 $\underset{r\times 1}{\boldsymbol{X}_2}$，与所增加的点相连测的观测值为 $\underset{m_2\times 1}{\boldsymbol{L}_2}(m_2 \geqslant r)$，权为 $\boldsymbol{P}_2$，其平差模型为：

$$\left.\begin{aligned}\underset{m_2\times 1}{\boldsymbol{V}_2} &= \underset{m_2\times n}{\boldsymbol{A}_2}\underset{n\times 1}{\boldsymbol{X}} + \underset{m_2\times r}{\boldsymbol{B}}\underset{r\times 1}{\boldsymbol{X}_2} - \underset{m_2\times 1}{\boldsymbol{L}_2}\\ \boldsymbol{L}_2 &\sim N(\boldsymbol{A}_2\tilde{\boldsymbol{X}} + \boldsymbol{B}\tilde{\boldsymbol{X}}_2,\ \underset{m_2\times m_2}{\boldsymbol{P}_2^{-1}})\end{aligned}\right\} \tag{6}$$

与原网联合平差时，其法方程式为：

$$\begin{bmatrix}\underset{n\times n}{\boldsymbol{A}^{\mathrm{T}}\boldsymbol{PA}} + \underset{n\times n}{\boldsymbol{A}_2^{\mathrm{T}}\boldsymbol{P}_2\boldsymbol{A}_2} & \underset{n\times r}{\boldsymbol{A}_2^{\mathrm{T}}\boldsymbol{P}_2\boldsymbol{B}}\\ \underset{r\times n}{\boldsymbol{B}^{\mathrm{T}}\boldsymbol{P}_2\boldsymbol{A}_2} & \underset{r\times r}{\boldsymbol{B}^{\mathrm{T}}\boldsymbol{P}_2\boldsymbol{B}}\end{bmatrix},\ \begin{bmatrix}\underset{n\times 1}{\hat{\boldsymbol{X}}}\\ \underset{r\times 1}{\hat{\boldsymbol{X}}_2}\end{bmatrix} = \begin{bmatrix}\underset{n\times 1}{\boldsymbol{A}^{\mathrm{T}}\boldsymbol{PL}} + \underset{n\times 1}{\boldsymbol{A}_2^{\mathrm{T}}\boldsymbol{P}_2\boldsymbol{L}_2}\\ \underset{r\times 1}{\boldsymbol{B}^{\mathrm{T}}\boldsymbol{P}_2\boldsymbol{L}_2}\end{bmatrix} \tag{7}$$

消去 $\hat{\boldsymbol{X}}_2$，得到

$$\begin{aligned}&\{\boldsymbol{A}^{\mathrm{T}}\boldsymbol{PA} + \boldsymbol{A}_2^{\mathrm{T}}\boldsymbol{P}_2\boldsymbol{A}_2 - \boldsymbol{A}_2^{\mathrm{T}}\boldsymbol{P}_2\boldsymbol{B}(\boldsymbol{B}^{\mathrm{T}}\boldsymbol{P}_2\boldsymbol{B})^{-1}\boldsymbol{B}^{\mathrm{T}}\boldsymbol{P}_2\boldsymbol{A}_2\}\hat{\boldsymbol{X}}\\ &= \{\boldsymbol{A}^{\mathrm{T}}\boldsymbol{PL} + \boldsymbol{A}_2^{\mathrm{T}}\boldsymbol{P}_2\boldsymbol{L}_2 - \boldsymbol{A}_2^{\mathrm{T}}\boldsymbol{P}_2\boldsymbol{B}(\boldsymbol{B}^{\mathrm{T}}\boldsymbol{P}_2\boldsymbol{B})^{-1}\boldsymbol{B}^{\mathrm{T}}\boldsymbol{P}_2\boldsymbol{L}_2\}\end{aligned} \tag{8}$$

设

$$\tilde{\boldsymbol{Q}}_0 = (\boldsymbol{A}^{\mathrm{T}}\boldsymbol{P}\boldsymbol{A} + \boldsymbol{A}_2^{\mathrm{T}}\boldsymbol{P}_2\boldsymbol{A}_2)^{-1} \tag{9}$$

则原网未知数的协方差阵

$$\begin{aligned} \tilde{\boldsymbol{Q}} &= \{\boldsymbol{A}^{\mathrm{T}}\boldsymbol{P}\boldsymbol{A} + \boldsymbol{A}_2^{\mathrm{T}}\boldsymbol{P}_2\boldsymbol{A}_2 - \boldsymbol{A}_2^{\mathrm{T}}\boldsymbol{P}_2\boldsymbol{B}(\boldsymbol{B}^{\mathrm{T}}\boldsymbol{P}_2\boldsymbol{B})^{-1}\boldsymbol{B}^{\mathrm{T}}\boldsymbol{P}_2\boldsymbol{A}_2\}^{-1} \\ &= \tilde{\boldsymbol{Q}}_0 + \tilde{\boldsymbol{Q}}_0\boldsymbol{A}_2^{\mathrm{T}}\boldsymbol{P}_2\boldsymbol{B}(\boldsymbol{B}^{\mathrm{T}}\boldsymbol{P}_2\boldsymbol{B} - \boldsymbol{B}^{\mathrm{T}}\boldsymbol{P}_2\boldsymbol{A}_2\tilde{\boldsymbol{Q}}_0\boldsymbol{A}_2^{\mathrm{T}}\boldsymbol{P}_2\boldsymbol{B})^{-1}\boldsymbol{B}^{\mathrm{T}}\boldsymbol{P}_2\boldsymbol{A}_2\tilde{\boldsymbol{Q}}_0 \end{aligned} \tag{10}$$

当删除网点（$\boldsymbol{X}_2$）及与其联系的观测值时，未知数的协因数阵

$$\begin{aligned} \boldsymbol{Q} &= (\boldsymbol{A}^{\mathrm{T}}\boldsymbol{P}\boldsymbol{A})^{-1} = (\boldsymbol{A}^{\mathrm{T}}\boldsymbol{P}\boldsymbol{A} + \boldsymbol{A}_2^{\mathrm{T}}\boldsymbol{P}_2\boldsymbol{A}_2 - \boldsymbol{A}_2^{\mathrm{T}}\boldsymbol{P}_2\boldsymbol{A}_2)^{-1} \\ &= \tilde{\boldsymbol{Q}}_0 - \tilde{\boldsymbol{Q}}_0\boldsymbol{A}_2^{\mathrm{T}}(\boldsymbol{P}_2^{-1} - \boldsymbol{A}_2\tilde{\boldsymbol{Q}}_0\boldsymbol{A}_2^{\mathrm{T}})^{-1}\boldsymbol{A}_2\tilde{\boldsymbol{Q}}_0 \end{aligned} \tag{11}$$

可见不论对原网增、删观测值，改变观测值的权，或增、删网点，修正后的点位未知数的协方差阵均可表示为：

$$\boldsymbol{Q} = \boldsymbol{Q}_0 + \Delta\boldsymbol{Q} \tag{12}$$

当连续进行修正时，可以用递推公式表示为：

$$\boldsymbol{Q}_i = \boldsymbol{Q}_{i-1} + \Delta\boldsymbol{Q}_{i-1} \tag{13}$$

设控制网的目标成果

$$y = \underset{l\times m}{f}\ \underset{m\times 1}{\hat{\boldsymbol{X}}} \tag{14}$$

将目标成果的精度 $f\boldsymbol{Q}f^{\mathrm{T}}$ 作为目标函数，则通过设计变量的修正目标函数的增量为 $f\Delta\boldsymbol{Q}f^{\mathrm{T}}$，规定 $|f\Delta\boldsymbol{Q}f^{\mathrm{T}}| > C_1$ 时，称对应的设计变量为目标函数的敏感度设计变量；$|f\Delta\boldsymbol{Q}f^{\mathrm{T}}| \leqslant C_2$ 时，称非敏感设计变量。常数 C_1，C_2 的选取可根据目标函数的要求而定。以下分别根据不同的目标函数来分析设计变量的敏感性。

1. 以精度为目标函数的敏感性分析

设参数的原有协方差阵为 $\boldsymbol{Q}$，当观测值 l_i 的权改变 Δp_i 后，参数的协方差阵

$$\underset{n\times n}{\boldsymbol{Q}_1} = \boldsymbol{Q} - \boldsymbol{Q}\boldsymbol{A}_i^{\mathrm{T}}(\Delta p_i^{-1} + \boldsymbol{A}_i\boldsymbol{Q}\boldsymbol{A}_i^{\mathrm{T}})^{-1}\boldsymbol{A}_i\boldsymbol{Q} \tag{15}$$

由于 $\boldsymbol{A}_i$ 为 $1\times n$ 阶矩阵，因此

$$(\Delta p_i^{-1} + \boldsymbol{A}_i\boldsymbol{Q}\boldsymbol{A}_i^{\mathrm{T}})^{-1} = \frac{\Delta p_i}{1 + \Delta p_i\boldsymbol{A}_i\boldsymbol{Q}\boldsymbol{A}_i^{\mathrm{T}}} \tag{16}$$

令

$$R_i = (1 + \Delta p_i \boldsymbol{A}_i \boldsymbol{Q} \boldsymbol{A}_i^{\mathrm{T}})^{-1} \tag{17}$$

则式(16)可写成

$$\boldsymbol{Q}_1 = \boldsymbol{Q} - R_i \Delta p_i (\boldsymbol{Q} \boldsymbol{A}_i^{\mathrm{T}} \boldsymbol{A}_i \boldsymbol{Q}) = \boldsymbol{Q} + \Delta \boldsymbol{Q} \tag{18}$$

式中

$$\Delta \boldsymbol{Q} = - R_i \Delta p_i (\boldsymbol{Q} \boldsymbol{A}_i^{\mathrm{T}} \boldsymbol{A}_i \boldsymbol{Q}) \tag{19}$$

因此,精度目标函数增量的绝对值

$$| f \Delta \boldsymbol{Q} f^{\mathrm{T}} | = R_i \Delta p_i (f \boldsymbol{Q} \boldsymbol{A}_i^{\mathrm{T}})^2 \tag{20}$$

设

$$\frac{1}{\hat{p}_i} = \boldsymbol{A}_i \boldsymbol{Q} \boldsymbol{A}_i^{\mathrm{T}} \tag{21}$$

为原观测值平差后的权倒数,则

$$R_i = \left(1 + \frac{\Delta p_i}{\hat{p}_i}\right)^{-1} \tag{22}$$

设 Δp_i 为观测值 l_i 的权 p_i 的微小变化,则$\dfrac{\Delta p_i}{\hat{p}_i}$ 为微小量,因此目标函数的增量的表达式可以写成:

$$| f \Delta \boldsymbol{Q} f^{\mathrm{T}} | \approx (f \boldsymbol{Q} \boldsymbol{A}_i^{\mathrm{T}})^2 | \Delta p_i | \tag{23}$$

由此得到

$$\frac{| f \Delta \boldsymbol{Q} f^{\mathrm{T}} |}{| \Delta p_i |} \approx (f \boldsymbol{Q} \boldsymbol{A}_i^{\mathrm{T}})^2 \tag{24}$$

当 $\Delta p_i \rightarrow 0$ 时,上式可以写成

$$\left| \frac{\partial (f \boldsymbol{Q} f^{\mathrm{T}})}{\partial p_i} \right| = (f \boldsymbol{Q} \boldsymbol{A}_i^{\mathrm{T}})^2 \tag{25}$$

由此可见系数 $(f \boldsymbol{Q} \boldsymbol{A}_i^{\mathrm{T}})^2$ 可以表示观测值 l_i 的精度改变对精度目标函数的敏感性。因此定义 $f \boldsymbol{Q} \boldsymbol{A}_i^{\mathrm{T}}$ 为观测元素 l_i 对精度目标函数的敏感度。

以下再分析敏感度的变化规律：

设 $\boldsymbol{Q}_2$ 为观测值 l_i 的权增加 Δp_i 后再增加 $\Delta p_i{}'$ 时参数的协方差阵，即

$$\begin{aligned}\boldsymbol{Q}_2 &= (\boldsymbol{Q}_1^{-1}+\boldsymbol{A}_i^{\mathrm{T}}\Delta p_i{}'\boldsymbol{A}_i)^{-1}\\&=\boldsymbol{Q}_1-\boldsymbol{Q}_1\boldsymbol{A}_i^{\mathrm{T}}(\Delta p_i{}'^{-1}+\boldsymbol{A}_i\boldsymbol{Q}_1\boldsymbol{A}_i^{\mathrm{T}})^{-1}\boldsymbol{A}_i\boldsymbol{Q}_1\\&=\boldsymbol{Q}_1+\Delta\boldsymbol{Q}_1\end{aligned}\tag{26}$$

式中

$$\left.\begin{aligned}\Delta\boldsymbol{Q}_1 &= -R_i{}'\Delta p_i{}'(\boldsymbol{Q}_i\boldsymbol{A}_i^{\mathrm{T}}\boldsymbol{A}_i\boldsymbol{Q}_1)\\R_i{}' &= (1+\Delta p_i{}'\boldsymbol{A}_i\boldsymbol{Q}\boldsymbol{A}_i^{\mathrm{T}})^{-1}\end{aligned}\right\}\tag{27}$$

设 $|f\Delta\boldsymbol{Q}f^{\mathrm{T}}|$ 为目标函数的第一次增量，则目标函数的第二次增量为：

$$|f\Delta\boldsymbol{Q}_1f^{\mathrm{T}}|\approx(f\boldsymbol{Q}_1\boldsymbol{A}_i^{\mathrm{T}})^2|\Delta p_i{}'|\tag{28}$$

根据式(18)，上式中

$$\begin{aligned}f\boldsymbol{Q}_1\boldsymbol{A}_i^{\mathrm{T}} &= f\boldsymbol{Q}\boldsymbol{A}_i^{\mathrm{T}}-R_i\Delta p_if\boldsymbol{Q}\boldsymbol{A}_i^{\mathrm{T}}\boldsymbol{A}_i\boldsymbol{Q}\boldsymbol{A}_i^{\mathrm{T}}\\&=\frac{f\boldsymbol{Q}\boldsymbol{A}_i^{\mathrm{T}}}{1+\Delta p_i\boldsymbol{A}_i\boldsymbol{Q}\boldsymbol{A}_i^{\mathrm{T}}}\\&=R_if\boldsymbol{Q}\boldsymbol{A}_i^{\mathrm{T}}\end{aligned}\tag{29}$$

由于假设 Δp_i 为正，则 $R_i<1$，因此

$$\left.\begin{aligned}|f\boldsymbol{Q}_1\boldsymbol{A}_i^{\mathrm{T}}| &< |f\boldsymbol{Q}\boldsymbol{A}_i^{\mathrm{T}}|\\|f\Delta\boldsymbol{Q}_1f^{\mathrm{T}}| &< |f\Delta\boldsymbol{Q}f^{\mathrm{T}}|\end{aligned}\right\}\tag{30}$$

说明观测值 l_i 对精度目标函数的敏感性随着其权 p_i 的增大而减小。敏感度 $|f\boldsymbol{Q}\boldsymbol{A}_i^{\mathrm{T}}|$ 的这一特性在优化设计中显得比较重要。

以下分析某一观测值 l_i 的权的改变对其他观测值 l_i 的敏感度的影响。根据式(18)，得到

$$\left.\begin{aligned}f\boldsymbol{Q}\boldsymbol{A}_i^{\mathrm{T}}-f\boldsymbol{Q}_1\boldsymbol{A}_i^{\mathrm{T}} &= R_i\Delta p_if\boldsymbol{Q}\boldsymbol{A}_i^{\mathrm{T}}\boldsymbol{A}_i\boldsymbol{Q}\boldsymbol{A}_i^{\mathrm{T}}\\f\boldsymbol{Q}\boldsymbol{A}_j^{\mathrm{T}}-f\boldsymbol{Q}_1\boldsymbol{A}_j^{\mathrm{T}} &= R_i\Delta p_if\boldsymbol{Q}\boldsymbol{A}_i^{\mathrm{T}}\boldsymbol{A}_i\boldsymbol{Q}\boldsymbol{A}_j^{\mathrm{T}}\end{aligned}\right\}\tag{31}$$

设方差因子 $\sigma_0^2=1$ 时，平差后观测值的方差及协方差 $\hat{\sigma}_i^2=\boldsymbol{A}_i\boldsymbol{Q}\boldsymbol{A}_i^{\mathrm{T}}$、$\hat{\sigma}_{ij}^2=\boldsymbol{A}_i\boldsymbol{Q}\boldsymbol{A}_j^{\mathrm{T}}$，根据施瓦茨不等式：$|\boldsymbol{A}_i\boldsymbol{Q}\boldsymbol{A}_j^{\mathrm{T}}|\leqslant\sqrt{(\boldsymbol{A}_i\boldsymbol{Q}\boldsymbol{A}_i^{\mathrm{T}})(\boldsymbol{A}_j\boldsymbol{Q}\boldsymbol{A}_j^{\mathrm{T}})}$ 及测量控制网的实际情况，在绝大多数情况下：$|\hat{\sigma}_{ij}|<\hat{\sigma}_i^2$，$|\hat{\sigma}_{ij}|<\hat{\sigma}_j^2$。因此从式(31)的两个式子的比较中可知，观测值对目标函数敏感性的改变受其他观测值的权的

改变影响较小。

在解析法的二阶段设计(观测值权的优化设计)中,一般的约束条件为:

$$\sum_{i=1}^{m} p_i = C\ (常数) \tag{32}$$

为求精度目标函数的条件极值,组成函数

$$\Phi = f\boldsymbol{Q}f^{\mathrm{T}} - K(\sum_{i=1}^{m} p_i - C) \tag{33}$$

令其一阶导数为零

$$\frac{\partial \Phi}{\partial p_i} = \frac{\partial(f\boldsymbol{Q}f^{\mathrm{T}})}{\partial p_i} - K = (f\boldsymbol{Q}\boldsymbol{A}_i^{\mathrm{T}})^2 - K = 0 \tag{34}$$

得到

$$(f\boldsymbol{Q}\boldsymbol{A}_i^{\mathrm{T}})^2 = K\ (i = 1,\ 2,\ \cdots,\ m) \tag{35}$$

其结论是:在网中观测权之总和为定值的条件下,调整各观测值之权,使各观测值的敏感度 $|f\boldsymbol{Q}\boldsymbol{A}_i^{\mathrm{T}}|$ 同时趋近于某一常数时,精度目标函数 $f\boldsymbol{Q}f^{\mathrm{T}}$ 趋于最小值。

因此在敏感度分析法优化设计中,采用人机对话的方式,设计者根据计算机提供的各观测值的敏感度,进行观测值权的调整。一般在初始方案中对某一类观测值首先假定其为等权而计算其敏感度,对敏感观测值增大其权,对非敏感观测值减小其权或删除。经过若干次修正,使各观测值的敏感度大致趋于平衡,最终获得切实可行的优化方案。

2. 以可靠性为目标函数的敏感性分析

可靠性为控制网抵制平差模型误差能力的度量指标。内部可靠性为平差系统检测观测值粗差的能力,外部可靠性为观测值中不能检测的粗差对平差结果或目标成果的影响。

设在原网中增加一个观测值 l_i(其权为 p_i),但其中含有粗差 Δl_i,与原网共同组成的误差方程式组为:

$$\left.\begin{aligned} \boldsymbol{V} &= \boldsymbol{AX} - \boldsymbol{L},\ \boldsymbol{P} \\ v_i &= \boldsymbol{A}_i\boldsymbol{X} - (l_i + \Delta l_i),\ p_i \end{aligned}\right\} \tag{36}$$

将粗差 Δl_i 作为附加的参数组成法方程式

$$\begin{bmatrix} \boldsymbol{A}^{\mathrm{T}}\boldsymbol{PA}+\boldsymbol{A}_i^{\mathrm{T}}p_i\boldsymbol{A}_i & -\boldsymbol{A}_i^{\mathrm{T}}p_i \\ -p_i\boldsymbol{A}_i^{\mathrm{T}} & p_i \end{bmatrix}\cdot\begin{bmatrix} \boldsymbol{X} \\ \Delta l_i \end{bmatrix}=\begin{bmatrix} \boldsymbol{A}^{\mathrm{T}}\boldsymbol{PL}+\boldsymbol{A}_i^{\mathrm{T}}p_i\boldsymbol{L}_2 \\ -p_i l_i \end{bmatrix} \tag{37}$$

消去 $\boldsymbol{X}$ 以求粗差估值

$$\begin{aligned} &\{p_i-p_i\boldsymbol{A}_i(\boldsymbol{A}^{\mathrm{T}}\boldsymbol{PA}+\boldsymbol{A}_i^{\mathrm{T}}p_i\boldsymbol{A}_i)^{-1}\boldsymbol{A}_i^{\mathrm{T}}p_i\}\Delta l_i \\ =&-p_il_i+p_i\boldsymbol{A}_i(\boldsymbol{A}^{\mathrm{T}}\boldsymbol{PA}+\boldsymbol{A}_i^{\mathrm{T}}p_i\boldsymbol{A}_i)^{-1}(\boldsymbol{A}^{\mathrm{T}}\boldsymbol{PL}+\boldsymbol{A}_i^{\mathrm{T}}p_il_i) \end{aligned} \tag{38}$$

设

$$\left.\begin{aligned} (\boldsymbol{A}^{\mathrm{T}}\boldsymbol{PA}+\boldsymbol{A}_i^{\mathrm{T}}p_i\boldsymbol{A}_i)^{-1}&=\boldsymbol{Q} \\ (\boldsymbol{A}^{\mathrm{T}}\boldsymbol{PA})^{-1}&=\boldsymbol{Q}_0 \end{aligned}\right\} \tag{39}$$

则

$$\begin{aligned} \Delta l_i &= (p_i-p_i\boldsymbol{A}_i\boldsymbol{QA}_i^{\mathrm{T}}p_i)^{-1}p_i\boldsymbol{A}_i\boldsymbol{QA}^{\mathrm{T}}\boldsymbol{PL}-l_i \\ &= p_i^{-1}p_i\boldsymbol{A}_i(\boldsymbol{Q}^{-1}-\boldsymbol{A}_i^{\mathrm{T}}p_ip_i^{-1}p_i\boldsymbol{A}_i)^{-1}\boldsymbol{A}^{\mathrm{T}}\boldsymbol{PL}-l_i \\ &= \boldsymbol{A}_i(\boldsymbol{Q}^{-1}-\boldsymbol{A}_i^{\mathrm{T}}p_i\boldsymbol{A}_i)^{-1}\boldsymbol{A}^{\mathrm{T}}\boldsymbol{PL}-l_i \\ &= \boldsymbol{A}_i\boldsymbol{Q}_0\boldsymbol{A}^{\mathrm{T}}\boldsymbol{PL}-l_i \\ &= \hat{l}_i-l_i \end{aligned} \tag{40}$$

上式中 $\hat{l}_i$ 为原网平差后对观测值 l_i 的估值，因此 Δl_i 即为原网对此的估值与观测值之差。而 Δl_i 之方差为

$$\sigma_{\Delta l_i}^2=\sigma_0^2(p_i-p_i\boldsymbol{A}_i\boldsymbol{QA}_i^{\mathrm{T}}p_i)^{-1}=\sigma_0^2(p_i^{-1}+\boldsymbol{A}_i\boldsymbol{Q}_0\boldsymbol{A}_i^{\mathrm{T}}) \tag{41}$$

在零假设 $H_0:E\{\Delta l_i\}=0$ 成立时

$$\frac{\Delta l_i}{\sigma_{\Delta l_i}}\sim N(0,\ 1) \tag{42}$$

则 Δl_i 的边界值

$$|\nabla l_i|=\delta_0\sigma_0(p_i^{-1}+\boldsymbol{A}_i\boldsymbol{Q}_0\boldsymbol{A}_i^{\mathrm{T}})^{\frac{1}{2}} \tag{43}$$

式中 δ_0 为在一定的显著水平 α 和检验功效$(1-\beta)$下正态分布的非中心参数。

当 $|\Delta l_i|\leqslant|\nabla l_i|$ 时，观测值 l_i 中包含不能检测的粗差，此时参数的估值

$$\begin{aligned} \hat{\boldsymbol{X}}_{(i)} &= \boldsymbol{QA}^{\mathrm{T}}\boldsymbol{P}(\boldsymbol{L}+e_i\Delta l_i) \\ &= \boldsymbol{QA}^{\mathrm{T}}\boldsymbol{PL}+\boldsymbol{QA}^{\mathrm{T}}\boldsymbol{P}e_i\Delta l_i \\ &= \hat{\boldsymbol{X}}+\Delta\boldsymbol{X}_{(i)} \end{aligned} \tag{44}$$

式中

$$e_i^{\mathrm{T}} = (0, 0, \cdots, 0, i = 1, 0, \cdots, 0) \tag{45}$$

$$\Delta \boldsymbol{X}_{(i)} = \boldsymbol{Q}\boldsymbol{A}^{\mathrm{T}}\boldsymbol{P}e_i\Delta l_i \tag{46}$$

粗差 Δl_i 对目标成果的影响为

$$f\Delta \boldsymbol{X}_{(i)} = f\boldsymbol{Q}\boldsymbol{A}^{\mathrm{T}}\boldsymbol{P}e_i\Delta l_i \tag{47}$$

作统计量

$$\lambda_i = (f\Delta \boldsymbol{X}_{(i)})^{\mathrm{T}}(f\boldsymbol{Q}f^{\mathrm{T}})^{-1}f\Delta \boldsymbol{X}_{(i)} \tag{48}$$

将式(47)代入式(48),得到

$$\lambda_i = (\Delta l_i)^2(f\Delta \boldsymbol{A}_i^{\mathrm{T}})^2 p_i^2 (f\boldsymbol{Q}f^{\mathrm{T}})^{-1} \tag{49}$$

考虑单个观测值中不能检测的粗差对目标成果的最大影响(外可靠性), 277
取粗差的边界值式(43)代入式(49)(并仍假设 $\sigma_0 = 1$):

$$\lambda_i = \delta_0^2 (f\boldsymbol{Q}\boldsymbol{A}_i^{\mathrm{T}})^2 p_i (1 + p_i\boldsymbol{A}_i\boldsymbol{Q}_0\boldsymbol{A}_i^{\mathrm{T}})(f\boldsymbol{Q}f^{\mathrm{T}})^{-1} \tag{50}$$

仿照式(29),上式中

$$(f\boldsymbol{Q}\boldsymbol{A}_i^{\mathrm{T}}) = \frac{f\boldsymbol{Q}_0\boldsymbol{A}_i^{\mathrm{T}}}{1 + p_i\boldsymbol{A}_i\boldsymbol{Q}_0\boldsymbol{A}_i^{\mathrm{T}}} \tag{51}$$

因此

$$\lambda_i = \frac{\delta_0^2 (f\boldsymbol{Q}_0\boldsymbol{A}_i^{\mathrm{T}})^2 p_i}{(1 + p_i\boldsymbol{A}_i\boldsymbol{Q}_0\boldsymbol{A}_i^{\mathrm{T}})(f\boldsymbol{Q}f^{\mathrm{T}})} \tag{52}$$

仿照式(17)和式(19)

$$\Delta \boldsymbol{Q} = \frac{p_i(\boldsymbol{Q}\boldsymbol{A}_i^{\mathrm{T}}\boldsymbol{A}_i\boldsymbol{Q})}{1 + p_i\boldsymbol{A}_i\boldsymbol{Q}_0\boldsymbol{A}_i^{\mathrm{T}}} \tag{53}$$

得到

$$f\Delta \boldsymbol{Q}f^{\mathrm{T}} = \frac{p_i(f\boldsymbol{Q}\boldsymbol{A}_i^{\mathrm{T}})^2}{1 + p_i\boldsymbol{A}_i\boldsymbol{Q}_0\boldsymbol{A}_i^{\mathrm{T}}} \tag{54}$$

将式(54)代入式(52),得到

$$\lambda_i = \frac{\delta_0^2(f\Delta \boldsymbol{Q}f^{\mathrm{T}})}{f\boldsymbol{Q}f^{\mathrm{T}}} \tag{55}$$

式中，$(f\Delta \boldsymbol{Q} f^{\mathrm{T}})$ 为在原网中增加权为 p_i 的观测值 l_i 给目标函数带来的增益，$(f\Delta \boldsymbol{Q} f^{\mathrm{T}})/(f\boldsymbol{Q} f^{\mathrm{T}})$ 为相对增益。

根据式(51)和式(52)，式(55)还可以写成

$$\lambda_i = \frac{\delta_0^2(f\boldsymbol{Q}_0\boldsymbol{A}_i^{\mathrm{T}})}{f\boldsymbol{Q} f^{\mathrm{T}}}(f\boldsymbol{Q}\boldsymbol{A}_i^{\mathrm{T}})p_i \tag{56}$$

可见观测值 l_i 对目标函数精度的增益和敏感度愈大，则该观测值中不可检测的粗差对网的可靠性的影响也愈严重。

当观测值的权增大 Δp_i 时，根据式(29)得到：

$$|f\boldsymbol{Q}_1\boldsymbol{A}_i^{\mathrm{T}}|(p_i+\Delta p_i) = |f\boldsymbol{Q}\boldsymbol{A}_i^{\mathrm{T}}|p_i\frac{1+p_i^{-1}+\Delta p_i}{1+\Delta p_i\boldsymbol{A}_i\boldsymbol{Q}\boldsymbol{A}_i^{\mathrm{T}}} \tag{57}$$

由于观测值平差后的权倒数 $\hat{p}_i^{-1} = \boldsymbol{A}_i\boldsymbol{Q}\boldsymbol{A}_i^{\mathrm{T}} < p_i^{-1}$，因此

$$|f\boldsymbol{Q}_1\boldsymbol{A}_i^{\mathrm{T}}|(p_i+\Delta p_i) > |f\boldsymbol{Q}\boldsymbol{A}_i^{\mathrm{T}}|p_i \tag{58}$$

说明随着观测值权的增大，对目标函数可靠性的影响也增大。为了兼顾网的精度和可靠性，避免观测值中存在不可检测的粗差时对网的可靠性产生过大的影响，在优化设计中要求 $\lambda_i \leqslant \lambda_0$（$\lambda_0$ 可根据设计需要而定）。

定义 $|f\boldsymbol{Q}\boldsymbol{A}_i^{\mathrm{T}}|p_i$ 为观测元素 l_i 对目标函数可靠性影响的敏感度，在优化设计中要求满足下式：

$$|f\boldsymbol{Q}\boldsymbol{A}_i^{\mathrm{T}}|p_i \leqslant \frac{(f\boldsymbol{Q} f^{\mathrm{T}})_0\lambda_0}{|f\boldsymbol{Q}_0\boldsymbol{A}_i^{\mathrm{T}}|\delta_0^2} = k_i \tag{59}$$

式中，$(f\boldsymbol{Q} f^{\mathrm{T}})_0$ 为网的精度目标函数的设计要求。

在优化设计过程中，计算机提供的各观测值的精度敏感度($|f\boldsymbol{Q}\boldsymbol{A}_i^{\mathrm{T}}|$)、可靠性敏感度($|f\boldsymbol{Q}\boldsymbol{A}_i^{\mathrm{T}}|p_i$)以及根据式(59)计算的观测值权的容许修正量

$$\Delta p_i \leqslant \left(\frac{k_i}{|f\boldsymbol{Q}_0\boldsymbol{A}_i^{\mathrm{T}}|} - p_i\right) \tag{60}$$

可根据这些信息，结合测量的实际可行性进行试验修正，最后获得能兼顾目标函数精度与可靠性的控制网设计优化方案。

三、敏感度分析法优化设计的方法和实例

敏感度分析法测量控制网优化设计的实施是通过建立一个计算机辅助

设计程序系统，以人机对话方式进行的。程序系统的框图如图1所示。

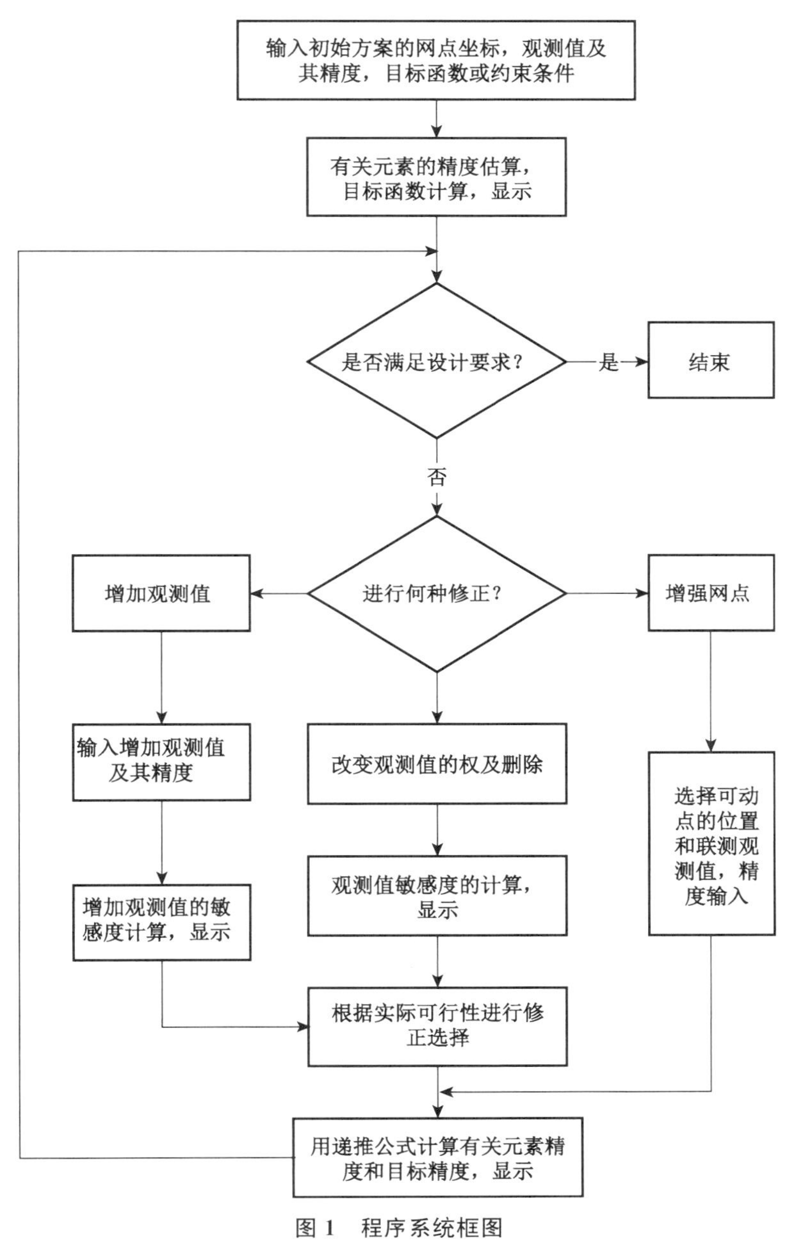

图1　程序系统框图

某水电站大坝变形监测网如图 2 所示。网中 1，2 为基准点，3，4，5，6 为工作点及过渡点，7，8 为大坝轴线端点。

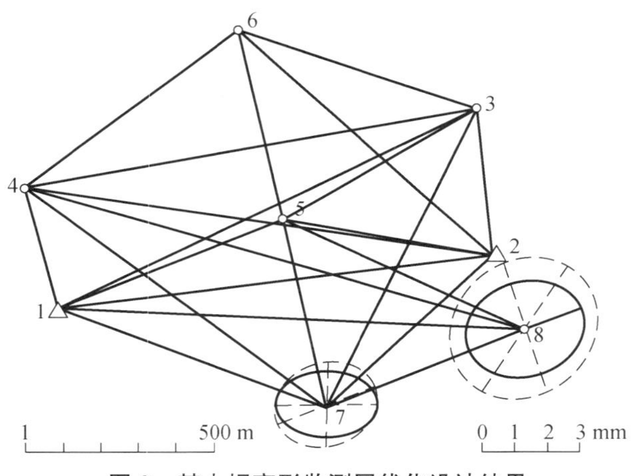

图 2　某大坝变形监测网优化设计结果

布设该网的主要目的是监测大坝轴线端点在垂直于坝轴线方向（x 轴方向）上的形变情况。由于受地形限制，轴线端点 8 与基准点和工作点的联系很不理想，因此可以预计两端点在 x 轴方向上的点位方差 σ_{x8}^2 将比 σ_{x7}^2 大得多。为了使在优化过程中 σ_{x8}^2 能比 σ_{x7}^2 得到更显著的改善，因此目标函数取

$$(f\boldsymbol{Q}f^{\mathrm{T}})_0 = \boldsymbol{Q}_{x7} + 1.5^2\boldsymbol{Q}_{x8} = 0.06\ \mathrm{cm}^2$$

顾及仪器设备和观测条件，方向观测和距离测量误差的设计取 $\sigma_{\mathrm{D}} \geqslant \pm 0.45''$，$\sigma_{\mathrm{S}} \geqslant \pm 2.5$ mm。

对于可靠性参数，取显著水平 $\alpha = 0.05$，检验功效 $1-\beta = 0.80$（非中心参数的上界值 $\delta_0 = 2.5$），$\lambda_0 = 0.53$（全网的相对多余观测数）。

初始方案为完全边角网。观测方向数 42，等权观测，精度为 $\sigma_{\mathrm{D}} = \pm 0.7''$；边长观测数 24，精度按 $\sigma_{\mathrm{S}} = \pm(3\ \mathrm{mm} \pm 0.003\ \mathrm{mm})$。7，8 点的点位误差如图 2 中虚线椭圆所示。

优化方案中的方向观测值是将各测站上对目标函数非敏感的 16 个方向（平均敏感度 0.11）删除，保留 26 个敏感方向（平均敏感度 0.36），并根据各测站的平均敏感度分配各测站的观测权 $p_D = 1 \sim 5(\sigma_D = \pm 1.0'' \sim 0.45'')$。优化方案对边长观测值删除 7 条对目标函数非敏感的边（平均敏感度为 0.04），保留 17 条敏感的边（平均敏感度为 0.11），按其敏感度分配其权 $p_S = 3.5 \sim 15[\sigma_S = \pm(0.53\ \mathrm{cm} \sim \pm 0.26\ \mathrm{cm})]$。

在不增工作量和保证网的一定可靠性的情况下，将初始方案和优化方案的目标函数精度列于表1，网中7，8点的点位误差为图2中实线椭圆，可见优化方案能获得较大的精度增益。

表1　初始方案和优化方案的目标函数精度

方案	目标		
	σ_{x_7}	σ_{x_8}	$\sqrt{\sigma_{x_7}^2+\sigma_{x_8}^2}$
初始方案	1.33 mm	2.23 mm	2.60 mm
优化方案	0.99	1.53	1.82
增益	26%	31%	30%

四、结　论

本方法从分析各设计元素对精度目标函数的敏感性着手，从而得出敏感度趋于平衡的优化理论，为设计方案进行试验修正——包括网点增删、观测值增删和权的改变指明了方向。观测值权的增大导致精度敏感度的减小，同时也导致对可靠性影响的增大，因此必须兼顾可靠性的敏感度，限制给观测值以过大的权。

控制网设计的优化理论必须与测量的实际可行性紧密结合才有实用价值。敏感度分析法采用计算机辅助设计程序系统，利用计算机及时提供的敏感度等信息，进行人机对话式的试验修正，使该方法既具有机助模拟法的直观、灵活、能密切结合实际可行性的优点，又兼有解析法直接逼近最优方案的可能性。

本方法曾用于特大桥梁变形观测控制网、大城市二等边角网等的优化设计，获得初步成效。

用机助模拟法进行城市平面控制网优化设计

顾孝烈　邹伟鸿

一、引　言

进行高质量的城市测量的先决条件为有一个具有合适密度和足够精度，并具有一定可靠性的城市测量控制网。

城市平面控制网的布设，根据地形、地物和仪器设备等条件，可以采用多种形式——测角网、测边网、边角网和导线网，并且可以因地制宜，综合运用。凡是能以测角网形式建立的图形，同样可以用测边网来建立，其薄弱环节可以用方向观测来加强。各种边角混合网可以在精度要求较高的场合布设。在平原隐蔽地区，布设导线网可以克服通视困难，减少觇标的建造，是一种比较灵活的布网方案。

二、城市平面控制网的精度标准

布设平面控制网主要是为了确定地面点位的相对位置。在建筑区主要涉及各建筑项目的相对位置及建筑物相对于公共设施、地产界线、地形碎部等的相对位置。这种相对位置关系是连续的，但是以一定精度测定这种位置关系的要求可以相对地限制在一定范围以内。因此，平面控制点的点位精度也是一个相对概念。

四等以下平面控制网的点位误差应该相对于上级网而言，最弱点是网中离开高级控制点最远或图形结构最薄弱处的点。由于四等网的平均边长为2 km，四等以下平面控制网中离开高级控制点最远的点大约为1.2 km，相当

本文发表于《同济大学学报》，1988年第4期。

于比例尺为1∶2 000的1幅图的范围、1∶1 000的4幅图的范围或1∶500的16幅图的范围。在此范围内的基本控制点保证其对于高级控制点有0.1 mm的图上点位精度,按照最大比例尺为实地5 cm的点位精度。这样的点位精度对于一般市政工程施工放样也已能满足要求。

对于边长为2 km左右的四等平面控制网,应该保证相邻点的相对点位精度,因为下级网就附合在这些相邻点上。四等平面控制点一般并不直接用于测图或施工放样,而是作为下级平面控制网的骨干,因此不论目前进行的测图比例尺为1∶1 000或1∶500,其相邻点的相对点位误差不应大于5 cm。至于城市三等或二等网的精度要求,则应根据其能保证控制下级网来进行设计。

三、控制网模拟设计的试验修正

平面控制网中每个边、角观测值都给控制网的目标成果(点的坐标、边长、方向角、相对点位等)带来一定的精度增益。如何使由观测值所构成的图形及观测值的精度配置以最经济合理的方案来满足控制网的设计要求就是通常所说的优化设计。

控制网优化设计的方法主要有解析法和模拟法。解析法是将控制网的设计目标用一个理想化的数学模型——准则矩阵来描述,并根据约束条件严格按最优化问题的数学解法来获得设计方案。机助模拟法是:从初始方案开始,按平差后评定精度的方法对设计控制网进行精度分析和试验修正,利用计算机所提供的快速而准确的信息,并和设计者的分析判断能力相结合,从而获得较理想的方案。

以下介绍机助模拟法试验修正的理论公式。

设平面控制网初始方案的平差模型为:

$$\underset{m\times 1}{\boldsymbol{V}} = \underset{m\times n}{\boldsymbol{A}}\,\underset{n\times 1}{\boldsymbol{X}} - \underset{m\times 1}{\boldsymbol{l}}$$
$$\boldsymbol{l} \sim \boldsymbol{N}(\boldsymbol{A}\widetilde{\boldsymbol{X}},\ \sigma_0^2\boldsymbol{P}^{-1}) \tag{3-1}$$

式中,$\boldsymbol{l}$为观测值向量,$\boldsymbol{V}$为残差向量,$\boldsymbol{X}$为参数(坐标未知数)向量,$\boldsymbol{P}$为观测值的权阵,σ_0^2为方差因子。

参数的协因数阵为:

$$\underset{m\times n}{\boldsymbol{Q}_0} = (\boldsymbol{A}^{\mathrm{T}}\boldsymbol{P}\boldsymbol{A})^{-1} \tag{3-2}$$

设对网的初始方案进行修正时,增加观测值$\boldsymbol{l}_1$,其平差模型为:

$$\underset{m_1\times 1}{\boldsymbol{V}_1} = \underset{m_1\times n}{\boldsymbol{A}_1}\ \underset{n\times 1}{\boldsymbol{X}} - \underset{m_1\times 1}{\boldsymbol{l}_1}$$
$$\boldsymbol{l}_1 \sim \boldsymbol{N}(\boldsymbol{A}_1\tilde{\boldsymbol{X}}, \sigma_0^2\boldsymbol{P}_1^{-1}) \tag{3-3}$$

原网中增加观测值 $\boldsymbol{l}_1$ 后，参数的协因数阵可按矩阵反演公式展开：

$$\begin{aligned}\boldsymbol{Q}_1 &= (\boldsymbol{A}^{\mathrm{T}}\boldsymbol{P}\boldsymbol{A} + \boldsymbol{A}_1^{\mathrm{T}}\boldsymbol{P}_1\boldsymbol{A}_1)^{-1}\\ &= \boldsymbol{Q}_0 - \boldsymbol{Q}_0\boldsymbol{A}_1^{\mathrm{T}}(\boldsymbol{P}_1^{-1} + \boldsymbol{A}_1\boldsymbol{Q}_0\boldsymbol{A}_1^{\mathrm{T}})^{-1}\boldsymbol{A}_1\boldsymbol{Q}_0\\ &= \boldsymbol{Q}_0 + \Delta\boldsymbol{Q}\end{aligned} \tag{3-4}$$

当对网中原有观测值 $\boldsymbol{l}_i$ 的权 $\boldsymbol{P}_1$ 增大或减小 $\Delta\boldsymbol{P}_i$ 时，以 $\Delta\boldsymbol{P}_i$ 代替上式中的 $\boldsymbol{P}_1$，以 $\boldsymbol{A}_i$ 代替 $\boldsymbol{A}_1$，即得到：

$$\boldsymbol{Q}_1 = \boldsymbol{Q}_0 - \boldsymbol{Q}_0\boldsymbol{A}_i^{\mathrm{T}}(\Delta\boldsymbol{P}_i^{-1} + \boldsymbol{A}_i\boldsymbol{Q}_0\boldsymbol{A}_i^{\mathrm{T}})^{-1}\boldsymbol{A}_i\boldsymbol{Q}_0 \tag{3-5}$$

如果使 $\Delta\boldsymbol{P}_i = -\boldsymbol{P}_i$，则删除这些观测值。

当增加网点时，设相应增加的未知参数为 $\underset{r\times 1}{\boldsymbol{X}_2}$，与所增加的点相连测的观测值为 $\underset{m_2\times 1}{\boldsymbol{l}_2}$ $(m_2 \geqslant r)$，权为 $\boldsymbol{P}_2$，则其平差模型为：

$$\underset{m_2\times 1}{\boldsymbol{V}_2} = \underset{m_2\times n}{\boldsymbol{A}_2}\ \underset{n\times 1}{\boldsymbol{X}} + \underset{m_2\times r}{\boldsymbol{B}}\ \underset{r\times 1}{\boldsymbol{X}_2} - \underset{m_2\times r}{\boldsymbol{l}_2}$$
$$\boldsymbol{l}_2 \sim \boldsymbol{N}(\boldsymbol{A}_2\tilde{\boldsymbol{X}} + \boldsymbol{B}\tilde{\boldsymbol{X}}_2, \sigma_0^2\boldsymbol{P}_2^{-1}) \tag{3-6}$$

$\boldsymbol{l}_2$ 与原网的观测值联合平差时，其参数的协因数阵为：

$$\begin{aligned}\boldsymbol{Q}_1 &= \begin{bmatrix}\boldsymbol{A}^{\mathrm{T}}\boldsymbol{P}\boldsymbol{A} + \boldsymbol{A}_2^{\mathrm{T}}\boldsymbol{P}_2\boldsymbol{A}_2 & \boldsymbol{A}_2^{\mathrm{T}}\boldsymbol{P}_2\boldsymbol{B}\\ \boldsymbol{B}^{\mathrm{T}}\boldsymbol{P}_2\boldsymbol{A}_2 & \boldsymbol{B}^{\mathrm{T}}\boldsymbol{P}_2\boldsymbol{B}\end{bmatrix}^{-1} = \begin{bmatrix}\boldsymbol{N}_{11} & \boldsymbol{N}_{12}\\ \boldsymbol{N}_{12}^{\mathrm{T}} & \boldsymbol{N}_{22}\end{bmatrix}^{-1}\\ &= \begin{bmatrix}\boldsymbol{Q}_{11} & \boldsymbol{Q}_{12}\\ \boldsymbol{Q}_{12}^{\mathrm{T}} & \boldsymbol{Q}_{22}\end{bmatrix}\end{aligned} \tag{3-7}$$

式中：

$$\left.\begin{aligned}\underset{m\times n}{\boldsymbol{N}_{11}} &= \boldsymbol{A}^{\mathrm{T}}\boldsymbol{P}\boldsymbol{A} + \boldsymbol{A}_2^{\mathrm{T}}\boldsymbol{P}_2\boldsymbol{A}_2\\ \underset{m\times r}{\boldsymbol{N}_{12}} &= \boldsymbol{A}_2^{\mathrm{T}}\boldsymbol{P}_2\boldsymbol{B}\\ \underset{r\times r}{\boldsymbol{N}_{22}} &= \boldsymbol{B}^{\mathrm{T}}\boldsymbol{P}_2\boldsymbol{B}\end{aligned}\right\} \tag{3-8}$$

$$\left.\begin{aligned}\underset{r\times r}{\boldsymbol{Q}_{22}} &= (\boldsymbol{N}_{22} - \boldsymbol{N}_{12}^{\mathrm{T}}\boldsymbol{N}_{11}^{-1}\boldsymbol{N}_{12})^{-1}\\ \underset{n\times r}{\boldsymbol{Q}_{12}} &= -\boldsymbol{N}_{11}^{-1}\boldsymbol{N}_{12}\boldsymbol{Q}_{22}\\ \underset{n\times n}{\boldsymbol{Q}_{11}} &= \boldsymbol{N}_{11}^{-1} + \boldsymbol{N}_{11}^{-1}\boldsymbol{N}_{12}\boldsymbol{Q}_{22}\boldsymbol{N}_{12}^{\mathrm{T}}\boldsymbol{N}_{11}^{-1}\end{aligned}\right\} \tag{3-9}$$

令式(2-9)中之 $\boldsymbol{N}_{11}^{-1}$ 等于 $\boldsymbol{Q}'_0$,相当于所增加的点为无误差的固定点时网中未知参数 $\boldsymbol{X}$ 的协因数阵,并可按矩阵反演公式展开:

$$\begin{aligned}\boldsymbol{Q}'_0 = \boldsymbol{N}_{11}^{-1} &= (\boldsymbol{A}^{\mathrm{T}}\boldsymbol{P}\boldsymbol{A} + \boldsymbol{A}_2^{\mathrm{T}}\boldsymbol{P}_2\boldsymbol{A}_2)^{-1} \\ &= \boldsymbol{Q}_0 - \boldsymbol{Q}_0 \underset{m_2\times m}{\boldsymbol{A}_2^{\mathrm{T}}}(\boldsymbol{P}_2^{-1} + \underset{m_2\times m_2}{\boldsymbol{A}_2} \boldsymbol{Q}_0\boldsymbol{A}_2^{\mathrm{T}})^{-1}\boldsymbol{A}_2\boldsymbol{Q}_0\end{aligned} \tag{3-10}$$

当进行增加网点的运算时,先计算 $\boldsymbol{Q}'_0(\boldsymbol{N}_{11}^{-1})$,然后代入式(3-9)计算 $\boldsymbol{Q}_{22}$,$\boldsymbol{Q}_{12}$,$\boldsymbol{Q}_{11}$,得到增加新点后全网未知参数的协因数阵 $\boldsymbol{Q}_1$[式(3-7)]。由此可知,按矩阵反演公式计算需要求逆的矩阵阶数为式(3-10)中的 $m_2\times m_2$ 阶、式(3-9)中的 $r\times r$ 阶,而按式(3-7)计算时则为 $n\times n$ 阶矩阵求逆。

当需要删除网点时,把属于这些网点的参数 $\boldsymbol{X}_2$ 排列在最后,则相当于在以上公式中知已 $\boldsymbol{Q}_{11}$,$\boldsymbol{Q}_{12}$,$\boldsymbol{Q}_{22}$ 而求 $\boldsymbol{Q}_0=(\boldsymbol{A}^{\mathrm{T}}\boldsymbol{P}\boldsymbol{A})^{-1}$,此时同样需要先求得 $\boldsymbol{N}_{11}^{-1}$。

根据式(3-9)可得到:

$$\begin{aligned}\boldsymbol{Q}_{11} &= \boldsymbol{N}_{11}^{-1} + \boldsymbol{N}_{11}^{-1}\boldsymbol{N}_{12}\boldsymbol{Q}_{22}\boldsymbol{N}_{12}^{\mathrm{T}}\boldsymbol{N}_{11}^{-1} \\ &= \boldsymbol{N}_{11}^{-1} + \boldsymbol{Q}_{12}\boldsymbol{Q}_{22}^{-1}\boldsymbol{Q}_{12}^{\mathrm{T}}\end{aligned} \tag{3-11}$$

因此:

$$\boldsymbol{N}_{11}^{-1} = \boldsymbol{Q}_{11} - \boldsymbol{Q}_{12}\boldsymbol{Q}_{22}^{-1}\boldsymbol{Q}_{12}^{\mathrm{T}} \tag{3-12}$$

删除网点后未知参数的协因数阵为:

$$\begin{aligned}\underset{n\times n}{\boldsymbol{Q}_0} &= (\boldsymbol{A}^{\mathrm{T}}\boldsymbol{P}\boldsymbol{A})^{-1} = (\boldsymbol{N}_{11} - \boldsymbol{A}_2^{\mathrm{T}}\boldsymbol{P}_2\boldsymbol{A}_2)^{-1} \\ &= \boldsymbol{N}_{11}^{-1} + \boldsymbol{N}_{11}^{-1}\boldsymbol{A}_2^{\mathrm{T}}(\boldsymbol{P}_2^{-1} - \underset{m_2\times m_2}{\boldsymbol{A}_2\boldsymbol{N}_{11}^{-1}\boldsymbol{A}_2^{\mathrm{T}}})^{-1}\boldsymbol{A}_2\boldsymbol{N}_{11}^{-1}\end{aligned} \tag{3-13}$$

在进行控制网设计的试验修正时,主要的计算工作量在于矩阵求逆。因此,如果进行修正的观测值数(包括增删网点时观测值的增、删数)远小于未知参数总个数时,根据矩阵反演公式计算修正后的协因数阵,可以大大节省计算时间。并且这些公式可以作递推公式进行连续修正。

四、利用计算机在试验修正中提供信息

在控制网设计过程中主要关心的是精度,其次是可靠性问题,然后是经济问题。在用机助模拟法设计的试验修正过程中,设计者需要知道与此有关的信息,需计算机及时提供。

（一）控制网的精度信息

平面控制网的精度表现为平差后待定点坐标的误差、边长与方向角的误差、待定点相对于起始点的点位误差椭圆，待定点之间的相对点位误差椭圆。

在模拟法设计的试验修正中，首先得到的精度信息是待定点坐标的协因数阵 $\boldsymbol{Q}$，在规定先验方差因子 $\sigma_0^2=1$ 时即为其方差——协方差阵。

平差后网中的边长，方向角，点位间关系等均为坐标的函数，其一般表达式为：

$$\boldsymbol{Y} = \boldsymbol{F}\boldsymbol{X} \tag{4-1}$$

因而，函数的方差-协方差阵为：

$$\boldsymbol{D}_{FF} = \boldsymbol{F}\boldsymbol{Q}F^{\mathrm{T}} \tag{4-2}$$

（二）观测值的敏感性信息

函数的精度取决于坐标（参数）的精度，而参数的精度为 $\boldsymbol{Q}=(\boldsymbol{A}^{\mathrm{T}}\boldsymbol{P}\boldsymbol{A})^{-1}$。由此可见，其取决于观测值的精度及其在网的图形中的位置。观测值的精度不同，所处位置不同，对函数的影响（或称为增益）也不相同。

当某个观测值 $\boldsymbol{l}_i$ 的权 $\boldsymbol{P}_i$ 增大 $\Delta\boldsymbol{P}_i$ 后，参数的原协方差阵 $\boldsymbol{Q}_0$ 改变为：

$$\boldsymbol{Q}_1 = \boldsymbol{Q}_0 - \boldsymbol{Q}_0\boldsymbol{A}_i^{\mathrm{T}}(\Delta\boldsymbol{P}_i^{-1}+\boldsymbol{A}_i\boldsymbol{Q}_0\boldsymbol{A}_i^{\mathrm{T}})^{-1}\boldsymbol{A}_i\boldsymbol{Q}_0 \tag{4-3}$$

由于 $\boldsymbol{A}_i$ 为 $1\times n$ 阶矩阵，由此，

$$(\Delta\boldsymbol{P}_i^{-1}+\boldsymbol{A}_i\boldsymbol{Q}_0\boldsymbol{A}_i^{\mathrm{T}})^{-1} = \frac{\Delta\boldsymbol{P}_i}{1+\Delta\boldsymbol{P}_i\boldsymbol{A}_i\boldsymbol{Q}_0\boldsymbol{A}_i^{\mathrm{T}}} \tag{4-4}$$

令

$$R_i = (1+\Delta\boldsymbol{P}_i\boldsymbol{A}_i\boldsymbol{Q}_0\boldsymbol{A}_i^{\mathrm{T}})^{-1} \tag{4-5}$$

则

$$\boldsymbol{Q}_1 = \boldsymbol{Q}_0 - R_i\Delta\boldsymbol{P}_i\boldsymbol{Q}_0\boldsymbol{A}_i^{\mathrm{T}}\boldsymbol{A}_i\boldsymbol{Q}_0 = \boldsymbol{Q}_0 + \Delta\boldsymbol{Q} \tag{4-6}$$

上式中 $\Delta\boldsymbol{Q}$ 为参数精度的增益。设参数的函数为：

$$y = \underset{1\times n}{\boldsymbol{f}}\ \underset{n\times 1}{\boldsymbol{X}} \tag{4-7}$$

其精度（方差）为：

$$\sigma_y^2 = \boldsymbol{f}\boldsymbol{Q}_0\boldsymbol{f}^{\mathrm{T}} \tag{4-8}$$

其精度的增益为：

$$\begin{aligned} \boldsymbol{f}\Delta\boldsymbol{Q}\boldsymbol{f}^{\mathrm{T}} &= -R_i\Delta\boldsymbol{P}_i\boldsymbol{f}\boldsymbol{Q}_0\mathbf{A}_i^{\mathrm{T}}\mathbf{A}_i\boldsymbol{Q}_0\boldsymbol{f}^{\mathrm{T}} \\ &= -R_i\Delta\boldsymbol{P}_i(\boldsymbol{f}\boldsymbol{Q}_0\mathbf{A}_i^{\mathrm{T}})^2 \end{aligned} \tag{4-9}$$

式(3-5)中的

$$\mathbf{A}_i\boldsymbol{Q}_0\mathbf{A}_i^{\mathrm{T}} = \frac{1}{\hat{\boldsymbol{P}}_i} \tag{4-10}$$

式中，$\hat{\boldsymbol{P}}_i$ 为观测值平差后之权，因而$\hat{\boldsymbol{P}}_i > \boldsymbol{P}_i$。顾及上式，式(4-5)可写成：

$$R_i = \left(1 + \frac{\Delta\boldsymbol{P}_i}{\hat{\boldsymbol{P}}_i}\right)^{-1} \tag{4-11}$$

当 $\Delta\boldsymbol{P}_i/\hat{\boldsymbol{P}}_i \to \varepsilon$ 时，$R_i \to 1$，则函数的精度增益为：

$$\boldsymbol{f}\Delta\boldsymbol{Q}\boldsymbol{f}^{\mathrm{T}} \approx -(\boldsymbol{f}\boldsymbol{Q}_0\mathbf{A}_i^{\mathrm{T}})^2\Delta\boldsymbol{P}_i \tag{4-12}$$

由此得到：

$$\frac{\boldsymbol{f}\Delta\boldsymbol{Q}\boldsymbol{f}^{\mathrm{T}}}{\Delta\boldsymbol{P}_i} = -(\boldsymbol{f}\boldsymbol{Q}_0\mathbf{A}_i^{\mathrm{T}})^2 \tag{4-13}$$

说明当观测值的权增大时，$(\boldsymbol{f}\boldsymbol{Q}_0\mathbf{A}_i^{\mathrm{T}})^2$ 愈大，则函数精度增益也愈大。$(\boldsymbol{f}\boldsymbol{Q}_0\mathbf{A}_i^{\mathrm{T}})^2$可以表示观测值精度改变对函数精度的敏感性，因此定义$(\boldsymbol{f}\boldsymbol{Q}_0\mathbf{A}_i^{\mathrm{T}})^2$为观测值对函数的精度敏感度。观测值对目标函数的敏感度信息可用于用模拟法进行网的观测值权的优化。

可以证明，修正观测值的权时，权的增加导致敏感度的减小。调整各观测值的权，使各观测值的敏感度大致趋于均衡时为最佳权分配。按照这一规律用模拟法修正观测值的权(其极端情况为舍弃观测值)时，应顾及测量的实际可行性和兼顾可靠性信息。

(三) 观测值的可靠性信息

在测量控制网中，为了防止具有粗差的观测值的混入，采用多余观测的方法进行检验。多余观测使观测值之间具有相互制约的作用，并能通过平差计算消除其由随机误差所产生的矛盾，从而也提高了观测值的精度。

多余观测是相对于建网(确定网中点位的坐标、高程等)的必要观测而言的。没有多余观测，该网就不具备对观测值进行检核的条件，也就没有任何可靠性。对于全网，多余观测值的数目是完全可以确定的，因此可以作为衡量全网观测值的平均可靠性指标。但是多余观测值之间相互制约的效果却随网形结构、观测精度而异，因此还需要有衡量每个观测值的可靠性指标。在网的设计阶段，查明各个观测值的可靠性有助于发现薄弱环节而在设计中加以改进。

观测值 $\boldsymbol{l}_i$ 的多余观测分量定义为内部可靠率 r_i，可用下式表示：

$$\begin{aligned} r_i &= \frac{q_{l_i l_i} - q_{\hat{l}_i \hat{l}_i}}{q_{l_i l_i}} = \frac{\sigma_i^2 - \hat{\sigma}_i^2}{\sigma_i^2} \\ &= 1 - \frac{\boldsymbol{P}_i}{\hat{\boldsymbol{P}}_i} = 1 - \boldsymbol{P}_i \boldsymbol{A}_i \boldsymbol{Q} \boldsymbol{A}_i^{\mathrm{T}} \end{aligned} \tag{4-14}$$

式中，$q_{l_i l_i}$ 和 $q_{\hat{l}_i \hat{l}_i}$ 分别表示观测值平差前和平差后的权倒数，σ_i^2 和 $\hat{\sigma}_i^2$ 为相应的方差。r_i 满足下列条件：

$$0 \leqslant r_i \leqslant 1 \tag{4-15}$$

全网观测值的可靠率之和即为全网多余观测数 r，因此观测值的平均可靠率即为全网的相对多余观测数：

$$r_m = \frac{1}{m} \sum_{i=1}^{m} r_i = \frac{m-n}{m} \tag{4-16}$$

式中，m 为观测值的个数，n 为未知数的个数。上式从平均意义上来反映全部观测值的可靠性。可靠率大的观测值和可靠率小的观测值在对全网的评价上有抵偿性。

网中如果有内部可靠率很小的观测值时，说明该网在可靠性方面存在薄弱环节，这些观测值中的粗差难以检测。这种情况在网的设计中应尽量避免。

定义显著内部可靠率为：

$$r_s = \frac{m}{\displaystyle\sum_{i=1}^{m} \frac{1}{r_i}} \tag{4-17}$$

它可以使网中存在可靠率很小的观测值时，在对网的可靠性评价中得到明显的反映。r_s 与 r_m 的接近程度反映了网中各观测值的可靠率的均匀程度。

观测值的内部可靠率与网形结构，观测本身的精度有关，从式(4-14)可以看出：可靠率的分子($\sigma_i^2-\hat{\sigma}_i^2$)表示该观测值通过平差后的精度增益，这主要与该观测值邻近的图形强度有关，而分母则为观测本身的精度，相对于其他观测值而言，其精度愈高则本身的可靠率愈小。

在网的观测值权的优化设计过程中，往往需要增大或减小某些观测值的权，此时必须兼顾精度与可靠性的关系：

设原方案的参数协因数阵 $\boldsymbol{Q}_0=(\boldsymbol{A}^{\mathrm{T}}\boldsymbol{P}\boldsymbol{A})^{-1}$，观测值 $\boldsymbol{l}_i$ 的权 $\boldsymbol{P}_i$ 增大 $\Delta\boldsymbol{P}_i$ 后，参数的协因数阵根据式(4-6)为：

$$\boldsymbol{Q}_1=\boldsymbol{Q}_0-R_1\Delta\boldsymbol{P}_1\boldsymbol{Q}_0\boldsymbol{A}_i^{\mathrm{T}}\boldsymbol{A}_i\boldsymbol{Q}_0$$

此时观测值平差后之权倒数为：

$$\frac{1}{\widetilde{\boldsymbol{P}}_i}=\boldsymbol{A}_i\boldsymbol{Q}_1\boldsymbol{A}_i^{\mathrm{T}}=\boldsymbol{A}_1\boldsymbol{Q}_0\boldsymbol{A}_i^{\mathrm{T}}-R_i\Delta\boldsymbol{P}_i(\boldsymbol{A}_i\boldsymbol{Q}_0\boldsymbol{A}_i^{\mathrm{T}})^2 \tag{4-18}$$

顾及式(4-5)后

$$\frac{1}{\widetilde{\boldsymbol{P}}_i}=\frac{\boldsymbol{A}_i\boldsymbol{Q}_0\boldsymbol{A}_i^{\mathrm{T}}}{1+\Delta\boldsymbol{P}_i\boldsymbol{A}_i\boldsymbol{Q}_0\boldsymbol{A}_i^{\mathrm{T}}}=R_i\frac{1}{\widetilde{\boldsymbol{P}}_i} \tag{4-19}$$

当 $\Delta\boldsymbol{P}_i$ 为正值时，$R_i<1$，因此$\widetilde{\boldsymbol{P}}_i>\hat{\boldsymbol{P}}_i$；说明观测值的权增大后，平差后的精度也提高；而观测值的可靠率，根据式(4-14)、式(4-19)得到

$$\tilde{r}_i=1-\frac{(\boldsymbol{P}_i+\Delta\boldsymbol{P}_i)}{\widetilde{\boldsymbol{P}}_i}=\frac{1-\boldsymbol{P}_i\boldsymbol{A}_i\boldsymbol{Q}_0\boldsymbol{A}_i^{\mathrm{T}}}{1+\Delta\boldsymbol{P}_i\boldsymbol{A}_i\boldsymbol{Q}_0\boldsymbol{A}_i^{\mathrm{T}}}=R_ir_i \tag{4-20}$$

因此$\tilde{r}_i<r_i$。可见个别观测值权的增大导致其可靠率的减小，而且从式(4-19)、式(4-20)可以看出，可靠率和平差后权倒数(方差)按照同一比例系数 R_i 减小。

观测值 $\boldsymbol{l}_i$ 的可靠率 r_i 为全网多余观测数 r 的分量。在没有增删观测值的情况下，r 为一常数。因此个别观测值权增大，其可靠率减小，必然导致其他观测值(主要是邻近的，结构上直接相关的观测值)的可靠率的增大。

观测值 $\boldsymbol{l}_j(j\neq i)$的原可靠率为：

$$r_j=1-\boldsymbol{P}_i\boldsymbol{A}_j\boldsymbol{Q}_0\boldsymbol{A}_j^{\mathrm{T}} \tag{4-21}$$

观测值 $\boldsymbol{l}_i$ 的权增大 $\Delta\boldsymbol{P}_i$ 后，$\boldsymbol{l}_j$ 的可靠率改变为：

$$\begin{aligned}\tilde{r}_j&=1-\boldsymbol{P}_i\boldsymbol{A}_j\boldsymbol{Q}_1\boldsymbol{A}_j^{\mathrm{T}}\\&=r_j+R_i\boldsymbol{P}_j\Delta\boldsymbol{P}_i(\boldsymbol{A}_i\boldsymbol{Q}_0\boldsymbol{A}_j^{\mathrm{T}})^2\end{aligned} \tag{4-22}$$

式中，$(\boldsymbol{A}_i\boldsymbol{Q}_0\boldsymbol{A}_j^{\mathrm{T}})=q_{\hat{l}_i\hat{l}_j}$ 为平差后观测值$\hat{\boldsymbol{l}}_i$、$\hat{\boldsymbol{l}}_j$ 的协因数，主要表征这两个观

测值在图形结构上的相关程度。由于 $R_i\boldsymbol{P}_j\Delta\boldsymbol{P}_i(\mathbf{A}_i\boldsymbol{Q}_0\mathbf{A}_j^{\mathrm{T}})^2>0$，因此 $\tilde{r}_j>r_j$。

在控制网的设计中，不仅需要有反映观测值可靠性的平均指标 r_m 和反映观测值均匀性的指标 r_s，重要的是要用分析观测值可靠率的分布情况来检查网的薄弱环节，通过网形结构的修正和观测值精度的配置来改善其可靠性。

五、城市平面控制网机助模拟法优化设计的实例分析

（一）边角观测值精度的匹配和对控制网的增益

在由三角形图形组成的平面控制网中，如果分别用测边和测角两种观测值，则相邻点的相对点位误差椭圆的长轴大致成正交，其大小可以通过边、角观测值的精度匹配而使其基本相等。

边、角测量相匹配的精度可以用测边网中计算的角度误差与测角网中的角度测量误差相等的假设进行推算。

$$\frac{\sigma''_d}{\rho''}=\frac{\sigma_s}{S} \tag{5-1}$$

上式即为独立测角网和测边网中观测值精度相匹配的计算式[1]。公式虽从正三角形导出，但在一般的网中经过模拟计算证明其有普遍意义。

观测全部边角的所谓完全边角网，从纯量精度意义上来说，大约相当于测角网和测边网的权平均值。更有意义的是点位误差是两维随机变量，测角网和测边网的点位误差在各自的薄弱方向上（误差椭圆的长半轴方向）得到取长补短，改善点位误差在各个方向上的均匀性。如图 1 所示，长轴大致成正交的一对椭圆分别属于测角网和测边网，其中用虚线所画的椭圆属于边角网的相对点位误差椭圆。

在边角网中，观测值的可靠率得到很大的提高，而且趋于均匀。

（二）边角网中边角观测值的合理组合

将边、角观测值进行合理组合，而不全部观测的网称为边角混合网。以测角网或测边网为基础而将边长观测值或方向（角度）观测值进行合理配置是值得推荐的优化方法。

例如，在图 1 的测角网中，观测了经过优化选择的 6 条边（约占全部边数的 1/10），显著改善了原测角网中相对点位精度（图 2 中外层椭圆）的薄弱方

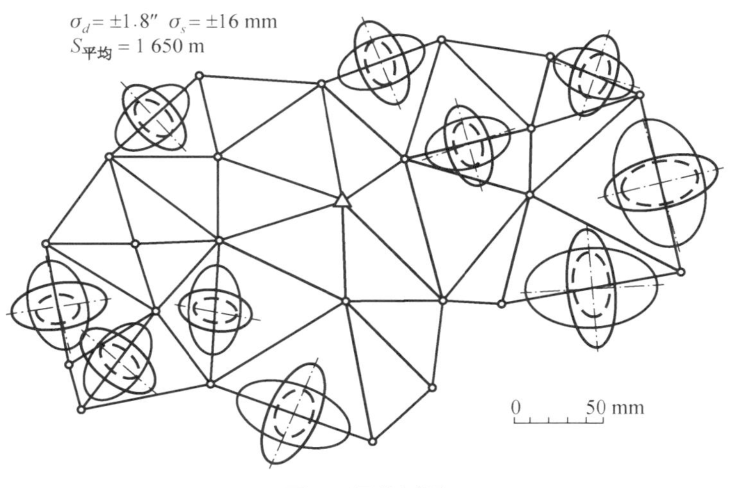

图 1 误差椭圆

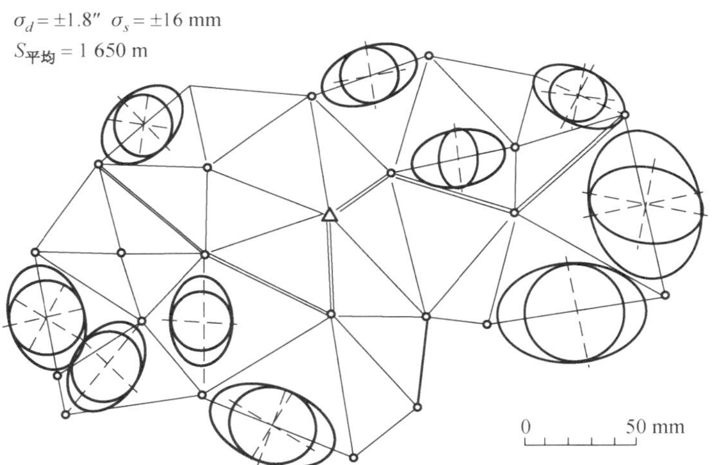

图 2 边角观测值合理组合后的误差椭圆

向后，便获得较理想的相对点位精度(图 2 中内层椭圆)。

在测边网中的薄弱部位，布设优化选择的方向观测值，同样可以获得较理想的精度。如图 3 所示，城市二等测边网的初步设计中存在许多结构上的薄弱环节(限于通视等观测条件)，经过优化选择在 20 个测站上增加观测 47 个方向值，如图 5 中虚线所示，获得了在容许范围内的、较均匀的相对点位精度(如图 4 所示)和较均匀的观测值的可靠率。

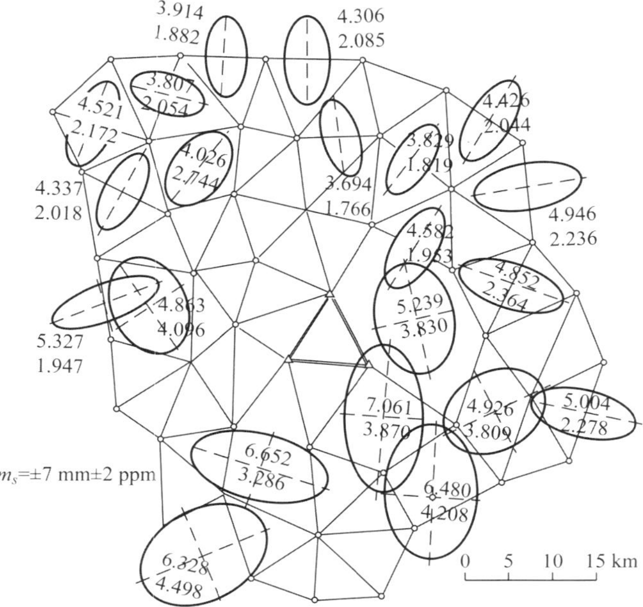

图 3　初步设计测边网的点位精度

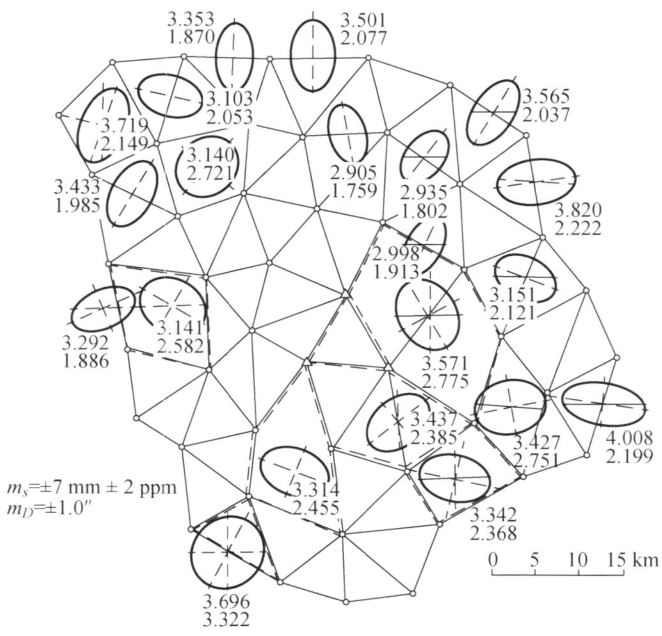

图 4　优化后测边网的点位精度

（三）导线网图形的合理结构

导线网如果作为首级控制，则必须布设成多边形格网，使布点均匀，并且在结构上达到一定强度，起到框架作用。用模拟计算进行试验的结果，认为格网中闭合环的边数可规定为4～8边形。导线的等级愈高，边数应愈少。导线网中闭合环的边数愈少，则结构愈紧密，最弱相邻点的相对点位误差愈小，观测值的可靠性愈大。格网型导线网的最佳结构为使每个导线点都成为结点（网的边缘除外）。

以五边形为基本图形，使尽可能多的导线点成为网中结点的城市二等（首级）导线网（图 5）为用机助模拟法设计的结果。该图控制面积约 4 000 km^2。

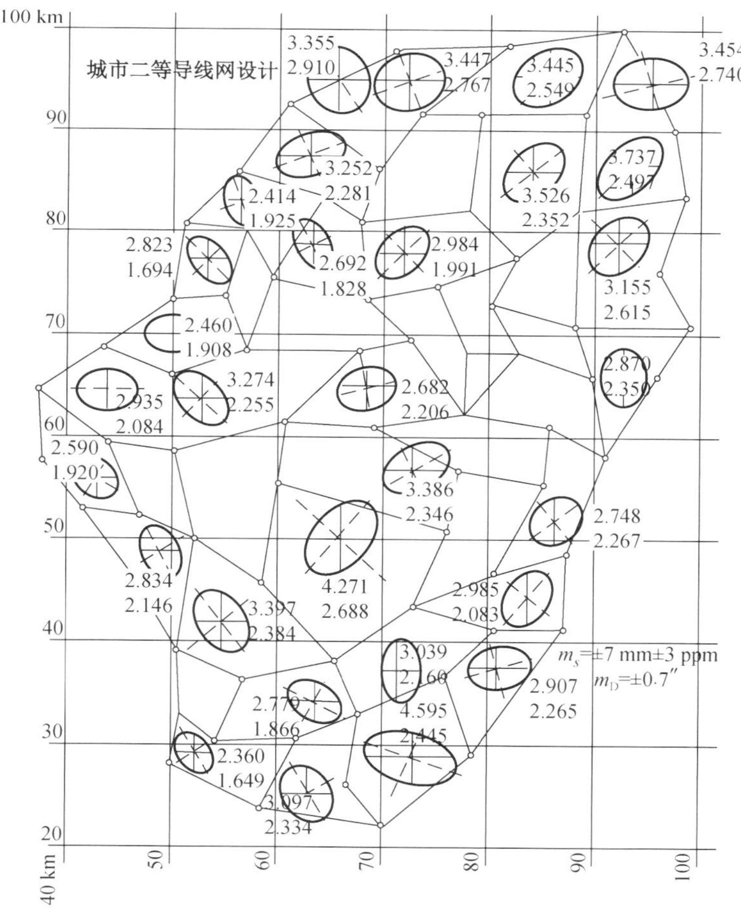

图 5 城市二等（首级）导线网

六、结束语

由于模拟法设计的原理比较简单，可以紧密结合测量的实际可行性，在利用计算机运算和信息显示的基础上能充分发挥人的经验（分析、判断）的作用，做到人机结合、取长补短。

计算机对设计网的修正运算愈快，提供的信息愈全面，自动分析、判断的程度愈高，显示愈明显和直观，则愈能使设计者发挥其主观能动性，从而提高设计的质量与效果。因此模拟法设计有许多内容需要进一步深入研究。尽管如此，只要具备一定的条件，模拟法设计即可进行，只是内容有待补充，分析有待深入，自动化程度有待提高而已。因此用机助模拟法设计城市控制网是一种值得推广的方法。

参考文献

[1] 顾孝烈. 城市测边网设计与技术规定[J]. 测绘学报，1984(3).

[2] 顾孝烈，等. 城市导线测量[M]. 北京：测绘出版社，1984.

[3] 顾孝烈. 城市平面控制网的布设[J]. 城乡测绘，1986(1).

[4] Pelzer H. Criteria for the Reliability of Geodetic Networks[R]. 1977.

[5] Grundig L, Bahndorf T.控制网的精度和可靠性[J]. 上海测绘，1984(2).

平面控制网平差中不同类观测值权的确定

孙大路　顾孝烈

0 引　言

在平差计算之前，不可能确切地知道各类观测值的实际观测精度，一般是根据仪器厂标明的精度（标称精度）或根据观测值在网中形成的闭合差来估算其先验权，例如边长观测的方差取

$$m_{s_i}^2 = m_c^2 + (s_i \cdot \mathrm{ppm})^2 \tag{1}$$

式中，m_c 为测距仪常误差；ppm 为测距仪比例误差的百万分率。m_c 及 ppm 取自标称精度。方向观测的方差按网中多边形的角度闭合差 $w_{\beta i}$，用下列公式计算：

$$m_R^2 = \frac{\left(\dfrac{w_{\beta i}^2}{n_i}\right)}{2N} \tag{2}$$

式中，n_i 为多边形的边数；N 为多边形的个数。则边长与角度观测值的权可以取

$$p_{s_i} = \frac{1}{m_{s_i}^2} \tag{3}$$

$$p_R = \frac{1}{m_R^2} \tag{4}$$

即取先验的方差因子 $\sigma_0^2=1$。

按仪器标称精度定观测值的权并不一定合理，因为事实上对于同一台仪器在不同的观测条件下或不同的技术操作水平所观测的精度都会有所差别，另外，按闭合差统计观测精度也会受到子样数的限制而不能获得精确的结

本文发表于《同济大学学报》，1994 年第 1 期。

果。为了与严格的平差方法相协调，使平差结果更加合理和可靠，应尽可能精确地求得各类观测值的实际观测精度，以便用正确的权进行平差计算。先分析以下两种情况：

第一种情况是控制网中只有一类观测值时权的确定。

设误差方程式为

$$\boldsymbol{V} = \boldsymbol{AX} - \boldsymbol{L}，权为 \boldsymbol{P} \tag{5}$$

如果另外取权 $\boldsymbol{P}_1 = k\boldsymbol{P}$（$k$ 为常数），可以证明其改正值，未知参数及其方差协方差阵都是相同的；$\boldsymbol{V}_1 = \boldsymbol{V}$，$\boldsymbol{X}_1 = \boldsymbol{X}$，$D_{x1} = D_x$，而验后方差因子 $\hat{\sigma}_0^2 = k\sigma_0^2$，即并不影响平差计算与精度的评定。这种情况一般只适用于只有方向观测值的三角网或只测距离的三边网（假设测距误差只有常误差或只有比例误差）。

第二种情况是在边角网中按测角网和测边网分别独立平差以确定观测值的权。

一个完全边角（边角全部都测）网，可以把观测值分为两组。一组构成测角网，另一组构成测边网（假设测距中只有常误差 m_c），其误差方程式分别为

$$\boldsymbol{V}_s = \boldsymbol{A}_s\boldsymbol{X} - \boldsymbol{L}_s,\ \boldsymbol{P}_s(1/m_c^2) \tag{6}$$

$$\boldsymbol{V}_R = \boldsymbol{A}_R\boldsymbol{X} - \boldsymbol{L}_R,\ \boldsymbol{P}_R(1/m_R^2) \tag{7}$$

可以找出常数 k_1，k_2，使用 $k_1m_c^2$ 和 $k_2m_R^2$ 作为精度参数时，验后方差因子 $\hat{\sigma}_{0(s)}^2$ 和 $\hat{\sigma}_{0(R)}^2$，都等于 1；然后将 $k_1m_c^2$ 和 $k_2m_R^2$ 作为精度参数计算边角观测值的权，用于边角网的整体平差，即可得出正确的平差结果。实际上测距误差应包括常误差 m_c 和比例误差 ppm，由式(1)可知测距误差与距离并非为简单的线性关系，使距离与方向观测值的权的比例关系更趋复杂。

除了完全边角网，一般不可能将边长观测值和方向观测值分开进行单独平差，例如导线网，加测若干边的测角网、加测若干方向的测边网等。

1　观测值精度作为未知数逐次趋近的平差方法

把边长和方向观测值的精度 m_c，ppm，m_R 作为未知数，先给以某个近似值，计算其权，进行平差计算，并算出每个观测值的可靠率（多余观测分量），按观测值分类计算验后方差因子，进行方差检验，修正各类观测值的精度，再进行平差计算，直至方差因子检验通过。

1.1 平差模型

设在平面控制网中有 m 个观测值、n 个坐标未知数，误差方程式及其权的计算如式(3)、式(4)、式(5)所示，根据最小二乘原理 $\boldsymbol{V}^{\mathrm{T}}\boldsymbol{PV}=\min$ 组成法方程式

$$\boldsymbol{A}^{\mathrm{T}}\boldsymbol{PAX}=\boldsymbol{A}^{\mathrm{T}}\boldsymbol{PL} \tag{8}$$

设未知参数的协因数阵 $\boldsymbol{Q}_X=(\boldsymbol{A}^{\mathrm{T}}\boldsymbol{PA})^{-1}$，则未知数的解

$$\boldsymbol{X}=\boldsymbol{Q}_X\boldsymbol{A}^{\mathrm{T}}\boldsymbol{PL} \tag{9}$$

代入式(5)可以求得观测值的改正值 $\boldsymbol{V}$。如果平差的函数模型和随机模型都是正确的，则得到最佳无偏的参数估计。验后的方差因子

$$\hat{\sigma}_0^2=\frac{(\boldsymbol{V}^{\mathrm{T}}\boldsymbol{PV})}{r} \tag{10}$$

也应是无偏的。上式中 r 为该网的多余观测数(自由度)。

在实际的平差计算中，包含不同类型、不同精度的观测值，它们之间的权难以正确估计，由此引起平差模型的扰动，导致平差结果的扭曲，所算得的验后方差因子也不再具有无偏的性质。

1.2 验后方差因子的分组估计

在平面控制网中，将 m 个观测值按其类型分为若干组独立的观测值，设第 i 组有 m_i 个观测值，其误差方程式为

$$\boldsymbol{V}_i=\boldsymbol{A}_i\boldsymbol{X}-\boldsymbol{L}_i，\text{权为 }\boldsymbol{P}_i \tag{11}$$

第 i 组观测值的验后方差因子为

$$\hat{\sigma}_{0i}^2=\frac{(\boldsymbol{V}_i^{\mathrm{T}}\boldsymbol{P}_i\boldsymbol{V}_i)}{r_i} \tag{12}$$

式中，r_i 为第 i 组观测值的多余观测数。按可靠率定义[1]得

$$r_i=\sum_{j=1}^{m_i}r_{ij} \tag{13}$$

式中，r_{ij} 为第 i 组观测值中各个观测值的多余观测分量(观测值的可靠率)。对于第 i 组观测值的协因数阵 $\boldsymbol{Q}_{L_i}$，其改正值的协因数阵 $\boldsymbol{Q}_{V_i}$ 与未知数的协因数阵 $\boldsymbol{Q}_X$ 有如下的关系：

$$\boldsymbol{Q}_{V_i} = \boldsymbol{Q}_{L_i} - \boldsymbol{A}_i\boldsymbol{Q}_X\boldsymbol{A}_i^{\mathrm{T}} \tag{14}$$

上式两边同乘 $\boldsymbol{P}_i$，得

$$\boldsymbol{P}_i\boldsymbol{Q}_{V_i} = \boldsymbol{I} - \boldsymbol{P}_i\boldsymbol{A}_i\boldsymbol{Q}_X\boldsymbol{A}_i^{\mathrm{T}} \tag{15}$$

并取其迹

$$\mathrm{tr}(\boldsymbol{P}_i\boldsymbol{Q}_{V_i}) = \mathrm{tr}(\boldsymbol{I} - \boldsymbol{P}_i\boldsymbol{A}_i\boldsymbol{Q}_X\boldsymbol{A}_i^{\mathrm{T}}) \tag{16}$$

即

$$\sum_{j=1}^{m_i}(p_{ij}q_{ij}) = \sum_{j=1}^{m_i}r_{ij} = r_i \tag{17}$$

式中，p_{ij} 为观测值的权；$q_{V_{ij}}$ 为改正值的协因数。当观测值中不存在粗差时，有

$$q_{V_{ij}} = E\{[v_{ij} - E(v_{ij})]^2\} = E(v_{ij})^2 = v_{ij}^2 \tag{18}$$

$$\sum_{j=1}^{m_i}(p_{ij}q_{V_{ij}}) = \sum_{j=1}^{m_i}(p_{ij}v_{ij}^2) = \boldsymbol{V}_i^{\mathrm{T}}\boldsymbol{P}_i\boldsymbol{V}_i = r_i \tag{19}$$

由此得到

$$\hat{\sigma}_{0i}^2 = \frac{(\boldsymbol{V}_i^{\mathrm{T}}\boldsymbol{P}_i\boldsymbol{V}_i)}{r_i} = 1 \tag{20}$$

证明第 i 组观测值的验后方差因子为无偏估计。

1.3　方差因子无偏估计的逼近

各组观测值验后方差因子的无偏估计反映了未知参数的无偏估计。但是式(20)的方差因子无偏估计不是容易得到的，这是因为：①观测值中难免存在粗差；②观测值的精度参数和观测值之间的权选取不当。如果假定观测值中不存在粗差或粗差已被剔除，可以用逐次趋近的方法选取各组观测值正确的精度参数。对于各组观测值的先验和验后方差与方差因子之间应使下式成立：

$$m_{(k+1)}^2 = \hat{\sigma}_{0(k)}^2 m_{(k)}^2 \tag{21}$$

在边角网和导线网中，边长和方向观测值是两种相互独立的观测值。设有 m_1 条边和 m_2 个方向，上述等式的具体形式为

$$m_{R(k+1)}^2 = \hat{\sigma}_{0R(k)}^2 m_{R(k)}^2 \tag{22}$$

$$m_{si(k+1)}^2 = m_{c(k+1)}^2 + (s_i \cdot \mathrm{ppm}_{(k+1)})^2 = \hat{\sigma}_{0s(k)}^2 [m_{c(k)}^2 + (s_i \cdot \mathrm{ppm}_{(k)})^2] \tag{23}$$

根据式(23),则由 m_1 条边可以组成 m_1 个含有未知精度参数 m_c^2 和 ppm^2 的线性方程组。设

$$m_{si}^2 = m_{c(k)}^2 + (s_i \cdot \mathrm{ppm}_{(k)})^2 \tag{24}$$

则该线性方程组为

$$\begin{bmatrix} 1 & s_1^2 \\ 1 & s_2^2 \\ \vdots & \vdots \\ 1 & s_{m_1}^2 \end{bmatrix} \begin{bmatrix} m_{c(k+1)}^2 \\ \mathrm{ppm}_{(k+1)}^2 \end{bmatrix} = \hat{\sigma}_{0s(k)}^2 \begin{bmatrix} m_{s_1}^2 \\ m_{s_2}^2 \\ \vdots \\ m_{s_{m_1}}^2 \end{bmatrix} \tag{25}$$

根据最小二乘原理组成法方程式

$$\begin{bmatrix} m_1 & \sum_{i=1}^{m_1} s_i^2 \\ \sum_{i=1}^{m_1} s_i^2 & \sum_{i=1}^{m_1} s_i^4 \end{bmatrix} \begin{bmatrix} m_{c(k+1)}^2 \\ \mathrm{ppm}_{(k+1)}^2 \end{bmatrix} = \hat{\sigma}_{0s(k)}^2 \begin{bmatrix} \sum_{i=1}^{m_1} m_{s_i}^2 \\ \sum_{i=1}^{m_1} s_i^2 m_{s_i}^2 \end{bmatrix} \tag{26}$$

由式(22)和式(26)可以解出第 $k+1$ 次迭代的观测值的精度参数 $m_{R(k+1)}$,$m_{c(k+1)}$, $\mathrm{ppm}_{(k+1)}$,然后再进行下一次迭代的趋近计算,直至满足

$$\hat{\sigma}_{0s}^2 \approx \hat{\sigma}_{0k}^2 \approx \hat{\sigma}_0^2 \approx 1 \tag{27}$$

1.4 应用举例

以某城市二等导线网为例,作边、角观测值权的迭代趋近平差。该网为独立平面控制网,总点数为 73,观测 112 条边、238 个方向,平均边长 8 km,边长观测采用 DI-20 光电测距仪,其标称精度为 m_s:5 mm+1 ppm,方向观测值用 T3 经纬仪观测 12 个测回,按网中 44 个闭合多边形的角度闭合差 w_{β_i}:用式(2)算得 $m_R=\pm 0.545''$,全网观测值经过数据探测法的粗差检验没有发现粗差,可以认为符合上述理论的应用条件。

用 $m_c=\pm 5$ mm, ppm=1,$m_R=\pm 0.545''$作初始精度参数进行迭代,其结果如表 1 所示。

表 1　迭代结果

迭代次数	m_c/cm	ppm	$m_R/('')$	σ_{0s}	σ_{0R}	σ_0
1	0.500	1.000	0.545	2.247	1.677	1.793
2	0.534	2.247	0.914	1.123	0.936	0.982
3	0.523	2.524	0.856	1.074	0.963	0.993
4	0.511	2.710	0.824	1.045	0.979	0.997
5	0.505	2.742	0.817	1.027	0.987	0.999

由表中数据可以看出，本网的观测值权迭代趋近平差得到较好的收敛，最后求定本网观测值的实际精度参数为：$m_c=\pm 0.505$ cm，ppm＝2.742，$m_R=\pm 0.817''$，此时 σ_{0s}，σ_{0R}，σ_0 都近似等于 1。

2　方差因子的 χ^2 检验

如果控制网的平差模型是正确的（包括观测值精度的先验估计是正确的），则由式(9)算得的验后方差因子值 $\hat{\sigma}_0^2$ 应与先验的方差因子值 σ_0^2 在一定的置信区间内相一致，可以用 χ^2 分布检验其符合程度，一般取置信水平 $\alpha=0.05$，($p=0.95$)，$P_1=1-(\alpha/2)$，$P_2=\alpha/2$，即

$$P(\chi_{P_1}^2 < \chi^2 < \chi_{P_2}^2) = 0.95 \tag{28}$$

先验方差因子取单位值（$\sigma_0^2=1$），因此其估值（验后方差因子 $\hat{\sigma}_0^2$）的置信区间为

$$\frac{\chi_{P_1}^2}{r} \leqslant \hat{\sigma}_0^2 \leqslant \frac{\chi_{P_2}^2}{r} \tag{29}$$

式中，r 为网中的多余观测数（自由度）。上式同样适用于存在不同类观测值的控制网中对各类观测值的方差因子的 χ^2 检验，只要能按式(17)计算各类观测值的多余观测分量 r_i。

一般的数学用表只列出自由度至 60 的 χ^2 分布，而对于一个较大规模的控制网，有时多余观测数多达数百。但随着自由度的增大，χ^2 分布愈来愈接近正态分布，分布曲线趋向对称，χ^2 分布可按下列公式由正态分布得出：

$$\left.\begin{aligned}\chi^2 &= \frac{1}{2}(\mu_{\frac{\alpha}{2}} + \sqrt{2r-1})^2 \\ \chi^2 &= \frac{1}{2}(\mu_{-\frac{\alpha}{2}} + \sqrt{2r-1})^2\end{aligned}\right\} \tag{30}$$

以本文所列举某二等导线网为例，取置信水平 $\alpha=0.05$，查正态分布表得 $\mu_{\frac{\alpha}{2}}=1.96$，$\mu_{-\frac{\alpha}{2}}=-1.96$，算得

全部观测值：$r=135$，$0.879\leqslant\hat{\sigma}_0\leqslant1.117$

距离观测值：$r_i=41.74$，$0.780\leqslant\hat{\sigma}_{0s}\leqslant1.209$

方向观测值：$r_i=93.26$，$0.854\leqslant\hat{\sigma}_{0R}\leqslant1.141$

在实际平差计算中，可按一定的置信水平和自由度，用式(29)算出方差因子的置信区间，迭代计算至$\hat{\sigma}_0$，$\hat{\sigma}_{0s}$，$\hat{\sigma}_{0R}$都落入此区间即可终止。

3 结束语

在高等级的平面控制网中，尤其是在边角网或导线网中，平差计算时观测值的正确估计是不容忽视的。作者在多个控制网的平差计算中，经过用数据探测法对观测值作粗差剔除，再利用本文介绍的观测值权迭代的计算方法，一般经过两三次迭代即能获得满意的结果。

参考文献

[1] 顾孝烈. 测量控制网没计中的可靠性分析[C]//中国建筑学会工程勘察学术委员会第三届工程勘察学术交流会议论文选集. 北京：中国建筑工业出版社，1987.

解析法土地面积量算及精度分析

程效军　顾孝烈

一、引　言

土地是人类赖以生存的场所，是人类必不可少的生活和生产资料。随着国民经济的迅速发展以及土地使用制度的改革，土地的价值不断提高，其数量和质量越来越受到人们的重视。土地的数量是以其水平面积表示的，土地面积是各级政府对国土资源进行量化管理的重要依据，它在土地详查、土地利用和规划中有着提供统计依据的作用，在土地有偿使用中土地面积是计算税收的依据，在土地产权的确定和土地使用权的有偿转让中土地面积又是土地估价的依据。在房地产评估和房地产管理的各项工作中都离不开准确的土地面积。在寸土寸金的地区（如浦东开发区）准确地量算土地面积是土地管理和土地开发的基础。最准确的土地面积量算方法就是解析法。本文就解析法量算土地面积，特别是对含有曲线的地块面积的解析法量算、精度分析等进行讨论，提出一种行之有效的高精度土地面积量算方法，即用圆曲线拟合坐标解析法面积量算，并编制了计算机程序实现计算。

二、圆曲线拟合坐标解析法

土地的权属线一般在转折处设置界址点，从实地或图上测定界址点的坐标，以坐标解析法计算出地块的面积。当地块为规则图形多边形时，利用多边形各顶点的坐标值按式(1)就可求出其面积。

$$P=\frac{1}{2}\sum_{i-1}^{n}(x_iy_{i-1}-x_{i-1}y_i) \tag{1}$$

本文发表于《城市勘测》，1994 年第 4 期。

实际上土地的权属界线并非都是直线，可能部分是由曲线组成，甚至全部由曲线组成，由曲线组成的界址线上，通常以一定的间隔布设界址点。这样，如果用一般的坐标解析法求面积，就会产生以直线代替曲线的误差，曲线上界址点越少，误差就越大。但是实际上又不可能布设异常密集的界址点，以期得到更精确的面积值。

此时可用曲线拟合法以增加面积计算的精度。曲线拟合法是以一定的数学曲线去拟合实地界址点之间的任意曲线，而在数学曲线上可以用相应的曲线方程任意插点，计算出插点的坐标和由曲线所包围的图形的面积。所以曲线拟合法又称曲线插值法。曲线插值法有二次曲线法、三次多项式法、张力样条法等。不论用何种方法拟合曲线，在曲线上选择实测坐标的界址点的位置十分重要，曲线上的界址点应选在拐点和分段极值点上，如图 1 所示。

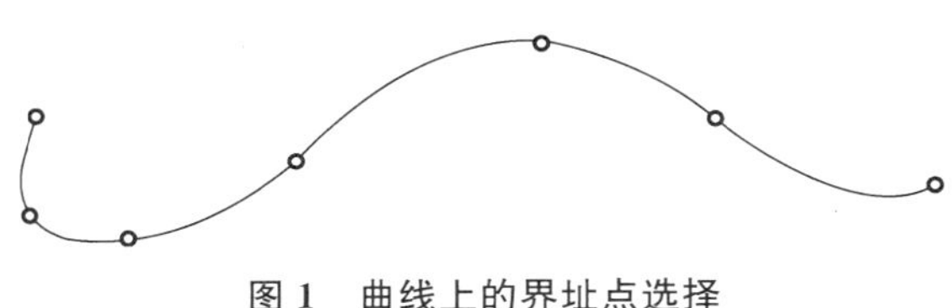

图 1　曲线上的界址点选择

今提出一种适用于任何曲线界线的圆曲线拟合法。

如图 2 所示，设 A, B, C 三个位于曲线上的界址点的坐标为 X_A, Y_A, X_B, Y_B, X_C, Y_C，在三点之间拟合一条圆曲线。根据三点坐标计算圆曲线元素：圆周角 Φ_A, Φ_C，弦长 D_A, D_C 及 D，圆曲线半径 R。由此可以算出 AB 和 BC 弦、弧之间的弓形面积，作为按多边形计算图形面积的修正。

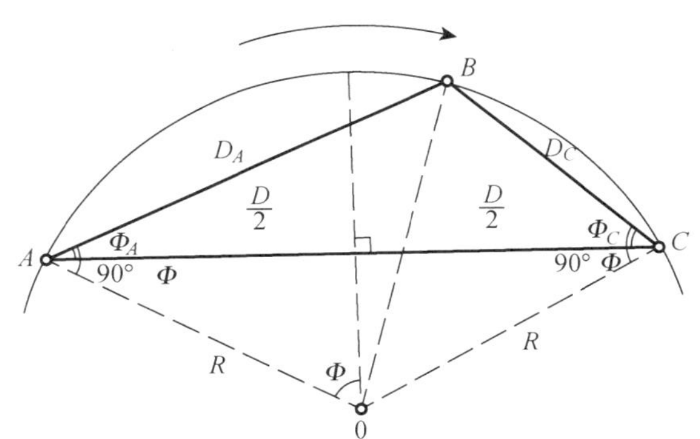

图 2　三点间的圆曲线计算

用下列公式计算圆周角 Φ_A，Φ_C 及半圆心角 Φ：

$$\Phi_A = \arctan\frac{y_C - y_A}{x_C - x_A} - \arctan\frac{y_B - y_A}{x_B - x_A} \tag{2}$$

$$\Phi_C = \arctan\frac{y_B - y_C}{x_B - x_C} - \arctan\frac{x_A - x_C}{x_A - x_C}$$

$$\Phi = \Phi_A + \Phi_C \tag{3}$$

用下列公式计算弦长 D_A，D_C，D 及圆曲线半径 R：

$$
\begin{aligned}
D_A &= \sqrt{(x_A - x_B)^2 + (y_A - y_B)^2} \\
D_C &= \sqrt{(x_B - x_C)^2 + (y_B - y_C)^2} \\
D &= \sqrt{(x_A - x_C)^2 + (y_A - y_C)^2}
\end{aligned}
\tag{4}
$$

$$R = \frac{D}{2\sin\Phi} \tag{5}$$

按下列各式分别算出 AB 弦的弓形面积 ΔP_{AB} 和 BC 弦的弓形面积 ΔP_{BC}：

$$L_{AB} = R \cdot \Phi_C \cdot \frac{\pi}{90} \tag{6}$$

$$\Delta P_{AB} = \frac{R}{2}(L_{AB} - D_A \cos\Phi_C) \tag{7}$$

$$L_{BC} = R\Phi_A \cdot \frac{\pi}{90} \tag{8}$$

$$\Delta P_{BC} = \frac{R}{2}(L_{BC} - D_C \cos\Phi_A) \tag{9}$$

圆曲线拟合坐标解析法面积计算，把曲线段的弓形面积作为多边形面积的修正，凸曲线为正、凹曲线为负。曲线上的界址点至少为三点，三点以上就不受限制。并可依据曲线的实际情况灵活分段，使拟合的曲线尽可能与实地符合，因而可以达到较高的面积量算精度。

三、坐标解析法的精度分析

坐标解析法为土地面积量算的主要方法，也是面积测定方法中精度最高的一种。下面就坐标解析法量算面积进行精度分析。

根据式(1)得到

$$P = \frac{1}{2}\sum_{i-1}^{n}(x_i y_{i-1} - x_{i-1} y_i)$$

$$2P = x_1 y_2 - x_2 y_1 + x_2 y_3 - x_3 y_2 + \cdots + x_n y_1 - x_1 y_n$$

对上式中的面积 P 和坐标值 x_1，y_1 取全微分：

$$
\begin{aligned}
2\mathrm{d}p = {} & y_2\mathrm{d}x_1 + x_1\mathrm{d}y_2 - y_1\mathrm{d}x_2 - x_2\mathrm{d}y_1 + \\
& y_2\mathrm{d}x_2 + x_2\mathrm{d}y_3 - y_2\mathrm{d}x_3 - x_3\mathrm{d}y_2 + \cdots + \\
& y_1\mathrm{d}x_n + x_n\mathrm{d}y_1 - y_n\mathrm{d}x_1 - x_1\mathrm{d}y_n \\
= {} & [(y_2 - y_n)\mathrm{d}x_1 + (y_3 - y_1)\mathrm{d}x_2 + \cdots \\
& + (y_1 - y_{n-1})\mathrm{d}x_n] - [(x_2 - x_n)\mathrm{d}y_1 + \\
& (x_3 - x_1)\mathrm{d}y_2 + \cdots + (x_1 - x_{n-1})\mathrm{d}y_n]
\end{aligned}
$$

设 x_1，y_1 为独立变量，根据误差传播定律，得到

$$4m_p^2 = \sum_{i-1}^{n}(y_{i-1} - y_{i-1})^2 m_{xi}^2 + \sum_{i-1}^{n}(x_{i-1} - x_{i+1})^2 m_{yi}^2 \tag{10}$$

设 $D_{i-1,i+1}$ 为第 i 点左右相邻两点的连线(间隔点连线的长度，如图 3)，则：

$$D_{i-1,i+1}^2 = (x_{i-1} - x_{i+1})^2 + (y_{i-1} - y_{i+1})^2 \tag{11}$$

设各点的坐标中误差都相等，即

$$m_{x1} = m_{y1} = m_c \tag{12}$$

将式(11)、式(12)代入式(10)，得到坐标解析法量算面积时估算面积中误差的公式。

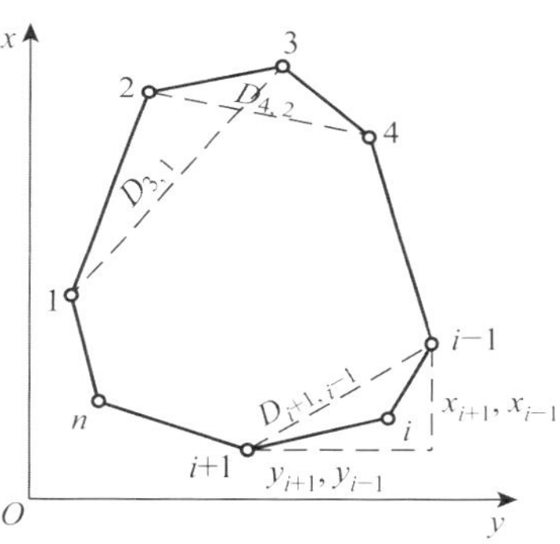

图 3　n 边形间隔点的连线

$$m_p = \frac{m_c^*}{2}\sqrt{\sum_{i-1}^{n} D_{i-1,i+1}^2} \tag{13}$$

由此可见，坐标解析法面积量算的精度，不但与界址点的坐标精度(点位误差)有关，而且与图形的大小和形状有关。当面积和坐标中误差为定值时，间隔点连线越短，即界址点越密，面积量算的精度越高。

今以正多边形为例，分析坐标解析法的面积量算精度。设坐标的中误差 $m_c = \pm 0.035$ m，面积为某一定值(设分别等于 10 000 m^2，2 500 m^2，900 m^2)，边数 n=4～25 边，计算其边长 S、间隔点连线长度 D、面积中误差 m_p，及面积相对误差 mp/p 列于表 1。参照图 4 的正多边形，采用的计算公式如下：

$$S = \sqrt{\frac{4}{n}\tan\frac{180^\circ}{n} \cdot p} \tag{14}$$

$$D = 2S \cdot \sin\left[\left(1 - \frac{2}{n}\right) \cdot 90^\circ\right] \tag{15}$$

$$m_p = \frac{m_c}{2} D \sqrt{n} \tag{16}$$

通过对表 1 中所列数据进行分析，可以归纳出下列几点：

(1) 用坐标解析法量算面积和界址点坐标的中误差 m_c 正比，因此对土地价格较高的地区，应该以全解析法测定界址点，使用电子速测仪（全站型仪器）如 SET-2、SET-5A 等可以获得较高的界址点测定精度。

表 1　正多边形用坐标解法测定面积的精度（m_c = ±0.035 m）

边数 n	P=10 000 m²				P=2 500 m²				P=900 m²			
	S /m	D /m	m_p /m²	m_p/p	S	D	m_p	m_p/p	S	D	m_p	m_p/p
4	100.00	141.42	4.95	1/2 020	50.00	70.71	2.47	1/1 012	30.00	42.43	1.49	1/604
5	76.23	123.34	4.83	2 070	38.12	61.68	2.41	1 037	22.87	37.00	1.45	621
6	62.04	107.46	4.61	2 169	31.02	53.73	2.30	1 087	18.61	32.23	1.38	652
8	45.51	84.09	4.16	2 404	22.75	42.04	2.08	1 202	13.65	25.22	1.25	720
10	36.05	68.57	3.80	2 632	18.03	34.30	1.90	1 316	10.82	20.58	1.14	789
12	29.89	57.74	3.50	2 857	14.94	28.86	1.75	1 429	8.97	17.33	1.05	857
15	23.81	46.58	3.16	3 165	11.90	23.28	1.58	1 582	7.14	13. 97	0.95	947
20	17.80	35.16	2.75	3 636	8.90	17.58	1.38	1 812	5.34	10.55	0.83	1 084
25	14.22	28.22	2.47	4 049	7.11	14.11	1.23	2 033	4.27	8.47	0.74	1 216

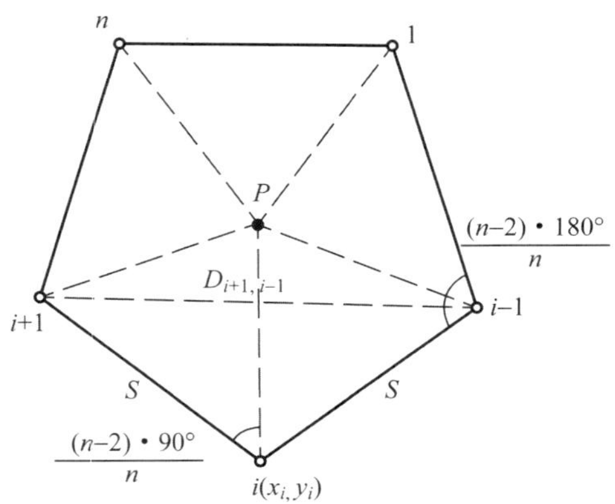

图 4　正多边形的边长和间隔点连线长度

(2) 用坐标解析法量测面积，面积和界址点的点位误差为定值时，随着界址点数的增加，面积误差逐渐减少（即精度提高），其中以正方形（点数最少）

的面积测定精度为最低。因此对于简单的有规则图形，宜在长直线上增设界址点或增测坐标解析点。对于用数字化仪从图上量取坐标以计算面积时，更应增加量测的点数，以提高面积的精度。

(3) 随着面积的增大，量测面积的相对精度提高，因此对于面积较小的宗地，如要保持较高的面积量测相对精度，应提高界址点的测定精度。

(4) 大面积量测的相对精度高于小面积量测的相对精度，可以为大面积控制小面积提供理论依据。

(5) 典型图形(正多边形)量测面积的精度估算，可以给相类似的实地图形的精度分析作参考。

四、程序设计及实例分析

用坐标解析法面积计算公式(1)及三点间圆曲线拟合计算弓形面积式(2)～式(9)。编制成“面积计算程序”(BASIC 语言，PC-E500 机)，其框图如图 5 所示。某宗地用本程序计算输出的界址点坐标、面积值、面积量算精度及地块的图形如图 6 所示。

ESTATE BOUNDARY AREA CALCULATION

2—10—4

NO:	X	Y
D14	−1 118.131	5 870.094
BC10	−1 167.162	5 943. 771
MC10	−1 175.668	5 948.229
EC10	−1 184.007	5 943.467
MC11	−1 195.852	5 922.234
EC11	−1 205.865	5 900.077
D15	−1 216.953	5 872.494
D18	−1 153.096	5 846.825

MC=0.018 M

ESTATE LAND AREA[P]

5 514.99 M^2　　8.27 MU

AREA PRECISION

MP=1.82 M^2　　MP/P=1.302 4

ESTATE AREA CONFIGRATION

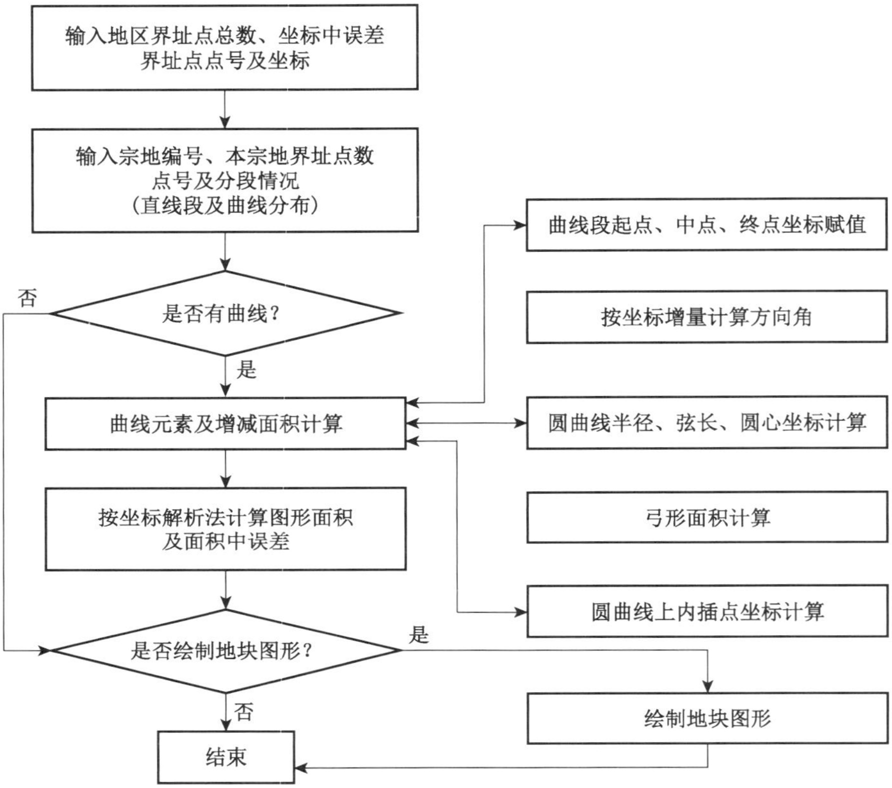

输入地区界址点总数、坐标中误差
界址点点号及坐标
输入宗地编号、本宗地界址点数
点号及分段情况
（直线段及曲线分布）
否
是否有曲线？
是
曲线元素及增减面积计算
按坐标解析法计算图形面积
及面积中误差
是否绘制地块图形？
是
否
结束
曲线段起点、中点、终点坐标赋值
按坐标增量计算方向角
圆曲线半径、弦长、圆心坐标计算
弓形面积计算
圆曲线上内插点坐标计算
绘制地块图形

图 5　面积计算程序框图

D14
D18
BC10
5514.99 m²
MC10
8.27 m
EC10
MC11
EC11
D15
比例尺=1:1 500

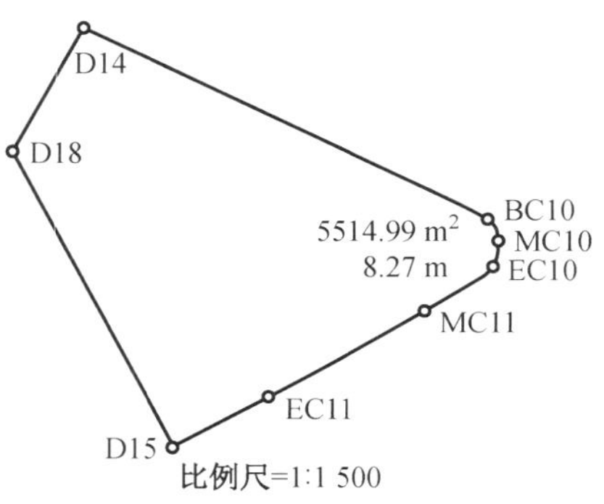

图 6　某宗地面积计算

基于 CASIO fx-5800P 计算器的空间点位坐标变换

程效军　缪　盾　顾孝烈

0 引　言

工程测量与地形测量工作有很大一部分计算是在野外进行的，而大容量的可编程序计算器很适合这些工作的现场计算。当然，有些测量内业计算也需要用计算器进行辅助计算。测量工作的现场计算包括：当场测得的数据需要算出结果，才得以进行后续的工作；或是采集的数据最后需要在室内计算机上运算或绘图，但在现场必须通过初步计算，才能检验其正确性和可靠性；或是在测量现场就需要提交测量成果等。计算器以其体积小、重量轻、便于携带而更适合上述测量工作中在室外现场使用，另一方面的优点是其价格的低廉和可靠耐用。

工程测量和地形测量中测定点位一般采用左手坐标系，即以测量仪器通过测站的铅垂线作为 Z 轴的三维直角坐标系来测定空间点的坐标。在测定或测设工程建筑物时，有时为了与 CAD 作图取得完全一致的效果，也可采用右手坐标系，也称世界坐标系（World Coordinate System，WCS）。用测量仪器测定的空间点位，不论是采用左手坐标系或右手坐标系都以测站的铅垂线为 Z 轴，而铅垂线决定于地球的引力场，因此称为大地坐标系[3]。测量中有时需要将观测对象（工程建构筑物或工业品）的坐标换算为特定坐标系中的坐标，便于工程的设计和量测，该坐标系称为用户坐标系（User Coordinate System，UCS）。利用 CASIO fx-5800P 计算器编程可以方便地实现空间点位的大地坐标系与用户坐标系之间的相互转换。

本文发表于《地矿测绘》，2008 年第 24 卷第 4 期。

1 计算公式

1.1 WCS 坐标变换为 UCS 坐标

WCS 的坐标换算为 UCS 的坐标时，采用坐标轴平移和旋转。如图 1 所示，O-XYZ 为 WCS，O'-$X'Y'Z'$ 为指定的 UCS（此处规定 UCS 也为右手坐标系），其坐标原点在 WCS 中的坐标为 x_0, y_0, z_0，$X'O'Y'$ 平面绕 Z' 轴的旋转角为 α（以 $X' \rightarrow Y'$ 方向为正，称为顺向旋转，反之称为逆向旋转，以下同此），$Y'O'Z'$ 平面绕 X' 轴的旋转角为 β（以 Y'-Z' 方向为正），$Z'O'X'$ 平面绕 Y' 轴的旋转角为 γ（以 $Z' \rightarrow X'$ 方向为正）。P 为坐标系中的任意一点[5]。

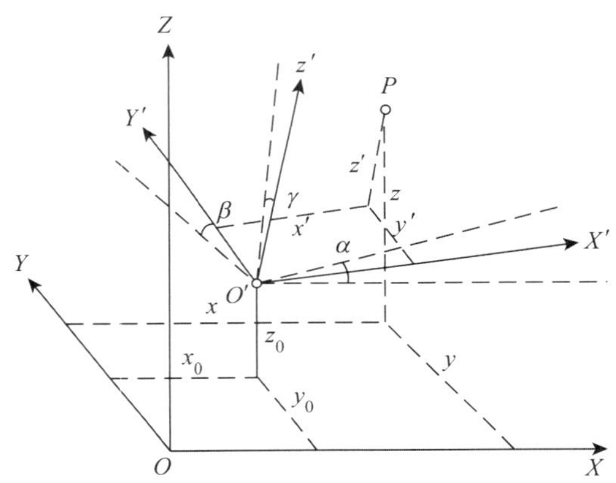

图 1 空间坐标轴的平移和旋转

将 P 点的 WCS 坐标 x, y, z 变换为 UCS 坐标 x', y', z' 的计算原理和计算公式如下。设

$$\begin{cases} \Delta x = x - x_0 \\ \Delta y = y - y_0 \\ \Delta z = z - z_0 \end{cases} \tag{1}$$

绕 Z 轴旋转 XOY 平面，旋转的角度为 α，则

$$\begin{bmatrix} \cos\alpha & \sin\alpha & 0 \\ -\sin\alpha & \cos\alpha & 0 \\ 0 & 0 & 1 \end{bmatrix} \cdot \begin{bmatrix} \Delta x \\ \Delta y \\ \Delta z \end{bmatrix} = \begin{bmatrix} \Delta x\cos\alpha + \Delta y\sin\alpha \\ -\Delta x\sin\alpha + \Delta y\cos\alpha \\ \Delta z \end{bmatrix} \tag{2}$$

再绕 X 轴旋转 YOZ 平面，旋转的角度为 β，则

$$\begin{bmatrix}1 & 0 & 0\\0 & \cos\beta & \sin\beta\\0 & -\sin\beta & \cos\beta\end{bmatrix}\cdot\begin{bmatrix}\Delta x\cos\alpha+\Delta y\sin\alpha\\-\Delta x\sin\alpha+\Delta y\cos\alpha\\\Delta z\end{bmatrix}=\begin{bmatrix}\Delta x\cos\alpha+\Delta y\sin\alpha\\(-\Delta x\sin\alpha+\Delta y\cos\alpha)\cos\beta+\Delta z\sin\beta\\(\Delta x\sin\alpha-\Delta y\cos\alpha)\sin\beta+\Delta z\cos\beta\end{bmatrix}\tag{3}$$

再绕 Y 轴旋转 ZOX 平面，旋转的角度为 γ，则

$$\begin{bmatrix}\cos\gamma & \sin\gamma & 0\\-\sin\gamma & \cos\gamma & 0\\0 & 0 & 1\end{bmatrix}\cdot\begin{bmatrix}(\Delta x\sin\alpha-\Delta y\cos\alpha)\sin\beta+\Delta z\cos\beta\\\Delta x\cos\alpha+\Delta y\sin\alpha\\(-\Delta x\sin\alpha+\Delta y\cos\alpha)\cos\beta+\Delta z\sin\beta\end{bmatrix}=\begin{bmatrix}[(\Delta x\sin\alpha-\Delta y\cos\alpha)\sin\beta+\Delta z\cos\beta]\cos\gamma+(\Delta x\cos\alpha+\Delta y\sin\alpha)\sin\gamma\\(\Delta x\cos\alpha+\Delta y\sin\alpha)\cos\gamma-[(\Delta x\sin\alpha-\Delta y\cos\alpha)\sin\beta+\Delta z\cos\beta]\sin\gamma\\(-\Delta x\sin\alpha+\Delta y\cos\alpha)\cos\beta+\Delta z\sin\beta\end{bmatrix}\tag{4}$$

以式(2)、式(3)、式(4)左边第一项为相应的顺向($X\to Y$，$Y\to Z$，$Z\to X$)旋转矩阵，右边为旋转后的坐标向量[3,6]。经过上述 3 次旋转，最后得到坐标轴经过 α，β，γ 角旋转后的三维坐标：

$$\begin{cases}x'=(\Delta x\cos\alpha+\Delta y\sin\alpha)\cos\gamma-[(\Delta x\sin\alpha-\Delta y\cos\alpha)\sin\beta+\Delta z\cos\beta]\sin\gamma\\y'=(-\Delta x\sin\alpha+\Delta y\cos\alpha)\cos\beta+\Delta z\sin\beta\\z'=(\Delta x\cos\alpha+\Delta y\sin\alpha)\sin\gamma+[(\Delta x\sin\alpha-\Delta y\cos\alpha)\sin\beta+\Delta z\cos\beta]\cos\gamma\end{cases}\tag{5}$$

在式(5)中，令

$$\begin{cases}P=\Delta x\cos\alpha+\Delta y\sin\alpha\\Q=-\Delta x\sin\alpha+\Delta y\cos\alpha\\R=-Q\sin\beta+\Delta z\cos\beta\end{cases}\tag{6}$$

则式(5)可写为：

$$\begin{cases}x'=P\cos\gamma-R\sin\gamma\\y'=Q\cos\beta+\Delta z\sin\beta\\z'=P\sin\gamma+R\cos\gamma\end{cases}\tag{7}$$

如果为逆向旋转，则以上公式中相应的旋转角(α, β, γ)应取负值。为了避免分歧和方便编程，规定旋转角一律在 0°～360°范围取值而不取负值，例如：对于－15°则取 345°。

1.2 UCS 坐标变换为 WCS 坐标

工程测量中，将观测对象(工程建构筑物或工业品)的 WCS 坐标换算为特定的 UCS 坐标后进行细部的量测和设计，由此获得一些新点位的 UCS 坐标。由于测设(放样)这些点位等原因，需要将这些点的 UCS 坐标换算为 WCS 坐标，此即以上空间点位的坐标变换的逆运算。点的 UCS 坐标变换为 WCS 坐标的计算公式如下。

设 WCS 坐标变换为 UCS 坐标时的坐标平移值仍为 x_0, y_0, z_0，旋转的角度仍为 α, β, γ。点的 UCS 坐标 x', y', z'变换为 WCS 坐标 x, y, z 的计算原理和计算公式如下：

按照 WCS 坐标换算为 UCS 坐标时相反的次序(逆序)，先绕 Y 轴旋转 ZOX 平面，旋转的角度为 γ，则

$$\begin{bmatrix}\cos\gamma & -\sin\gamma & 0\\ \sin\gamma & \cos\gamma & 0\\ 0 & 0 & 1\end{bmatrix}\cdot\begin{bmatrix}z'\\ x'\\ y'\end{bmatrix}=\begin{bmatrix}z'\cos\gamma-x'\sin\gamma\\ z'\sin\gamma+x'\cos\gamma\\ y'\end{bmatrix}\tag{8}$$

再绕 X 轴旋转 YOZ 平面，旋转的角度为 β，则

$$\begin{bmatrix}\cos\beta & -\sin\beta & 0\\ \sin\beta & \cos\beta & 0\\ 0 & 0 & 1\end{bmatrix}\cdot\begin{bmatrix}y'\\ z'\cos\gamma-x'\sin\gamma\\ z'\sin\gamma+x'\cos\gamma\end{bmatrix}=\begin{bmatrix}y'\cos\beta-(z'\cos\gamma-x'\sin\gamma)\sin\beta\\ y'\sin\beta+(z'\cos\gamma-x'\sin\gamma)\cos\beta\\ z'\sin\gamma+x'\cos\gamma\end{bmatrix}\tag{9}$$

最后，绕 Z 轴旋转 XOY 平面，旋转的角度为 α，则

$$\begin{bmatrix}\cos\alpha & -\sin\alpha & 0\\ \sin\alpha & \cos\alpha & 0\\ 0 & 0 & 1\end{bmatrix}\cdot\begin{bmatrix}z'\sin\gamma+x'\cos\gamma\\ y'\cos\beta-(z'\cos\gamma-x'\sin\gamma)\sin\beta\\ y'\sin\beta+(z'\cos\gamma-x'\sin\gamma)\cos\beta\end{bmatrix}=$$

$$\begin{Bmatrix}(z'\sin\gamma+x'\cos\gamma)\cos\alpha-[y'\cos\beta-(z'\cos\gamma-x'\sin\gamma)\sin\beta]\sin\alpha\\ (z'\sin\gamma+x'\cos\gamma)\sin\alpha+[y'\cos\beta-(z'\cos\gamma-x'\sin\gamma)\sin\beta]\cos\alpha\\ y'\sin\beta+(z'\cos\gamma-x'\sin\gamma)\cos\beta\end{Bmatrix}\tag{10}$$

在式(8)、式(9)、式(10)中，等号左边第一项为相应的逆向($X\rightarrow Z$, $Z\rightarrow Y$, $Y\rightarrow X$)旋转矩阵，第二项为旋转前的坐标向量，等号右边为旋转后的坐标向量。经过 3 次旋转，最后得到 UCS 坐标轴经过 γ, β, α 角旋转后的三维坐标。但要归算到 WCS 坐标，则尚需经过坐标轴的平移。因此，UCS 坐标换算为 WCS 坐标的计算式为：

$$\begin{cases} x = x_0 + (z'\sin\gamma + x'\cos\gamma)\cos\alpha - [y'\cos\beta - (z'\cos\gamma - x'\sin\gamma)\sin\beta]\sin\alpha \\ y = y_0 + (z'\sin\gamma + x'\cos\gamma)\sin\alpha + [y'\cos\beta - (z'\cos\gamma - x'\sin\gamma)\sin\beta]\cos\alpha \\ z = z_0 + y'\sin\beta + (z'\cos y - x'\sin y)\cos\beta \end{cases} \tag{11}$$

在式(11)中，设

$$\begin{cases} P = z'\sin\gamma + x'\cos\gamma \\ Q = z'\cos\gamma - x'\sin\gamma \\ R = y'\cos\beta - Q\sin\beta \end{cases} \tag{12}$$

则式(11)可写为

$$\begin{cases} x = x_0 + P\cos\alpha - R\sin\alpha \\ y = y_0 + P\sin\alpha + R\cos\alpha \\ z = z_0 + y'\sin\beta + Q\cos\beta \end{cases} \tag{13}$$

2 程序代码

2.1 WCS 坐标变换为 UCS 坐标

根据 1.1 所述计算过程，编制基于 CASIO fx-5800P 计算器的计算程序。程序名称为 WCS-UCS。

```
Fix 4 ↵
Lbl 1:"X0="? →I:"Y0="? →J:"Z0="? →K:
"ALFA="? →A:"BETA="? →B:"GAMA="? →C ↵
(输入 UCS 原点的 WCS 坐标和坐标轴旋转角 α, β, γ)
Lbl 2:"XW="? →E:E=0⇒Goto 1:"YW="? →F"ZW="? →G:
E-I→E:F-J→F:G- K→G ↵  (依次输入 WCS 坐标，并作坐标轴平移)
E cos(A)+Fsin(A)→P:-E sin(A)+F cos(A)→Q:
-Q sin(B)+G cos(B)→R ↵
"XU=":P cos(C)-R sin(C) ◢
```

```
"YU=":Q cos(B)+C sin(B) ◢
"ZU=":P sin(C)+R cos(C) ◢(坐标变换,并显示 UCS 坐标)
Goto 2 ↵
```

2.2 UCS 坐标变换为 WCS 坐标

根据 1.2 所述计算过程,编制基于 CASIO fx-5800P 计算器的计算程序。程序名称为 UCS-WCS。

```
Fix 4 ↵
Lbl 1:"X0="? →I:"Y0="? →J:"Z0="? →K:
"ALFA="? →A:"BETA="? →B:"GAMA="? →C ↵
(输入 UCS 原点的 WCS 坐标和坐标轴旋转角)
Lbl 2:"XU="? →E:E=0⇒Goto 1:"YU="? →F:"ZU="? →G:
(依次输入 UCS 坐标)
G sin(C)+E cos(C)→P:G cos(C)−E sin(C)→Q:
F cos(B)−Q sin(B)→R ↵
"XW =":I+P cos(A)−R sin(A) ◢
"YW=":J+P sin(A)+ R cos(A) ◢
"ZW=":K+F sin(B)+Q cos(B) ◢(坐标变换并显示 WCS 坐标)
Goto 2 ↵
```


3 使用说明及算例

3.1 WCS 坐标变换为 UCS 坐标

在 CASIO fx-5800P 计算器中按 FILE 键,显示"程序列表"(Prog List)屏幕,按光标移动键使光条上下移动选中本程序,按 EXE 键执行。先输入 UCS 原点的 WCS 坐标和 UCS 坐标轴的 3 个旋转角,如果 UCS 的某个坐标平面不需要旋转,则该旋转角可输入"0"。然后,依次按点输入 WCS 坐标,程序显示 UCS 坐标。在同一平移和旋转角的情况下,可连续进行点的坐标换算。

空间点位的坐标变换算例,见表 1。设有 P_1,P_2,P_3 点的 WCS 坐标,用本程序换算为 3 种不同情况的 UCS 坐标,坐标平移值(UCS 的原点在 WCS 中的坐标)同为 $x_0=100$,$y_0=120$,$z_0=80$,但其旋转的角度不完全相同,如表 1 中各列首行括弧中所示,据此算得相应的 UCS 坐标。

表 1　空间点位的坐标变换计算

点号	WCS 坐标/m			UCS 坐标/m ($\alpha=30°,\beta=15°,\gamma=10°$)			UCS 坐标/m ($\alpha=30°,\beta=15°,\gamma=350°$)			UCS 坐标/m ($\alpha=30°,\beta=15°,\gamma=0$)		
	X	Y	Z	X'	Y'	Z'	X'	Y'	Z'	X'	Y'	Z'
P_1	150	160	90	61.096	11.900	18.047	63.584	11.900	−3.937	63.301	11.901	7.164
P_2	200	240	100	143.444	57.262	30.738	145.306	57.262	−20.176	146.602	57.262	5.362
P_3	250	180	80	156.439	−22.254	33.639	158.510	−22.254	21.895	159.904	−22.254	5.963

3.2　UCS 坐标变换为 WCS 坐标

CASIO fx-5800P 计算器中按 FILE 键，显示“程序列表”(Prog List)屏幕，按光标移动键使光条上下移动选中本程序，按 EXE 键执行。先输入 UCS 原点的 WCS 坐标和 UCS 坐标轴的 3 个旋转角，然后，依次接点输入 UCS 坐标，程序显示 WCS 坐标。在同一平移和旋转角的情况下，可连续进行点的坐标换算。

表 1 的空间点位的坐标变换算例为从 WCS 坐标换算为 UCS 坐标，但同样适用于其逆运算——从 UCS 坐标换算为 WCS 坐标，只需将已知数与未知数对调，即可作为用本程序计算的算例。P_1，P_2，P_3 点由 WCS 坐标换算为 UCS 坐标，再由 UCS 坐标换算为 WCS 坐标，可以验证基于 CASIO fx-5800P 计算器编程实现的坐标变换是正确的。

4　结束语

CASIO fx-5800P 计算器以其强大的编程功能，使得外业数据处理变得简便。所给出的 UCS 坐标系与 WCS 坐标系之间的相互转换的程序也简单易懂，在测量实践中得到了广泛的应用。

参考文献

[1] 顾孝烈，程效军. CASIO fx-5800P 计算器土木工程测量计算程序开发与应用[M]. 上海：同济大学出版社，2007.

[2] 顾孝烈，程效军. CASIO fx-4850P 计算器土木工程测量计算程序开发与应用[M]. 上海：同济大学出版社，2007.

[3] 顾孝烈，鲍峰，程效军. 测量学[M]. 3版. 上海：同济大学出版社，2006.
[4] 江帆，吕晓华，王仲兰. 基于复化公式的 DEM 表面积算法分析[J]. 测绘学报，2005，22(4)：263-265.
[5] 杨文茂，李全英. 空间解析几何[M]. 武汉：武汉大学出版社，2001.
[6] 程效军，张京男，罗鼎. 无协作目标电子全站仪在钢梁变形监测中的应用[J]. 测绘通报，2007(4)：17-19.

基于CASIO fx-5800P计算器的墙面平整度检测计算

程效军　许诚权　顾孝烈

1　概　述

在对房屋进行检测时，往往需要检测房屋墙面的平整情况，房屋墙面的平整度是评判房屋质量的指标之一。在无协作目标电子全站仪应用到工程测量中以后，利用测定房屋墙面上 m 个点($m>3$)的三维坐标来检测墙面就变得轻而易举。据此来拟合1个平面，并计算各点到该平面的距离(点的起伏)，其整体可以代表墙面的平整度。如图1所示，电子全站仪安置在 S 点，输入测站 S 的假定坐标，并以某固定点进行定向，建立独立坐标系。测定墙面上 P_1，P_2，P_3，…，P_m 点的三维坐标，先按 P_1，P_2，P_3 三点求出初始平面。然后以此为基础，按最小二乘法的间接平差原理，列出各点观测值的误差方程式，组成法方程式，解算出初始平面方程式系数的改正值，得到拟合的平面方程式。最后，计算各点到该平面的距离，根据距离值计算拟合平面的单位权中误差作为平整度，以评定墙面(或其他工程结构平面)的施工精度。

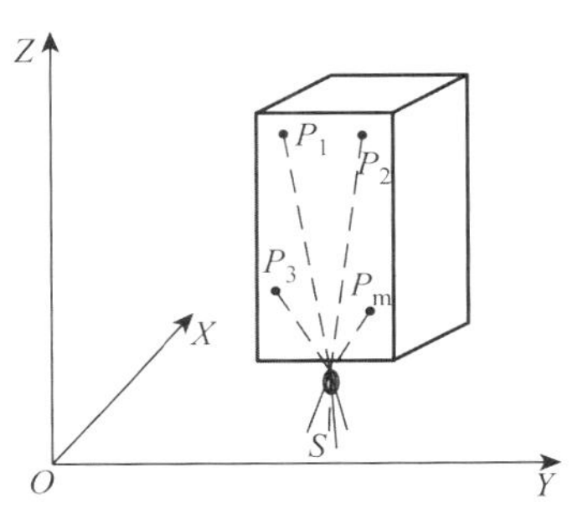

图1　建筑物墙面拟合与检测

2　计算公式

如图1所示，设 P_1，P_2，P_3 三点的坐标分别为(x_1，y_1，z_1)，(x_2，y_2，

本文表发于《铁道勘察》，2008年第34卷第5期。

z_2)，(x_3，y_3，z_3)，对于这 3 点构成的平面，则下式成立

$$\begin{vmatrix} x-x_1 & y-y_1 & z-z_1 \\ x_2-x_1 & y_2-y_1 & z_2-z_1 \\ x_3-x_1 & y_3-y_1 & z_3-z_1 \end{vmatrix}=0 \tag{1}$$

把式(1)展开，可得到包括 P_1，P_2，P_3 三点的平面方程式

$$A_0x+B_0y+C_0z+D_0=0 \tag{2}$$

式(2)中

$$\begin{cases} A_0=(y_1-y_2)(z_1-z_3)-(y_1-y_3)(z_1-z_2) \\ B_0=(x_1-x_3)(z_1-z_2)-(x_1-x_2)(z_1-z_3) \\ C_0=(x_1-x_2)(y_1-y_3)-(x_1-x_3)(y_1-y_2) \\ D_0=-x_1A_0-y_1B_0-z_1C_0 \end{cases} \tag{3}$$

设按照测定的 m 点拟合出的平面方程式为

$$Ax+By+Cz+D=0 \tag{4}$$

将式(4)同除以 D 可得

$$\frac{A}{D}x+\frac{B}{D}y+\frac{C}{D}z+1=0 \tag{5}$$

令

$$\frac{A}{D}=A',\ \frac{B}{D}=B',\ \frac{C}{D}=C' \tag{6}$$

则式(5)可改写为

$$A'x+B'y+C'z+1=0 \tag{7}$$

对于每个测定点的观测值可列出其误差方程式

$$v_i=A'x_i+B'y_i+C'z_i+1,\ (i=1,\ 2,\ \cdots,\ m) \tag{8}$$

$$v_i=(A'_0+\delta A')x_i+(B'_0+\delta B')y_i+(C'_0+\delta C')z_i+1 \tag{9}$$

$$v_i=x_i\delta A'+y_i\delta B'+z_i\delta C'+(A'_0x_i+B'_0y_i+C'_0z_i+1) \tag{10}$$

式中，$\delta A'$，$\delta B'$，$\delta C'$ 为未知参数，右端括号内数值为常数项 l_i。根据 m 个墙面观测点的误差方程式组成法方程式，再按照平方根法对法方程式求逆，可解

得未知数 $\delta A'$,$\delta B'$,$\delta C'$,由此求得平面方程式(7)的系数和常数项

$$\begin{cases} A' = A'_0 + \delta A' \\ B' = B'_0 + \delta B' \\ C' = C'_0 + \delta C' \end{cases} \tag{11}$$

按下式计算每个观测点 P_i 到拟合平面的距离(点的起伏),其整体可以代表墙面的平整度

$$d_i = \frac{A'x_i + B'y_i + C'z_i + 1}{\sqrt{A'^2 + B'^2 + C'^2}} \tag{12}$$

最后按下式计算单位权中误差(墙面的平整度)

$$m_0 = \pm\sqrt{\frac{[d_i^2]}{n-4}} \tag{13}$$

3 程序代码

根据上述计算过程,编制基于 CASIO fx-5800P 计算器的计算程序。主程序名称为 PLANE - M,调用平方根法求逆子程序 PLANE - 3P,SQROOTINVERS。程序代码如下。

```
主程序 PLANE-M:
ClrMemory: Fix 4:80→DimZ:“M=”? →H↵(输入测定墙面点的点数)
For 1→I To H:“X(I)=”? →Z[20+I]:“Y(I)=”? →Z[40+I]:
“Z(I)=”? →Z[60+I]:Next↵     (输入测定墙面点的三维坐标)
Z[21]→E:Z[41]→F:Z[61]→G:Z[22]→O:Z[42]→P:Z[62]→Q:
Z[23]→R:Z[43]→S:Z[63]→T:Prog“PLANE-3P”↵     (按开始三点的坐标组成初始平面)
For 1→I To 9:0→Z[I]:Next↵
For 1→I To H:Z[1]+Z[20+I]2→Z[1]:Z[2] +Z[20 +I]Z[40+I]→Z[2]:Z[3]+Z[20+I]Z[60+I]→Z[3]:Z[4]+Z[40+I]2→Z[4]:
Z[5]+Z[40+I]Z[60+I]→Z[5]:Z[6]+Z[60+I]2→Z[6]:
AZ[20+I]+BZ[40+I]+CZ[60+1]+1→L:2[7]+Z[20+I]L→Z[7]:
Z[8]+Z[40 +I]L→Z[8]:Z[9]+Z[60+I]L→Z[9]:
Next↵     (由各个观测值的误差方程式组成法方程式系数及常数项)
3→N:6→M:M+N→S:Prog“SQROOTINVERS”↵     (调用子程序解法方程式)
For 1→I to N:(I-1)(N-I÷2)→D:0→Z[S+I]↵
For 1→J to N:(J-1)(N-J÷2)→E↵
```

If J≥I：Then Z[S+I]－Z[D+J]Z[M+J]→Z[S+I]：
Else Z[S+I]－Z[E+I]Z[M+J]→Z[S+I]：IfEnd：
Next ↵
"DELT(I)＝"：Z[S+I] ◢
Next ↵ （按法方程式常数项及协因数阵上三角阵求未知数）
"A＝"：A+Z[10]→A ◢
"B＝"：B+Z[11]→B ◢
"C＝"：C+Z[12]→C（改正平面方程式的系数并显示）
√ (A2+B2+C2)→X：0→U ↵
For 1→I To H：AZ[20+I]+BZ[40+I]+CZ[60+I]+1→Y：
"V(MM)＝"：Y÷X→V：1 000 V ◢（计算各个观测点相对于拟合平面的起伏）
V 2+U→U：Next ↵
"MO(MM)＝"：1000 √ (U÷(H－3)) ◢（计算单位权中误差评定观测值的精度）
"END"↵
子程序 PLANE-3P(按三点空间坐标求初始平面方程式的系数和常数项）
((P－F)(T－G)－(S－F)(Q－G))→A：
－((O－E)(T－G)－(R－E)(Q－G))→B：
((O－E)(S－F)－(R－E)(P－F))→C："D0＝"：－EA－FB－GC→D：
"A0＝"：A÷D→A ◢
"B0＝"：B÷D→B ◢
"C0＝"：C÷D→C ◢
Return ↵
子程序 SQROOTINVERS 平方根法求逆：
For 1→I to N：(I－1)(N－I÷2)→D ↵
For I→J to N：I＝1⇒Goto 1：
For 1→K to I－1：(K－1)(N－K÷2)→F：
Z[D+J]－Z[F+I]Z[F+J]→Z[D+J]：Next ↵
Lbl 1：If J＝I：Then √ (Z[D+J])→Z[D+J]：Goto 2：IfEnd ↵
Z[D+J]÷Z[D+I]→Z[D+J]↵
Lbl 2：Next：Next ↵ （将对称正定的法方程式系数阵分解为上三角阵）
For 1→I to N：(I－1)(N－I÷2)→D：1÷Z[D +I]→Z[D+I]：I＝N⇒Goto 3 ↵
For I+1→J to N：(J－1)(N－J÷2)→E：0→Z ↵
For I→K to J－1：(K－1)(N－K÷2)→F：Z－Z[D+K]Z[F+J]→Z：Next ↵
Z÷Z[E+J]→Z[D+J]：Next：Next ↵ （计算上三角阵的逆矩阵）
Lbl 3：For 1→I to N：(I－1)(N－I÷2)→D ↵
For I→J to N：(J－1)(N－J÷2)→E：0→Z ↵
For J→K to N：Z+Z[D+K]Z[E+K]→Z：Next
Z→Z[D+J]：Next：Next ↵ （按上三角阵逆矩阵的转置乘积得到法方程式系数阵的逆矩阵）
Fix 6：For 1→I to M："Q(I)＝"：Z[I] ◢
Next ↵ （逆矩阵元素的显示）

4 使用说明及算例

在 CASIO fx-5800P 计算器中按FILE键，显示“Prog List”屏幕，按光标移动键使光标上下移动选中本程序，按EXE键执行。按提示依次输入点数 M 及 P_1，P_2，P_3，…，P_m 点的三维坐标，屏幕首先显示初始平面方程式系数 A'_0，B'_0，C'_0；然后显示拟合的平面方程系数的改正值 $\delta A'$，$\delta B'$，$\delta C'$ 及改正后的系数 A'，B'，C'，各点到平面的距离 d_i 和平面的平整度 m_0。

某幕墙玻璃面平整度检测计算的算例列于表 1，表中列出所测得的 P_1，P_2，P_3，…，P_m 点的三维坐标。计算结果包括初始平面方程式系数 A'_0，B'_0，C'_0，平面方程系数的改正值 $\delta A'$，$\delta B'$，$\delta C'$，改正后的系数 A'，B'，C'，各点到拟合平面的距离以及平面的平整度。

表 1 幕墙玻璃面平整度检测的计算

测站	测点	大地坐标			测点到拟合平面的距离/mm
		X/m	Y/m	Z/m	
No. 1	P_1	5.844 3	5.312 0	3.939 5	0.285
	P_2	6.720 7	4.172 2	3.937 9	−0.352
	P_3	6.245 1	4.792 8	4.872 9	−0.149
	P_4	6.503 3	4.454 7	3.930 6	−0.057
	P_5	6.721 3	4.171 6	4.270 5	−0.066
	P_6	6.529 0	4.421 6	4.270 5	0.131
	P_7	6.309 5	4.707 9	4.413 6	−0.045
	P_8	6.083 8	5.001 7	4.416 1	−0.041
	P_9	5.847 8	5.308 7	4.417 2	0.088
	P_{10}	5.846 5	5.311 4	4.657 3	−0.240
No. 1	P_{11}	6.289 9	4.733 7	4.652 6	0.065
	P_{12}	6.502 4	4.457 0	4.664 0	0.128
	P_{13}	6.719 6	4.173 8	4.655 7	0.400
	P_{14}	6.245 1	4.792 8	4.872 9	−0.149

（续表）

<table>
<tr><td rowspan="2">测站</td><td rowspan="2">测点</td><td colspan="3">大地坐标</td><td rowspan="2">测点到拟合平面的距离/mm</td></tr>
<tr><td>X/m</td><td>Y/m</td><td>Z/m</td></tr>
<tr><td rowspan="12">计算结果</td><td colspan="5">玻璃墙面拟合平面方程系数初值</td></tr>
<tr><td colspan="2">A'_0</td><td colspan="2">B'_0</td><td>C'_0</td></tr>
<tr><td colspan="2">−0.100 785</td><td colspan="2">−0.077 495</td><td>0.000 171</td></tr>
<tr><td colspan="5">平面方程系数的改正值</td></tr>
<tr><td colspan="2">$\delta A'$</td><td colspan="2">$\delta B'$</td><td>$\delta C'$</td></tr>
<tr><td colspan="2">−0.000 027</td><td colspan="2">0.000 051</td><td>−0.000 020</td></tr>
<tr><td colspan="5">拟合平面方程系数平差值</td></tr>
<tr><td colspan="2">A'</td><td colspan="2">B'</td><td>C'</td></tr>
<tr><td colspan="2">−0.100 812</td><td colspan="2">−0.077 444</td><td>0.000 151</td></tr>
<tr><td colspan="5">玻璃墙面平整度</td></tr>
<tr><td colspan="5">$M_0 = \pm 0.218$ mm</td></tr>
</table>

5 结束语

工程测量工作有很大一部分计算是在野外进行的，而大容量的可编程序计算器很适合于这些工作的现场计算。CASIO fx-5800P 计算器的语言功能和编写形式十分接近计算机的 BASIC 语言，且其内存已经扩大到28 500 bytes数据储存单元，利用这些特性编制相应程序，可以方便地在现场进行下列计算：

(1) 利用测定房屋墙面上 m 个点($m>3$)的三维坐标通过平差拟合一个平面；

(2) 计算各点到该平面的距离(点的起伏)，其整体起伏情况可以表示墙面的平整度。从而满足现场评定墙面施工精度的需求。

“计算机程序设计的优化是无止境的”，这同样适用于计算器的程序编制。“麻雀虽小，五脏俱全”，恰当地利用和发挥各种语句和内置函数的功能、尽可能地精简变量和语句的设置，是首先应遵循的基本原则。然后，运用逐步由实践中积累起来的编程技巧，使所编程序具有高效、简洁、易用、易读、易于修改等趋于成熟的特点。通过实际应用逐步改进，是具有规模的计算程序趋于完善的必经之路。

参考文献

[1] 顾孝烈,程效军. CASIO fx-5800P 计算器土木工程测量计算程序开发与应用[M]. 上海:同济大学出版社,2007.

[2] 顾孝烈,程效军. CASIO fx-4850P 计算器土木工程测量计算程序开发与应用[M]. 上海:同济大学出版社,2007.

[3] 顾孝烈,鲍峰,程效军. 测量学[M]. 3 版. 上海:同济大学出版社,2006.

[4] 江帆,吕晓华,王仲兰. 基于复化公式的 DEM 表面积算法分析[J]. 测绘学报,22(4):263-265.

[5] 杨文茂,李全英. 空间解析几何[M]. 武汉:武汉大学出版社,2001.

[6] 程效军,张京男,罗鼎. 无协作目标电子全站仪在钢梁变形监测中的应用[J]. 测绘通报,2007(04):17-19.

基于 CASIO fx-5800P 计算器的法方程式平差计算

程效军　周行泉　顾孝烈

由于轻便和价廉，电子计算器特别适合于工程测量与地形测量的外业计算。当其储存容量进一步增大和编程命令趋于完备时，更能扩大其用途。CASIO 公司最近推出的 fx-5800P 计算器，语言功能和编写形式已十分接近于计算机的 BASIC 语言，内存已经扩大到28 500 bytes数据储存单元，程序功能也发展到具有相当于 BASIC 语言的输入、赋值、条件、转移、循环、输出和说明语句等的程序指令，并可以设置子程序和分层嵌套调用等，使熟悉 BASIC 语言的用户能很快掌握其编程方法。并且计算器之间可以进行传输程序的通信，便于成熟的计算器程序的推广应用[1]。

1　调用方法

计算器的每个计算程序存储为一个独立的可执行文件，而某一程序可以通过子程序调用函数(Prog)调用其他程序。称调用其他程序的程序为主程序，称被调用的程序为子程序。主程序和子程序在形式上和编程规则上并无本质区别，仅是主程序中应用了 Prog 函数和写明需要调用的子程序名。

在程序运行过程中，有一部分相应于某一公式的语句组，如果需要在某一处连续重复运算，应设计成调用子程序的方式。即将需要重复运算的语句组编写为指定名称的子程序，在主程序需要计算处，用 Prog 函数按名称调用。在主程序中调用子程序相当于一个能返回的计算分支，主程序相当于主干，一个子程序调用完毕仍回到主程序中调用之处。一个子程序也可以为多个主程序所调用。子程序也可以调用另外的子程序，称为子程序的层次或嵌套，层次可以多达 10 层。主程序和子程序的调用如图 1 所示。

本文发表于《测绘地理信息》，2009 年第 34 卷第 2 期。

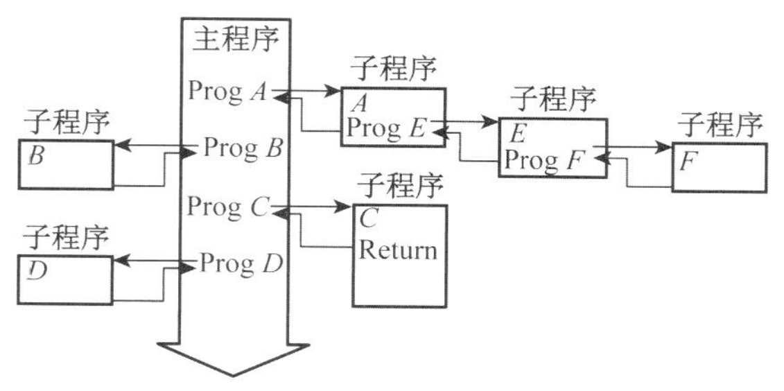

图 1　主程序和子程序的调用

其中,主程序调用 4 个子程序 A, B, C, D(第 1 层),而子程序 A 调用子程序 E(第 2 层)、子程序 E 又调用子程序 F(第 3 层)。每次调用子程序时,一般都从子程序的头部进入,从尾部返回主程序,进入和返回如图 1 中箭头所示。但也可以例外,如子程序 C 的中部有控制命令 Return(一般都写在条件语句中),当符合一定条件而执行至 Return 命令,即返回主程序(相当于循环语句中的 Break 命令)。因此也可以将 Return 命令写在子程序的末尾,作为子程序的标记,但这种标记并不是必要的[2]。

2　计算公式

测量平差计算中的未知数法方程式为对称正定的方程组,宜采用法方程式系数一维储存的平方根法求逆来解算。这种解法的储存单元可以减至最少。因此也很适合于在计算器上编制解法方程式的程序。

N 阶法方程式的系数阵为 $N \times N$ 方阵,其系数一般用二维数组 C_{ij} 来表示。由于法方程式系数阵为对称阵,其上三角阵已能够代表全部系数。因此采用一维数组储存可以节省大约二分之一的储存单元。

对称方程平方根法求逆的数学公式为二维数组的公式,分为:对称分解、上三角阵求逆和协因数阵的乘积合成,简称:分解、求逆、乘积。求逆后即可进行未知数的解算。

分解。设法方程式的矩阵表达式为:

$$\boldsymbol{C}\boldsymbol{X} + \boldsymbol{W} = 0 \tag{1}$$

式中,$\boldsymbol{C}$ 为 $N \times N$ 阶系数阵,$\boldsymbol{X}$ 为 $N \times 1$ 阶未知数列向量,$\boldsymbol{W}$ 为 $N \times 1$ 阶常数项列向量。将 $\boldsymbol{C}$ 阵作对称分解,令:

$$\boldsymbol{C} = \boldsymbol{S}^{\mathrm{T}}\boldsymbol{S} \tag{2}$$

式中，$\boldsymbol{S}$ 为 $N \times N$ 阶上三角阵。在矩阵分解中，上三角阵元素的递推计算式为：

$$S_i = (C_{ii} - \sum_{k=1}^{i-1} S_{ki}^2)^{1/2},\ (i = 1 \sim n) \tag{3}$$

$$S_{ij} = (C_{ij} - \sum_{k=1}^{i-1} S_{ki} S_{kj}) / S_{ii},\ (j = i+1 \sim n) \tag{4}$$

求逆。求上三角阵 $\boldsymbol{S}$ 的逆矩阵 $\boldsymbol{R}$，令

$$\boldsymbol{R} = \boldsymbol{S}^{-1} \tag{5}$$

$\boldsymbol{R}$ 也为上三角阵，其矩阵元素的递推计算式为：

$$R_{ii} = 1/S_{ii},\ (i = 1 \sim n) \tag{6}$$

$$R_{ij} = -(\sum_{k=i}^{j-1} R_{ik} S_{kj}) / S_{jj},\ (j = i+1 \sim n) \tag{7}$$

乘积。法方程式的逆矩阵即为其协因数阵 $\boldsymbol{Q}$，为 $\boldsymbol{R}$ 阵及其转置矩阵的乘积，即：

$$\boldsymbol{Q} = \boldsymbol{R}\boldsymbol{R}^{\mathrm{T}} \tag{8}$$

$\boldsymbol{Q}$ 也为对称矩阵，只需计算其上三角阵的元素。$\boldsymbol{Q}$ 矩阵元素的计算式为：

$$Q_{ij} = \sum_{k=j}^{n} R_{ik} R_{jk},\ (i = 1 \sim n,\ j = i \sim n) \tag{9}$$

由于是递推计算，可按行和按列顺序代换。故解算时始终可用同一上三角阵的储存单元。公式中的变量是以二维数组表示，在程序编制时用的是一维数组，因此需要将一维数组作拟二维编号，令

$$C_{di+j} = C_{i,j} \tag{10}$$

式中，$di=(i-1)\times(n-i/2)$。

未知数的解算。根据式(1)～式(9)，得到法方程式未知数解的矩阵表达式：

$$\boldsymbol{X} = -\boldsymbol{Q}\boldsymbol{W}$$

式中，$\boldsymbol{Q}$ 为 $N \times N$ 阶方阵，$\boldsymbol{X}$ 和 $\boldsymbol{W}$ 均为 $N \times 1$ 阶列向量。未知数向量元素的计算式为：

$$X_i = -\sum_{j=1}^{n} Q_{ij} W_j \text{，} (i = 1 \sim n,\ j = 1 \sim n) \tag{11}$$

3　实例分析

根据上述计算过程，编制基于 CASIO fx-5800P 计算器的计算程序。主程序名称为 NORMALEQSOLV，调用平方根法求逆子程序 SQROOTINVERS。在 CASIO fx-5800P 计算器中按 FILE 键，显示“程序列表”（Prog List）屏幕，按光标移动键使光条上下移动选中本程序 NORMALEQSOLV，按 EXE 键执行。按提示首先输入法方程式的阶数（N），然后依次输入法方程式系数的上三角阵元素[C(I)]和法方程式的常数项[$L(I)$]。程序运算结果，按同样次序输出（显示）协因数上三角阵的元素[$Q(I)$]和法方程式未知数[$X(I)$]。

算例为 5 阶法方程式系数阵（列出其上三角阵）、未知数和常数项：

$$\begin{bmatrix} 1.6806 & -0.5000 & 0 & 0 & -0.6250 \\ & 1.8013 & -0.5000 & -0.4167 & -0.3846 \\ & & 0.9545 & 0 & 0 \\ & & & 1.3515 & -0.4348 \\ & & & & 2.0694 \end{bmatrix} \cdot \begin{bmatrix} X_1 \\ X_2 \\ X_3 \\ X_4 \\ X_5 \end{bmatrix} + \begin{bmatrix} -5.0000 \\ -6.6983 \\ +5.0000 \\ -6.3953 \\ +13.0936 \end{bmatrix} = 0 \tag{12}$$

经程序计算后，得到其协因数阵和未知数的解为：

$$\begin{bmatrix} X_1 \\ X_2 \\ X_3 \\ X_4 \\ X_5 \end{bmatrix} = -\begin{bmatrix} 0.8872 & 0.4661 & 0.2441 & 0.2765 & 0.4127 \\ & 1.0313 & 0.5402 & 0.4557 & 0.4282 \\ & & 1.3307 & 0.2387 & 0.2243 \\ & & & 1.0023 & 0.3788 \\ & & & & 0.7670 \end{bmatrix} \cdot \begin{bmatrix} -5.0000 \\ -6.6983 \\ +5.0000 \\ -6.3953 \\ +13.0936 \end{bmatrix}$$

$$= \begin{bmatrix} +2.7020 \\ +3.8454 \\ -3.2440 \\ +4.6916 \\ -3.8108 \end{bmatrix}$$

经验证，所求出的协因数阵和未知数的解完全正确，求解法方程阶数可以扩大到 20，这说明利用 CASIO fx-5800P 编程计算器，在测量现场可以进行平差计算。

4 结束语

在测量中往往需要进行多余观测以保证成果的正确性和提高成果的精度。具有多余观测而进行的平差计算一般都采用参数平差(间接平差)。参数平差需要解算未知参数法方程式和评定观测值以及未知参数的精度。未知参数法方程式的解算采用求逆(求协因数)的方式，即可以兼顾解未知数和评定精度，又便于程序的编制。CASIO fx-5800P 编程语言功能和编写形式已十分接近于 BASIC 语言，利用其编程可以方便地实现法方程式解算、未知数求解和精度评定，满足测量外业即测即算的需要。

参考文献

[1] 顾孝烈，程效军. CASIO fx-5800P 计算器土木工程测量计算程序开发与应用[M]. 上海：同济大学出版社，2007.

[2] 顾孝烈，鲍峰，程效军. 测量学[M]. 3 版. 上海：同济大学出版社，2006.

[3] 鲍峰，程效军. 带权约束参数平差在工程控制网优化中的应用[J]. 测绘学报，2002，31(S0)：73-76.

[4] 王新洲. 论经典测量平差模型的内在联系[J]. 测绘通报，2004(2)：1-4.

工程结构物的抛物面方程回归计算

程效军　顾孝烈

抛物面天线是一种定向微波天线，具有结构简单和方向性强等优点。抛物面天线由反射面和辐射器（发射或接收器）组成，反射面的几何形状必须精确符合设计的抛物面方程，辐射器的中心必须精确位于抛物面的焦点上，即抛物面工程结构物需要有很高的施工安装精度，测设的物抛物面上点位坐标的理论值应按设计的抛物面方程计算。而建成后的精度鉴定和变形监测则需要根据实测数据从总体上验证与设计数据的符合程度。对此必须用高精度电子全站仪测定抛物面上的离散点位，应用坐标变换和回归计算的方法求得抛物面方程的参数和拟合的抛物面形状。按照测量的一般原则，需要有大量的多余观测值[1]。因此，回归计算必须用最小二乘法求取计算成果的最或然值。在此过程中，也可评定观测对象的精度和进行变形分析。

位于三维空间的离散点位必须经过坐标变换，才能量测其有关的数据和拟合其几何形体的标准数学模型。因此，求得坐标变换的参数是关键性的。测定离散点进行抛物面方程的回归计算需要经过下列步骤：抛物面口的平面方程回归、平面的法向量计算、坐标轴旋转、圆心拟合、坐标轴平移、标准状态下的抛物面方程回归、坐标轴平移和旋转（使抛物面形体与原始观测点拟合）。由于存在大量的多余观测，在按最小二乘法的平差计算中需要计算改正值，用于粗差检测和精度评定。

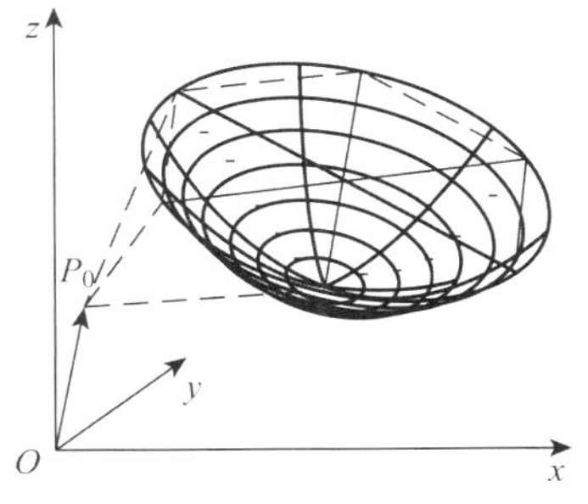

图 1　任意坐标系中的抛物面

位于任意坐标系中的抛物面如图 1 所示，其中抛物面口的点所构成的平面用虚线表示。在抛物面上测定的点的三维坐标组成“观测点集”，是回归计算的原始数据[2]。

本文发表于《同济大学学报》，2009 年第 37 卷第 9 期。

1 抛物面口的平面方程回归计算

按照在抛物面口上测定的 m_1 个点拟合出的平面方程式为

$$Ax + By + Cz + D = 0 \tag{1}$$

将式(1)同除以 D 可得

$$\frac{A}{D}x + \frac{B}{D}y + \frac{C}{D}z + 1 = 0 \tag{2}$$

令

$$\frac{A}{D} = A_1,\ \frac{B}{D} = B_1,\ \frac{C}{D} = C_1 \tag{3}$$

则式(2)可改写为

$$A_1 x + B_1 y + C_1 z + 1 = 0 \tag{4}$$

对于在同一平面上的点进行多余观测(观测点数 $m_1 > 3$),则每个测定点的坐标观测值(x_i, y_i, z_i)可列出其误差方程式如下:

$$v_i = A_1 x_i + B_1 y_i + C_1 z_i + 1,\ i = 1,\ 2,\ \cdots,\ m_1 \tag{5}$$

设误差方程式系数与近似值及其改正值的关系为

$$A_1 = A_1^0 + \delta_A,\ B_1 = B_1^0 + \delta_B,\ C_1 = A_1^0 + \delta_C \tag{6}$$

则

$$v_i = (A_1^0 + \delta_A)x_i + (B_1^0 + \delta_B)y_i + (C_1^0 + \delta_C)z_i + 1 \tag{7}$$

$$v_i = x_i\delta_A + y_i\delta_B + z_i\delta_C + (A_1^0 x_i + B_1^0 y_i + C_1^0 z_i + 1) \tag{8}$$

式中,δ_A, δ_B, δ_C 为误差方程式中未知参数,式(8)右端括号内数值为常数项 l_i。根据 m_1 个平面观测点的误差方程式组成法方程式,可解得未知数 δ_A, δ_B, δ_C,由此求得平面方程式(4)的系数 A_1, B_1, C_1。

计算每个观测点 P_i 到拟合平面的距离(观测点相对于平面的起伏)如下:

$$d_i = \frac{A_1 x_i + B_1 y_i + C_1 z_i + 1}{\sqrt{A^2 + B^2 + C^2}},\ i = 1,\ 2,\ \cdots,\ m_1 \tag{9}$$

最后计算单位权中误差(代表抛物面口平面的平整度)如下:

$$m_{01} = \pm\sqrt{\frac{\sum d_i^2}{m_1 - 3}} \tag{10}$$

式中，m_1 为抛物面口平面上观测的点数；3 为误差方程式(8)中未知参数的个数。

2 平面的法向量计算

式(1)和式(4)为平面方程式的一般表达式。为了求得平面法向量的参数，需要将平面的一般表达式转换为平面的法式表达式如下

$$x\cos\alpha + y\cos\beta + z\cos\gamma - p = 0 \tag{11}$$

式中，$\cos\alpha$，$\cos\beta$，$\cos\gamma$ 为法向量与坐标轴的夹角余弦；p 为法向量的长度。式(4)和式(11)既表达同一平面，则两式对应的系数应成比例关系。设 k 为比例系数，令

$$A_1 k = \cos\alpha,\ B_1 k = \cos\beta,\ C_1 k = \cos\gamma \tag{12}$$

则

$$k = -p \tag{13}$$

将式(12)各式平方相加，并按向量的夹角余弦定理，得到

$$(A_1^2 + B_1^2 + C_1^2)k^2 = \cos^2\alpha + \cos^2\beta + \cos^2\gamma = 1 \tag{14}$$

令

$$S = \pm\sqrt{A_1^2 + B_1^2 + C_1^2} \tag{15}$$

则

$$k = \frac{1}{S},\ p = -\frac{1}{S} \tag{16}$$

如规定法向量长度恒为正，则 S 应取负值。以式(16)代入式(12)，得到

$$\cos\alpha = \frac{A_1}{S},\ \cos\beta = \frac{B_1}{S},\ \cos\gamma = \frac{C_1}{S} \tag{17}$$

设法向量的起点为坐标原点(0，0，0)，则端点 P_0 的坐标为(x_p，y_p，z_p)，则

$$x_p = p\cos\alpha,\ y_p = p\cos\beta,\ z_p = p\cos\gamma \tag{18}$$

由此可以求得法向量的方位角 α_{AZM} 和法向量的天顶距 Z_{eni}：

$$\alpha_{AZM} = \tan^{-1}\left(\frac{y_p}{x_p}\right) \tag{19}$$

$$Z_{eni} = \gamma = \cos^{-1}\left(\frac{C_1}{S}\right) \tag{20}$$

3 坐标变换

根据法向量的方位角和天顶距，将坐标轴平移和旋转，进行坐标变换。设抛物面三维坐标测定的坐标系为世界坐标系（WCS），平移和旋转后的坐标系为用户坐标系（UCS）。

（1）WCS 变换为 UCS

设 WCS 点的坐标为$(x,\ y,\ z)$，同一点 UCS 的坐标为$(x',\ y',\ z')$，UCS 坐标原点在 WCS 中的坐标为 $x_0,\ y_0,\ z_0$，则坐标变换公式为

$$\begin{aligned} x' &= [(x_i - x_0)\cos\alpha_{AZM} + (y_i - y_0)\sin\alpha_{AZM}]\cdot\cos Z_{eni} + (z_0 - z_i)sin\,Z_{eni} \\ y' &= (x_0 - x_i)\sin\alpha_{AZM} + (y_i - y_0)\cos\alpha_{AZM} \\ z' &= [(x_i - x_0)\cos\alpha_{AZM} + (y_i - y_0)\sin\alpha_{AZM}]\cdot\sin Z_{eni} + (z_i - z_0)\cos Z_{eni} \end{aligned} \tag{21}$$

抛物面上点的 WCS 坐标通过式(21)变换为 UCS 坐标后，组成“标准状态点集”。在此点集中，抛物面口点的拟合平面已平行于 $X'O'Y'$ 平面，其法线已与坐标轴的 Z' 轴相平行。据此可以进行按圆周上的点拟合圆心的平差计算。

（2）UCS 变换为 WCS

UCS 变换为 WCS 的坐标变换公式为

$$\begin{aligned} x &= x_0 + (z'\sin Z_{eni} + x'\cos Z_{eni})\cdot\cos\alpha_{AZM} - y'\sin\alpha_{AZM} \\ y &= y_0 + (z'\sin Z_{eni} + x'\cos Z_{eni})\cdot\sin\alpha_{AZM} + y'\cos\alpha_{AZM} \\ z &= z_0 + (z'\cos Z_{eni} - x'\sin Z_{eni}) \end{aligned} \tag{22}$$

式(22)用于 UCS 中的圆心坐标变换为 WCS 坐标，据此可以将在标准状态所作的抛物面图形拟合于 WCS 中的观测点位。

4 抛物面口的圆心拟合

在平面上，圆周上各点的坐标(x_i，y_i)与圆半径 R 和圆心坐标(x_C，y_C)的关系式如下：

$$(x_i - x_C)^2 + (y_i - y_C)^2 - R^2 = 0 \tag{23}$$

按圆周上任意三点的坐标可以算得圆半径的近似值 R_0 和圆心的近似值(x_{C0}，y_{C0})[3]，设平差的改正值为 δ_x，δ_y，则

$$x_C = x_{C0} + \delta_x,\ y_C = y_{C0} + \delta_y \tag{24}$$

对于圆周上任意一点，圆半径的观测值为

$$R_i = \sqrt{(x_i - x_{C0})^2 + (y_i - y_{C0})^2} \tag{25}$$

即

$$R_i^2 = (x_i - x_{C0})^2 + (y_i - y_{C0})^2 \tag{26}$$

设圆半径的观测值和改正值与近似值的关系为

$$\begin{aligned} R_i + v_{Ri} &= R_0 + \delta_R \\ \delta_R &= v_{Ri} + R_i - R_0 \end{aligned} \tag{27}$$

则圆半径观测值的改正值为

$$v_{Ri} = R_0 - R_i + \delta_R \tag{28}$$

对式(26)中的圆心坐标和圆半径求偏微分，并以其改正值 δ_x，δ_y 和 δ_R 代替微分，得到：

$$-2(x_i - x_{C0})\delta_x - 2(y_i - y_{C0})\delta_y - 2R_i\delta_R = 0 \tag{29}$$

式(29)中的 δ_R 用式(27)中的 δ_R 代入，得到平差计算的误差方程式如下

$$v_{Ri} = -\frac{(x_i - x_{C0})}{R_i}\delta_x - \frac{(y_i - y_{C0})}{R_i}\delta_y + (R_0 - R_i) \tag{30}$$

按 m_1 个圆周点的坐标观测值组成误差方程式和法方程式，解得圆心坐标的改正值 δ_x，δ_y，按式(24)得到平差后的抛物面口的圆心平面坐标(x_C，y_C)。再取抛物面口各点 Z 坐标的平均值，作为圆心的 Z 坐标(z_C)。圆心点 P_{cc}(x_C，y_C，z_C)是后述坐标变换中不可少的参数。

5 抛物面的回归计算

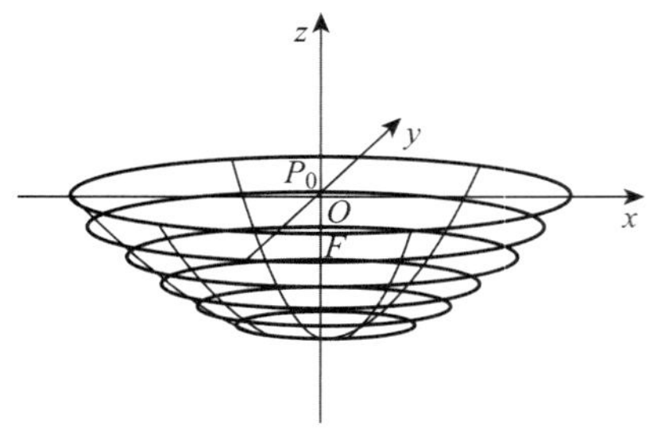

图 2 标准状态下的抛物面

将"标准状态点集"中的圆心点 P_{cc} 作为坐标原点，进行坐标平移，得到"中心标准状态点集"，如图 2 所示。此时，抛物面的中心轴（焦轴）与坐标轴的 Z 轴重合，抛物面方程的数学式为式(31)，是最简单的标准形式，此式便于将测定点位的离散数据进行抛物面方程的回归计算[4]。

$$z = a(x^2 + y^2) + b \tag{31}$$

式中，a，b 为待定参数。设 f 为抛物面顶点（底点）至焦点 F 的距离（焦距），则

$$f = \frac{1}{4a} \tag{32}$$

对于抛物面上每一个测定的点位（x_i，y_i，z_i）($i=1, 2, \cdots, m$)，理论有下式成立：

$$z_i = a(x_i^2 + y_i^2) + b \tag{33}$$

考虑观测值中的误差，设 z_i 的改正值为 v_i，则误差方程式为

$$\begin{aligned} z_i + v_i &= a(x_i^2 + y_i^2) + b \\ v_i &= a(x_i^2 + y_i^2) + b - z_i \end{aligned} \tag{34}$$

按 m 个抛物面上点位的坐标观测值组成式(34)误差方程式。据此组成法方程式如下：

$$\begin{bmatrix} \sum (x_i^2 + y_i^2)^2 & \sum (x_i^2 + y_i^2) \\ \sum (x_i^2 + y_i^2) & m \end{bmatrix} \begin{bmatrix} a \\ b \end{bmatrix} = \begin{bmatrix} \sum (x_i^2 + y_i^2) z_i \\ \sum z_i \end{bmatrix} \tag{35}$$

由于法方程式系数和常数项的特殊性，按常规采用以 m 为单位的坐标值会使法方程式系数的值大小相差悬殊，不利于方程式的解算。解决的方法为坐标值采用十米、百米或千米为单位（视抛物面体积大小而定）。解法方程式(35)，得到抛物面方程的参数 a，b。

为了观测中的粗差检验和精度评定，按式(34)计算观测值的改正值 v_i。

从形式上看，v_i 为每个观测点位的 Z 坐标改正值，但是根据抛物面方程式(33)可知，抛物面上任意一点的平面坐标值(x, y)必定对应一个高程值(z)。Z 坐标的改正，不一定是高程的误差，而是说明该点坐标观测值(x_i, y_i, z_i)总体上与抛物面不完全吻合。因此，改正值 v_i 代表该点的点位误差。由于抛物面的回归计算中，存在大量多余观测，因此从离群的改正值中可以按某种标准发现或剔除含粗差的点位[5]。观测值的精度评定可按照计算单位权中误差的公式：

$$m_0 = \pm\sqrt{\frac{\sum v_i v_i}{m-2}} \tag{36}$$

式中，m 为在抛物面上观测的总点数；2 为误差方程式(34)中未知参数的个数。

6 计算实例

抛物面回归计算的成果除了数据以外，还应该包括抛物面的图形绘制。在 CAD 中用 LISP 语言编制应用程序，能理想地完成计算与绘图任务。因为 LISP 语言具有完备的计算功能，可以完成上述各种计算，并能调用 CAD 绘图命令进行绘图。但 AutoCAD 应用软件尚缺少直接绘制抛物面的命令，因此需要采用以下绘图步骤：从式(33)的抛物面方程来看，当 $x=0$ 时，$z=ay^2+b$，说明抛物面与 YOZ 平面的相交线为一条抛物线；当 $y=0$ 时，$z=ax^2+b$，说明抛物面与 XOZ 平面的相交线为具有相同参数的抛物线。因此，在 XOZ 平面或 YOZ 平面按抛物线方程绘制一定数量的等间距离散点，用样条曲线连接这些点绘制成抛物线，然后使其绕 Z 轴旋转而形成抛物面图形。这个抛物面拟合于“中心标准状态点集”，如图 2 所示。按式(32)计算焦距 f，并绘制焦点 F。然后用复制命令(copy)复制抛物面及其中心轴和焦点，再用坐标变换方法(平移和旋转)，将抛物面图形及其中心轴和焦点拟合于原始的“观测点集”，如图 1 所示，使观测对象在三维空间的实际位置可视化。所有计算和绘图任务按本文所提供的数学公式和方法，编制 LISP 程序在 CAD 中实现，最后以文件形式提供回归计算的数据和图形成果。

用高精度的无协作目标电子全站仪 NET1200 对某抛物面天线进行测量，采用独立坐标系统观测了抛物面口上 11 个点和抛物面上 29 个点(共观测 40 点)的三维坐标。先用抛物面口上 11 个点拟合出平面方程式；根据平面的法向量姿态(方位角和天顶距)进行坐标变换，使法向量与坐标轴的 Z 轴平行

（抛物面口呈水平状态），然后再根据这 11 个点在平面上拟合出抛物面口的圆心点坐标；将坐标原点平移至该圆心点；根据所观测的 40 个点，在标准状态下按抛物面进行回归计算，由此得到抛物面方程式：

$$Z = 0.200\,728(X^2 + Y^2) - 1.018\,41 \tag{37}$$

由此得到抛物面口圆半径 $R=2.253\,0$ m，抛物面焦距 $f=1.245\,5$ m。回归计算的精度为：平面拟合的单位权中误差 $m_{01}=\pm 1.67$ mm，抛物面拟合的单位权中误差 $m_0=\pm 4.36$ mm，观测与计算结果与实际情况相符合。

本文采用测定离散点进行抛物面方程回归计算，其理论和方法为通过抛物面口的平面方程回归、平面的法向量计算、坐标变换、圆心拟合、坐标轴平移、在标准状态下的抛物面方程回归等一系列数学运算，得到符合客观实体的高精度的抛物面方程及其焦点的空间位置，实践证明其能满足抛物面结构物的施工安装、精度检验和变形监测等的需要。

参考文献

[1] 顾孝烈，鲍峰，程效军. 测量学[M]. 3 版. 上海：同济大学出版社，2006.

[2] 潘正风，杨正尧，程效军，等. 数字测图原理和方法[M]. 武汉：武汉大学出版社，2004.

[3] 程效军，张京男，罗鼎. 无协作目标全站仪在钢梁变形监测中的应用[J]. 测绘通报，2007(4)：17.

[4] 杨文茂，李全英. 空间解析几何[M]. 武汉. 武汉大学出版社，2001.

[5] 江帆，吕晓华，王仲兰. 基于复化公式的 DEM 表面积算法分析[J]. 测绘学院学报，2005，22(4)：263.

面向信息化测绘的测量学教材内容改革

程效军　顾孝烈　鲍　峰

一、前　言

人类生活在地球上，其一切活动无不与测绘信息有关。当今世界各国都把加速信息化进程视为新型发展战略，因而测绘信息服务的方式和内容在国家信息化的大环境下发生了深刻变化，由此促进了测绘信息化的发展，推动测绘事业优化升级，充分发挥测绘在国家经济建设和社会发展中的作用，继而催生了信息化测绘的新概念。信息化测绘最本质的内涵就是实现实时有效的地理空间信息综合服务，它是现代测绘经多学科交叉、融合后发展形成的。因此适应信息化时代的测绘学科的发展现状和趋势，主要是以3S技术为代表的现代测绘技术作支撑，推动地理空间信息的快速获取、自动化处理、一体化管理和网络化服务，以此推进信息化测绘的建设进程[1]。当今社会已进入信息化测绘时代，测绘工程专业的学生应掌握空间信息获取、处理、表达及应用的基本原理、基本方法和基本技能，全面了解测绘科学的新技术和发展趋势。在此背景之下，测量学教材要及时反映先进的测绘科学技术，适应新技术革命的需求，缩小学生攀登测绘前沿科学的距离[2]。《测量学》为测绘工程、土木工程、城市规划、建筑学、环境工程、地质工程等各专业本科教学的基础课教材，广泛用于上述专业的设计和施工中。在测绘学科中已应用了最先进的科技成果，例如三维激光扫描、卫星定位和数字化成图等。在掌握必要的理论知识的同时，注重于专业的实际应用。教材要将科学的严格性和知识层次的实用性相结合，把教材内容的重点放在阐明测绘的基本原理及其发展方向，新型测绘仪器的使用，计算机程序的编制，数字化成图的基本方法及数字化地形图的应用，以及涉及上述各专业的工程测量新方法等[3]。

本文发表于《教育教学论坛》，2012年第14期。

二、教材内容改革

《测量学》教材原为同济大学为校内各土建专业(包括土木工程、测绘工程、城市规划、建筑学、环境工程、地质工程等)编写的《测量学》讲义,自1974年在校内印刷以来,每年大约印1 000册供本科生使用。讲义经4次修订后,于1990年由同济大学出版社公开出版《测量学》(第一版),1999年出版《测量学》(第二版),2006年8月出版《测量学》(第三版)。随着近年来信息化测绘科技的迅速发展,电子仪器(电子全站仪、数字水准仪、GNSS接收机、地面激光扫描仪等)已逐步成为测绘工作的常规仪器,测绘数据的自动采集、利用计算机软件的数字化成图也已逐步成为常规的测绘方法,因此《测量学》教材内容必须进行改革,以满足信息化测绘的要求。为此教材从测绘新技术、数字测图技术、EXCEL计算功能等方面进行了改革。

1. 正确处理新旧知识的关系

如何处理新旧知识是编写好《测量学》教材的关键,为此本教材注意处理好以下几个方面的关系:①新旧仪器的关系,传统的老三仪即水准仪、经纬仪和平板仪,根据各高校和测绘单位的实际情况,光学水准仪和光学经纬仪的原理、构造、应用、检验校正等仍然按照基本内容进行介绍,使学生能从最基本的测高差与测角学习水准仪和经纬仪的使用。平板仪早已被测绘单位淘汰,在教材中将其删除。另外由于数字地形图应用的日益广泛,面积量算很少使用求积仪,为此删除了对机械求积仪的介绍,仅用了很少的篇幅介绍电子求积仪的使用。对于新仪器本教材作为重点进行介绍:与光学水准仪对应的电子水准仪,教材介绍了电子水准仪的基本原理、基本构造,详细讲述了电子水准仪功能、测量作业和检验校正;把电子经纬仪内容融入电子全站仪之中;详细讲述了电子全站仪的功能、构造、特殊构件等,以及目前最具有代表性的两款仪器SET230R和TCA2003的具体使用操作步骤;详细讲述了GNSS接收机的定位原理,静态测量、RTK测量的外业操作和内业数据处理等;为满足数字测图的需要,详细讲述了全自动电子全站仪的数据采集,以及电子全站仪的数据通信;介绍了最新的地面三维激光扫描仪的测量原理、应用场合和存在问题等。②模拟图与数字图的关系,测量学的一个重要任务就是测绘地形图,地形图有传统的模拟图与现代的数字图,在教材中如何处理好它们之间的关系也十分重要。本教材用了极少的篇幅简单介绍了模拟图图解法测图的原理,这个原理也是数字测图的基本原理,所以有必要进行介绍。对于地形图的应用仍以模拟图为基础,介绍地形图应用的基本内容和方法，在讲述比例尺精度时着重介绍模拟图与数字图之间的差异[4]。

2. 加强数字测图技术介绍

对数字化成图的理论和方法及其在工程中的应用进行重点介绍，如 CAD 绘图的 LISP 程序设计，使学生能掌握其基本原理和方法，并具有可操作性。本教程详细讲述了数字地形图测绘的基本原理与方法，包括地形点编码、地形点展绘、自动连线、图形编辑、自定义图形函数、等高线自动绘制等，以及通过地形编码的实例来说明所介绍的测图技术的实际可操作性。按照国家标准、测图规范以及作者的实际工程经验，设计出六位地形编码法。其中前 4 位数字或字母编码代表地形点的地形分类（“分类码”）：第 1 位用数字 1，2，…，9 表示《图式》中“地形符号”的大类；编码第 2、3、4 位用数字或字母相对应于《图式》对每一大类中的细分。第 5 位表示连线次序，用一位英文大写字母作代码：B(begin) 为连线起点；M(mid) 为连线中间点；E(end) 为连线终点；C(close) 为闭合到起点；对于不需连线的独立地物点，则空缺。第 6 位表示连线种类，用一位数字作代码：“1”为直线；“2”为圆弧；“3”为样条曲线；对于不需连线的独立点，则空缺。这样的连线编码方法，比较简单，便于记忆和操作。图 1 为地形测量细部点的观测次序和编码示例，图中细部点，左边数字为点号（代表观测次序），右边为采用“六位地形编码法”的编码。

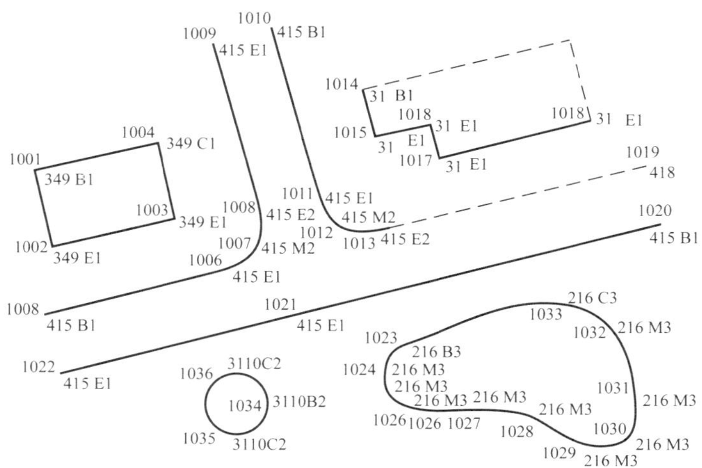

图 1　地形测量细部点编码示例

除了平面图之外，随着城市发展的速度加快，信息化建设的逐步深入和信息量的加大，传统的城市规划信息系统由于在地理空间信息三维表现方面的缺陷，已不能满足规划部门对地形信息应用的可视化需求。三维可视化的城市地形模型可简称为“城市三维模型”，其构建的主要任务是将城市地形中的主要地物——建筑物和道路由平面图形扩展为三维图形，也称为“三维建模”，其中城市建筑物的三维建模是其重点和难点[5]。基于城市规划业务需求和模型表达的详细程度，城市三维模型可划分为：规划设计模型、景观模型、简体模型和精细模型。本教材详细介绍了建筑物精细模型基于电子全站仪实测建模，包括建筑结构编码、特征点选取、实体构建、实体编辑、三维建模等，图 2 为包含周边道路和树木绿化的某建筑物景观透视图。

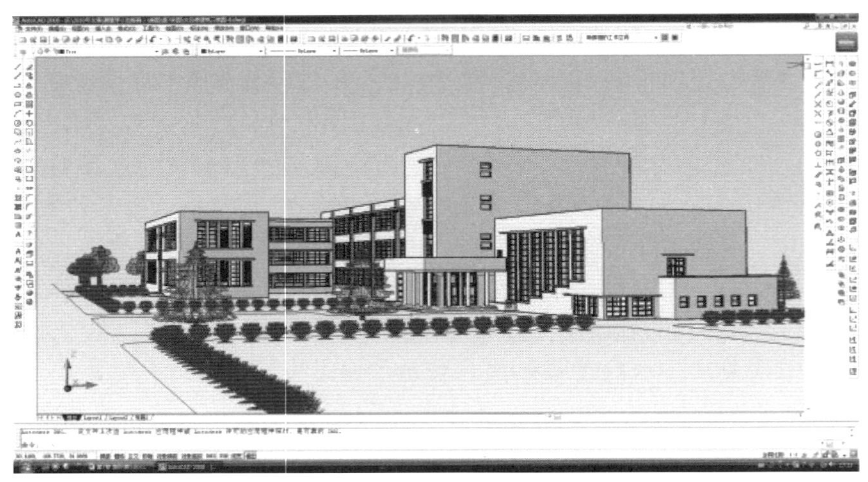

图 2 某建筑物的景观透视图

3. 增加 EXCEL 计算功能介绍

测量中许多计算都可以利用表格来进行，在表格中进行计算是较为直观而方便的，利用 Office 2000 的 EXCEL 软件，将计算公式纳入设计的表格之中，利用 EXCEL 的各种“函数”和“拖曳”(递推)等功能，即可达到自动连续推算的目的。以导线计算为例，不同的导线形式，其计算程序也稍有不同，据此设计各种导线的 EXCEL 表格，用以计算支导线、闭合导线和各种附合导线(单定向、双定向和无定向附合导线)。支导线可以直接推算方位角、坐标增量和坐标，而闭合导线和附合导线还需要进行各种闭合差的调整，才能推算方位角、坐标增量和坐标。EXCEL 的表格以 A，B，C，…为列号，以 1，2，3，…为行号。每一单元格以“列号和行号”命名，例如 A3，B2 等。根据计算的需要和为了表达的清晰，可以合并一些单元格和添加表格的边框和内框；为了简化显示和打印输出，可以“隐藏”某些计算过程的行或列。设计计算支导线的 EXCEL 表格的屏幕显示如图 3 所示，表中算例为支导线 D-C-T1-T2-

T3，导线的转折角为右角。

支导线坐标计算表

点号	转折角			转折角弧度	方位角弧度推算	方位角			边长	坐标增量		坐标		点号
	°	′	″			°	′	″		ΔX	ΔY	X	Y	
D														D
					3.6610366	209	45	43						
C	143	33	12	2.5054783								282.291	744.320	C
					4.297151	246	12	31	127.747	-51.534	-116.891			
T1	284	19	39	4.962451								230.757	627.429	T1
					2.4762927	141	52	52	128.096	-100.777	79.073			
T2	210	40	15	3.6768997								129.980	706.502	T2
					1.9409857	111	12	37	126.614	-45.808	118.037			
T3												84.172	824.539	T3

图 3　支导线计算表的 EXCEL 屏幕

每一单元格中可以写入一个计算式，并能以“拖曳”方式使在该单元格的同一列中具有同样的计算式，仅变量的下标随行号而变，实际上就是递推计算的功能。应用时只需在表格中输入导线点号、起始点坐标和起始方位角、观测的导线右角和边长，即能自动完成待定点的坐标计算，其结果如图 3 所示。其中有阴影的单元格中，输入导线的已知数据和观测数据，其余均为自动完成计算的数据。

本教材除了设计各种导线的 EXCEL 计算表格外，还设计了测角交会、测边交会、后方交会等 EXCEL 计算表格。

三、结束语

进入信息化测绘时代，测量学教材必须及时反映先进的测绘科学技术，适应新技术革命的需求[6]。为此本教材在改编时通过内容改革，形成了以下特点：①对测绘新仪器和新技术的介绍全面，经过综合提炼，取其代表性述其要点，并指明发展方向；②增加电子计算机和计算器（EXCEL、LISP、BASIC）程序编制内容，具有代表性、启发性和实用性；③数字化成图的理论和方法及其在工程中的应用作重点介绍，如 CAD 绘图的 LISP 程序设计，使能掌握其基本原理和方法，并具有可操作性；④有关各专业的工程测量内容均结合近代工程，例如高层建筑、高速公路、斜拉桥、地下铁道等的施工测量；⑤全书对原理阐述、公式推导和方法介绍表达清晰，精简扼要，深入浅出，图、文和表格紧密配合；⑥为便于教和学，增加配书的光盘（CD-ROM）。其中主要包括课本的多媒体课件、图片和照片的 PPT 文件（也可作复习提纲），测量计算用的 EXCEL 程序，机助成图的 LISP 程序，CAD 地形符号集、地形图、三维建筑图，计算器的 BASIC 导线程序等。所有计算机程序均为作者所设计，并可直接卸载应用，具有示范性和实用性。配书 CD-ROM 扩大和丰富了教材的内涵和功能。

参考文献

[1] 宁津生，王正涛. 面向信息化时代的测绘科学技术新进展[J]. 测绘科学，2010(5)：5-10.

[2] 姜昕. 测量学教材建设的利弊分析[J]. 淮海工学院学报（自然科学版），2009(S1)：181-182.

[3] 顾孝烈，鲍峰，程效军. 测量学[M]. 4 版. 上海：同济大学出版社，2011.

[4] 潘正风，程效军，成枢，等. 数字测图原理与方法[M]. 2 版. 武汉：武汉大学出版社，2009.

[5] 刘春，程效军. 注重能力培养的“测量学”课程多样化教学方法探讨[J]. 中国地质教育，2010(01)：105-108.

[6] 程效军，鲍峰，沈云中，等. 测绘工程专业培养模式探讨和思考[C]//全国测绘学科教学改革研讨会论文集，2007：365-369.

光影记忆

解放日報　一九五三年九月二十九日（星期二）　第五版

全國高等學校一九五三年暑期招考新生錄取名單（華東區部分）

說明

一、全國高等學校招生委員會根據「中央人民政府高等教育部、中央人民政府教育部關於全國高等學校一九五三年暑期招考新生的規定」，將考生試卷評閱後，根據國家的需要並參考考生志願，進行錄取分配。現在錄取分配工作已告完成，除已將錄取、備取和不錄取通知書分別寄給各考生外，並在各大區公佈各該區新生錄取名單。

二、高等學校院系調整工作尚在進行，個別學校的招生系科在發考以後稍有改變，凡報考志願學校或系科在報考後有調整者，則隨學校系科的調整，將新生分配入調整後的學校或系科。

三、新生係按「升學指導」中所列各校招生系科表錄取，待報到入學後，再由學校根據招生計劃分配入適當的系科專業學習。

四、新生報到時，各校如認為有必要，得進行體格複查；複查不合格者，不得註册。

五、新生如因病或因特殊事故不能按照「通知書」中規定日期報到入學時，須先備函向學校說明理由，並附有關證明，經批准後，得延遲註册。無故逾期不報到又不請假者，取消入學資格。

六、各校如遇正取生報到不滿額時，得以備取生遞補，備取生在未接到學校遞補通知書前，不得赴校報到。

七、本名單如有遺漏或錯誤，以新生錄取通知書和錄取學校的考生報名單為準。

全國高等學校招生委員會

甲、華東區高等學校錄取本區新生名單

同濟大學

土木建築與房屋建築

測量與繪圖

楊麟君　陳兆敏　丁梅修　習家華　趙怡怡　吳秀潔　王衡明　張家駿　鄒毓俊　周立斌　陳邦助　宋文堯　戴再來

鍾斌　張節宜　張善勳　張關俊　徐鏡俊　強肇基　徐昭東　史殿保　俞醒庭　萬振民　賈錦璜　劉靜綜　鍾炯東

樂莉　金丹華　張懷清　房樹人　王翠英　王昆傑　倉弓才　吳芷芸　葛薇初　張純　蔣楚尹　黃可希　徐志成

俞燕如　朱梅珍　黃天福　鄧錫楷　謝安民　崔富生　許德璐　張慧珠　陳曉韻　方文標　沈新　吳錦程

周富強　趙德才　陳姍美　王德琴　薛才雲　王寶如　丁鴻韶　朱仲芬　錢汝潤　李少萍　潘鴻仁　莊幼貞

沈文傑　俞昶興　張甫柏　楊春寶　王祖英　馮臣善　成鑫　周錦屏　呂條德　顧孝烈　李安國　許蓓昇

劉鎮鎬　李永俊　顧保成　吳仁德　寇長有　袁中凱　高莉莉　陳臻善　陳士英　吳秀鳳　章義勤　林亞鸞

《解放日报》上刊登的 **1953** 年同济大学测量与绘图专业录取学生名单

1954 年夏天，顾孝烈在无锡漆塘进行地形测量实习

一九五五年工测专业毕业班座位表

鍾　斌	何啟義	俞叔熙	周錦屏	金用華					
周富強	張肇基	顧保成	吳錦程	倉弓才	方文标	陳恒昌	馮臣善	王昆傑	張家駿
李永俊	朱仲芬	楊丽君	俞燕如	戴再来	陳云祥	王鶴鳴	張怀清	張关俊	沈文傑
趙怡怡	張蕙珠	王祖英	吳芷芸	丁鴻耀	楊春保	朱梅珍	陳姍美	談汝週	俞鯉庭
張甫柏	袁中凱	張正昌	許德華	王翠英	鄧錫权	許水錦	陳兆敏	鍾炳東	許西昇
賈錦璜	吳殿俊	謝安民	王華均	林亚鵬	李湘濤	徐宝發	房樹人	高莉莉	吕餘德
黄可希	丁樹修	王宝如	吳仁德	沈　新	李安國	宋文堯	吳雷鳴	吳秀凤	薛才雲
刘静綏	陳曉頤	莊幼良	章毅勤	李少萍	蔣贊尹	王德琴	張善敦	顧孝烈	殷長有
郭毓俊	潘宏仁	陳臻善	叶　莉	趙德才	陳幫助	吳秀潔	雷家华		

講　台

1955 年工测专业毕业班座位表

1955 年毕业于同济大学(前排右一为顾孝烈)

1955 年毕业后,顾孝烈借调北京地质学院指导测量实习(摄于北京颐和园佛香阁)

1956 年 6 月，同济测量教研组送别阿格罗斯金专家(摄于同济大学南楼草坪)

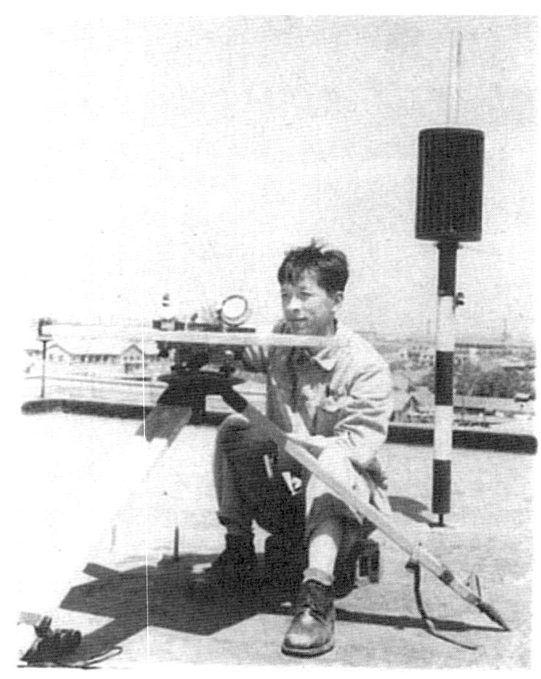

参加上海市城市三角网改建，在试验日光回照

导线测量

1956年初冬，于无锡鼋头渚

1960 年初夏，在山东胶县带铁路工农班学生进行铁路勘测生产实习

测量工程 1955 届专修科部分校友合影(右三为顾孝烈)

1974年春，公路专业的建德生产实习(摄于新安江电站)

1975年春，黄山茶林场山区道路勘测的生产实习

1975年，于黄山北海狮子峰

1977 年 8 月，同济大学城市道路与桥梁专业首届学员毕业留影

1978 年冬，于富春江畔（登峰探海凭科学，陶情养性是诗文）

1979 年，于黄山（深秋风萧瑟，重上玉屏楼）

1979 年，于黄山（三岛蓬莱近，天都云外厚，迎送有奇松，俯仰无俗虑）

同济大学测量系工程测量专业 77 级毕业照(前排右三为顾孝烈)

1981 年 10 月，嘉兴城市导线测量时登梯选点

1981 年 11 月，嘉兴城市导线测量时师生合影（中为顾孝烈）

1981 年 12 月 6 日，于嘉兴南湖烟雨楼前，嘉兴城市导线测量时师生合影

1982 年，于嘉兴老家

1983 年 9 月 25 日，于虹口体育场（第五届全运会裁判员）

1983 年秋，于富春江严子陵钓台

1983 年 11 月 12 日，于富春江严子陵钓台（云山苍苍，江水泱泱，严子云风，山高水长，书以咏志）

1984 年 5 月，工程测量学术讨论会在长沙召开

1984 年，于北京颐和园，《城市测量规范》定稿（右二为顾孝烈）

1984 年，于科学会堂前（左二为顾孝烈）

1985 年，于同济新村 243 号客厅

测量工程专业 81 级毕业照(第一排右三为顾孝烈,最后一排左三为程效军)

1986 年 6 月，于黄山鸣弦泉（前排右一为顾孝烈）

1986 年，于黄山

1987 年，同济大学八十周年校庆时测量系部分校友合影（左三为顾孝烈）

1987 年 1 月，于华东地质学院，1985—1993 年，顾孝烈（左二）任华东地质学院兼职教授

1987 年 1 月，于华东地质学院地质试验馆前

1987 年春，为 86 级研究生上测量电算程序设计课

1988 年 7 月 14 日，于南湖烟雨楼前，带测量系 86 级学生实习，为嘉兴毛纺厂测绘厂区地形图（右一为顾孝烈）

1989 年 10 月，在南渡指导工程测量函授毕业实习

1990 年 3 月，研究生程家龙论文答辩后的合影

顾孝烈老师（中）、程效军和程家龙

顾孝烈老师(中)、程家龙和宋业财

1991 年 10 月 18 日,游上海大观园潇湘馆

1992 年 1 月 20 日，程效军硕士论文答辩完成后与顾孝烈老师（右）合影

顾孝烈老师（左二）在宋业财硕士研究生答辩会后与答辩委员们合影

顾孝烈老师(左二)、鲍峰、程效军和宋业财

1993年9月,测量学课程改革与建设,获优秀教学成果奖

1995年,测量观测

1995 年 11 月，嘉兴 GPS 评审会，于嘉兴宾馆 1 号楼前（右一为顾孝烈）

1996 年，测量观测

1997 年 5 月，于美庐别墅

1997 年夏，上庐山（盘旋上葱茏，林蛮云雾中，难识真面目，偶尔露娇容）

1997 年 6 月，中国保险公司大厦幕墙施工测量

1997 年，与学生程效军进行测量观测

1997 年 10 月 16 日，学校为 70 岁教师集体祝寿

1997 年家中，70 岁寿辰(虚岁)研究生祝寿

测量学教研室合影(前排右二为顾孝烈,后排左一为程效军)

1998 年 5 月 23 日,上海市退(离)休高级专家协会祝寿合影(后排左三为顾孝烈)

1998 年 6 月，为航天工业部八〇三所测定精密天文方位角

孝烈与宝琳妹(60 年前和 60 年后，左为 1938 年拍摄，右为 1998 年拍摄)

1999 年 10 月 9 日，于家中伏案工作

2000 年，于同济新村小花园

2002 年，于东方绿舟

2003 年 10 月 22 日，于同里退思园

2003 年，《大辞海》测绘卷编者在武汉开会（右为顾孝烈）

顾孝烈题字的扇面

2005 年，顾孝烈老师（中）、程效军和张远智

全家福，2005 年春节于同济新村小花园

2005 年 2 月，春节与孙子孙女在南翔古猗园

全家福，2005 年 8 月于嘉兴家中

顾孝烈夫妇，2005 年 8 月于嘉兴家中

顾孝烈夫妇，2005 年教师节于人民广场

顾孝烈夫妇,2005 年教师节于上海豫园

2006 年 7 月,于同济大学测量馆

2006 年,在书房办公

2007 年同济大学百年校庆时，于校门口

2007 年，于同济新村小花园

孝烈夫妇与宝琳妹夫妇

2011 年，顾孝烈老师(右)与程效军在古猗园合影

2011 年，顾孝烈老师(左)、马服真老师与程效军在古猗园合影

顾孝烈夫妇，2011 年 12 月于家中阳台